サイバーセキュリティ関係法令 Q&A
ハンドブック
Ver2.0

令和５年９月

内閣官房内閣サイバーセキュリティセンター（ＮＩＳＣ）

「サイバーセキュリティ関係法令 Q&A ハンドブック」の公開に当たって

　この度、関係者の自発的かつ精力的な努力と相互の協力により、「サイバーセキュリティ関係法令 Q&A ハンドブック」をお届けできるのは、作業に当たった全員の喜びであります。また私個人にとっても、サイバーセキュリティ戦略本部員を辞した後に、このサブワーキンググループ（サイバーセキュリティ戦略本部の普及啓発・人材育成専門調査会の中のサブワーキンググループとなります）の主査を仰せつかい、ボランティア精神に富んだ皆さんとご一緒できたのは、格別の思い出となりました。

　この企画のアイディアは、副主査を務められた岡村久道氏の経験と発案に多くを負っています。同氏は、経済産業省が平成 21 年にとりまとめた「情報セキュリティ関連法令の要求事項集」（以下「要求事項集」）の編集を手掛けられ、その後、現在までの間にサイバーセキュリティ基本法をはじめとしたセキュリティに関係する重要な法律が多くなってきたことを踏まえて、その発展形として今回のような資料集刊行の必要性を強く主張されました。なぜなら、ドッグ・イヤーの比喩に従えば、この間に 70 人間イヤー相当の時間が経過したわけで、事実「想定外」の事例が多数発生していたからです。

　私も岡村さんとは幾分違った観点から、このような資料集の必要性を感じていました。というのも、学者として「情報法」という法分野が存在し得ることを直感し、幾分でもその体系化に寄与することを志していましたので、「情報セキュリティ六法」のようなものができること自体が、この分野の学問の発展に資するものだと思ったからです。また実務的に言えば、官僚の皆さんの仕事は「法の原則に基づいて」行われねばなりませんから、多くの仕事は「〇〇六法」のような法令集と首っ引きでなされるのが通例です。サイバーセキュリティの重要性が増した現在では、「六法」のようなものを机上において作業する時代になったのではないか、と考えたのです。

　かくして出来上がった本書は、作成側からすれば、次の 3 つの特徴を持っていると自負しています。まず、サイバーセキュリティに関連すると思われる法令を、なるべく広範に網羅するよう努めたことです。参考にした「要求事項集」は主として経済産業省所管の範囲をカバーするものでしたが、本書は関係省庁の協力を得て幅広く関連事項を収録しています。

　第 2 点は、これらの法令の最新版を集めたことです。IT の展開はドッグ・イヤーと呼ばれるほど早いので、法的な対応もそれに従わざるを得ません。そこで、法律など正規の手続きを経たハード・ローよりも、ソフト・ローと呼ばれるガイドラインや技術標準などが、事実上の規範となっている場合があります。ところが、これらの規範はごく少数の関係者は知っているとしても、一般にはいつ改定されたかが分かりにくい宿命があります。本書の編集作業により、とりあえず現時点での最新情報をお届けできたかと思います。

第3点は、ソフト・ローを収録したことから当然の要請ともいえますが、「法令」だけでなく、その「解説」をも重視したことです。そのためには「解説者」が必要になりますので、サブワーキンググループの下に更に「タスクフォース」を設け、新進気鋭の弁護士を中心に、なるべく客観的な記述に努めてもらいました。参加して下さった方々は多忙にもかかわらず、「縁の下の力持ち」的な仕事をボランティア精神で遂行されたことに感謝しています。

　このようにして、ようやく形を整えるに至ったドキュメントを見ると、ある種の感慨を覚えます。しかし、これが終点ではありません。本書に掲載したものは、現時点で解釈まで含めて一定の方向性が出ている法令を主な対象としており、重要性が高いとしても未確定な部分があるものについては、次回以降の改訂に際しての課題となると考えています。

　サイバーセキュリティの実務に携わり、本書の主たる利用者である方々には、ぜひ「改訂版」へのご要望を伝えていただければ、と思います。また、学者として本書を利用する私たちは、これを素材にして、「情報法」や「サイバーセキュリティ法」の体系化を試みていければ、と思います。

　参加者一同、「現時点では精一杯努力した」という満足感はありますが、「これで満点」などとは到底思えません。また、仮に現時点で満足度が高いにしても、ドッグ・イヤーの時代にはすぐに時代遅れになる恐れがあります。今後、利用者の皆さんの後押しをいただいて、「六法」が毎年発行されるのと同じように改訂を重ねていくことができれば、「叩き台」である初版に関与した私たちの努力も、報われるのではないかと期待しています。

　　　　　　　　　　　　令和2年2月26日
　　　　　　　　　　　　関係者を代表して　林　紘一郎

前文

【Ver1.0】

　サイバー空間と実空間の一体化、事業のグローバル化等に伴い、サイバーセキュリティに関係する法令が増えており、事業者が適切なサイバーセキュリティ対策を講じていく上で、サイバーセキュリティに関係する法令の知識が不可欠である。

　一方で、サイバーセキュリティの関係法令は体系的に存在するものではなく、これらを取りまとめ、解説を施した資料は少ない。経済産業省が平成21年に「情報セキュリティ関連法令の要求事項集」(以下「要求事項集」という。)[1]をとりまとめているが、その後サイバーセキュリティに関係する法令として、サイバーセキュリティ基本法等が新たに成立し、また、個人情報の保護に関する法律や不正競争防止法が改正される等、法制度に関する状況が変化している。

　このような状況を踏まえ、サイバーセキュリティ戦略(平成30年7月27日閣議決定)においては、企業がサイバーセキュリティ対策の実施において参照すべき法制度に関する整理を行うこととされ、サイバーセキュリティ戦略本部普及啓発・人材育成専門調査会は、平成30年10月10日、サイバーセキュリティ関係法令の調査検討等を目的としたサブワーキンググループ(以下「サブWG」という。)を設置した(オブザーバーとして関係省庁も参加)。

　サブWGは、平時のサイバーセキュリティ対策及びインシデント発生時の対応に関する法令上の事項に加え、近年増加する情報の取扱いに関する法令や、情勢の変化、技術の進展に伴い生じている法的課題等について、平易な表記による解説を付して取りまとめた関係法令集を作成することを目的とし、林紘一郎名誉教授(情報セキュリティ大学院大学)を主査、岡村久道弁護士(英知法律事務所・京都大学)を副主査として検討を進め、要求事項集をベースとしつつ、必要に応じて内容をアップデートし、また、新たに検討が必要となる法的論点を加え、解説を付すこととした。この方針を踏まえた具体的な執筆に際しては、サブWGの下部にタスクフォースを設置し、必要に応じて有識者等にヒアリングを実施した。当該ドラフトはサブWGに提出され、サブWGにおいて検討を加え、本書を取りまとめた。

　読み手としては、経営層、企業においてサイバーセキュリティ対策を企画、立案し、経営層に必要な説明や助言を行う「戦略マネジメント層」及び法令対応を行う法務部門を想定し、現場で広く利用頂けるよう可能な限り平易な表現を心がけた。

　本書は、基本的に、一般的なものと考えられる公刊物の内容を踏まえて作成したものであるが、個別具体的な事例において現行法がどのように解釈・適用されるかは、それぞれの状況を勘案したうえで、最終的には裁判所において判断されるものであることは言うまでもない。

　いずれにせよ、本書が企業実務上の参考として、効率的・効果的なサイバーセキュリティ対策・法令遵守の促進への一助になることを期待している。

---

[1] https://warp.da.ndl.go.jp/info:ndljp/pid/12166597/www.meti.go.jp/policy/netsecurity/secgov-documents.html　で閲覧可能。

なお、本書については、サイバーセキュリティに関する法令について今後も大きな変化が予想されることを踏まえ、継続的に必要な論点の検討を行いつつ、必要に応じ改訂・拡充等を行っていく予定である。

【Ver2.0】

　本ハンドブック Ver1.0 の策定以降、サイバーセキュリティを巡る情勢は一層その厳しさを増している。特に、本年に入り、ウクライナ情勢を巡って多くのサイバーセキュリティ関連の報道がなされ、また、Emotet の活動再開や、ランサムウェア被害の増加など、サイバーセキュリティを巡る話題は枚挙にいとまがない。

　このような状況に対応すべく、サイバーセキュリティに係る制度も、随時、整備・改正等が行われており、法令対応を行う各組織の法務部門をはじめ、経営層や経営層をサポートする戦略マネジメント層等に対しては、できる限り最新の状況を提供することが必要となっている。

　この点について、Ver1.0 の策定の際に、既に本ハンドブックを継続的に改訂・拡充等を行っていくことが想定されていた。そこで、「サイバーセキュリティ関係法令の調査検討等を目的としたサブワーキンググループ」においてあらためて検討を開始し、Ver1.0 策定に携わった専門家が集結し、時宜にかなったハンドブックとすべく、法制面の大所高所から、必要な検討を行った。また、原案の策定にあたっては、NISC の委託事業の下、Ver1.0 のドラフトを起草した若手の弁護士陣が再び筆をとり、記載内容の充実を図った。さらに、本サブワーキンググループ前主査である林紘一郎名誉教授（情報セキュリティ大学院大学）には、改訂にあたり、サイバーセキュリティ法制全般にわたる後見人的お立場から、ご指導を賜った。

　今回の改訂では、関係法令やガイドライン等の成立・改正等を踏まえた情報の更新とともに、サイバーセキュリティの実務において扱われているトピック（例：インシデント対応、ランサムウェア対応、サイバー保険等）を多数追加している。また、本ハンドブックが必要な人に届き、活用されるよう、今後、書籍化やウェブサイト掲載にあたっての HTML 化など、利便性の向上にも務めることとしている。

　本書が、2021 年 9 月に閣議決定された「サイバーセキュリティ戦略」に掲げる「Cybersecurity for All〜誰も取り残さないサイバーセキュリティ〜」実現の一助として、法令への理解を深めたい方々のお手元に置かれ、日々の業務に活かされれば、関係者一同にとって望外の喜びであり、我が国のサイバーセキュリティは向上していくものと確信している。

　なお、本ハンドブックは、基本的に 2023 年 1 月 1 日時点の法令等を基準としているが、適宜サイバーセキュリティ関係法令等の制定・改廃の動きに合わせ、今後も、本ハンドブックの改訂を実施していくこととしたい。

目次

Q1 サイバーセキュリティの定義 9

> タグ：サイバーセキュリティ基本法、サイバーセキュリティの定義

Q2 サイバーセキュリティ基本法 11

> タグ：サイバーセキュリティ基本法、サイバーセキュリティ戦略本部、政府機関等のサイバーセキュリティ対策のための統一基準群、重要インフラのサイバーセキュリティに係る行動計画、GSOC、サイバーセキュリティ協議会

Q3 内部統制システムとサイバーセキュリティとの関係 17

> タグ：会社法、内部統制システム、リスク管理体制、事業継続計画（BCP）、グループ・ガバナンス・システム、CSIRT、モニタリング

Q4 サイバーセキュリティと取締役等の責任 22

> タグ：会社法、個情法、損害賠償責任

Q5 サイバーセキュリティ体制の適切性を担保するための監査等 25

> タグ：会社法、内部監査、情報セキュリティ監査、システム監査、情報開示、内部通報、CSIRT

Q6 サイバーセキュリティと情報開示 29

> タグ：会社法、金融商品取引法、有価証券報告書、コーポレート・ガバナンス報告書、情報セキュリティ報告書、CSR報告書、サステナビリティ報告書、統合報告書

Q7 サイバーセキュリティインシデント発生時の当局等対応① 34

> タグ：個情法、番号利用法、電気通信事業法、金融商品取引法、銀行法施行規則、漏えい等、報告義務、有価証券上場規程、認定個人情報保護団体、プライバシーマーク

Q8 サイバーセキュリティインシデント発生時の当局等対応② 40

> タグ：不正競争防止法、刑事訴訟法、金融商品取引法、営業秘密、限定提供データ

Q9 インシデントレスポンスと関係者への対応 45

> タグ：インシデント対応、デジタル・フォレンジック、サイバー保険、ECサイト、脅威インテリジェンスサービス

Q10 個情法の安全管理措置義務とサイバーセキュリティの関係 50

> タグ：個情法、個人データ、安全管理措置、保有個人データ、ISO/IEC27001、JIS Q 15001、Pマーク

Q11 個人データの取扱いの委託と安全管理 56

> タグ：個情法、個人データ、委託、監督、監査、外的環境の把握

Q12 クラウドサービスの活用と個情法 59

> タグ：個情法、安全管理措置、委託先の監督、クラウドサービス、外国にある第三者、外的環境の把握

Q13 官民における個人情報に関する安全管理措置の相違 62

i

目次

> タグ：個情法、行個法、独個法、個人情報保護条例、安全管理措置、個人情報の定義、漏えい等

Q14 国立大学、私立大学及び企業の共同研究と個人情報の適正な取扱い 66

> タグ：個情法、行個法、独個法、個人情報保護条例、安全管理措置、研究開発、適用除外

Q15 個人データの加工と法令上の安全管理 70

> タグ：個情法、安全管理措置義務、統計情報、仮名加工情報、匿名加工情報

Q16 クレジットカード情報の取扱い 77

> タグ：割賦販売法、クレジットカード情報、PCI DSS、非保持化、重要インフラ分野、クレジットカード・セキュリティガイドライン

Q17 労働者の心身の状態に関する情報の取扱い 81

> タグ：労働安全衛生法、じん肺法、個情法、労働契約法、労働者、メンタルヘルス、健康診断

Q18 マイナンバーの取扱い 86

> タグ：番号利用法、個情法、マイナンバー、個人番号、安全管理措置

Q19 マイナンバーカード 89

> タグ：番号利用法、公的個人認証法、マイナンバーカード、本人確認、身分証明証、公的個人認証、通知カード

Q20 どのように情報を管理していれば「営業秘密」として認められるのか 92

> タグ：不正競争防止法、刑事訴訟法、関税法、営業秘密、秘密管理性、有用性、非公知性

Q21 営業秘密管理とサイバーセキュリティ対策との異同 99

> タグ：不正競争防止法、営業秘密管理、情報管理、内部統制システム、リスクマネジメント、コンプライアンス

Q22 委託元と営業秘密 105

> タグ：不正競争防止法、独占禁止法、雇用、委託、営業秘密、従業員、営業秘密保有者

Q23 限定提供データとサイバーセキュリティ 107

> タグ：不正競争防止法、限定提供データ、限定提供性、相当量蓄積性、電磁的管理性、営業秘密

Q24 技術的手段の回避行為・無効化行為の法的責任 111

> タグ：不正競争防止法、著作権法、刑法、不正アクセス禁止法、技術的制限手段、技術的保護手段、技術的利用制限手段、技術的手段

Q25 データの知的財産権法規定による保護方法 116

> タグ：不正競争防止法、著作権法、著作権、特許権、実用新案権、意匠権、営業秘密，限定提供データ

Q26 セキュリティ上必要となる雇用関係上の措置と誓約書の取得 120

> タグ：労働基準法、労働組合法、労働契約法、民法、個情法、不正競争防止法、従業員、就業規則、誓約書、秘密保持義務、懲戒処分

Q27 従業員のモニタリングと個人情報・プライバシー保護 125

タグ：民法、個情法、モニタリング、GPS、プライバシー権

Q28 業務用端末の私的利用・私物端末の業務利用等に関する諸問題 132

タグ：労働契約法、私用メール、SNS、労働契約、就業規則、職務専念義務、解雇・懲戒処分、労働基準法、私物 PC、業務用データの社外持ち出し

Q29 テレワークにおけるセキュリティ 136

タグ：テレワーク、VPN、テレワークセキュリティガイドライン

Q30 派遣労働者に対するセキュリティに関する義務付け 141

タグ：民法、労働者派遣法、派遣労働者、誓約書、教育訓練

Q31 インシデント発生時の従業員の調査協力等 143

タグ：労働基準法、労働契約法、従業員、サイバーセキュリティインシデント、調査協力、始末書、解雇、懲戒処分、損害賠償請求

Q32 退職後の情報漏えい防止のための秘密保持契約 147

タグ：不正競争防止法、労働基準法、秘密保持契約、秘密保持義務

Q33 退職後の競業避止義務及び違反時の退職金減額・不支給 149

タグ：民法、不正競争防止法、競業避止義務、競業避止義務契約、労働基準法、退職金、労働契約法、就業規則

Q34 退職後の海外での秘密保持義務違反行為について 155

タグ：不正競争防止法、民事訴訟法、産業競争力強化法、法の適用に関する通則法、秘密保持義務、競業避止義務、情報漏えい、人材を通じた技術流出、懸念国

Q35 電気通信サービスと電気通信事業法に基づく登録・届出 163

タグ：電気通信事業法、外国法人等が電気通信事業を営む場合における電気通信事業法の適用に関する考え方、電気通信事業参入マニュアル、電気通信事業参入マニュアル［追補版］、電気通信事業参入マニュアル（追補版）ガイドブック

Q36 電気通信事業者に関する規律の概要 168

タグ：電気通信事業法、通信の秘密、同意取得の在り方に関する参照文書、通信の秘密の確保に支障があるときの業務の改善命令の発動に係る指針、電気通信事業における個人情報等の保護に関するガイドライン、電気通信事業におけるサイバー攻撃への適正な対処の在り方に関する研究会、重要インフラ、電気通信事業法の消費者保護ルールに関するガイドライン

Q37 IoT 機器のセキュリティに関する法的対策 175

タグ：電気通信事業法、国立研究開発法人情報通信研究機構法、IoT セキュリティガイドライン ver1.0、IoT セキュリティ総合対策、電気通信事業法に基づく端末機器の基準認証に関するガイドライン、米国カリフォルニア州 IoT セキュリティ法、IoT 機器、NOTICE

Q38 IoT 機器からのデータ漏えいにおける製造者の責任 179

タグ：民法、製造物責任法、IoT 機器、データ漏えい、製造者責任、NIST

Q39 5G 促進法 183

タグ：5G促進法、特定高度情報通信技術活用システムの開発供給等の促進に関する指針、開発供給計画、導入計画、Society 5.0

Q40 ドローンとサイバーセキュリティ 188

タグ：航空法、登録制度、リモートID、機体認証制度、操縦ライセンス制度、政府機関等における無人航空機の調達等に関する方針について

Q41 重要インフラ分野における規律 192

タグ：重要インフラ、重要インフラ行動計画、安全管理、保安規定、事故報告、報告徴収

Q42 モビリティとサイバーセキュリティ 199

タグ：MaaS、自動運転、道路運送車両法、道路交通法、WP29

Q43 電子契約実務と電子署名法 204

タグ：電子署名法、電子署名法施行規則、民事訴訟法、電子帳簿保存、電子帳簿保存法施行規則、電子契約、文書の成立の真正

Q44 データ取引に関する契約におけるサイバーセキュリティ関連法令上のポイント 210

タグ：民法、不正競争防止法、データ取引、AI・データの利用に関する契約ガイドライン1.1版

Q45 データ漏えいに関するシステム開発ベンダの責任とモデル契約 215

タグ：民法、SQLインジェクション、重過失、モデル契約、セキュリティ仕様

Q46 クラウドサービスの利用に当たっての留意点 220

タグ：民法、個情法、不正競争防止法、クラウド、定型約款

Q47 サプライチェーン・リスク対策 232

タグ：独占禁止法、下請代金支払遅延等防止法（下請法）、リスクマネジメント、サプライチェーン・リスク、委託、優越的地位の濫用、IT調達

Q48 情報処理安全確保支援士 239

タグ：情促法、情報処理安全確保支援士、情報セキュリティサービス基準

Q49 技術情報管理認証制度について 242

タグ：産業競争力強化法、技術情報管理認証制度、技術等情報漏えい防止措置、重要技術マネジメント、現地審査を含む認証、情報セキュリティ、第三者認証

Q50 DX認定・DX銘柄とサイバーセキュリティ 245

タグ：DX銘柄、DX認定、デジタルガバナンス・コード、プライバシーガバナンスガイドブック、情促法、IPA

Q51 サイバーセキュリティに関する規格等とNIST SP800シリーズ 249

タグ：ISO/IEC 27000、JIS Q 15001、プライバシーマーク、NIST、FISMA、FIPS、SP800シリーズ、NIST CSF、NIST PF

Q52 ソフトウェアのリバースエンジニアリング 254

タグ：著作権法、リバースエンジニアリング、マルウェア、柔軟な権利制限、複製権、翻案権、同一性保持権

Q53 暗号の利用と情報管理等 259

> タグ：個情法、不正競争防止法、著作権法、電波法、電子署名法、暗号、CRYPTREC、危殆
> 化、技術的制限手段、技術的利用制限手段、技術的保護手段

Q54 認証/本人確認に関する法令について 264

> タグ：個情法、電子署名法、公的個人認証法、犯収法、出会い系サイト規制法、古物営業法、
> 携帯電話不正利用防止法、認証、認可、アクセス制御、本人確認、顔認証、安全管理措
> 置、eKYC、なりすまし

Q55 サイバーセキュリティと輸出管理 268

> タグ：外為法、輸出貿易管理令、外国為替、貨物等省令、貿易外省令、役務通達、輸出管
> 理、ワッセナー・アレンジメント、侵入プログラム関連品目

Q56 サイバーセキュリティ事業者への投資 274

> タグ：外国為替及び外国貿易法、国家安全保障、対内直接投資、コア業種、CFIUS、FIRRMA

Q57 サイバーセキュリティと情報共有・公表 278

> タグ：サイバーセキュリティ基本法、個情法、不正競争防止法、金融商品取引法、刑法、情報
> 共有、サイバーセキュリティ協議会、CISTA、J-CSIP、JC3、セプター、サイバーセキ
> ュリティ対処調整センター、ISAC

Q58 脅威インテリジェンスサービス 287

> タグ：脅威インテリジェンス、ダークウェブ、個情法、不正競争防止法、刑法

Q59 データの消去、データが記録された機器・電子媒体の廃棄 291

> タグ：個情法、安全管理措置、秘密情報、消去、削除、廃棄、暗号化消去、秘密保持契約、ハ
> ードディスク

Q60 電子メールの誤送信 295

> タグ：不正競争防止法、民法、営業秘密を示された者、電子メール、誤送信

Q61 データ漏えい時の損害賠償額の算定 298

> タグ：民法、不正競争防止法

Q62 サイバー攻撃による情報喪失 304

> タグ：民法、消費者契約法、電気通信事業法、情報消失、寄託、免責規定、責任制限規定、過
> 失相殺

Q63 データを紛失・消失した場合における損害額 308

> タグ：民法、データ、紛失、消失、滅失、損害賠償額

Q64 ランサムウェア対応 310

> タグ：ランサムウェア、会社法、善管注意義務、経営判断原則、個情法、適時開示、テロ資金
> 提供処罰法

Q65 インシデント対応における費用負担及びサイバー保険 314

> タグ：ランサムウェア、サイバー保険、保険業法

Q66 デジタル・フォレンジック 317

タグ：刑法、不正競争防止法、著作権法、児童ポルノ禁止法、金融商品取引法、デジタル・フォレンジック、証拠保全、個情法

Q67 脆弱性情報の取扱いについて 325

タグ：情促法、脆弱性、脆弱性情報ハンドリング、JVN

Q68 ドメイン名の不正使用への対抗措置 328

タグ：不正競争防止法、サイバースクワッティング、統一ドメイン名紛争処理方針（UDRP）、JP ドメイン名紛争処理方針(JP-DRP)

Q69 発信者情報開示 334

タグ：プロバイダ責任制限法、不正競争防止法、発信者情報開示請求、削除請求

Q70 デジタルデータの証拠利用について 339

タグ：民事訴訟法、証拠能力、デジタル・フォレンジック

Q71 営業秘密の不正使用行為の立証 342

タグ：不正競争防止法、民事訴訟法、営業秘密、技術上の秘密、不正使用行為により生じた物、推定規定、営業秘密侵害訴訟

Q72 営業秘密等の漏えい事実の立証と情報管理体制 347

タグ：不正競争防止法、営業秘密、限定提供データ

Q73 民事訴訟等における情報提供 351

タグ：民事訴訟法、特許法、著作権法、不正競争防止法、会社法、弁護士法、弁護士会照会、証拠保全

Q74 民事訴訟における営業秘密やプライバシーに関する情報の非公開の可否 354

タグ：民事訴訟法、特許法、不正競争防止法、著作権法、証言拒絶、文書提出命令、インカメラ手続、閲覧等制限、査証制度、財産開示手続

Q75 自社に不利な証拠となり得る社内文書の破棄について 359

タグ：民事訴訟法、文書提出命令、証明妨害、e-Discovery

Q76 不正プログラムと刑事罰 361

タグ：刑法、不正指令電磁的記録に関する罪、電子計算機損壊等業務妨害罪、コンピュータ・ウイルス、不正プログラム、不正指令電磁的記録、マルウェア

Q77 電磁的記録不正作出罪 368

タグ：刑法、私電磁的記録不正作出罪、公電磁的記録不正作出罪

Q78 電算機使用詐欺 371

タグ：刑法、電子計算機使用詐欺罪

Q79 スキミング 375

タグ：刑法、割賦販売法、スキミング、デビットカード、偽造、IC 化

Q80 情報の不正入手・漏えい 378

タグ：刑法、著作権法、個情法、番号利用法、不正競争防止法、国家公務員、地方公務員

法、電気通信事業法、有線電気通信法、電波法、不正アクセス禁止法、割賦販売法、情報の不正入手、漏えい

Q81 不正アクセス 382

タグ：不正アクセス禁止法、アクセス制御機能、識別符号

Q82 フィッシング 386

タグ：不正アクセス禁止法、割賦販売法、フィッシング、識別符号、クレジットカード、フィッシング対策協議会

Q83 越境リモートアクセス 390

タグ：刑事訴訟法、リモートアクセス、記録命令付差押え、サイバー犯罪条約

Q84 海外における主な個人データ保護関係法令 394

タグ：欧州一般データ保護規則、GDPR、データ侵害通知、データ保護オフィサー（DPO）、データ保護影響評価（DPIA）、CCPA、CRPA、データ侵害通知法、SHIELD Act、データ安全法、ネットワーク安全法、中国民法典

Q85 海外における主なサイバーセキュリティ法令 406

タグ：NIS 指令、NIS2 指令案、基幹サービス運営者、デジタルサービス提供者、EU サイバーセキュリティ法、ランサムウェア、OFAC、FinCEN、中国個人情報保護法、データ安全法、ネットワーク安全法、民法典、ネットワーク安全審査規則

Q86 データローカライゼーション規制の概要 413

タグ：データローカライゼーション、越境移転、ネットワーク安全法、中国個人情報保護法、重要データ、個人データ、重要情報インフラ運営者、ネットワーク運営者

Q87 国際捜査共助・協力に関する条約・協定 419

タグ：証拠収集、外交ルート、サイバー犯罪条約、刑事共助条約（協定）、MLAT、ICPO、24 時間コンタクトポイント

付録１ サイバーセキュリティ関係法令・ガイドライン調査結果 423

付録２ 「重要インフラのサイバーセキュリティ対策に係る行動計画」別紙２部分抜粋

432

関係者一覧（全て敬称略） 437

総説

１．サイバーセキュリティと法制度

（１）サイバーセキュリティ基本法の制定前の状況について

　サイバーセキュリティという概念は、法制度の領域から生成・発展した概念ではなく、サイバーセキュリティ基本法が制定されるまでは、わが国の法令において「セキュリティ」という単語を用いたものはなかった。ただ、平成 12 年に制定された高度情報通信ネットワーク社会形成基本法（平成 12 年法律第 144 号）[1]第 22 条における「高度情報通信ネットワークの安全性及び信頼性」という文言の中に、情報セキュリティを読み取ることが可能であった。

　情報セキュリティとは、一般に「情報の機密性（Confidentiality）、完全性（Integrity）及び可用性（Availability）の 3 要素を維持すること」ということができ、この 3 要素の各々の頭文字を取って「情報の CIA」ということもある。

　機密性とは、情報に関して正当な権限を持った者だけが、情報にアクセスできることをいう。機密性が損なわれた場合の典型例として不正アクセス等が挙げられる。

　完全性とは、情報に関して破壊、改ざん又は消去されていないことをいう。完全性が損なわれた場合の典型例として情報の不正改ざん等が挙げられる。

　可用性とは、情報に関して正当な権限を持った者が、必要時に中断することなく、情報にアクセスできることをいう。可用性が損なわれた場合の典型例としてシステム障害による利用不能等が挙げられる。

　このような CIA の概念を用いたものとしては、1992 年に経済協力開発機構（OECD[2]）が採択した「情報システムセキュリティガイドライン（Guidelines for the Security of Information Systems)」（以下「1992 年ガイドライン」という。）が挙げられる。同ガイドラインにおいては、情報セキュリティの目的について、「情報システムに依存する者を、可用性、機密性、完全性の欠如に起因する危害から保護すること」と定義している[3]。

　これを踏まえ、情報セキュリティマネジメントシステム（ISMS）に関する国際規格である ISO/IEC 27001・同 27002、これを日本産業規格化した JIS Q 27001・同 27002 にも情報セキュリティに関する同様の定義が置かれている。

---

[1] 令和 3 年 9 月 1 日に、デジタル社会形成基本法の施行と同日に廃止
[2] Organisation for Economic Co-operation and Development
[3] なお、1992 年ガイドラインは、2002 年に採択された「情報システム及びネットワークのセキュリティのためのガイドライン：セキュリティ文化の普及に向けて（Gudelines for the Security of Information Systems and Networks :Towards a Culture of Security)」によって改訂された。タイトルのとおり、情報システムのみならずネットワークにも重点が置かれている。また、同ガイドラインは、2015 年の理事会勧告「Degital Security Risk Management for Economic and Social Prosperity」によって改訂された。タイトルのとおり、リスクベースアプローチに重点が置かれている。

（２）サイバーセキュリティ基本法

　平成 26 年にサイバーセキュリティ基本法が制定された。具体的な内容については後述するが、情報、情報システム、情報通信ネットワークという 3 つの客体に着目して「サイバーセキュリティ」が定義されていることをはじめ、わが国のサイバーセキュリティ政策を推進するための様々な規定が置かれた基本法としての役割を有している。

　ただし、同法は基本的に民間の企業等に対する具体的な権利・義務等を定めるものではなく、また、同法は、デジタル社会形成基本法と相まって、サイバーセキュリティに関する施策を総合的かつ効果的に推進するもの（同法第 1 条）であるが、現状において、これらの法律も含め、サイバーセキュリティに関して民間の企業等に対する権利・義務等を通則的に適用する法令が存在しているものではない。

　一方で、個別の法令においては、サイバーセキュリティに関わる規定が存在しており、特に情報の安全管理に関する規定を置く法令が増加する傾向にある。本書においては、個別に存在するサイバーセキュリティに関する法令について解説を加えていく。

（３）サイバーセキュリティ対策と法令・ガイドライン

　サイバー攻撃が複雑化・巧妙化する今日において、各々の企業がサイバーセキュリティ対策をとることの重要性は増加している。各々の企業は、企業の規模や業態、時代背景、取り扱う情報の種類と適用される法令等に基づき、必要なサイバーセキュリティ対策をとることとなる。

　サイバーセキュリティに関しては、関係する法令を遵守する必要があることはもちろん、その他、国内外を問わず、様々な政府機関、民間の団体や企業等による様々なガイドライン等が発出されている。また、前述のとおり関係する国際規格も存在する。

　一般論として、IT・ICT を活用することの利便性と、セキュリティはトレードオフの関係にある。セキュリティを万全に整えようとすればするほど、利便性は落ちることとなるため、企業としては、セキュリティ上の脅威を含めてリスクマネジメントを行い、必要なセキュリティ対策を選択することとなる。

　以上を参考としながら、各々の企業においては、必要とされる具体的なサイバーセキュリティ対策を行うことが望ましい。

２．本書で取り上げる主な法律について

〇 **サイバーセキュリティ基本法**（平成 26 年法律第 104 号）

「サイバーセキュリティ」の定義を置くとともに、基本法として、わが国のサイバーセキュリティ政策を推進するための様々な規定を定めている。

〇 **民法**（明治 29 年法律第 89 号）

契約に関する規律や、不法行為に基づく損害賠償請求等を規定している。

〇 **会社法**（平成 17 年法律第 86 号）

株式会社の取締役に対し、サイバーセキュリティを確保するための体制を含む内部統制システム構築義務を課している。

〇 **個人情報の保護に関する法律**（平成 15 年法律第 57 号）

個人情報の取扱いに関する基本法であると同時に、個人情報取扱事業者及び行政機関等における個人情報等の適正な取扱いに係る一般法としての規律を定める。当該義務の中に、個人情報の不適正取得の禁止や、個人データ及び保有個人情報の安全管理措置義務、個人データの漏えい等報告義務、本人通知義務等が含まれる。また、個人番号を含む個人情報（特定個人情報）については行政手続における特定の個人を識別するための番号の利用等に関する法律（平成 25 年法律第 27 号）が規律を定めている。

〇 **不正競争防止法**（平成 5 年法律第 47 号）

不正競争の防止を目的の一つとしており、営業秘密や限定提供データの保護や、技術的制限手段の無効化、回避の禁止等を定める。

〇 **著作権法**（昭和 45 年法律第 48 号）

プログラムを含む著作物の保護と複製権をはじめとする著作権等について規定している。

〇 **労働基準法**（昭和 22 年法律第 49 号）

労働基準を定める法律であり、企業の就業規則に関する規定などを置いている。その他、労働契約に関する基本的な事項を定める労働契約法（平成 19 年法律第 128 号）等がある。

〇 **電気通信事業法**（昭和 59 年法律第 86 号）

サイバー空間における活動の基盤となるインターネットサービス等の電気通信事業に関する諸規定や、通信の秘密等を規定している。

〇 **電子署名及び認証業務に関する法律**（平成 12 年法律第 102 号）

一定の条件を満たす電子署名を手書き署名や押印と同等に通用する旨等を規定している。

〇 **情報処理の促進に関する法律**（昭和 45 年法律第 90 号）

情報処理安全確保支援士や新設された DX 認定制度に関する規定、独立行政法人情報処理推進機構（IPA）の業務としてサイバーセキュリティに関する講習や調査等を措置している。

〇 **国立研究開発法人情報通信研究機構法**（平成 11 年法律第 162 号）

国立研究開発法人情報通信研究機構（NICT）の業務においてサイバーセキュリティに関する研究開発等、国や自治体の職員を対象とする演習の「CYDER」の実施を定めるとともに、時限的な業務として IoT 機器の調査を行う「NOTICE」に関する規定を措置している。

〇 **刑法**（明治 40 年法律第 45 号）

不正指令電磁的記録に関する罪（いわゆるウイルス罪）をはじめとするサイバー犯罪を処罰する規定を含む刑罰が規定されている。

〇 **不正アクセス行為の禁止等に関する法律**（平成 11 年法律第 128 号）

不正ログインといった不正アクセス行為や、いわゆるフィッシング行為を処罰する旨が規定されている。

3．本書の構成について

Q1,Q2 は、サイバーセキュリティに関する基本法として、サイバーセキュリティ基本法における「サイバーセキュリティ」の定義及び同法の概要を解説するものである。

Q3~Q6 は、会社法を中心に、経営体制の観点から取締役が負う義務（内部統制システム構築義務）や、当該体制が適切であることを担保するための監査や情報開示について解説するものである。ここでの考え方は、企業以外の組織、たとえば官公庁、医療法人などにもおおむね妥当する。

Q7~Q9 は、企業がサイバーセキュリティインシデントに直面した際に必要となる法的な対応やそれに準ずる対応、その他必要となる措置や関係者について解説するものである。

Q10~Q19 は、個人情報の保護に関する法律等を中心に、個人データの安全管理措置を軸として様々な論点を解説するとともに、クレジットカード情報、労働者の心身の状態に関する情報、マイナンバーについて解説を加えるものである。

Q20~Q25 は、不正競争防止法を中心に、営業秘密の保護、限定提供データ、技術的手段の回避行為・無効化行為に関して解説し、その他知的財産法について補足するものである。

Q26~Q34 は、労働関係法令を中心に、企業においてサイバーセキュリティ対策を行うに当たっての組織的対策・人的対策について解説するものである。

Q35~Q42 は、電気通信事業者に対する規律や、IoT 機器に関する法的論点、その他重要インフラ分野や関連する諸分野（ドローン、モビリティ等）について解説するものである。

Q43~Q47 は、契約を軸としつつ、電子署名、データ取引、システム開発、クラウドサービス、サプライチェーンなど、サイバーセキュリティに関わる論点を解説するものである。

Q48~Q51 は、サイバーセキュリティに関する資格等を対外的に示す法的な仕組み（情報処理安全確保支援士等）や情報セキュリティに関する第三者認証、国際規格等について解説するものである。

Q52~Q59 は、その他サイバーセキュリティに関わる各論を解説するものである（リバースエンジニアリング、暗号、輸出管理、情報共有、脅威インテリジェンス、データ消去等）。

Q60~Q69 は、サイバーセキュリティインシデントに対する事後的な対応等（ランサムウェア対応、デジタル・フォレンジック、サイバー保険等を含む）を解説するものである。

Q70~Q75 は、サイバーセキュリティに関する紛争が民事訴訟となった場合に留意すべき手続等について解説するものである。

Q76~Q83 は、サイバーセキュリティに関係する刑事法について解説するものである。

Q84~Q87 は、わが国の事業者がサイバーセキュリティ対策を行う上で留意すべき主な海外法令や条約等について簡単な解説を加えたものである。

凡例・略称

- 本書は、令和5年1月1日時点の法令等を基準としている。

  ただし、それ以降の法令でも、記載した方がよいと判断したものは、適宜掲載している。

  （個人情報保護法については、読みやすさの便宜から、令和5年4月1日施行の改正法を基準としている）

- 引用しているURLの最終アクセス日は令和5年9月20日時点である（令和6年8月1日に更新）。

- 年月日の表示については原則として和暦を用いる。　例：令和3年4月12日

- 法令、判例・判例集等の書籍等、その他関係文書等の略称は慣例による。

- 裁判例の表示については、最高裁大法廷は「最大」、その他最高裁は「最」、高裁は「高」、地裁は「地」と略し、判決は「判」、決定は「決」と略すこととする。支部の場合は「支」と略すこととする。

  例：最判昭和54年7月10日民集32巻4号1222頁

  横浜地川崎支判昭和45年10月10日

【法令の略称】

略称	正式名称
独占禁止法	私的独占の禁止及び公正取引の確保に関する法律（昭和22年法律第54号）
情促法	情報処理の促進に関する法律（昭和45年法律第90号）
不正アクセス禁止法	不正アクセス行為の禁止等に関する法律（平成11年法律第128号）
電子署名法	電子署名及び認証業務に関する法律（平成12年法律第102号）
プロバイダ責任制限法	特定電気通信役務提供者の損害賠償責任の制限及び発信者情報の開示に関する法律（平成13年法律第137号）
個情法	個人情報の保護に関する法律（平成15年法律第57号）
行個法	行政機関の保有する個人情報の保護に関する法律（平成15年法律第58号）※令和4年4月1日、デジタル社会形成整備法の施行に伴い廃止され、個情法に統合された。
独個法	独立行政法人等の保有する個人情報の保護に関する法律（平成15年法律第59号）※令和4年4月1日、デジタル社会形成整備法の施行に伴い廃止され、個情法に統合された。
番号利用法	行政手続における特定の個人を識別するための番号の利用等に関する法律（平成25年法律第27号）

デジタル基本法	デジタル社会形成基本法（令和3年法律第35号）
デジタル社会形成整備法	デジタル社会の形成を図るための関係法律の整備に関する法律（令和3年法律第37号）

【関係文書の略称】

略称	正式名称
サイバーセキュリティ2021	サイバーセキュリティ戦略本部「サイバーセキュリティ2021（2020年度報告・2021年度計画）」（令和3年9月）
政府機関等統一基準群	サイバーセキュリティ戦略本部・内閣官房内閣サイバーセキュリティセンター「政府機関等のサイバーセキュリティ対策のための統一基準群（令和5年度版）」
重要インフラ行動計画	サイバーセキュリティ戦略本部「重要インフラのサイバーセキュリティに係る行動計画」
個情法ガイドライン（通則編）	個人情報保護委員会「個人情報の保護に関する法律についてのガイドライン（通則編）」（平成28年11月、令和4年9月一部改正）
個情法QA	個人情報保護委員会「「個人情報の保護に関する法律についてのガイドライン」に関するQ＆A」（平成29年2月16日、令和5年5月更新）
経営ガイドライン	経済産業省・独立行政法人情報処理推進機構「サイバーセキュリティ経営ガイドライン Ver3.0」（令和5年3月24日）
逐条不正競争防止法	経済産業省知的財産政策室「逐条解説 不正競争防止法 令和元年7月1日施行版」
営業秘密管理指針	経済産業省「営業秘密管理指針」（平成31年1月23日最終改訂）
限定提供データ指針	経済産業省「限定提供データに関する指針」（令和4年5月最終改訂）
秘密情報保護ハンドブック	経済産業省「秘密情報の保護ハンドブック～企業価値向上に向けて～」（令和4年5月最終改訂）
グループガイドライン	経済産業省「グループ・ガバナンス・システムに関する実務指針（グループガイドライン）」（令和元年6月28日策定）
電子商取引準則	経済産業省「電子商取引及び情報財取引等に関する準則」（令和4年4月）

【裁判例集の略称】

略称	正式名称

民集（刑集）	最高裁判所民事（刑事）判例集
集民（集刑）	最高裁判所裁判集民事（刑事）
知財集	知的財産権関係民事・行政裁判例集（法曹会）
無体集	無体財産権関係民事・行政裁判例集（法曹会）
労裁集	労働関係民事事件裁判集（法曹会）
労民	労働関係民事裁判例集（法曹会）
労刑	労働関係刑事事件判決集（法曹会）
判時	判例時報（判例時報社）
判タ	判例タイムズ（判例タイムズ社）
判自	判例地方自治（ぎょうせい）
労判	労働判例（産業労働調査所）
労経速	労働経済判例速報（経団連事業サービス）

【その他組織等の略称】

略称	正式名称
NISC	内閣官房内閣サイバーセキュリティセンター
公取委	公正取引委員会
個情委	個人情報保護委員会
厚労省	厚生労働省
経産省	経済産業省
NICT	国立研究開発法人情報通信研究機構
IPA	独立行政法人情報処理推進機構
JPCERT/CC	一般社団法人ＪＰＣＥＲＴコーディネーションセンター

Q1 サイバーセキュリティの定義

法令上「サイバーセキュリティ」はどのように定義されているか。

タグ：サイバーセキュリティ基本法、サイバーセキュリティの定義

１．概要

サイバーセキュリティ基本法（平成 26 年法律第 104 号、以下本項において「基本法」という。）第 2 条において、サイバーセキュリティが定義されている。保護すべき客体として情報、情報システム、情報通信ネットワークの 3 つを挙げており、外部からのサイバー攻撃への対応に限らないものとなっている。また、いわゆる情報の CIA（機密性、完全性、可用性）も定義の中に実質的に含まれている。

２．解説

基本法第 2 条は、サイバーセキュリティについて、「電磁的方式[1]により記録され、又は発信され、伝送され、若しくは受信される情報の漏えい、滅失又は毀損の防止その他の当該情報の安全管理のために必要な措置並びに情報システム及び情報通信ネットワークの安全性及び信頼性の確保のために必要な措置（情報通信ネットワーク又は電磁的方式で作られた記録に係る記録媒体（以下「電磁的記録媒体」という。）を通じた電子計算機に対する不正な活動による被害の防止のために必要な措置を含む。）が講じられ、その状態が適切に維持管理されていること」と定義している。

保護すべき客体（措置対象）に着目して整理すると、①情報、②情報システム、③情報通信ネットワークについて必要な措置が講じられ、それが適切に維持管理されていること、ということができる。

（1）情報の安全管理のために必要な措置

措置の対象となる「情報」は、「電磁的方式により記録され、又は発信され、若しくは受信される情報」と規定されており、例えば、口頭での情報伝達は含まれない。

また、必要な措置については、「漏えい、滅失又は毀損の防止」と、いわゆる情報の CIA を定義の中に実質的に組み込んでいるが、これに限定せず、「その他の当該情報の安全管理のために必要な措置」と広く規定しており、外部からのサイバー攻撃に対する対策に限らず、内部不正に対する対策等も含まれることとなる。

（2）情報システム及び情報通信ネットワークの安全性・信頼性の確保に必要な措置

ここにいう安全性の確保には、情報システム又は情報通信ネットワークについて外部か

---

[1] 電子的方式、磁気的方式その他人の知覚によっては認識することができない方式

らの侵入が防止された状態にあることが含まれており、信頼性の確保には、情報システム又は情報通信ネットワークが、災害等により障害が起こっても迅速に復旧することが含まれている。このように、情報システム又は情報通信ネットワークの安全性・信頼性の確保に必要な措置については、外部からのサイバー攻撃への対策に限られない。

（3）情報通信ネットワーク又は電磁的記録媒体を通じた電子計算機に対する不正な活動

　情報システム及び情報通信ネットワークの安全性・信頼性の確保に必要な措置については、「情報通信ネットワーク又は電磁的方式で作られた記録に係る記録媒体（以下「電磁的記録媒体」という。）を通じた電子計算機に対する不正な活動[2]による被害の防止のために必要な措置を含む」としている。

　サイバー攻撃は、一般的に情報通信ネットワークを通じたものが想定されるが、本定義においては、「電磁的記録媒体を通じた」ものも含まれており、例えば、ネットワークと連結していない制御系のシステムを標的とし、USB メモリ等の外部記録媒体に保存された不正なプログラムを作用させて制御システムを乗っ取ることも、「電磁的記録媒体を通じた電子計算機に対する不正な活動」にあたる。

　なお、いわゆるフィッシング[3]については、電子計算機そのものに対して不正な活動を行っているわけではないので、「電子計算機に対する」不正な活動にはあたらないが、フィッシング対策のための措置については、一般に、情報の安全管理のために必要な措置、又は、情報システム及び情報通信ネットワークの安全性および信頼性の確保のための措置に含まれると考えられる。

3．参考資料（法令・ガイドラインなど）
・サイバーセキュリティ基本法第 2 条

4．裁判例
特になし

---

[2] ここにいう「電子計算機に対する不正な活動」は、具体例としてサイバー攻撃を念頭に置いている。
[3] 詳細については Q82 を参照されたい。

Q2 サイバーセキュリティ基本法

サイバーセキュリティ基本法にはどのような規定があり、サイバーセキュリティ戦略本部
及びその事務局である NISC はどのような事務を行っているのか。

タグ：サイバーセキュリティ基本法、サイバーセキュリティ戦略本部、政府機関等のサイ
　　　バーセキュリティ対策のための統一基準群、重要インフラのサイバーセキュリ
　　　ティに係る行動計画、GSOC、サイバーセキュリティ協議会

１．概要

　サイバーセキュリティ基本法（以下、本項において「基本法」という。）は、サイバーセ
キュリティ戦略本部の設置や本部長の権限をはじめ、我が国におけるサイバーセキュリ
ティに関する基本的施策等について規定しており、同本部及び事務局を務める NISC におい
ても、同法の規定に基づき様々な取組みがなされている。

２．解説

　基本法は、平成 26 年に成立し、平成 28 年、平成 30 年にそれぞれ改正が行われている。
同法は、デジタル基本法[1]と相まって、サイバーセキュリティに関する施策を総合的かつ効
果的に推進するもの（同法第 1 条）であり、総則（基本理念や関係者の責務等）、サイバー
セキュリティ戦略、基本的施策、サイバーセキュリティ戦略本部に関する規定等から構成さ
れている。

　以下、同法の規定と関連するサイバーセキュリティ戦略本部及び NISC の事務に焦点を
当てて概説する。

（１）サイバーセキュリティ戦略本部について

　基本法第 25 条は、サイバーセキュリティに関する施策を総合的かつ効果的に推進するた
め、内閣に、サイバーセキュリティ戦略本部を設置することを規定している。

　同本部は、関係閣僚及び有識者により構成されており、内閣官房内閣サイバーセキュリ
ティセンター（NISC）が事務局を務める（基本法第 35 条、内閣官房組織令第 4 条の 2）。

　同本部の所掌事務として具体的に明記されている主なものを抜粋すると、以下のとおり
である（同法第 26 条第 1 項各号）。

　①サイバーセキュリティ戦略の案の作成

---

[1] 従来は高度情報通信ネットワーク社会形成基本法（平成 12 年法律第 144 号）が引用され
　ていたが、同法は、令和 3 年にデジタル基本法の制定とともに廃止された。それに伴い、
　サイバーセキュリティ基本法第 1 条の文言も改正された。また、「情報通信技術」の定義に
　ついてデジタル基本法第 2 条を引用しており、AI、IoT、クラウドなどの先端的な技術を含
　む概念として「情報通信技術」を用いていることが明確化された。

②国の行政機関、独立行政法人及び指定法人[2]におけるサイバーセキュリティに関する対策の基準の作成及び当該基準に基づく監査

③国の行政機関、独立行政法人及び指定法人で発生したサイバーセキュリティに関する重大な事象に対する原因究明調査

④サイバーセキュリティに関する事象が発生した場合における国内外の関係者との連絡調整

⑤その他サイバーセキュリティに関する重要施策に関する、企画に関する調査審議、施策の実施の推進及び総合調整

（2）サイバーセキュリティ戦略

　基本法第12条は、サイバーセキュリティに関する施策の基本的な方針等を定めるものとして、政府がサイバーセキュリティ戦略を定める旨を規定している。なお、上記（1）のとおり、その案についてはサイバーセキュリティ戦略本部が作成する（基本法第26条第1項第1号）。

　現在、令和3年に閣議決定されたサイバーセキュリティ戦略が最新のものであり、「Cybersecurity for All」（誰も取り残さないサイバーセキュリティ）の確保に向けた取組みを進める必要があるという考え方の下で、①デジタルトランスフォーメーション（DX）とサイバーセキュリティの同時推進、②公共空間化と相互連関・連鎖が進展するサイバー空間全体を俯瞰した安全・安心の確保、③安全保障の観点からの取組強化という3つの方向性に基づき施策を推進するとしつつ、基本法第13条から第24条までに規定する我が国におけるサイバーセキュリティに関する様々な基本的施策に関する事項が盛り込まれている。

　なお、同戦略は、「中長期的視点から…（中略）…2020年代初めの今後3年間にとるべき諸施策の目標や実施方針を示すものである」とされているとおり、定期的な改定を想定したものとなっている。

（3）対策の基準の作成及び当該基準に基づく監査

　サイバーセキュリティ戦略本部は、国の行政機関、独立行政法人及び指定法人[3]における

---

[2] 基本法第13条は、指定法人について、「特殊法人（法律により直接に設立された法人又は特別の法律により特別の設立行為をもって設立された法人であって、総務省設置法（平成11年法律第91号）第4条第1項第9号の規定の適用を受けるもの）及び認可法人（特別の法律により設立され、かつ、その設立等に関し行政官庁の認可を要する法人）のうち、当該法人におけるサイバーセキュリティが確保されない場合に生ずる国民生活又は経済活動への影響を勘案して、国が当該法人におけるサイバーセキュリティの確保のために講ずる施策の一層の充実を図る必要があるものとしてサイバーセキュリティ戦略本部が指定するもの」と定義しており、現在、サイバーセキュリティ戦略本部「サイバーセキュリティ基本法第13条の規定に基づきサイバーセキュリティ戦略本部が指定する法人」（平成28年決定）に基づき、地方公共団体情報システム機構（J-LIS）、共済組合関係7法人、日本年金機構の合計9法人が指定されている。
[3] 従来は国の行政機関、独立行政法人のみを対象としていたが、平成28年の基本法の改正により、指定法人が対象として加わった。

サイバーセキュリティに関する対策の基準の作成及び当該基準に基づく監査を行う（基本法第26条第1項第2号）。

本規定に基づくものとして、「政府機関等のサイバーセキュリティ対策のための統一基準群」[4]が定められており、これは、国の行政機関、独立行政法人及び指定法人における情報セキュリティ水準を向上させるための統一的な枠組みであり、政府機関等における情報セキュリティのベースラインを定めている。

また、監査に関しては、サイバーセキュリティ戦略本部「サイバーセキュリティ対策を強化するための監査に係る基本方針」（平成27年決定、平成31年一部改定）に基づき、①マネジメント監査（セキュリティ向上のための体制・制度が機能しているかの検証による評価（監査））、②ペネトレーションテスト（情報システムに対する擬似的攻撃による評価（監査））の二つにより監査を実施[5]することとされている。

（4）重大な事象に関する原因究明調査

サイバーセキュリティ戦略本部は、国の行政機関、独立行政法人及び指定法人[6]で発生したサイバーセキュリティに関する重大な事象に対する原因究明調査を行う（基本法第26条第1項第3号）。本号に基づく事務を適切に遂行するため、サイバーセキュリティ戦略本部は「サイバーセキュリティ戦略本部重大事象施策評価規則」（平成27年決定、平成31年一部改定）を定めており、同規則においては、基本法第26条第1項第3号にいう「国の行政機関、独立行政法人又は指定法人で発生したサイバーセキュリティに関する重大な事象」（特定重大事象）を以下のとおり挙げている。

①　国の行政機関、独立行政法人又は指定法人が運用する情報システムにおける障害を伴う事象であって、当該国の行政機関、独立行政法人又は指定法人が実施する事務の遂行に著しい支障を及ぼし、又は及ぼすおそれがあるもの

②　情報の漏えいを伴う事象であって、国民生活又は社会経済に重大な影響を与え、又は与えるおそれがあるもの

③　①、②のほか、我が国のサイバーセキュリティに対する国内外の信用を著しく失墜させ、又は失墜させるおそれがある事象

---

[4] 政府機関等統一基準群は、①「政府機関等のサイバーセキュリティ対策のための統一規範」、②「政府機関等のサイバーセキュリティ対策の運用等に関する指針」、③「政府機関等のサイバーセキュリティ対策のための統一基準」、④「政府機関等の対策基準策定のためのガイドライン」から構成されている。なお、①〜③についてはサイバーセキュリティ戦略本部が、④についてはNISCが決定している。

[5] 監査事務については、サイバーセキュリティ戦略本部がNISCに実施させることとされており、独立行政法人及び指定法人における監査事務の一部については、基本法第31条第1項第1号の規定に基づきIPAに委託されている。

[6] 従来は国の行政機関のみを対象としていたが、平成28年の基本法の改正により、独立行政法人及び指定法人が対象として加わった。

13

（5）情報システムに対する不正な活動の監視及び分析

　基本法第 13 条は、国が講ずる施策として、「情報通信ネットワーク又は電磁的記録媒体を通じた国の行政機関、独立行政法人又は指定法人の情報システムに対する不正な活動の監視及び分析」を挙げており、当該規定を踏まえ、内閣官房組織令第 4 条の 2 第 1 号は、「情報通信ネットワーク又は電磁的記録媒体…を通じて行われる行政各部の情報システムに対する不正な活動の監視及び分析に関すること」を NISC の所掌事務としている。

　本規定に基づき、NISC は、政府関係機関情報セキュリティ横断監視・即応調整チーム（GSOC[7]）を運用しており、GSOC においては、24 時間 365 日体制でサイバー攻撃等の不審な通信の横断的な監視、不正プログラムの分析や脅威情報の収集を実施し、各組織へ情報提供を行っている。

（6）重要インフラ防護の推進に係る取組み

　上記（2）のサイバーセキュリティ戦略には、重要社会基盤事業者及びその組織する団体並びに地方公共団体におけるサイバーセキュリティの確保の促進に関する事項を定める必要がある（基本法第 12 条第 2 項第 3 号）。

　ここにいう「重要社会基盤事業者」とは、「国民生活及び経済活動の基盤であって、その機能が停止し、又は低下した場合に国民生活又は経済活動に多大な影響を及ぼすおそれが生ずるものに関する事業を行う者」（基本法第 3 条第 1 項）と定義されており、いわゆる重要インフラ事業者を指す。

　重要インフラの防護については、「任務保証[8]」の考え方を踏まえ、重要インフラサービスの安全かつ持続的な提供を実現するため、サイバーセキュリティ戦略本部が「重要インフラのサイバーセキュリティ対策に係る行動計画」（令和 4 年決定）を策定している。同行動計画においては、重要インフラ分野として 14 の分野[9]が指定されており、当該分野に属する事業を営む者等のうち、対象となる重要インフラ事業者等[10]が挙げられているところ、①安全

---

[7] Government Security Operation Coordination team の略。なお、基本法第 13 条に基づく監視の対象は、従来は国の行政機関のみであったが、平成 28 年の基本法改正により、独立行政法人、指定法人にも拡大された。当該法改止も踏まえ、NISC において政府機関に対する横断監視・即応調整チーム（第一 GSOC）、NISC の監督の下、IPA において独立行政法人及び指定法人に対する横断監視・即応調整チーム（第二 GSOC）が設けられている（サイバーセキュリティ 2021・12 頁参照）。下記 NISC サイトも参照。
https://www.nisc.go.jp/policy/group/toukatsu/index.html
[8] 重要インフラ行動計画においては、「機能保証」という文言が用いられている。平成 27 年にサイバーセキュリティ戦略本部が決定した旧サイバーセキュリティ戦略においては、「機能保証（任務保証）」とされていたが、その趣旨は「重要インフラ事業者等が果たすべき役割を確実に遂行することが重要」ということであり、上記「機能保証」とここにいう「任務保証」は同じ趣旨である。
[9] 情報通信、金融、航空、空港、鉄道、電力、ガス、政府・行政サービス、医療、水道、物流、化学、クレジット、石油
[10] 例えば、電力分野については「一般送配電事業者、主要な発電事業者」とされ、「主要な」という限定が付されている一方、金融分野についてはそのような限定はなく、対象と

基準等の整備・浸透[11]、②情報共有体制の強化、③障害対応体制の強化、④リスクマネジメント及び対処態勢の整備、⑤防護基盤の強化という 5 つの施策群に基づく取組みを推進している。

（7）横断的施策

ア　研究開発の推進

　基本法第 21 条は、サイバーセキュリティに関する研究開発について規定している。研究開発の推進については、サイバーセキュリティ戦略においても、横断的施策として、研究開発の国際競争力の強化と産学官エコシステムの構築の必要性、脅威に関する情報やユーザ等のニーズを踏まえた実践的な研究開発の必要性、中長期的な技術トレンドを視野に入れた対応の必要性[12]などが記載されている。

イ　人材育成・確保

　基本法第 22 条は、サイバーセキュリティに関する人材の確保等について規定している。人材育成・確保については、サイバーセキュリティ戦略においても、横断的施策として、サイバー攻撃が複雑化・巧妙化する中、企業が事業継続を確固なものとしつつ、新たな価値を創出していくためには、サイバーセキュリティ確保に向けた人材の育成・確保が不可欠であり、「質」・「量」両面での官民の取組みを、一層継続・深化させていくことが必要であること[13]などが記載されている。

　特に、DX with Cyberseruciry を推進していく上では、IT やセキュリティに関する専門知識や業務経験を必ずしも有していない様々な人材に対して「プラス・セキュリティ」知識が補充され、内外のセキュリティ専門人材との協働等が円滑に行われることが重要であるとされている。

ウ　教育及び学習の振興・普及啓発

　基本法第 23 条は、サイバーセキュリティに関する教育及び学習の振興と、普及啓発について規定している。

　平成 30 年にサイバーセキュリティ戦略本部が決定した旧サイバーセキュリティ戦略における主な観点の一つとして「参加・連携・協働」が挙げられていたことも踏まえ、普及啓発に関しては、産学官民の関係者が円滑かつ効果的に活動し、有機的に連携できるよう、

なる事業者は分野により異なる。その他詳細については、同行動計画「別紙 1　対象となる重要インフラ事業者等と重要システム例」における「対象となる重要インフラ事業者等」を参照されたい。

11　サイバーセキュリティ戦略本部「重要インフラにおける情報セキュリティ確保に係る安全基準等策定指針（第 5 版）」（平成 30 年決定、令和元年改定）も参照。

12　サイバーセキュリティ戦略本部「サイバーセキュリティ研究開発戦略」（平成 29 年決定、令和 3 年改訂）も参照。

13　サイバーセキュリティ戦略本部「サイバーセキュリティ人材育成プログラム」（平成 29 年）、サイバーセキュリティ戦略本部普及啓発・人材育成専門調査会「サイバーセキュリティ人材育成取組方針の決定について」（平成 30 年）及び同「DX with Cybersecurity 実践に向けた人材の確保、育成、活躍促進に係る主な政策課題と方向性」（令和 3 年）も参照。

サイバーセキュリティ戦略本部「サイバーセキュリティ意識・行動強化プログラム」が平成31年に策定されている。

また、NISCにおいては、サイバーセキュリティの普及啓発活動の一環として、一般向けに身近な話題からサイバーセキュリティに関する基本的な知識を紹介する「インターネットの安全・安心ハンドブック」[14]を、そして、小規模な事業者や、セキュリティ担当者を置くことが難しい企業及びNPO向けにサイバーセキュリティを解説した「小さな中小企業とNPO向け情報セキュリティハンドブックVer1.10」（令和2年4月）を公開している。

（8）多様な主体の連携及びサイバーセキュリティ協議会

基本法第16条は、国、地方公共団体、重要社会基盤事業者、サイバー関連事業者[15]等の多様な主体による相互連携に関することを規定している。同条を具体化する形で、平成30年に改正されたサイバーセキュリティ基本法に基づき組織されたのが、同法第17条に規定するサイバーセキュリティ協議会である。

同協議会は、官民様々な主体を構成員とし、サイバーセキュリティに関する情報共有を行うことによって、サイバー攻撃による被害の予防及び被害拡大の防止を目的としている法定の情報共有体制である。詳細については、Q57を参照。

３．参考資料（法令・ガイドラインなど）
本文中に記載のとおり

４．裁判例
特になし

---

[14] 令和5年1月31日にVer5.0が公開されている。
https://security-portal.nisc.go.jp/guidance/handbook.html
[15] インターネットその他の高度情報通信ネットワークの整備、情報通信技術の活用又はサイバーセキュリティに関する事業を行う者をいう（基本法第7条）。

Q3 内部統制システムとサイバーセキュリティとの関係

内部統制システムとサイバーセキュリティの関係はどのようなものか。

タグ：会社法、内部統制システム、リスク管理体制、事業継続計画（BCP）、グループ・
　　　ガバナンス・システム、CSIRT、モニタリング

1．概要

　会社におけるサイバーセキュリティに関する体制は、その会社の内部統制システムの一部といえる。取締役の内部統制システム構築義務には、適切なサイバーセキュリティを講じる義務が含まれる。

　具体的にいかなる体制を構築すべきかは、一義的に定まるものではなく、各会社が営む事業の規模や特性等に応じて、その必要性、効果、実施のためのコスト等様々な事情を勘案の上、各会社において決定されるべきである。また、取締役会は、サイバーセキュリティ体制の細目までを決める必要はなく、その基本方針を決定すればよい。

2．解説

（1）内部統制システムの概念とサイバーセキュリティ

　後掲の各裁判例によれば、内部統制システムとは「会社が営む事業の規模、特性等に応じたリスク管理体制」と定義される。大会社[1]、監査等委員会設置会社及び指名委員会等設置会社においては、取締役会（取締役）は、内部統制システムの構築に関する事項を決定しなければならないこととされている（会社法第348条第3項第4号、第4項、第362条第4項第6号、第5項、第399条の13第1項第1号ハ、第416条第1項第1号ホ）。それ以外の会社であっても、内部統制システムの構築に関する事項を決定しない場合に、そのことが、取締役の善管注意義務、忠実義務違反となる場合がある。会社の事業継続にとってサイバーインシデントが及ぼす影響が看過できない状況下においては、この「リスク」の中に、サイバーセキュリティに関するリスクが含まれ得るため、リスク管理体制の構築には、サイバーセキュリティを確保する体制の構築が含まれる。

　同体制の構築に当たっては、サイバーインシデントを未然に防止するための方策や方針（セキュリティポリシー）の策定に加え、事業継続に関する悪影響を最小化するための事業

---

[1] 「大会社」とは、直近事業年度末の資本金額が5億円以上の株式会社、又は負債総額が200億円以上の株式会社をいう（会社法第2条第6号）。上場会社の場合には、この要件を満たさない会社であっても、大会社と同等の体制を構築することが、上場規則によって要請されている。

継続計画（BCP[2]）を策定する[3]ことも考えられる。

このように、サイバーセキュリティを確保する体制は、内部統制システムに含まれる。

（2）会社法の内部統制システム

　会社法は、大会社、監査等委員会設置会社及び指名委員会等設置会社について、内部統制システムの構築の基本方針を取締役又は取締役会が決定すべきことを明文の義務としている（会社法第348条第3項第4号・4項、第362条第4項第6号・5項、第399条の13第1項1号ハ、第416条第1項第1号ホ）。これらの規定は、善管注意義務から要求される内部統制システム構築の基本方針決定義務を明文化したものである。決定すべき内部統制システムは、類型に分けて列挙されている。その中には、①法令等遵守体制、②損失危険管理体制、③情報保存管理体制、④効率性確保体制、⑤企業集団内部統制システム等が含まれる（前記引用の会社法各条及び会社法施行規則第98条第1項、第2項、第100条第1項、第110条の4第2項、第112条第2項）。サイバーセキュリティに関するリスクが、会社に重大な損失をもたらす危険のある場合には、②の損失危険管理体制（損失の危険の管理に関する規程その他の体制をいう）に該当するため、取締役はその基本方針を決定しなければならない。

　また、サイバーセキュリティインシデントに伴って漏えい、改ざん又は滅失（消失）若しくは毀損（破壊）の対象となる情報の保存と管理に関するセキュリティは③の情報保存管理体制（取締役の職務の執行に係る情報の保存及び管理に関する体制をいう）の問題となるほか、個情法など法令が情報の安全管理を要求しているような場合には、①の法令等遵守体制（取締役及び使用人の職務の執行が法令及び定款に適合することを確保するための体制をいう）の問題にも該当するだろう。

　この点に関して、持株会社の子会社から顧客等の個人情報の管理について委託を受けていた持株会社の他の子会社の再委託先の従業員が当該個人情報を不正に取得して売却した情報流出事故に関して、持株会社の株主が、内部統制システムの構築等に係る取締役としての善管注意義務違反があったなどと主張して、持株会社の取締役に対し、会社法第423条第1項に基づく損害賠償金を支払うよう求めた株主代表訴訟において、広島高裁は、持株会社及びその子会社からなる「グループにおいては、事業会社経営管理規程等の各種規程が整備され、それらに基づき、人事や事業計画への関与、グループ全体のリスク評価と検討、各種報告の聴取等を通じた一定の経営管理をし、法令遵守を期していたものであるから、企

---

[2] Business Continuity Plan の略。緊急事態においても重要な業務が中断しないよう、又は中断しても可能な限り短時間で再開できるよう、事業の継続に主眼を置いた計画。BCP のうち情報（通信）システムについて記載を詳細化したものが IT-BCP（ICT-BCP）である（サイバーセキュリティ2021・346頁参照。

[3] サイバーセキュリティ基本法におけるサイバーセキュリティの定義には、情報システムの安全性および信頼性の確保のために必要な措置も含まれる（Q1参照）ため、同法におけるサイバーセキュリティの確保の観点からは、サイバー攻撃への対応等はもちろん、天災等への対応も含めた情報システム運用継続計画（IT-BCP）を策定することも考えられる。

業集団としての内部統制システムがひととおり構築され、その運用がなされていたといえる。そして、会社法は内部統制システムの在り方に関して一義的な内容を定めているものではなく、あるべき内部統制の水準は実務慣行により定まると解され、その具体的内容については当該会社ないし企業グループの事業内容や規模、経営状態等を踏まえつつ取締役がその裁量に基づいて判断すべきものと解される」等と判示した[4]。

（3）取締役会が決定すべき事項

　会社法は、「業務の適正を確保するための体制の整備」について取締役会が決すべきものとしているが、当該体制の具体的な在り方は、一義的に定まるものではなく、各会社が営む事業の規模や特性等に応じて、その必要性、効果、実施のためのコスト等様々な事情を勘案の上、各会社において決定されるべき事項である。

　また、取締役会が決めるのは「目標の設定、目標達成のために必要な内部組織及び権限、内部組織間の連絡方法、是正すべき事実が生じた場合の是正方法等に関する重要な事項（要綱・大綱）[5]」でよいと解されている。

　サイバーセキュリティに関していえば、当該体制の整備としては、「情報セキュリティ規程」「個人情報保護規程」等の規程の整備や、CSIRT（Computer Security Incident Response Team）などのサイバーセキュリティを含めたリスク管理を担当する部署の構築等が考えられる。

（4）企業集団における内部統制システム

　会社法は、内部統制システムについて、会社単位での構築に加え、当該会社並びにその親会社及び子会社から成る企業集団（グループ）単位での構築を規定しており（会社法第348条第3項第4号、第362条第4項第6号、第399条の13第1項第1号ハ、第416条第1項第1号ホ、及び会社法施行規則第98条第1項第5号、第100条第1項第5号、第110条の4第2項第5号、第112条第2項第5号など）、すなわち、親会社の取締役（会）は、グループ全体の内部統制システムの構築に関する当該親会社における基本方針を決定することが求められており、子会社における①親会社への報告体制、②損失危機管理体制、③効率性確保体制、④法令等遵守体制などを含め、業務執行の中でその構築・運用が適切に行われているかを監視・監督する義務を負っている。

　サイバーセキュリティに関していえば、親会社の取締役会において、子会社を含めたグループ全体を考慮に入れたセキュリティ対策について検討されるべきである[6]。特に、海外の子会社については、サイバーリスクの内容、現地の法規制及び対応実務が異なることも少なくないため、これらを考慮に入れた検討が必要となる。

4　広島高判令和元年10月18日（平成30年（ネ）第201号）（請求棄却、控訴棄却）
5　相澤哲ほか『論点解説新・会社法』（商事法務、平成18年）335頁
6　グループガイドライン92頁

（5）内部統制システムのモニタリング

　取締役の善管注意義務には、上述のとおり内部統制システムの構築だけでなく、構築した後も環境変化を踏まえて内部統制システムが適切に機能しているか否かを継続的にモニタリングし、適時にアップデートすることも、その内容として含まれていると考えられている。平成 26 年の会社法改正の際には、その旨を明確化するため、内部統制システムの運用状況の概要を、事業報告の記載内容とすることが定められた（会社法施行規則第 118 条第 2 号）。

　内部統制システムの運用状況をモニタリングする手段として、取締役（会）は内部監査の結果を活用することも考えられる（サイバーセキュリティに関する内部監査の役割については Q5 を参照されたい。）。

（6）金融商品取引法の内部統制

　金融商品取引法（昭和 23 年法律第 25 号）は、上場会社等について、財務報告に係る内部統制の有効性の評価に関する報告書（内部統制報告書）の作成及び開示を義務付けている。

（7）投資家と企業の対話ガイドライン

　金融庁は、令和 3 年 6 月に、スチュワードシップ・コード及びコーポレートガバナンス・コードが求める持続的な成長と中長期的な企業価値の向上に向けた機関投資家と企業の対話において重点的に議論することが期待される事項を取りまとめた「投資家と企業の対話ガイドライン」[7]の改訂版を公表した。当該ガイドラインの 1-3 では、重点的に議論することが期待される事項として、SDGs などと並んで、「サイバーセキュリティ対応の必要性・・・等の事業を取り巻く環境の変化が、経営戦略・経営計画等において適切に反映されているか」が挙げられている。

３．参考資料（法令・ガイドラインなど）

- ・会社法第 348 条第 3 項第 4 号・第 4 項、第 362 条第 4 項第 6 号・第 5 項、第 399 条の 13 第 1 項 1 号ハ、第 416 条第 1 項第 1 号ホ
- ・会社法施行規則第 98 条第 1 項・第 2 項、第 100 条第 1 項、第 110 条の 4 第 2 項、第 112 条第 2 項、第 118 条第 2 号
- ・金融商品取引法第 24 条の 4 の 4、第 25 条第 1 項第 6 号、第 193 条の 2 第 2 項
- ・グループガイドライン
- ・金融庁「投資家と企業の対話ガイドライン」

４．裁判例

　内部統制システムの整備義務に関して、

---

[7] https://www.fsa.go.jp/news/r2/singi/20210611-1/01.pdf

- 大阪地判平成 12 年 9 月 20 日判時 1721 号 3 頁・判タ 1047 号 86 頁
- 金沢地判平成 15 年 10 月 6 日判時 1898 号 145 頁・労判 867 号 61 頁
- 名古屋高金沢支判平成 17 年 5 月 18 日判時 1898 号 130 頁・労判 905 号 52 頁
- 東京地判平成 16 年 12 月 16 日判時 1888 号 3 頁・判タ 1174 号 150 頁
- 東京高判平成 20 年 5 月 21 日資料版商事法務 291 号 116 頁
- 大阪地判平成 16 年 12 月 22 日判時 1892 号 108 頁・判タ 1172 号 271 頁
- 大阪高判平成 18 年 6 月 9 日判時 1979 号 115 頁・判タ 1214 号 115 頁
- 最判平成 21 年 7 月 9 日判時 2055 号 147 頁
- 広島高判令和元年 10 月 18 日（平成 30 年（ネ）第 201 号）

Q4 サイバーセキュリティと取締役等の責任

会社が保有する情報の漏えい、改ざん又は滅失（消失）若しくは毀損（破壊）によって会社又は第三者に損害が生じた場合、会社の役員（取締役・監査役）は、どのような責任を問われ得るか。

タグ：会社法、個情法、損害賠償責任

1．概要

　取締役（会）が決定したサイバーセキュリティ体制が、当該会社の規模や業務内容に鑑みて適切でなかったため、会社が保有する情報が漏えい、改ざん又は滅失（消失）若しくは毀損（破壊）（以下、「漏えい等」という。）されたことにより会社に損害が生じた場合、体制の決定に関与した取締役は、会社に対して、任務懈怠（けたい）に基づく損害賠償責任（会社法第423条第1項）を問われ得る。また、決定されたサイバーセキュリティ体制自体は適切なものであったとしても、その体制が実際には定められたとおりに運用されておらず、取締役・監査役（監査等委員・監査委員である取締役を含む。以下、「取締役・監査役等」という。）がそれを知り、又は注意すれば知ることができたにも関わらず、長期間放置しているような場合も同様である[1]。

　個人情報の漏えい等によって第三者が損害を被ったような場合、取締役・監査役等に任務懈怠につき悪意・重過失があるときは、第三者に対しても損害賠償責任を負う。

　他方、刑事責任についていうと、サイバーセキュリティインシデントに起因して、会社が保有する情報の漏えい等が生じた場合、当該会社の役員は、原則として、刑事責任を負うことはない。ただし、個人データに関して、その安全管理措置を怠ったため漏えい等が発生した場合など個情法の規定に違反した場合は、個情委による勧告・命令の対象になるほか、命令に違反した場合には、刑事罰の対象となり得る。

2．解説
（1）会社法上の責任

　取締役は、内部統制システムの構築義務の一環として、サイバーセキュリティ体制を構築する義務を負うと解される（Q3参照）。

　取締役（会）が決定した内部統制システムが、当該会社の規模や業務内容に鑑みて、株式会社の業務の適正を確保するために不十分であった場合には、その体制の決定に関与した取締役は、善管注意義務（会社法第330条・民法第644条）違反に基づく任務懈怠責任（会社法第423条第1項）を問われ得る[2]。

---

[1] 相澤哲ほか『論点解説新・会社法』（商事法務、平成18年）335頁
[2] 相澤哲ほか・同、及び大阪地判平成12年9月20日判タ1047号86頁

また、内部統制システムは適切なものであったが、その内部統制システムが実際には遵守されておらず、取締役・監査役等がそれを知り、又は注意すれば知ることができたにも関わらず、それを長期間放置しているような場合にも、善管注意義務違反に基づく任務懈怠責任を問われ得る[3]。このとき、全員が同じ民事責任を負うのではなく、各取締役・監査役等が事件当時に置かれていた状況（役職、危険の兆候の把握の有無など）に照らして個別に判断される。

以上のとおり、サイバーセキュリティ体制の構築又はその運用に欠陥があり、情報の漏えい等によって会社に損害が生じたときは、取締役・監査役等は責任を負うことがあり得る。

また、取締役・監査役等が職務を行うについて悪意又は重過失があったときは、それにより第三者に生じた損害についても賠償責任を負う（会社法第429条第1項）。

したがって、取締役・監査役等が、悪意・重過失により、適切なサイバーセキュリティ体制を構築せず、又は体制が適切に運用されていないのにこれを是正するのを怠り、個人情報の漏えい等によって第三者が損害を被ったときは、取締役・監査役等は、当該第三者に対しても責任を負うことがあり得る。

（2）その他留意すべき法令

サイバーセキュリティインシデントに起因して、会社が保有する情報の漏えい等が生じた場合、当該会社の役員は原則として、刑事責任を負うことはない。ただし、会社が取扱う個人情報の漏えい等が生じた場合には、個情法が問題となる[4]。

個情法は、個人情報取扱事業者に対して個人情報（又は個人データ、保有個人データ）の取扱いについての義務を規定するところ、例えば、個人情報取扱事業者である会社が、個人データに係る安全管理措置（個情法第23条）を怠った結果、個人データが漏えい等した場合は、個情委による勧告・命令の対象となる（同法第148条）。この命令に違反をした者に対しては、1年以下の懲役又は100万円以下の罰金が科され（同法第178条）、法人の代表者、使用人その他の従事者が、その法人の業務に関して命令違反行為を行った場合は、当該行為者を罰するほか、法人も罰金刑（1億円以下）の対象となる（同法第184条第1項）。

したがって、個人情報の漏えい等に関して、個情法に定める義務違反がある場合には、会社の役員は、刑事罰の対象となり得る。

３．参考資料（法令・ガイドラインなど）

・会社法第330条、第423条第1項、第429条第1項
・民法第644条
・個情法第23条、第148条、第178条、第184条第1号

---

[3] 相澤哲ほか・同
[4] 個人データの漏えい等があった場合の対応について Q7~Q9 を参照。

4．裁判例

特になし

Q5 サイバーセキュリティ体制の適切性を担保するための監査等

社内のサイバーセキュリティ体制が適切であることを担保するためにどのような方策を実施することが考えられるか。

タグ：会社法、内部監査、情報セキュリティ監査、システム監査、情報開示、内部通報、CSIRT

1．概要

社内のサイバーセキュリティ体制が適切であることを担保するための方策としては、内部監査、情報セキュリティ監査、システム監査等の各種監査、内部通報、情報開示、CSIRTの設置といった方策が考えられる。

2．解説

（1）監査

ア　内部監査

会社法は、大会社、監査等委員会設置会社及び指名委員会等設置会社について、取締役（会）が内部統制システムの構築の基本方針を決定すべきことを明文の義務としているところ[1]、この内部統制システムには、会社におけるサイバーセキュリティに関する体制も含まれる（Q3参照）。

内部統制システムに対する評価を行う仕組みとして内部監査部門による監査（以下、本項において「内部監査」という。）が挙げられる。

内部監査とは、「組織体の経営目標の効果的な達成に役立つことを目的として、合法性と合理性の観点から公正かつ独立の立場で、ガバナンス・プロセス、リスク・マネジメントおよびコントロールに関連する経営諸活動の遂行状況を、内部監査人としての規律遵守の態度をもって評価し、これに基づいて客観的意見を述べ、助言・勧告を行うアシュアランス業務、および特定の経営諸活動の支援を行うアドバイザリー業務」[2]とされている。

サイバーセキュリティに関する体制を内部監査の対象とすることで、社内のサイバーセキュリティ体制の適切さの担保を図ることが期待できる。

イ　情報セキュリティ監査

社内の情報資産を対象とした監査として、情報セキュリティ監査がある。これは、情報セキュリティに係るリスクのマネジメントが効果的に実施されるように、リスクアセスメントに基づく適切なコントロールの整備、運用状況を、情報セキュリティ監査人

---

[1] 会社法第348条第3項第4号・4項、第362条第4項第6号・5項、第399条の13第1項1号ハ、第416条第1項第1号ホ

[2] 一般社団法人日本内部監査協会「内部監査基準」（平成26年改訂）

が独立かつ専門的な立場から検証又は評価して、もって保証を与えあるいは助言を行うこと[3]を目的とした監査である。

情報セキュリティ監査は、情報セキュリティ管理基準及び情報セキュリティ監査基準に則って実施される。情報セキュリティ管理基準は、組織体が効果的な情報セキュリティマネジメント体制を構築し、適切なコントロール（管理策）を整備・運用するための実践的な規範として定められた基準であり、情報セキュリティマネジメントに関する国際規格[4]との整合をとるための改正も行われている。

情報セキュリティ監査は、社内の内部監査部門によって実施される場合は内部監査の一環として位置付けることができ、他方で、専門性の高い外部の監査機関によって実施されることもある。

なお、情報セキュリティ監査の技法を活用する形でサイバーセキュリティ体制を含めて監査を実施する場合には、リスク評価について、情報の機密性・完全性・可用性が損なわれるリスクはもちろん、企業の事業継続をはじめとした、経営レベルへの影響も重視のうえ、監査を行うこととなると考えられる[5]。

ウ　システム監査

社内の情報システム体系を対象とした監査としてシステム監査がある。これは、専門性と客観性を備えたシステム監査人が、一定の基準に基づいて総合的に点検・評価・検証をして、監査報告の利用者に情報システムのガバナンス、マネジメント、コントロールの適切性等に対する保証を与える、又は改善のための助言を行う監査[6]である。

システム監査は、システム管理基準及びシステム監査基準に則って実施される。

情報セキュリティ監査と同様、システム監査が、社内の内部監査部門によって実施される場合は、内部監査の一環として位置付けることができ、他方で、専門性の高い外部の監査機関によって実施されることもある。

なお、システム監査基準において「システム監査は各種目的あるいは各種形態をもって実施されることから、他のガイドラインや組織体独自の諸規程・マニュアル等を、システム監査上の判断尺度として用いることもできる。特に、情報セキュリティの監査に際しては、「システム管理基準」とともに、「情報セキュリティ管理基準」を参照することが望ましい。」とされているとおり、情報システム監査とシステム監査については、双方が重なる部分もある[7]。

エ　監査証跡の重要性

上記のような監査を実効的に行うためには、システムの利用状況や管理状況、情報シス

---

[3] 情報セキュリティ監査基準・2 頁参照
[4] ISO/IEC 27001(JIS Q 27001)及び ISO/IEC 27002(JIS Q 27002)。情報セキュリティマネジメントシステムに関する規格等について Q51 参照
[5] この点については、経営ガイドラインも参照されたい。
[6] システム監査基準 1 頁参照
[7] この点については、経産省「情報セキュリティ管理基準参照表」も参照されたい。

テムを構成するハードウェア、ソフトウェアに関連する各種ログ情報を含め、監査証跡[8]を残しておくことが重要である。そのために、様々なログ集積・管理のためのソリューション[9]を活用することも考えられる。このような証跡は、サイバーセキュリティインシデント発生時のフォレンジック調査などにも非常に有用である。

（2）内部通報制度

内部監査と同様、法令遵守体制の一内容としての内部通報制度の活用が挙げられる。例えば、社内における個情法に違反する態様での個人データの管理状況について、従業員が不利益を被るおそれなしにその事実を通報できる制度を整備することにより、サイバーセキュリティ体制の適切性を担保することが期待できる。

（3）情報開示

サイバーセキュリティに関する企業の情報を開示することは、開示の内容が過度に具体的である場合にはサイバー攻撃を誘発するおそれがあるものの、適度の開示を行うことで、サイバーセキュリティ体制の強化につながることが期待できる。情報開示に耐えるだけのサイバーセキュリティ体制の構築が必要となるからである。

現在のところ、サイバーセキュリティに特化した情報開示に関する法的な根拠や具体的な指針は存在しないものの、企業としては、既存の開示制度を積極的に活用して、サイバーセキュリティに関する取組みを開示することが望ましい。

詳細はQ6のとおりであるが、既存の制度開示としては、事業報告（会社法第435条第2項）、有価証券報告書（金融商品取引法第24条）、コーポレート・ガバナンスに関する報告書（有価証券上場規程（東京証券取引所）第204条第12項第1号等）、適時開示（有価証券上場規程（東京証券取引所）第402条等）が存在する。また、任意開示として、情報セキュリティ報告書、CSR報告書、サステナビリティ報告書、統合報告書、情報セキュリティ基本方針等が挙げられる。

（4）CSIRTの設置

CSIRT（シーサート）とは、Computer Security Incident Response Teamの略称であり、企業や行政機関等において、情報システム等にセキュリティ上の問題が発生していないか監視するとともに、万が一問題が発生した場合にその原因解析や影響範囲の調査等を行う

---

[8] 監査証跡とは、システム監査を行う際の資料として用いられるログデータをいう。具体的には、システム監査人が追跡するために時系列に沿って操作や起きた事象、その結果行われる処理を保存し、記録することで、情報システムの信頼性や安全性、効率性、有効性などが確保されていることが証明される。

[9] 例えば、サーバやネットワーク機器、セキュリティ関連機器、アプリケーション等から集められたログ情報に基づいて、異常があった場合に管理者に通知したり対策を知らせたりする仕組みであるSIEM（Security Information and Event Management）などが挙げられる。

体制のこと[10]をいう。

　CSIRT は事業の規模、種類によって構成も形式も異なるため、その権限や活動範囲も各社によって異なるものの、最小構成の CSIRT であっても、CSIRT としての使命、サービス、活動範囲の 3 要素を定義づけることが重要である。また、組織内外の関係者と連携するためには、「PoC (Point Of Contact)：信頼できる窓口」が必要である。

　CSIRT は組織全体で考慮すべきであり、内部統制としてのリスク管理、事業継続マネジメントの一環として CSIRT を構築する流れが望ましいとされている。専門性の高い CSIRT の設置により、サイバーセキュリティ体制の実効性の担保を図ることが期待できる。

3．参考資料（法令・ガイドラインなど）
・情報セキュリティ監査基準（平成 15 年経済産業省告示第 114 号）
・情報セキュリティ管理基準（平成 28 年経済産業省告示第 37 号）
・経産省「システム監査基準」（平成 30 年 4 月 20 日改訂）
・経産省「システム管理基準」（平成 30 年 4 月 20 日改訂）
・経産省「情報セキュリティ管理基準参照表」

4．裁判例
特になし

---

[10] サイバーセキュリティ 2021・346 頁参照

Q6 サイバーセキュリティと情報開示

企業は、サイバーセキュリティに関してどのような情報開示を行うことが望ましいか。

> タグ：会社法、金融商品取引法、有価証券報告書、コーポレート・ガバナンス報告書、情報セキュリティ報告書、CSR 報告書、サステナビリティ報告書、統合報告書

1．概要

サイバーセキュリティに特化した情報開示に関する法令や具体的な指針は存在しない。

もっとも、サイバーセキュリティに関する企業の情報を開示することは、開示の内容が過度に具体的である場合にはサイバー攻撃を誘発するおそれがあるものの、適度の開示を行うことで、企業の社会への説明責任を果たすとともに、経営上の重要課題としてセキュリティ対策に積極的に取り組んでいるとしてステークホルダーから正当に評価されることが期待できる。また、自社のサイバーセキュリティ対策の強化につながることも期待できる。

そこで、企業としては、既存の開示制度を積極的に活用して、サイバーセキュリティに関する取組みを開示することが望ましい。

既存の制度開示としては、事業報告（会社法第 435 条第 2 項）、有価証券報告書（金融商品取引法第 24 条）、四半期報告書（金融商品取引法第 24 条の 4 の 7）、コーポレート・ガバナンスに関する報告書（有価証券上場規程（東京証券取引所）第 204 条第 12 項第 1 号等）、適時開示（有価証券上場規程（東京証券取引所）第 402 条等）が存在する。

また、任意開示として、情報セキュリティ報告書、CSR 報告書、サステナビリティ報告書、統合報告書、情報セキュリティ基本方針等が挙げられる。

これらのほか、サイバー攻撃等に起因して損害等が発生する場合には、適時開示や臨時報告書（金融商品取引法第 24 条の 5 第 4 項）の提出が必要となるときもある。

なお、企業のサイバーセキュリティに関する情報開示の意義を踏まえ、総務省は、令和元年 6 月に「サイバーセキュリティ対策情報開示の手引き」を公表し、情報開示の手段及び開示の在り方をまとめている[1]ため、詳細については同手引きも参照されたい。

2．解説

（1）サイバーセキュリティに関する情報開示の重要性

現在のところ、サイバーセキュリティに特化した情報開示に関する法令や具体的な指針は存在しない。サイバーセキュリティに関する情報開示は、基本的には企業の任意の取組みに位置付けられる。

もっとも、企業にとってサイバー攻撃が看過できないリスクとなりつつある状況におい

---

[1] 総務省「サイバーセキュリティ対策情報開示の手引き」13 頁など
https://www.soumu.go.jp/main_content/000630516.pdf

て、企業のサイバーセキュリティへの取組みは社会にとって重大な関心事である。企業としては、社会への説明責任の一環としてサイバーセキュリティに関する認識及び取組状況に関する情報を開示することが期待されるとともに、経営上の重要課題としてセキュリティ対策に取り組んでいることを積極的に開示することでステークホルダーから正当な評価を受けることが可能となる。また、サイバーセキュリティに関する情報を開示することは、自社のセキュリティ対策の現状を正しく認識したうえで適正に運用する契機となるとともに、かつ、他社の状況との比較を通じて、さらに具体的な対策を検討・導入することで、自社のサイバーセキュリティ対策の強化につながることが期待できる。

　そこで、企業としては、以下に例示する既存の開示制度を積極的に活用して、サイバーセキュリティに関する取組みを開示することが望ましい。

（2）事業報告

　会社法第435条第2項に基づき、株式会社は事業報告の作成が義務付けられている。

　株式会社は、内部統制システムに関する決定又は決議をしたときは、その決定又は決議の内容の概要及び当該システムの運用状況の概要を事業報告に記載しなければならないところ（会社法施行規則第118条第2号）、サイバーセキュリティに関する事項をこの内部統制システムの一部として決議し、その内容を事業報告に記載することによって開示することが考えられる（サイバーセキュリティと内部統制システムとの関係についてはQ3を参照されたい。）。

（3）有価証券報告書・四半期報告書

　金融商品取引法第24条に基づき、有価証券の発行者である会社は、事業年度ごとに、当該会社の商号、当該会社の属する企業集団及び当該会社の経理の状況その他事業の内容に関する重要な事項等について、内閣総理大臣に提出することが義務づけられている。

　その他事業の内容に関する重要な事項の中には、事業等のリスクが含まれるところ（企業内容等の開示に関する内閣府令第15条第1号イに定める第3号様式（記載上の注意）(11)）、サイバーセキュリティに関するリスクをこの事業等のリスクとして開示することが考えられる。

　この事業等のリスクは、四半期報告書においても記載することが求められている（企業内容等の開示に関する内閣府令第17条の15第1項第1号に定める第4号の3様式（記載上の注意）(7)）ことから、四半期報告書においてもサイバーセキュリティに関するリスクを開示することが考えられる。

（4）コーポレート・ガバナンスに関する報告書

　金融商品取引所（証券取引所）による開示制度の一つに、コーポレート・ガバナンスに関する報告書が挙げられる。

有価証券上場規程（東京証券取引所）第204条第12項第1号等に基づき、新規上場申請者は、コーポレート・ガバナンスに関する基本的な考え方などを記載したコーポレート・ガバナンスに関する報告書を提出することとされている。また、上場後、その内容に変更があった場合は、遅滞なく変更後の報告書を提出することとされている（有価証券上場規程（東京証券取引所）第419条）。

コーポレート・ガバナンスに関する報告書では、内部統制システムに関する基本的な考え方及びその整備状況を記載することとされているところ（有価証券上場規程施行規則第211条第4項第5号）、サイバーセキュリティに関する事項をこの内部統制システムの一部として開示することが考えられる。

また、金融庁は、令和3年6月に、スチュワードシップ・コード及びコーポレートガバナンス・コードが求める持続的な成長と中長期的な企業価値の向上に向けた機関投資家と企業の対話において重点的に議論することが期待される事項を取りまとめた「投資家と企業の対話ガイドライン」[2]の改訂版を公表したところ、当該ガイドラインにおいては「サイバーセキュリティ対応の必要性…等の事業を取り巻く環境の変化が、経営戦略・経営計画等において適切に反映されているか」（1−3）について重点的に議論することが期待されるとされている。

（5）適時開示

上場会社は、有価証券上場規程第402条等に基づき、剰余金の配当、株式移転、合併の決定を行った場合や災害に起因する損害又は業務遂行の過程で生じた損害が発生した場合等においては、直ちにその内容を開示することとされている[3]。

サイバー攻撃に起因して損害が発生する場合、その損害の規模や内容によっては「業務遂行の過程で生じた損害」（有価証券上場規程第402条第2項a号）として損害・損失の内容や今後の見通しを開示する必要が生じる。また、サイバー攻撃に起因して発生する損害等に照らして、「上場会社の運営、業務若しくは財産又は当該上場株券等に関する重要な事実であって投資者の投資判断に著しい影響を及ぼすもの」（有価証券上場規程第402条第2項x号）（いわゆるバスケット条項）に該当するかを検討する必要が生じることに留意されたい。

（6）臨時報告書

サイバー攻撃に起因して損害が発生する場合において、その損害の規模や内容等によって当該事象が「提出会社の財政状態、経営成績及びキャッシュ・フローの状況に著しい影響を与える事象」（企業内容等の開示に関する内閣府令第19条第2項第12号）に該当するとき、臨時報告書（金融商品取引法第24条の5第4項）の提出が必要となる。

---

[2] https://www.fsa.go.jp/news/r2/singi/20210611-1/01.pdf
[3] 実際に適時開示を行うに当たっては、東京証券取引所上場部編「会社情報適時開示ガイドブック」が参考になる。

（7）情報セキュリティ報告書

　平成19年9月に経産省が「情報セキュリティ報告書モデル」[4]を公表しており、企業の情報セキュリティの取組みの中でも社会的関心の高いものについて情報開示することにより、当該企業の取組みが顧客や投資家などのステークホルダーから適正に評価されることを目指している。同モデルにおいては、①報告書の発行目的といった基礎情報、②経営者の情報セキュリティに関する考え方、③情報セキュリティガバナンス、④情報セキュリティ対策の計画・目標、⑤情報セキュリティ対策の実績・評価、⑥情報セキュリティに係る主要注力テーマ、⑦（取得している場合の）第三者評価・認証等を基本構成としている。

（8）CSR報告書、サステナビリティ報告書

　CSR（企業の社会的責任）報告書は、環境や社会問題などに対して企業は倫理的な責任を果たすべきであるとするCSRの考え方に基づいて行う企業の社会的な取組みをまとめた報告書であり、サステナビリティ（持続可能性）報告書とも呼ばれている。環境、労働、人権、社会貢献などに関する情報や、事業活動に伴う環境負荷などが幅広く公表されている。

　この中にサイバーセキュリティに関する情報を含めて公表することも考えられる。

（9）統合報告書

　統合報告書は、2013年に国際統合報告評議会（IIRC）が公表した「国際統合報告フレームワーク」に基づき、財務情報を非財務情報と連動して開示するものである。同フレームワークでは、統合報告を「財務資本の提供者に対し、組織がどのように長期にわたり価値を創造するかを説明すること」と位置づけており、この中にサイバーセキュリティ対策に関する情報を含めることも考えられる。

（10）情報セキュリティ基本方針

　情報セキュリティ基本方針は、企業や組織の内部において実施する情報セキュリティ対策の方針や行動指針であり、社内規定といった組織全体のルールから、どのような情報資産を、どのような脅威から、どのように守るのかといった基本的な考え方、情報セキュリティを確保するための体制、運用規定、基本方針、対策基準などを具体的に記載するものである。

３．参考資料（法令・ガイドラインなど）

・会社法第435条第2項
・会社法施行規則第118条第2号
・金融商品取引法第24条、第24条の5、第24条の4の7

---

[4] 経産省「情報セキュリティ報告書モデル」https://www.meti.go.jp/policy/netsecurity/docs/secgov/2007_JohoSecurityReportModelRevised.pdf

・企業内容等の開示に関する内閣府令第 15 条第 1 項第 1 号及び同号において定められる第 3 号様式、第 17 条の 15 第 1 項第 1 号及び同号において定められる第 4 号の 3 様式、第 19 条第 2 項第 12 号
・有価証券上場規程（東京証券取引所）第 204 条第 12 項第 1 号等、第 402 条等、第 419 条
・有価証券上場規程施行規則（東京証券取引所）第 211 条第 4 項各号
・総務省「サイバーセキュリティ対策情報開示の手引き」
・経産省「情報セキュリティ報告書モデル」
・金融庁「投資家と企業の対話ガイドライン」

4．裁判例

特になし

Q7 サイバーセキュリティインシデント発生時の当局等対応①

企業が保有するデータの漏えいをはじめとするサイバーセキュリティインシデントにあった場合に法的義務又はそれに準じるものとして必要な対応は何か。

タグ：個情法、番号利用法、電気通信事業法、金融商品取引法、銀行法施行規則、漏えい等、報告義務、有価証券上場規程、認定個人情報保護団体、プライバシーマーク

1．概要

　データの漏えいをはじめとするサイバーセキュリティインシデントが発生した場合に、一定の条件を満たす個人データの漏えい、滅失、毀損（以下「漏えい等」という。）があれば、個人情報取扱事業者は、個情法第26条に基づき、個情委への報告をしなければならず、また、本人に対して、当該事態が生じた旨を通知しなければならない[1][2]。さらに海外法令が適用される場合には、適用される海外法令に基づき、当局対応等が求められることがあり得る点にも留意が必要である[3]。

　また、各重要インフラ分野においては、各々に適用される業法に基づき、サイバーセキュリティインシデント発生時の事故報告が求められることがある。

　このほか、有価証券上場規程第402条等に基づく適時開示、金融商品取引法第24条の5第4項に基づき臨時報告書の提出が必要となる場合もある（Q6参照）。

---

[1] 令和4年3月31日以前は、告示に基づく努力義務又は望ましい措置とされていたが、令和2年の個情法改正により法的な義務となった。

[2] なお、民間事業者だけではなく、行政機関の長等（行政機関の長、地方公共団体の機関、独立行政法人等及び地方独立行政法人をいう（個情法第63条カッコ書き））も、個情委への報告、本人への通知義務が課されている（同第68条）。

　ただし、個情法別表第二に記載されている法人（個情法第2条第11項第3号カッコ書きにおいて「独立行政法人等」から除かれている）や、地方独立行政法人で試験研究を主たる目的とするもの又は大学等の設置及び管理及び病院事業の経営を目的とするもの（個情法第58条第1項第2号。これらは個情法第2条第11項第4号カッコ書きにおいて「地方独立行政法人」の定義から除かれている）は、個人情報取扱事業者に該当することになる（「独立行政法人等」「地方独立行政法人」から除かれる結果、個情法第16条第2項柱書きにより個人情報取扱事業者に該当する）ため、個人データの漏えい等の個情委への報告・本人への通知については、個情法第26条が適用されることになる。また、地方公共団体の機関が、病院、診療所、大学の運営の業務を行う場合（個情法第58条第2項第1号）、独立行政法人労働者健康安全機構が、病院の運営を行う場合（個情法第58条第2項第2号）、これらの業務における個人データの漏えい等の個情委への報告・本人への通知については、個情法第58条第2項柱書きのみなし規定により、個情法第26条が適用されることになっている。このように、適用関係には留意する必要がある（詳しくは、Q13、14参照）。

[3] 経産省が令和2年12月に公開した「最近のサイバー攻撃の状況を踏まえた経営者への注意喚起」においても、ランサムウェア攻撃が行われた場合の対応策として、「警察、個人情報保護委員会、所管省庁等への報告・届出の実施。特に報告義務のある事案については、正確かつ迅速な報告が求められる。」「事業形態や漏えいしたデータによっては、欧州のGDPRや米国のカリフォルニア州消費者プライバシー法（CCPA）など海外の法制度の報告対象になる場合があることにも留意すること。」と述べられている（11頁参照）。

２．解説
（１）個人データの漏えい等に関して必要となる対応
ア　個情法に基づく個人データ漏えい等の対応（第26条）

　概要を述べると、個人データの漏えい等又はそのおそれのある事案（以下「漏えい等事案」という）が発生した場合、被害拡大防止、事実関係調査等の一定の対応が必要であり、個人の権利利益を害するおそれが大きい事態（以下「報告対象事態」という。）が発生した場合は個情委への報告、本人への通知が必要となる。以下、詳述する。

　まず、漏えい等事案について述べると、個人データの「漏えい」とは、個人データが外部に流出することをいい、例えば社内の別の部署への誤送信は漏えいにあたらない。次に、「滅失」とは、個人データの内容が失われることをいい、個人データが格納された記録媒体の紛失などがこれに当たる（コピーがある場合は該当しない）。「毀損」とは、個人データの内容が意図せず変更されたり利用不能になったりすることをいい、例えばランサムウェアによる暗号化がこれに当たる（バックアップからデータを復元できる場合は該当しない）。

　漏えい等事案が発生した場合、その内容に応じて、個情法ガイドライン（通則編）上、以下の措置を講じなければならないとされている[4][5]。

---

①事業者内部における報告及び被害の拡大防止

　責任ある立場の者に直ちに報告するとともに、漏えい等事案による被害が発覚時よりも拡大しないよう必要な措置を講ずる。

②事実関係の調査及び原因の究明

　漏えい等事案の事実関係の調査及び原因の究明に必要な措置を講ずる。

③影響範囲の特定

　上記②で把握した事実関係による影響の範囲を特定する。

④再発防止策の検討及び実施

　上記②の結果を踏まえ、漏えい等事案の再発防止策の検討及び実施に必要な措置を速やかに講ずる。

　次に、報告対象事態について述べると、個情法第26条では、次のケースが報告対象事態にあたるとされている。

---

①要配慮個人情報が含まれる個人データ[6]の漏えい等

---

[4] 個情法ガイドライン（通則編）3-5-2。なお、これらは、令和4年3月31日以前は、「個人データの漏えい等の事案が発生した場合等の対応について（平成29年個人情報保護委員会告示第1号）」（以下「旧漏えい等告示」という。）に基づき、望ましい措置とされていた。

[5] また、①〜④の措置に加えて、「漏えい等事案の内容等に応じて、二次被害の防止、類似事案の発生防止等の観点から、事実関係及び再発防止策等について、速やかに公表することが望ましい。」とされている（個情法ガイドライン（通則編）3-5-2(5)）。

[6] 高度な暗号化その他の個人の権利利益を保護するために必要な措置が講じられているものを除く。②〜④について同じ。

②不正利用により財産的被害が発生するおそれがある個人データの漏えい等(クレジットカード番号など)

③不正の目的をもって行われたおそれがある個人データの漏えい等（サイバー攻撃や従業員による情報持ち出しなど）

④1,000人を超える個人データの漏えい等

⑤①～④の「おそれ」

　報告対象事態が発生した場合の個情委への報告は、速報と確報の二段階に分けて実施する必要がある。

　速報は、報告対象事態を知った後、速やかに（個情法ガイドライン（通則編）によれば概ね3～5日以内）、概要や漏えい等した個人データの数などの報告事項[7]（個情法施行規則第8条、第10条参照）のうち、その時点で把握しているものを報告しなければならない。報告期限の起算点となる「知った」時点については、いずれかの部署が当該事態を知った時点を基準とするとされている。

　確報は、報告対象事態を知った日から30日以内（サイバー攻撃等の場合は60日以内）に、報告事項を報告しなければならない。もっとも、サイバー攻撃等の場合には60日以内であっても確報を行うことが難しいケースも多いと考えられ、個情法ガイドライン（通則編）によれば、確報を行う時点において、合理的努力を尽くしたものの全ての事項を報告することができない場合は、確報を行った後で追完することも可能とされている。

　次に、本人への通知については、状況に応じて速やかに行うこととされている。ただし、事案がほとんど判明しておらず、通知をしても本人のためにならず、かえって混乱が生じるような場合は、その時点では通知をしなくてもよいとされている。通知内容は、個情委への報告事項の一部であり、通知の方法は、文書の郵送、電子メールの送信等の様式に決まりはないが、本人に分かりやすい形での通知が望ましいとされている。また、本人への通知が困難である場合は、本人の権利利益を保護するために必要な代替措置を講ずることによる対応が認められる[8]。

イ　各分野における留意点

　報告対象事態については、原則として個情委へ報告する必要があるが、分野や業種によ

---

[7] 概要（漏えい等の発生日、発覚日など）、漏えい等した（おそれのある）個人データの項目（住所、電話番号、メールアドレス等）、漏えい等した（おそれのある）個人データに係る本人の数、原因、二次被害又はそのおそれの有無及びその内容、本人への対応の実施状況（本人への通知を含む）、公表の実施状況、再発防止のための措置、その他参考となる事項

[8] 例えば、本人への通知を行うに際して、保有する連絡先データが古い等の理由で、コンタクトを取ることが困難なケースがある。この場合には、本人の権利利益を保護するために必要な代替措置を講ずることによる対応が認められており、例として、①事案の公表や、②問合せ窓口を用意してその連絡先を公表し、本人が自らの個人データが対象となっているか否かを確認できるようにすることが挙げられている（個情法ガイドライン（通則編）3-5-4-5）。

っては、個情委から権限の委任を受けている府省庁に対する報告が必要となる[9]。

また、業法、分野別のガイドラインに基づく対応が必要となることもありうる。例えば、金融分野の事業者については、顧客情報の保護の観点から、金融分野の業法（銀行法第12条の2・銀行法施行規則第13条の6の5の2等）に基づき、その取り扱う個人顧客に関する個人データの漏えい等が発生し、又は発生したおそれがある事態を知ったときは、金融庁長官等に速やかに報告する必要があるとされている。具体的な対応は、①金融分野における個人情報保護に関するガイドライン、②金融分野における個人情報保護に関するガイドラインの安全管理措置等についての実務指針、③金融機関における個人情報保護に関するＱ＆Ａに規定されている。

ウ　特定個人情報（個人番号をその内容に含む個人情報）の漏えい等

特定個人情報の漏えい等についても、番号利用法等により、個人データの漏えい等と同様、個情委への報告や本人への通知が必要となる報告対象事態が規定されており、例えば、①情報提供ネットワークシステム等に記録された特定個人情報又は個人番号利用事務・個人番号関係事務（これらについては Q18 を参照）を処理するために使用する情報システムで管理される特定個人情報の漏えい等、②不正の目的をもって行われたおそれのある行為による特定個人情報の漏えい等、③特定個人情報が、電磁的方法により不特定多数の者に閲覧された事態、④100人を超える特定個人情報の漏えい等が報告対象事態にあたるとされている（番号利用法第29条の4、行政手続における特定の個人を識別するための番号の利用等に関する法律第29条の4第1項及び第2項に基づく特定個人情報の漏えい等に関する報告等に関する規則第2条参照）。もっとも、報告対象事態に該当しない場合であっても、個情委に報告するよう努めることとされている（特定個人情報の適正な取扱いに関するガイドライン（事業者編）別添23A参照）。

なお、特定個人情報の漏えい等事案が発覚した場合の、講ずべき措置や個情委への報告及び本人への通知については、個人データの漏えい等事案が発覚した場合と同様である。

エ　認定個人情報保護団体の対象事業者

認定個人情報保護団体とは、個情委の認定を受け、業界・事業分野ごとの個人情報等の適正な取扱いの確保を目的として所定の業務を行う法人であり、業界の特性に応じた自主的なルールとして、対象事業者に適用する個人情報保護指針を作成するよう努めなければならないとされている（個情法第54条）。例えば、後述するプライバシーマークの運用を担う一般財団法人日本情報経済社会推進協議会（JIPDEC）は、プライバシーマーク付与事業者をその対象事業者とする認定個人情報保護団体であり、個人情報保護指針も公表している[10]。

認定個人情報保護団体は、対象事業者において発生した漏えい等事案について自主的

---

[9] 個情委から権限の委任を受けている府省庁については、下記のサイトを参照。
https://www.ppc.go.jp/personalinfo/legal/kengenInin/
[10] 認定個人情報保護団体の一覧及び指針については下記サイトを参照。
https://www.ppc.go.jp/personalinfo/nintei/list/

取組みとして、対象事業者から漏えい等事案の情報を受け付けることは有効であるとされている。また、必要に応じて、漏えい等事案の報告を受け付ける体制を確立し、実効的な指導・助言等を行うことが望ましいとされている[11]。ただし、個情委等への報告義務の対象となる漏えい等事案については、報告事項を個情委等が求める内容とできる限り一致させるなど、対象事業者の過度な負担とならないよう努める必要があるとされている（個人情報の保護に関する法律についてのガイドライン（認定個人情報保護団体編））。

このように、認定個人情報保護団体の対象事業者である場合は、当該団体の個人情報保護指針に基づき、漏えい等事案が発生した場合に当該団体に報告する必要が生じる可能性がある点に注意が必要である。

オ　プライバシーマーク付与事業者

個人データの漏えい等が発生した事業者がプライバシーマーク（Pマーク）付与事業者（Q51も参照）である場合、プライバシー付与に関する規約第11条に基づき、契約上の義務として、事故等の発生に際して、可及的速やかにJIPDEC等の関係審査機関に報告しなければならない。同規約にいう「事故等」の範囲は、不正・不適正取得、目的外利用、不正利用といったものも含まれており、漏えい等に限られないため留意が必要である。

カ　海外法令

以上のほか、事業者が取り扱っている個人データについて海外法令が適用される場合には、当該法令に基づく当局対応が必要となる。例えば、GDPRが適用される場合は、個人データ侵害に関する監督機関への通知義務及び本人への通知義務が課される（Q84も参照）。

（2）セキュリティインシデントにおける事故報告制度[12]

データ漏えいをはじめとするサイバーセキュリティインシデントが発生した場合には、業法に基づく事故報告が必要となる場合がある。例えば、電気通信事業者の場合には、通信の秘密の漏えいその他総務省令で定める重大な事故が発生した場合は、総務大臣に対して遅滞なく報告しなければならない（電気通信事業法第28条および同法施行規則第57条）[13]。

このように、業法においては、情報の漏えいを含む事故の発生時に所管省庁に対する報告義務が定められている場合がある。サイバーセキュリティインシデントが明文に含まれていないとしても、当該インシデントによって要件を充足する場合には報告が必要となる点に注意が必要である。

---

[11] 令和4年4月1日より前は、旧漏えい等告示に基づき、認定個人情報保護団体の対象事業者において個人データの漏えい等事案が発生した場合は、認定個人情報保護団体に報告を行うこととされていた。

[12] 重要インフラ分野における事故報告制度等については、Q41も参照。

[13] 令和4年6月13日に可決成立した電気通信事業法の改正法（令和4年法律第70号）では、重大事故等の「おそれ」が発生した場合も報告対象となる旨が規定されている。

また、事業者による自発的な報告義務が定められていない場合であっても、特に許認可が必要となる事業に関しては、所管省庁が報告徴収の権限を有する法令が多い。このような場合、所管省庁が特定の事業者におけるサイバーセキュリティインシデントの発生を認識した場合には、報告を求めたり資料の提出を要求したりすることがありうる。

なお、この報告徴収の権限を根拠として省令・規則が定められるケースがある。例えば、電気通信事業に関して、総務省令として電気通信事業報告規則が定められており、電気事業に関して、経産省令として電気関係報告規則が定められている。前者に関しては、電気通信サービスの提供に支障を及ぼすおそれがある情報が漏えいした事故が発生した場合には、電気通信事業報告規則第7条の3に基づき、四半期報告が必要とされている。

（3）適時開示等

上場会社がサイバーセキュリティインシデントにあった場合には、有価証券上場規程第402条等に基づく適時開示、金融商品取引法第24条の5第4項に基づき臨時報告書の提出も検討する必要がある。これらについては Q6 を参照されたい。

3．参考資料（法令・ガイドラインなど）
本文中に記載のとおり

4．裁判例
特になし

Q8 サイバーセキュリティインシデント発生時の当局等対応②

企業が保有するデータの漏えいをはじめとするサイバーセキュリティインシデントにあった場合に対応したほうがよい事項としてどのようなものがあるか。

タグ：不正競争防止法、刑事訴訟法、金融商品取引法、営業秘密、限定提供データ

1．概要

企業が保有する情報が漏えいした場合は、法的な義務として対応が必要でなくとも、対応すべき事項又は対応が望ましい事項がある。具体的には、警察等への相談等、セキュリティ機関に対する相談や対応依頼、各種ガイドラインに基づく届出、重要インフラ事業者としての情報連絡等がありうる。

その他、漏えいした情報が法的に保護される営業秘密や限定提供データであれば、警察への被害届や刑事告訴、差止請求や損害賠償請求を検討すべきである。

2．解説
（1）警察等への相談等

外部からのサイバー攻撃や従業員による機密情報の持ち出しなどの事案が発生した場合における警察への通報や相談は、これを義務づける法令はないものの、積極的に行うことが望ましい。例えば、外部からのサイバー攻撃を受けたという場合は、攻撃者は不正アクセス禁止法等の法令に違反している可能性があり（Q76〜82参照）、また、従業員等によるデータの持ち出しの場合、不正競争防止法等の法令に違反する可能性もある（後記（6）参照）。

特に外部からのサイバー攻撃の場合、攻撃者を特定することが難しいケースが多いが、例えば令和3年4月には、JAXAに対するサイバー攻撃事案について、警視庁が中国共産党員を被疑者として検察庁に書類送致するなどのケースも出てきている。また、令和4年4月1日に施行された「警察法の一部を改正する法律」（令和4年法律第6号）に基づき、サイバー事案について捜査指導、解析、情報集約・分析、対策等を一元的に所掌するサイバー警察局が新設されており、サイバー事案の取締りが一層強化されることが期待される。

警察との連携のあり方としては、①必要な情報を提供するなどして相談する、②被害届を提出する、③告訴・告発を行う、などの手続があり得る。警察では、被疑者の検挙に向けた捜査を実施することに加えて、捜査で判明した犯罪の手口等を関係機関に提供してさらなる被害を防止するなどの取組を行っている。特に外部からのサイバー攻撃の場合は、まずは警察に相談した上で、最終的な対応を決定することも可能であるため、情報収集や対応方針の決定が完了するまで警察への通報や相談を控えるのではなく、早期に警察に連絡することが重要である。警察への通報や相談は、基本的に、最寄りの警察署又は都道府県警察本部

サイバー犯罪相談窓口[1]に行うこととされている。

　警察に対してだけではなく、それ以外の行政機関にも相談を行う選択肢もあり得る。例えば、所管省庁が存在する事業者では、当該業法においては、情報の漏えいを含む事故の発生時に所管省庁に対する報告義務が定められている場合があることは Q7 で述べたとおりである。また、昨今のサイバー攻撃事案のリスクの高まりを踏まえ、様々な機会において、関係省庁が合同でサイバーセキュリティ対策の強化を呼びかけるケースが増えており、不審な動き等を検知した場合の所管省庁への情報提供・相談を推奨している[2]。

（2）重要インフラ行動計画

　重要インフラ事業者においてサイバーセキュリティインシデントが発生した場合には、適用される業法に基づく法的義務としての対応が必要である（Q7 参照）。

　その他、重要インフラ事業者は、重要インフラ行動計画に基づき、重要インフラサービス障害を含むシステムの不具合等に関する情報のうち、以下のいずれかのケースに該当する場合には、所管省庁を通じて NISC に対する情報連絡を行うこととされている[3]。

　①　法令等で重要インフラ所管省庁への報告が義務付けられている場合
　②　関係主体が国民生活や重要インフラサービスに深刻な影響があると判断した場合であって、重要インフラ事業者等が情報共有を行うことが適切と判断した場合
　③　そのほか重要インフラ事業者等が情報共有を行うことが適切と判断した場合

（3）不正アクセスを受けた場合等における届出

　コンピュータウイルス・不正アクセスを検知した場合には、IPA が、「コンピュータウイルス対策基準」（平成 7 年通商産業省告示第 429 号）及び「コンピュータ不正アクセス対策基準」（平成 8 年通商産業省告示第 362 号）に基づき、コンピュータウイルスの感染被害の届出及び不正アクセス被害の届出を受け付けているので、これらの届出を行うことが望ましい。

　また、ソフトウェア又はそれを組み込んだハードウェアであって汎用性を有する製品の脆弱性（コンピュータウイルス、コンピュータ不正アクセス等の攻撃によりその機能や性能

---

[1] 都道府県警察本部のサイバー犯罪相談窓口
　https://www.npa.go.jp/bureau/cyber/soudan.html
[2] 2022 年のものとしては、例えば、以下の例がある。
　経済産業省・金融庁・総務省・厚生労働省・国土交通省・警察庁・内閣官房内閣サイバーセキュリティセンター・サイバーセキュリティ対策の強化について（注意喚起）
　https://www.nisc.go.jp/pdf/press/20220301NISC_press.pdf
　経済産業省・総務省・警察庁・内閣官房内閣サイバーセキュリティセンター・現下の情勢を踏まえたサイバーセキュリティ対策の強化について（注意喚起）
　https://www.nisc.go.jp/pdf/press/20220324NISC_press.pdf
[3] 情報連絡の方法については、NISC が「『重要インフラのサイバーセキュリティに係る行動計画』に基づく情報共有の手引書」を公開している。
　https://www.nisc.go.jp/pdf/policy/infra/tebikisho.pdf

を損なう原因となり得る安全性上の問題箇所）を発見した者は、IPA にその旨を届け出ることが望ましい（**Q67** 参照）。

（４）情報共有体制への情報共有

　サイバーセキュリティ協議会、JPCERT/CC[4]運営の早期警戒情報システム「CISTA」、IPA によるサイバー情報共有イニシアティブ「J-CSIP」等のサイバーセキュリティに関する情報共有の仕組みに対して情報提供を行うことも検討すべきである。こうした情報共有体制に対する情報提供を行うことで、何らかのフィードバックを得ることができ、インシデントの原因究明等に資するケースも多い。

（５）セキュリティ機関に対する相談・対応依頼

　JPCERT/CC は、インシデントに関する対応依頼を受け付けているため、対応を依頼する、又は相談することが考えられる。

　また、IPA は、サイバーレスキュー隊「J-CRAT（ジェイ・クラート）」を運営しているため、特に標的型サイバー攻撃を受けた場合には、IPA の「標的型サイバー攻撃特別相談窓口」宛てに相談することも考えられる。

（６）営業秘密の漏えい

　営業秘密の漏えいが発生した場合は（秘密として管理する顧客情報が漏えいした場合、漏えいした情報が個人データでもあると同時に営業秘密でもあることが考えられる）、営業秘密を開示・取得した者等の行為が、不正競争防止法上の営業秘密侵害罪（同法第 21 条等）や、不正アクセス禁止法違反の罪（同法第 11 条）、背任罪（刑法第 247 条）、横領罪（同法第 252 条）等に該当する可能性があることを踏まえた対応を検討すべきである。

　具体的には、漏えいが発覚した場合は、速やかに事実関係の調査と原因を分析し証拠を保全した上で、これらの犯罪が成立する可能性がある場合は、早急に警察への被害届や告訴（刑事訴訟法第 230 条）を検討すべきである。

　加えて、営業秘密の漏えいにより、企業に多大な損害が発生するおそれもあることから、営業秘密の開示者・取得者等に対して差止（不正競争防止法第 3 条）及び仮の差止を求めることや、既に損害が発生している場合については損害賠償請求（同法第 4 条）を行うことを検討すべきである。

　さらに、企業に在籍している従業員により営業秘密の漏えいが発生した場合については、企業内において当該従業員に対する処分（懲戒解雇、降格等）を行うことを検討すべきであ

---

[4] 一般社団法人 JPCERT コーディネーションセンター。インターネットを介して発生する侵入やサービス妨害等のコンピュータセキュリティインシデントについて、日本国内に関するインシデント等の報告の受付、対応の支援、発生状況の把握、手口の分析、再発防止のための対策の検討や助言などを、技術的な立場から行う組織。
https://www.jpcert.or.jp/

る。

（7）限定提供データの漏えい

　営業秘密の要件を満たさない情報であっても限定提供データ（同法第2条第7項）に該当する情報であれば、不正取得した限定提供データの開示・使用等の行為について差止請求ができ（同法第3条）、また損害が発生した場合は損害賠償請求（同法第4条）を行うことが可能である。

　そのため、営業秘密が漏えいした場合と同様に、被害の拡大防止措置や事実関係の調査、原因の究明をした上で、限定提供データの不正取得等が認められた場合には、早急に民事保全手続きによる仮の差止を求めることや、損害賠償請求を行うことを検討すべきである。

　なお、限定提供データに関しては、不正競争防止法上では不正取得者等に対して刑事罰の規定は設けられていない。もっとも、営業秘密を取得した者等の行為に該当し得るその他の犯罪（不正アクセス禁止法違反、電子計算機使用詐欺罪）については成立する余地があることから、該当する場合には、速やかに事実関係の調査と原因を分析し証拠を保全した上で、早急に警察への相談や告訴を検討すべきである。

（8）情報漏えい等があったという事実とインサイダー取引

　サイバー攻撃を受け、大規模な損害の発生が想定される場合、情報漏えいがあったという事実そのものが上場会社等の業務等に関する重要事実（金融商品取引法第166条。以下「インサイダー情報」という。）に該当し得る。

　この場合、当該情報を知った会社関係者等が当該事実の公表前に株式の売買等を行うことは、インサイダー取引として課徴金（同法第175条第1項）及び刑事罰の対象となり得るほか（同法第197条の2第13号）、会社も刑事罰の対象となり得る（両罰規定。同法第207条1項2号）。

　ただし、上場会社等の役員等が上場会社等の計算でインサイダー取引を行った場合のうち、自己株式取得が行われた場合において、同法第177条に定める課徴金に関する調査のための処分がなされる前に、自主的に証券取引等監視委員会に報告すれば、課徴金額が減額される（同法第185条の7第14項）。

　そこで、会社関係者は、課徴金の減額が可能な場合には適時に証券取引委員会にインサイダー取引の事実を報告するほか、会社としても速やかに事実関係の調査と原因を分析したうえで、捜査機関の調査に協力することが望ましい。

　また、漏えいした情報の内容にインサイダー情報が含まれているという場合、漏えいの結果当該情報を基に不公正な取引が行われる恐れが高まることから、当該不公正な取引を防止するため、当該情報の公表を検討すべきである。

３．参考資料（法令・ガイドラインなど）

・サイバー攻撃被害に係る情報の共有・公表ガイダンス（令和5年3月8日）

・その他、本文中に記載のとおり

４．裁判例

特になし

Q9 インシデントレスポンスと関係者への対応

企業においてサイバーセキュリティインシデントが発生した際には、どのような流れで対応する必要があるか。法令やガイドラインに基づく対応以外に、例えば契約等に基づいて連絡する必要がある相手方としてどのような者が挙げられるか。

タグ：インシデント対応、デジタル・フォレンジック、サイバー保険、EC サイト、脅威
　　　インテリジェンスサービス

1．概要

　サイバーセキュリティインシデント発生時の対応としては、大要、インシデントの検知・認識、トリアージ、初動対応・調査（初期調査、詳細調査）、対外対応、再発防止策、プレスリリース等が必要になる。自社だけで対応が困難である場合には、外部の事業者に対応を依頼することが必要になる。その他、取引先や委託先、保険会社への連絡が必要となる場合もある。さらに、脅威インテリジェンスサービスの活用が二次被害の防止に寄与する可能性もあるので検討に値する。

2．解説

（1）インシデント対応の一般的な流れ

　インシデント発生時には、大きく以下のような対応が必要になる。ア：インシデントの検知・認識、イ：トリアージ、ウ：初動対応・調査（初期調査、詳細調査）、エ：対外対応、オ：再発防止策。さらに、プレスリリースをすべきか等の検討も必要になる場合も多い。JPCERT/CC が公開する「インシデントハンドリングマニュアル」は、インシデント対応における各作業について解説を加えており参考になる。

ア　検知・認識

　インシデントへの対応は、インシデントを検知・認識することから始まる。検知の契機は、システムやネットワークの監視を行う担当者等からの連絡や、外部の業者等からの指摘などがあるが、大まかには、自ら検知するか、外部業者等の第三者からの連絡を受ける形で認識することとなる。

　自ら検知することは難しいケースも多いため、検知・認識の機会を増やすためには、外部からの連絡を適切に受け付けることができるようにしておくことが肝要である。例えば、ウェブサイトを運営している場合には、問合せ窓口を整備する、又は、ドメイン情報を Whois サービスで検索した場合に表示される技術連絡担当者の連絡先を適切にメンテナンスしておくべきである。

　なお、個情法ガイドライン（通則編）においては、サイバー攻撃事案において個人デー

タの漏えい等のおそれがある事態に該当しうる事例として、「不正検知を行う公的機関、セキュリティ・サービス・プロバイダ、専門家等の第三者から、漏えいのおそれについて、一定の根拠に基づく連絡を受けた場合」が挙げられているため、外部からの連絡には注意が必要である。

イ　トリアージ

トリアージは、インシデントを検知・認識した後、限られたリソースの中でどのように対応するか、優先順位等をどうするか等を決定する作業である。トリアージの過程で、インシデントの検知が誤りであったことがわかれば、当該インシデント対応としては、その場で終了ということになる。どのように対応すべきか方針を決定するためには、事実関係の整理が重要である。つまり、いつ、どこで、何が、どのように起こったのか、また、当事者や関係者が誰かという点を整理し、判断に必要な事実関係を的確に把握しなければならない。

トリアージの流れは一般的には次のとおりである[1]。

①得られた情報に基づいて、事実関係を確認し、その情報を得た CSIRT が対応すべきインシデントか否かを判断する。その際には、必要に応じて、インシデントの報告者等と情報をやり取りして詳細を確認する。

②CSIRT が対応すべきインシデントではないと判断した場合は、その判断の根拠を自組織のポリシーなどに照らして可能な範囲で詳細に、報告者に回答したり、情報をやり取りした関係者に報告したりする。

③CSIRT が対応する、しないにかかわらず、関係者に速やかな対応を依頼すべき、又は情報提供すべきと判断した場合は、注意喚起などの情報発信を行なう。

④CSIRT が対応すべきと判断した場合には、インシデントを「インシデント対応」の対象とする。

ウ　初動対応・調査（初期調査、詳細調査）

トリアージの結果、インシデント対応部署において対応を行うことを決定した場合には、インシデント対応をスタートさせることになる。まずは事実関係の詳細を整理し、とりまとめを行い、被害原因及び被害範囲を調査し、被害の拡大を防止するための措置を速やかに講じる必要がある。

被害の拡大防止措置としては、例えば、ある端末において不正プログラムの感染が疑われる場合に、当該端末を社外及び社内のネットワークから切り離すなどの措置などが挙げられる。初動対応においては、インシデントによる被害の拡大防止のために、封じ込めを行うことも重要である。必要に応じて情報システムの全部又は一部を一時的に停止するという業務継続に影響を及ぼす判断を下すこともあり得るため、その判断権限を有する者をインシデント対応チームに含めておく必要がある。

被害の原因を特定し、調査・解析を行うに当たっては、ログの保全やマルウェア感染端

---

[1] JPCERT/CC「インシデントハンドリングマニュアル」10~11 頁

末の確保等を行い、デジタル・フォレンジック[2]を実施し、必要な証拠を保全等すること が重要である。例えば、不正プログラムの感染が疑われるコンピュータを再起動すると、 揮発性メモリに保存されているデータが失われることがあるので注意を要する。デジタ ル・フォレンジックについては、自社において実施することが困難である場合には、外部 事業者に委託することになる。外部委託に当たっては、IPA が公開する「情報セキュリ ティサービス適合サービスリスト」[3]中、「デジタルフォレンジックサービス」に掲載されて いる事業者及びサービスが参考になる。

また、被害範囲の特定のために、脅威インテリジェンスサービス（**Q58** 参照）などのウ ェブモニタリングサービスを活用することも考えられる。漏えいした情報が、どこかのサ ーフェスウェブやダークウェブにアップロードされている可能性もあるため、このよう なサービスを活用することで、自社から漏えいした情報の流通・拡散状況を可能な範囲で モニタリングし、被害範囲を特定した上で必要な対策をとることができる。例えば、漏え いした個人情報がダークウェブ上に流通していることが判明すれば、それを本人に伝え て ID やパスワードの変更等を促し、二次被害の防止につなげることも可能である。

エ　対外対応

対外対応について、対応すべきステークホルダーには、①関係行政機関、②警察などの 法執行機関、③攻撃者又は加害者、④関連する契約の相手方、⑤情報漏えいが発生した場 合の被害者等が挙げられる。本項では、④について紹介し、残りはそれぞれ **Q7**、**Q8** にお いて説明する。対外対応に関連して、インシデントに関する情報を公表するかどうか、ま た、公表するとしてどのような情報をどのタイミングで公表するかについても検討が必 要である。

なお、フィッシングサイトへ対応する場合には、テイクダウン活動として、JPCERT/CC やフィッシング対策協議会等に対して、フィッシングサイトのテイクダウンを依頼する ことも考えられる。

オ　再発防止策

最後に再発防止策についてであるが、今後、同種のインシデントの発生を防止するため に、その原因を究明し、再発防止策を実施することも重要である。加えて、インシデント 対応終了後の総括として、インシデントの経緯、対応策、反省点や改善点に関する詳細を 記録として残しておくことが重要である。このような記録が、今後のサイバーセキュリテ ィ対策の参考となるためである。

（2）インシデント発生時の関連する契約の相手方への対応について

サイバーセキュリティインシデントの発生により情報の漏えい等が発生してしまった場

---

[2] デジタル・フォレンジックについては Q66 を参照
[3] 経産省が策定した「情報セキュリティサービス基準」に適合するものとして審査機関によっ て認められた事業者のサービスをリストとして公開したものである。

合には、委託関係を含む取引先との契約等に基づいた行動をとることが必要となる。

ア　取引先への連絡

　取引先との契約に基づき提供・開示を受けたデータについて漏えい等が発生した場合、当該取引先との契約において、秘密情報の守秘に関する条項が定められている場合には、漏えい等が発生した場合に当該条項に違反する可能性が考えられるため、契約内容をよく確認することが重要である。契約によっては、開示時に「秘密」と明示していなければ「秘密情報」に該当しないなど、「秘密情報」がかなり狭義に定められているものもあり、このような場合には漏えい等した情報が秘密情報に該当しないと整理することも可能であろう。また、契約相手に対する報告義務についても、規定内容は多岐にわたっており、たとえば、秘密情報の漏えい等が発生した場合の報告義務が定められている場合もあれば、広くサイバーセキュリティインシデント発生時（又はそのおそれの発生時）の報告義務が定められている場合もある。

イ　委託先への連絡と調査依頼等

　企業が、情報システムの開発や保守運用を委託先に行わせることも多い。このように委託先を利用している場合には、サイバーセキュリティインシデントが発生した際には、委託先に連絡して調査依頼をすることとなる。調査の結果、サイバーセキュリティインシデントの発生原因が委託先に起因することが判明した場合には、当該委託先との契約等に基づき、責任追及をすべきか否か等も検討する必要が生じる。

　上記のほか、(1)ウの調査で紹介したデジタル・フォレンジックを行うために、外部事業者にフォレンジック調査を委託することが必要となる場合も多いと思われる。

　また、サイバー保険に加入している場合には、保険会社への連絡も必要である（サイバー保険に関しては、Q65 を参照）。

ウ　クレジットカード情報の漏えい等

　クレジットカード情報の漏えい等が発生した場合には、クレジットカード会社との関係についても留意が必要である。例えば、EC サイトを運営する事業者においてクレジットカード情報が漏えい等したケース[4]を想定すると、まず、クレジットカード会社が、モニタリングシステムを通じて情報の漏えい元と判断した EC サイトに対して連絡することを契機として、インシデント対応が始まることがある。また、クレジットカード情報の漏えい等事案においては、原則としてフォレンジック機関によるフォレンジック調査が行われる。なお、インシデントの規模や内容により PCI SSC が認定するフォレンジング機関（PFI:PCI Forensic Investigator）による調査となることに留意を要する。そして、クレジットカード会社がクレジットカードのユーザに対して不正利用された金額の補償

---

[4] EC サイトを狙った不正アクセスが多発しており、個情委へも、EC サイトへの不正アクセスによる個人データ漏えい等の事案が多く報告されている（個情委「EC サイトへの不正アクセスに関する実態調査」（令和 4 年 3 月 16 日）。

等を行っている場合、クレジットカード会社と EC サイト運営事業者の間で、当該補填金額を最終的に誰が負担するかという観点で協議等を行う必要がある（その他クレジットカード情報の取り扱いについては、Q16 を参照）。

３．参考資料（法令・ガイドラインなど）

本文中に記載のとおり

４．裁判例

特になし

Q10 個情法の安全管理措置義務とサイバーセキュリティの関係

企業が個人情報を取り扱うに当たって、個情法が要求する安全管理措置を講ずるための具体的な対応はどのようなものか。企業が取り扱う個人情報について、保存・消去、本人からの訂正・消去等請求への対応における注意点は何か。
また、企業におけるサイバーセキュリティ対策と個情法への対応の関係性はどのようなものか。

> タグ：個情法、個人データ、安全管理措置、保有個人データ、ISO/IEC27001、JIS Q 15001、Ｐマーク

１．概要

　個情法上、個人情報取扱事業者は、個人データの安全管理のために「必要かつ適切な」措置を講ずる必要があるところ、当該措置は、個人データの漏えい等（漏えい、滅失、毀損）をした場合に本人が被る権利利益の侵害の大きさを考慮し、事業の規模及び性質、個人データの取扱状況（取り扱う個人データの性質及び量を含む。）、個人データを記録した媒体の性質等に起因するリスクに応じて、必要かつ適切な内容としなければならない。現況調査のためには、データの棚卸とその結果に基づくリスク分析評価が有益である[1]。

　また、個人データの漏えい等を防止するためには、保有する個人データの正確性、最新性を確保しつつ、利用する合理的な必要性が直ちには存在しない個人データを保持せず、なおかつ、利用する必要がなくなった個人データを遅滞なく消去することも重要である。

２．解説

（１）はじめに

　企業が個人情報を取り扱うに当たっては、原則として個情法が適用される。そこで、各々の企業は、同法が要求する安全管理措置義務とはどのようなものであるかを把握したうえで具体的な対応を行うことが求められる。

　個情法第23条では、安全管理措置として「個人情報取扱事業者は、その取り扱う個人データの漏えい、滅失又は毀損の防止その他の個人データの安全管理のために必要かつ適切な措置を講じなければならない」と規定しており、同規定は、取り扱う個人情報の内容、規模及び個人情報の取扱い態様に関わらず、個人情報取扱事業者に対して一律に課されるものであることから、実際に個人情報を取り扱う現場における「必要かつ適切」であると言えるための安全管理の水準設定と、具体的な措置内容を精査し、判断することが必要となる。

1　「データマッピング・ツールキット」について、下記サイトを参照。
　https://www.ppc.go.jp/personalinfo/independent_effort/

ここにいう「個人データ」とは、個人情報データベース等[2]を構成する個人情報のことをいう（個情法第16条第1項、第3項）。例えば、名刺が束のまま未整理の状態（他人には容易に検索できない独自の分類方法により分類された状態を含む）で保管されている場合は、名刺に記載された情報は、個人情報には当たるが個人データには当たらない。一方で、名刺の情報が名刺管理ソフト等で入力・整理されている場合は、特定の個人情報を検索することができるよう体系的に構成されているとして、名刺に記載された情報[3]は、個人データに該当する[4]。

以下では、企業が個人データの安全管理措置義務に対応するため、また、対応の実施に際して必要となる内部規程・ガイドライン等の策定、体制整備、技術的対策等の具体的な措置について確認する。また、これらに関連するものとして、個人情報の保存・消去、本人からの訂正・消去等の請求について確認しつつ注意点に触れることとする。

（2）個情法における安全管理措置

個人情報取扱事業者は、その取り扱う個人データの漏えい等の防止その他の個人データの安全管理のため、必要かつ適切な措置を講じなければならない。個情法ガイドライン（通則編）は、「個人データが漏えい等をした場合に本人が被る権利利益の侵害の大きさを考慮し、事業の規模及び性質、個人データの取扱状況（取り扱う個人データの性質及び量を含む。）、個人データを記録した媒体の性質等に起因するリスクに応じて、必要かつ適切な内容としなければならない。」としており、また、同ガイドラインにある手法例については、必ずしも全てに対応する必要はなく、また、適切な手法はこれらの例示の内容に限られないとしている（同ガイドライン「10（別添）講ずべき安全管理措置の内容」参照）。

同ガイドラインでは、具体的な措置として、①基本方針の策定、②個人データの取扱いに係る規律の整備、③組織的安全管理措置、④人的安全管理措置、⑤物理的安全管理措置、⑥技術的安全管理措置を列挙している。さらに、令和2年の個情法改正を踏まえたガイドラインの改正により、安全管理措置の内容として⑦「外的環境の把握」が追加された。安全管理措置は、組織的に取り組むことが肝要であるところ、具体的な措置を講じる前提として、①基本方針の策定を行うことが重要であり、同ガイドラインでは、「事業者の名称」、「関係法令・ガイドライン等の遵守」、「安全管理措置に関する事項」、「質問及び苦情処理の窓口」等

---

[2] 特定の個人情報をコンピュータを用いて検索することができるよう体系的に構成した、個人情報を含む情報の集合物、又は、コンピュータを用いてない場合であっても、紙面で処理した個人情報を一定の規則で整理・分類し、特定の個人情報を容易に検索することができるように目次、索引、符号等を付し、他人によっても容易に検索可能な状態に置いているものも該当する。

[3] 例えば、多数の個人情報が保存されているデータベースから1人分の個人情報を紙面に出力したとしても、当該紙面に記載された個人情報は個人データに該当する（個情法ガイドライン（通則編）2-6も参照）。

[4] 詳細は個情法ガイドライン（通則編）2-4、2-6を参照。

51

を含めた基本方針を策定することが挙げられている[5]。②個人データの取扱いに係る規律の整備を行うに当たっては、組織的安全管理措置（③）、人的安全管理措置（④）、物理的安全管理措置（⑤）及び技術的安全管理措置（⑥）の内容を織り込むことが重要である。

③組織的安全管理措置を行うに当たっては、組織体制の整備（責任者の設置及び責任の明確化等）、個人データの取扱いに係る規律に従った運用、個人データの取扱状況を確認するための手段の整備、漏えい等の事案に対応する体制の整備、取扱状況の把握及び安全管理措置の見直しといった措置を講じることが求められる。

④人的安全管理措置を行うに当たっては、従業者に対して適切な教育を行うことが求められる。

⑤物理的安全管理措置としては、個人データを取り扱う区域の管理、機器及び電子媒体等の盗難等の防止、電子媒体等を持ち運ぶ場合の漏えい等の防止、個人データの削除及び機器、電子媒体等の廃棄が求められる。

⑥技術的安全管理措置としては、アクセス制御、アクセス者の識別と認証、外部からの不正アクセス等の防止、情報システムの仕様に伴う漏えい等の防止が求められる。

⑦外的環境の把握としては、外国において個人データを取り扱う場合、当該外国の個人情報保護制度を把握した上で、安全管理措置を講じることが求められる。

具体的な手法の例については、同ガイドラインのほか、個情法 QA「1-10 講ずべき安全管理措置の内容」（Q10-1〜Q10-25）等を参照されたい[6]。

（3）保有個人データに関する安全管理措置の公表等

保有個人データとは、個人情報取扱事業者が、開示、内容の訂正、追加又は削除、利用の停止、消去及び第三者への提供の停止を行うことのできる権限を有する個人データをいい、取り扱う情報がこの保有個人データに該当する場合には、事業者は、本人の求めに応じて遅滞なく回答する場合も含め、一定の事項を本人の知り得る状態に置かなければならない（以下「公表等」という。）。令和2年個情法改正に伴い、どのような安全管理措置が講じられて

---

[5] また、上記の安全管理措置を講ずるための前提として、企業内のデータの取り扱いの現況を把握することが肝要であり、実務上は、いわゆるデータの棚卸作業を行うケースがある。データの棚卸とは、手順等が確立しているものではないが、一般的に、当該企業において取り扱っているデータおよび当該データの利用態様を把握するために、各部署へ質問票を配布し、実際にデータを取り扱っている担当者に質問票の記入を求め、適宜必要な調整を行っていくという手法である。

[6] なお、平成27年の個情法改正（平成29年施行）前は、事業に用いる個人情報データベース等の対象者が5,000人を超えない場合は、個人情報取扱事業者に該当しなかったため、安全管理措置その他の個情法上の義務は生じなかったが、同改正により、事業に用いる個人情報データベース等の対象者が5,000人を超えない場合であっても、個人情報取扱事業者に該当し、安全管理措置その他の各種義務を履行する義務が課されることとなった。ただし、個情法ガイドライン（通則編）において、従業員の数が100人以下の中小規模事業者については、取り扱う個人データの数量及び個人データを取り扱う従業員数が一定程度にとどまること等を踏まえ、講ずべきとされている安全管理措置について、円滑に義務を履行しうるような手法の例が示されている。

いるかについて、本人が把握できるようにする観点から、公表等すべき事項が一部追加され、保有個人データの安全管理のために講じた措置（上記（2）の①〜⑦）についても公表等すべきこととなった（個情法第32条1項4号、同法施行令第10条1号。ただし、保有個人データの安全管理のために講じた措置のうち、公表等することにより保有個人データの安全管理に支障を及ぼすおそれがあるものは、同号カッコ書きにより、公表等の対象から除かれている。）。①〜⑦の中で、特に⑦の「外的環境の把握」との関係については留意すべきであり、外国において個人データを取り扱う場合、当該外国の名称を明らかにし、当該外国の制度等を把握した上で講じた措置の内容を公表等する必要がある[7]。

　「本人の知り得る状態」とは、本人が知ろうとすれば知ることができる状態に置くことをいい、常にその時点での正確な内容を知り得る状態に置かなければならないと考えられている。そのため、必ずしもウェブサイトへの掲載や事務所等の窓口等へ掲示すること等が継続的に行われることまで必要ではないが、事業の性質及び個人情報の取扱状況に応じ、内容が本人に認識される合理的かつ適切な方法によらなければならない。

　上記のとおり、「公表等」は、必ずしもウェブサイトへの掲載を求められるものではないが、実務上は、自社ウェブサイトに設置しているプライバシーポリシーにおいて公表する例が多いため、安全管理措置についてもここで公表することが考えられる。なお、公表等すべき事項の一部をウェブサイトに掲載して公表し、残りの事項は本人の求めに応じて遅滞なく回答する、という対応も可能である。

（4）個人データの保存・消去、本人からの訂正・消去等の請求

　個人データの漏えい等を防止するためには、保有する個人データの正確性、最新性を確保しつつ、利用する合理的な必要性が直ちには存在しない個人データを保持しないことが重要である。個情法上も、個人データは、利用目的の達成に必要な範囲内において、個人データを正確かつ最新の内容に保つよう努めなければならず、また、利用する必要がなくなったときは、当該個人データを遅滞なく消去するよう努めなければならないとされており（個情法第22条）、遅滞なく消去することは、個人データの漏えい等を防止する観点からも重要である。

　なお、本人は、個人情報取扱事業者に対して、当該本人が識別される「保有個人データ」（個情法第16条第4項））[8]の開示を請求することができる（同法第33条第1項）。

　加えて、保有個人データについては、その内容が事実でない場合、利用目的の達成に必要な範囲内において、本人からの訂正等の請求に応じる義務もある（同法第34条第1項、第

---

[7] 例えば、外国にある支店・営業所に個人データを取り扱わせる場合、外国にある第三者に個人データの取扱いを委託する場合、外国に所在するクラウドサービス提供事業者の管理するサーバに個人データを保存する場合、外国に所在するサーバに個人データを保存する場合等には、当該外国の制度等を把握した上で安全管理措置を講じる必要がある（詳細は、個情法QA10-22〜10-25)。

[8] 個人データのうち、個人情報取扱事業者が、本人等から請求される開示等に応じることができる権限を有するもの。詳細は個情法ガイドライン（通則編）2-7を参照。

2 項）。

このほか、本人は、個人情報取扱事業者に対し、個情法に規定された事由（目的外利用、不正取得等）がある場合に、保有個人データの利用停止等又は第三者への提供の停止を請求することができる。令和2年個情法改正により、そのような事由として、保有個人データを利用する必要がなくなった場合、保有個人データに係る報告対象事態（Q7参照）が生じる場合、その他本人の権利又は正当な利益が害されるおそれがある場合が追加されている（個情法第35条第5項）。

（5）サイバーセキュリティ対策との関係

サイバーセキュリティ基本法第2条にいう「サイバーセキュリティ」の定義（Q1参照）には、情報の安全管理のための措置をとり、それが適切に維持管理されていることが含まれており、その点では個情法に基づく個人データの安全管理措置義務と法文上類似する。

ただし、サイバーセキュリティは、個人データに限らず、不正競争防止法（平成5年法律第47号）にいう営業秘密や価値あるデータ（限定提供データ）など、「情報」を全般的に対象とするものである。また、サイバーセキュリティの定義には、情報の安全管理のみならず、情報システム及び情報通信ネットワークの安全性・信頼性も明示的に定義に含んでいる点で、個情法に基づく個人データの安全管理措置義務とは異なるといえる。

なお、企業等におけるサイバーセキュリティ対策の実効性担保のため仕組み[9]としては、情報セキュリティマネジメントの規格として、ISMS[10]要求事項を記した ISO/IEC27001（JIS Q 27001）を挙げることができる。また、個人情報を対象とする日本産業規格として、JIS Q 15001（個人情報保護マネジメントシステム－要求事項）があり、一般財団法人日本情報経済社会推進協会（JIPDEC）は、当該要求事項に基づく個人情報保護マネジメントシステムを定めていること等を条件としてプライバシーマーク（Pマーク）を付与する制度を運営している。更に、PIA[11]については、国際標準として、ISO/IEC 29134 が、PIA の実施プロセス及び PIA 報告書の構成・内容についてのガイドラインを提供しており、これの日本産業規格として、JIS X 9251 がある。

3．参考資料（法令・ガイドラインなど）

・個情法
・個情法ガイドライン（通則編）
・個情法QA

---

[9] Q5 も参照。
[10] Information Security Management System の略。
[11] プライバシー影響評価(Privacy Impact Assessment)。個人情報等の収集を伴う事業の開始や変更の際に、プライバシー等の個人の権利利益の侵害リスクを低減・回避するために、事前に影響を評価するリスク管理手法のこと。個情委の下記ページも参照。
https://www.ppc.go.jp/personalinfo/independent_effort/

４．裁判例

特になし

Q11 個人データの取扱いの委託と安全管理

委託先に個人データを取り扱わせる場合、委託元にどのような監督責任が生じるのか。

タグ：個情法、個人データ、委託、監督、監査、外的環境の把握

1．概要

個情法では、個人データの取扱いを委託する場合に、委託先において当該個人データについて安全管理措置が適切に講じられるよう、委託先に対し必要かつ適切な監督を行うことが求められる。具体的には、①適切な委託先の選定、②委託契約の締結、③委託先における個人データの取扱状況の把握などが考えられる。

2．解説

（1）考え方

個人情報取扱事業者は、個人データの取扱いの全部又は一部を委託[1]する場合は、委託先において当該個人データについて安全管理措置が適切に講じられるよう、委託先に対し必要かつ適切な監督を行わなければならない（個情法第25条）。

「全部又は一部を委託」とされているとおり、一部を委託する場合、すなわち委託元の個人データの取扱いの一部を委託先に処理させる場合はもちろん、取扱いの全部を委託する場合でも、委託元には委託先への監督責任が生じる。

具体的には、個人情報取扱事業者は、個情法第23条に基づき自らが講ずべき安全管理措置（個人データの漏えい、滅失、又は毀損の防止等）と同等の措置が講じられるよう、必要かつ適切な監督を行うものとされている。

なお、個人データの第三者提供に当たっては原則として本人の事前同意が必要だが（個情法第27条第1項）、個人データの取扱いの委託に伴って当該個人データを委託先に提供する場合には、委託先は「第三者」に該当しないとされるため、本人の事前同意を得ることなく委託先に個人データを提供することが可能である（同法第27条第5項第1号）[2]。

（2）委託先を監督する責任の内容

委託先の監督責任の内容は、個情法ガイドライン（通則編）3-4-4によれば、委託業務の内容に対して必要のない個人データを提供しないことをはじめとして、取扱いを委託する個人データの内容を踏まえ、個人データが漏えい等（漏えい、滅失又は毀損）をした場合に

---

[1] 個人データの取扱いの委託とは、契約の形態・種類を問わず、個人情報取扱事業者が他の者に個人データの取扱いを行わせることをいい、具体的には、個人データの入力、編集、分析、出力等の処理を行うことを委託することが想定される。

[2] ただし、「外国にある第三者」の場合は、国内にある第三者とは異なる制限が設けられている。詳しくは、Q12・2（1）エ参照。

本人が被る権利利益の侵害の大きさを考慮し、委託する事業の規模及び性質、個人データの取扱状況（取り扱う個人データの性質及び量を含む。）等に起因するリスクに応じた、必要かつ適切な措置を講じることとされている。

具体的には、①適切な委託先の選定、②委託契約の締結、③委託先における個人データ取扱状況の把握等が考えられる。

（3）適切な委託先の選定

委託先の選定に当たっては、委託先の安全管理措置が、少なくとも個情法第23条及び個情法ガイドライン（通則編）において委託元に求められるものと同等であることを確認するため、同ガイドライン「10（別添）講ずべき安全管理措置の内容」に定める各項目が、委託する業務内容に沿って、確実に実施されることについて、あらかじめ確認しなければならない。

（4）委託契約の締結

委託契約には、当該個人データの取扱いに関する、必要かつ適切な安全管理措置として、委託元、委託先双方が同意した内容とともに、委託先における委託された個人データの取扱状況を委託元が合理的に把握することを盛り込むことが望ましい。

（5）委託先における個人データの取扱状況の把握

委託先における委託された個人データの取扱状況を把握するためには、定期的に監査を行う等により、委託契約で盛り込んだ内容の実施の程度を調査した上で、委託の内容等の見直しを検討することを含め、適切に評価することが望ましい。

また、委託先が再委託を行おうとする場合は、委託を行う場合と同様、委託元は、委託先が再委託する相手方、再委託する業務内容、再委託先の個人データの取扱方法等について、委託先から事前報告を受けること又は承認を行うこと、及び委託先を通じて又は必要に応じて自らが、定期的に監査を実施すること等により、委託先が再委託先に対して本条の委託先の監督を適切に果たすこと、及び再委託先が個情法第23条に基づく安全管理措置を講ずることを十分に確認することが望ましい。再委託先が再々委託を行う場合以降も、再委託を行う場合と同様である。

個情法ガイドライン（通則編）「10（別添）講ずべき安全管理措置の内容」において明確に委託に言及しているものとして以下のものが挙げられる。

- 組織的安全管理措置のうち、個人データの取扱いに係る規律に従った運用の手法例として、「個人情報データベース等の削除・廃棄の状況（委託した場合の消去・廃棄を証明する記録を含む。）」が挙げられている。
- 物理的安全管理措置について、「個人データを削除した場合、又は、個人データが記録された機器、電子媒体等を廃棄した場合には、削除又は廃棄した記録を保存すること

や、それらの作業を委託する場合には、委託先が確実に削除又は廃棄したことについて証明書等により確認することも重要である。」とされている。

（6）委託先の監督責任に関する留意点

委託先の監督責任に関しては、上記のとおり個情法第25条が問題となるが、それ以外の法令が問題となる場合があるため、同法はもちろん、他の法令に適合しない対応にならないよう注意すべきである。

例えば、具体的には、優越的地位にある者が委託元の場合、委託先に不当な負担を課す場合や、従業者等から取得する個人情報に関する誓約書において損害賠償額の予定や違約金を定めることなどが労働基準法第16条に違反する場合等が挙げられる。また、いわゆるサプライチェーン・リスクに関してはQ47も参照されたい。

（7）外国における個人データの取扱い

個人情報取扱事業者は、外国において個人データを取り扱う場合[3]には、「外的環境の把握」として、当該外国の個人情報保護制度等を把握した上で、個人データの安全管理のために必要かつ適切な措置を講じなければならない（個情法第23条、個情法ガイドライン（通則編）10-7）。

委託先（再委託先を含む）が外国において個人データを取り扱う場合も同様であって、委託元は、当該外国の個人情報保護に関する制度等を把握した上で、委託先の監督その他の安全管理措置を講じる必要がある。その上で、「保有個人データの安全管理のために講じた措置」として、当該外国の名称を明らかにし、当該外国の制度等を把握した上で講じた措置の内容を本人の知り得る状態に置く必要がある（個情法QA10-24）。

3．参考資料（法令・ガイドラインなど）
・個情法第23条、第25条
・個情法ガイドライン（通則編）3-4-4

4．裁判例
特になし

---

[3] なお、外国において個人データを取り扱う場合の留意点としては、本トピックが対象としている安全管理措置との関係以外に、第三者提供との関係がある。これについては、Q12を参照。

Q12 クラウドサービスの活用と個情法

クラウドサービスを活用している場合に、個情法上どのような点に留意すべきか。

タグ：個情法、安全管理措置、委託先の監督、クラウドサービス、外国にある第三者、外的環境の把握

1．概要

　第三者の提供するクラウドサービスを利用し、その管理するサーバに個人データを保存する場合において、クラウドサービスを提供する事業者（以下、本項において「クラウドサービス提供事業者」という）が当該個人データを取り扱わないこととなっている場合には、当該クラウドサービスを利用する事業者（以下、本項において「クラウドサービス利用事業者」という）は、クラウドサービス提供事業者に当該個人データを「提供」したことにはならないため、個情法第27条第1項、第28条第1項に基づく事前同意の取得は不要であり、また、個情法第25条に基づきクラウドサービス提供事業者を監督する義務は負わない。ただし、かかる場合であっても、クラウドサービス利用事業者は、自ら果たすべき安全管理措置の一環として、適切な安全管理措置を講じる必要がある。

　他方、クラウドサービス提供事業者が個人データを取り扱うこととなる場合、クラウドサービス提供事業者に当該個人データを「提供」したことになるため、原則として、個情法第27条第1項、第28条第1項に基づき事前同意を得る必要がある。

2．解説

（1）クラウドサービスと個情法

ア　クラウドサービス提供事業者が個人データを取り扱わない場合

　第三者の提供するクラウドサービスを利用してその管理するサーバに個人データを保存する場合において、クラウドサービス提供事業者が個人データを取り扱わないこととなっている場合、クラウドサービス利用事業者は個人データを「提供」したことにはならないため、個情法第27条第1項、第28条第1項に基づく事前同意の取得は不要であり、また、同法第25条に基づく委託先の監督義務も課されないこととなる（個情法QA7-53参照）。

　個情法QA7-53は、クラウドサービス提供事業者が個人データを取り扱わないこととなっている場合について、「契約条項によって当該外部事業者がサーバに保存された個人データを取り扱わない旨が定められており、適切にアクセス制御を行っている場合等」が考えられるとしている。

　ただし、クラウドサービス利用事業者は、かかる場合であっても、自ら果たすべき安全管理措置の一環として、適切な安全管理措置を講じる必要がある（個情法QA7-54参照）。特に、外国において個人データを取り扱うこととなる場合（外国に所在する第三者の提供

するクラウドサービスを利用する場合、外国に所在するサーバに個人データが保存されることとなる場合）には、当該外国の個人情報の保護に関する制度等を把握した上で安全管理措置を講じる必要がある（外的環境の把握）ため、その点についても注意が必要である（個情法 QA10-25。外的環境の把握については Q10、Q11 を参照）。

イ　クラウドサービス提供事業者が個人データを取り扱う場合

クラウドサービス提供事業者が個人データを取り扱うこととなる場合、クラウドサービス利用事業者は、クラウドサービス提供事業者に対して当該個人データを「提供」したこととなるため、原則として、個情法第 27 条第 1 項、第 28 条第 1 項に基づき事前同意を得る必要がある。

すなわち、まず、日本国内に所在する第三者への個人データの提供となる場合、原則として、個情法第 27 条第 1 項に基づき、本人の事前同意を得る必要があるが、個情法第 27 条第 1 項各号の例外に該当する場合、個情法第 27 条第 5 項各号に基づき提供する場合（個人データの取扱いの委託に伴って提供する場合等）には、本人の事前同意を得る必要はない。

次に、外国に所在する第三者への個人データの提供となる場合、原則として、個情法第 28 条第 1 項に基づき、「外国にある第三者」への提供を認める旨の本人の事前同意を得る必要がある。この点に関して、前述の個情法第 27 条第 5 項各号に該当する場合（個人データの取扱いの委託に伴って提供する場合等）であっても、本人の事前同意を得る必要がある（個情法第 28 条には、第 27 条第 5 項に相当する規定がないため）ことに注意を要する。また、当該同意取得に先立ち、①移転先の外国の名称、②適切かつ合理的な方法で確認された当該外国の個人情報保護に関する制度に関する情報、③移転先の第三者が講ずる個人情報の保護のための措置に関する情報を提供する必要がある（同条第 2 項、個情法施行規則第 17 条第 2 項）[1]。

他方、個情法第 27 条第 1 項各号に該当する場合には本人同意を得る必要はない（個情法第 28 条第 1 項において、「前条第 1 項各号に掲げる場合を除くほか、あらかじめ外国にある第三者への提供を認める旨の本人の同意を得なければならない」と明記されている）。また、以下の①又は②に該当する場合には、個情法第 28 条第 1 項の適用はないため（個情法第 28 条第 1 項カッコ書き）、個情法第 27 条の規律に従えば足りることとなる。

①提供先が EU・英国に所在する場合
提供先の第三者が、EU・英国（我が国と同等の水準にあると認められる個人情報保護制度を有している外国として個情法施行規則で定める国）に所在する場合には、個情法第 27 条の規律に従えば足りる。

---

[1] 提供すべき情報の詳細については、個人情報の保護に関する法律ガイドライン（外国にある第三者への提供編）5-2 を参照されたい。

②提供先が基準適合体制を整備している場合

　提供先の第三者が、個人情報取扱事業者が講ずべき措置に相当する措置を継続的に講ずるために必要な体制として個情法施行規則で定める基準に適合する体制を整備している場合、個情法第 28 条第 1 項は適用されない。

　具体的には、第一に、適切かつ合理的な方法によって、個情法第 4 章第 2 節の規定の趣旨に沿った措置の実施が確保されている場合であり（個情法施行規則第 16 条第 1 号）、例えば、委託契約や、提供元・提供先に共通して適用される内規によって当該措置の実施を確保する場合などがあげられる。

　第二に、外国にある第三者が、個人情報の取扱いに係る国際的な枠組みに基づく認定を受けている場合であり（個情法施行規則第 16 条第 2 号）、例えば、当該第三者が、APEC の CBPR システムの認証を取得している場合、が挙げられる。

　なお、提供先が基準適合体制を整備していることを根拠として外国に所在する第三者に個人データを提供する場合、個人情報取扱事業者は、当該第三者による相当措置の継続的な実施を確保するために必要な措置を講ずるとともに、本人の求めに応じて当該必要な措置に関する情報を当該本人に提供する必要がある（個情法第 28 条第 3 項）[2]。

3．参考資料（法令・ガイドラインなど）
・個情法第 23 条、第 25 条、第 27 条、第 28 条
・個人情報の保護に関する施行規則第 15 条、第 16 条、第 17 条、第 18 条
・個情法ガイドライン（通則編）
・個人情報の保護に関する法律についてのガイドライン（外国にある第三者への提供編）
・個情法 QA

4．裁判例
特になし

---

[2] 個情法第 28 条第 3 項、個情法施行規則第 18 条。必要措置及び提供すべき情報の詳細については、個人情報の保護に関する法律ガイドライン（外国にある第三者への提供編）6-2 を参照されたい。

Q13 官民における個人情報に関する安全管理措置の相違

個人情報の適正な取扱いに関して法令上求められる安全管理措置は、個人情報を取り扱う主体に関わらず同じなのか。同じではないとしてどのように異なるのか。

タグ：個情法、行個法、独個法、個人情報保護条例、安全管理措置、個人情報の定義、漏えい等

1．概要

　個人情報の適正な取扱いに関して適用される法令は、従来官民で適用される法令が異なっていたところ、令和3年に成立したデジタル社会形成整備法に基づく個情法の改正により、個情法に統合する形で一本化された。ただし、官民で全く同じ規律が適用されるわけではなく、個情法が定める安全管理措置義務の対象となる個人情報の範囲は、個人情報を取り扱う主体によって異なる。具体的には、民間企業を含む個人情報取扱事業者については「個人データ」、国の行政機関、独立行政法人等又は地方公共団体については「保有個人情報」が対象となる。なお、国立大学法人や国立研究開発法人等の個人情報の取扱いに関して民間部門と差を設ける必要性の乏しい法人や業務における個人情報の取扱い等については大部分において個人情報取扱事業者と同一の規律が適用されるなど、法令の適用関係は複雑である[1]。

　いずれにせよ、個人データや保有個人情報の漏えい等（漏えい、滅失、毀損）があった場合に本人が被る権利利益の侵害の大きさを考慮し、事業の規模及び性質、個人データや保有個人情報の取扱状況（取り扱う個人データや保有個人情報の性質及び量を含む。）、個人データや保有個人情報を記録した媒体の性質等に起因するリスクに応じて、適切な安全管理措置を実施することが求められる。

2．解説

（1）従来の法体系

　我が国の個人情報保護法制は、個人情報を取り扱う主体によって、適用される法令が異なっていた。具体的には、個人情報取扱事業者については、個情法の具体的な義務規定、国の行政機関については行個法、独立行政法人等については独個法、地方公共団体については各々の地方公共団体が定める個人情報保護に関する条例（以下「個人情報保護条例」という。）が適用されていた。したがって、個人情報を取り扱う上では、まずは適用対象となる法令が何かという点に留意する必要があった。

　このように、個人情報保護制度上は、個人情報を取り扱う主体ごとに適用される法令に基づき安全管理措置義務の対象となる個人情報の範囲が異なるため、個人情報を取り扱う上

---

[1] Q14も参照。

では、適用対象となる法令が何かという点に留意する必要があった。

（2）令和3年改正後の情報の安全管理に関する規定について

　令和3年に成立したデジタル社会形成整備法により、個情法、行個法、独個法とバラバラであった個人情報の適正な取扱いに関する法制が、個情法に統合される形で一本化され、法所管が個情委に一本化された。また、地方公共団体の機関及び地方独立行政法人についても、国の行政機関や独立行政法人等と同じ規律が適用されることとなった。なお、学術研究分野に関しては、規制を統一するため、国公立の病院、大学等に原則として民間の個人情報取扱事業者と同等の規律が適用されることとなった（詳細はQ14を参照）。

　ただし、官民で全く同じ規律が適用されるというわけではなく、個情法の中に民間事業者向けの規律と行政機関等向けの規律の双方が置かれている。例えば、個人情報の安全管理に関する規定については、個人情報取扱事業者には「個人データ」についての安全管理措置義務（個情法第23条）が課される[2]一方で、国の行政機関、独立行政法人等、地方公共団体の機関及び地方独立行政法人（以下「行政機関等」という。）には「保有個人情報」についての安全管理措置義務が課される（個情法第66条1項）[3][4]。保有個人情報とは、行政機関等の職員が職務上作成し、又は取得した個人情報であって、当該行政機関等の職員が組織的に利用するものとして当該行政機関等が保有しているもののうち、行政文書等[5]に記録されているものをいう（個情法第60条第1項）。したがって、データベース化などされておらず散在する個人情報（いわゆる散在情報）も、安全管理措置義務の対象となる保有個人情報に該当しうる。

　一方で、個人情報取扱事業者については、散在情報に関する安全管理措置義務は課されていない。ただし、散在情報の漏えい等が発生した場合、同法が定める安全管理措置義務違反にはならないとしても、同法に関する各業種別のガイドラインに反する場合があるほか、それらの情報が個人のプライバシーに属する情報に該当する場合には、不法行為法上の責任

---

[2] この点についてQ7も参照されたい。

[3] 行政機関等から個人情報の取扱いの委託を受けた者や、公の施設の指定管理者など、一部の民間事業者等については、行政機関等と同じく保有個人情報に関する安全管理措置が準用される（前者につき個情法第66条第2項第1号、後者につき同第2号）。

[4] なお、地方議会は、明文上、原則的に地方公共団体の機関から除外されており、「行政機関等」に含まれない（令和5年度に施行後の個情法第2条第11項第2号）。地方議会における個人情報の取扱いは、その自律的な対応に委ねられることとなる。

[5] 行政機関情報公開法（平成十一年法律第四十二号）第二条第二項に規定する行政文書、独立行政法人等情報公開法（平成十三年法律第百四十号）第二条第二項に規定する法人文書（同項第四号に掲げるものを含む。）をいい、令和5年度以降は、地方公共団体等行政文書（地方公共団体の機関又は地方独立行政法人の職員が職務上作成し、又は取得した文書、図画及び電磁的記録であって、当該地方公共団体の機関又は地方独立行政法人の職員が組織的に用いるものとして、当該地方公共団体の機関又は地方独立行政法人が保有しているもの（行政機関情報公開法第二条第二項各号に掲げるものに相当するものとして政令で定めるものを除く。）も含まれることになる（令和5年4月1日施行の個情法第60条第1項）。

を負う可能性がある。

（3）具体的な安全管理措置の手法

　個人情報取扱事業者は、個情法ガイドライン（通則編）に記載された安全管理措置の手法の例などを参照しながら、個人データの安全管理措置を実施する必要がある。加えて、令和2年の個情法ガイドライン（通則編）の改正により、個人情報取扱事業者は、外国において個人データを取り扱う場合、安全管理措置の一環として、外的環境の把握[6]が必要となり、また、保有個人データの安全管理のために講じた措置の内容を本人の知り得る状態に置かなければならないこととなった（詳細はQ10、Q11を参照）。

　一方で、行政機関等は、個人情報の保護に関する法律についてのガイドライン（行政機関等編）や、「個人情報の保護に関する法律についての事務対応ガイド（行政機関等向け）」[7]を参照しながら保有個人情報に関する安全管理措置を実施することとなる。デジタル化の進展とともに、安全管理措置を適切に講じるためにサイバーセキュリティの確保が重要であるとされ、サイバーセキュリティ基本法第26条第1項第2号で掲げられたサイバーセキュリティに関する対策の基準等、すなわち、サイバーセキュリティ戦略本部及びNISCが定める政府機関等統一基準群を参考として、適正な水準を確保する必要があるとされている。

（4）漏えい等発生時の対応

　個人情報取扱事業者は、一定の条件を満たす個人データの漏えい等又はそのおそれのある事案が発生した場合（報告対象事態）に、個情委への報告及び本人通知を行う必要がある（個情法第26条）。

　行政機関等においても、デジタル社会形成整備法による改正により、一定の条件を満たす保有個人情報の漏えい等又はそのおそれのある事案が発生した場合に個情委への報告と本人通知を行う義務が措置された（個情法第68条）。個人情報取扱事業者に対する義務との主な相違点として、以下のものが挙げられる。

　まず、漏えい等発生時に対応が必要となるのは、個人データではなく保有個人情報であり、安全管理措置と同様、散在情報も含まれている。

　次に、個情委への報告等が必要となる事態について、民間では、事態の一つとして、1,000人を超える個人データの漏えいが定められているが（個情法施行規則第7条）、行政機関等においては、100人を超える保有個人情報の漏えい等が発生した場合には報告等が必要となる（同規則第43条）。

---

[6]　当該外国の個人情報の保護に関する制度等を把握した上で、個人データの安全管理のために必要かつ適切な措置を講じること。

[7]　特に、「4-3 安全管理措置等」、「4-8 （別添）行政機関等の保有する個人情報の適切な管理のための措置に関する指針」。

なお、令和5年度より、地方公共団体の機関又は地方独立行政法人も個人情報保護法の適用対象となっているところ、これらについては、条例要配慮個人情報[8]が含まれる保有個人情報の漏えい等が発生し、又は発生したおそれがある事態も報告対象となる（規則第43条第5号）。

3．参考資料（法令・ガイドラインなど）
・個情法第23条、第26条、第66条、第68条
・個情法ガイドライン（通則編）
・個人情報の保護に関する法律についてのガイドライン（行政機関等編）（令和4年4月1日施行）
・個人情報の保護に関する法律についての事務対応ガイド（行政機関等向け）

4．裁判例
特になし

---

8 地方公共団体の機関又は地方独立行政法人が保有する個人情報（要配慮個人情報を除く。）のうち、地域の特性その他の事情に応じて、本人に対する不当な差別、偏見その他の不利益が生じないようにその取扱いに特に配慮を要するものとして地方公共団体が条例で定める記述等が含まれる個人情報をいう（個情法第60条第5項）。

Q14 国立大学、私立大学及び企業の共同研究と個人情報の適正な取扱い

> 国立大学と企業、私立大学と企業がそれぞれ共同研究を行う場合のように、様々な主体が共同で個人情報を取り扱う場合について、近時の個情法の改正によってどのような変更があるか。

> タグ：個情法、行個法、独個法、個人情報保護条例、安全管理措置、研究開発、適用除外

1．概要

　従来、我が国の個人情報保護法制は、民間部門と公的部門とで規律する法令が異なっていた。また、個情法が適用される私立大学が学術研究の用に供する目的で個人情報を取り扱うことについては、個人情報取扱事業者の義務等が適用除外とされていた。デジタル社会形成整備法により、個情法・行個法・独個法が、個情法に統合される形で一本化された。また、学術研究機関等[1]による学術研究目的での取扱いについては、一律の適用除外が廃止され、個情法が適用される一方で、新たに個別の規定（目的外利用や第三者提供等）における例外規定が設けられた。

2．解説
（1）従前の規律

　従来、我が国の個人情報保護法制は、民間部門と公的部門で適用される法令が異なり（Q13 参照）、国立大学、公立大学、私立大学それぞれの適用法令が次のとおり異なっていた。このことは、民間部門と公的部門との垣根を超えた共同研究等の実施を躊躇させる一因となっているとの指摘があった。

主体	適用法令（デジタル社会形成整備法による改正前）	適用法令（デジタル社会形成整備法による改正後）
国立大学法人 研究開発法人	独個法	個情法 学術研究機関等においては、目的外利用、第三者提供制限等の個別の規定に例外規定を新設
公立大学	地方公共団体が定める個人情報保護条例	個情法 学術研究機関等においては、目的外利

---

[1] 大学その他の学術研究を目的とする機関若しくは団体又はそれらに属する者（個情法第 16 条第 8 項）。

		用、第三者提供制限等の個別の規定に例外規定を新設
私立大学 民間研究機関	**個情法** 大学その他の学術研究を目的とする機関若しくは団体又はそれらに属する者による学術研究の用に供する目的での個人情報の取扱いについて、個人情報取扱事業者又は匿名加工情報取扱事業者の義務を一律に適用除外（改正前第76条）。	**個情法** 学術研究機関等について左記の一律の適用除外（個情法第57条）を廃止（目的外利用、第三者提供制限等の個別の規定に例外規定を新設）。
民間企業、団体等	**個情法** 表現の自由、学問の自由、信教の自由及び政治活動の自由を妨げないよう個人情報保護委員会による権限行使を制限し、特に、適用除外のケースで個人情報又は匿名加工情報を提供する場合、同委員会は権限を行使しない（改正前第43条）	**個情法** 表現の自由、学問の自由、信教の自由及び政治活動の自由を妨げないよう個人情報保護委員会による権限行使を制限（個情法第149条）。 ※民間企業が、学術研究機関等に個人データを提供する場合であって、当該学術研究機関等が当該個人データを学術研究目的で取り扱う必要があるとき（個人の権利利益を不当に侵害するおそれがある場合を除く。）には、利用目的制限や第三者提供制限の例外あり（個情法第18条第6号、第27条第1項第7号）。 また、共同して学術研究を行う学術研究機関等から要配慮個人情報を取得する場合であって、当該要配慮個人情報を学術研究目的で取得する必要があるとき（個人の権利利益を不当に侵害するおそれがある場合を除く。）には、要配慮個人情報の取得制限の例外あり（個情法第20条第2項第6号）。

（2）デジタル社会形成整備法による改正後の規律

　デジタル社会形成整備法による個情法改正等により、上記民間部門における学術研究機関等による学術研究の用に供する目的についての適用除外が廃止され、他の民間事業者と同様、個情法が適用され、安全管理措置（個情法第23条）や本人からの開示等請求への対応（同法第33条等）等に関する義務が課されることとなった。一方で、学術研究機関等が学術研究目的で個人情報を取り扱う場合について、利用目的による制限（同法第18条）、要配慮個人情報の取得制限（同法第20条第2項）、個人データの第三者提供の制限（同法第27条）等に関する例外規定が設けられた（同法第18条第3項第5号、同項第6号、第20条第2項第5号、同項第6号、第27条第1項第5号、同項第6号、同項第7号等）。

　例えば、学術研究機関等は、個人データの提供が学術研究の成果の公表又は教授のため

やむを得ない場合[2]及び共同して学術研究を行う第三者[3]に個人データを学術研究目的[4]で提供する必要がある場合[5]には、本人の同意なく当該個人データを第三者に提供することができ（同項第5号、第6号）、個人データを学術研究目的で取り扱う必要がある場合[6]には、本人の同意なく当該個人データの提供を受けることができる（第27条第1項第7号[7]）。

　また、デジタル社会形成整備法により、民間部門・公的部門における個人情報の取扱いを規律する根拠法令が個情法に一本化され、国立大学法人や国立研究開発法人等の個人情報の取扱いに関して民間部門と差を設ける必要性の乏しい法人（以下、「個情法別表第二法人」という）については、個情法上、「個人情報取扱事業者」として扱われることとなった（同法第16条第2項第3号、同法第2条第9項、同条第11項第2号括弧書き、同法別表第二参照）[8]。そして、個情法別表第二法人のうち学術研究機関等における個人情報の取扱いについては、研究機関としての特性を踏まえ、基本的に上記民間部門の研究機関と同じ規律が適用されることとなった（個情法ガイドライン（通則編）2-18（※1））。

　なお、個情法別表第二法人には原則として「個人情報取扱事業者」としての安全管理措置に係る個情法第23条が適用される。もっとも、個情法別表第二法人が法令に基づき行う業務のうち、公権力の行使に当たる行為を含むものを行う場合における個人情報の取扱いについては、公的部門としての安全管理措置に係る同法第66条第1項が準用される（同条第2項、同法施行令第18条各号）ため、行政機関等に係る安全管理措置義務が重ねて課されることとなる。

　そして、公的な性質を有する個情法別表第二法人の特性を踏まえ、開示請求等に係る制度等については、従前と同様、公的部門における規律（同法第60条、第75条、第5章第4節等）が適用されることとなった（同法第125第2項）。そのため、保有個人データに関する事項の公表等に係る同法第32条は、個情報別表第二法人には適用されない（個情法第58条第1項）。

　個情法別表第二法人は、一定の事項を記載した帳簿である個人情報ファイル簿を作成し、

---

[2] 個人の権利利益を不当に侵害するおそれがある場合を除く。

[3] 第三者が研究機関であるか否かを問わない。

[4] 学術研究目的は、「学術研究の用に供する目的」と定義されており（個情法第18条第3項第5号）、「学術」とは、人文・社会科学及び自然科学並びにそれらの応用の研究であり、あらゆる学問分野における研究活動及びその所産としての知識・方法の体系をいい、具体的活動としての「学術研究」としては、新しい法則や原理の発見、分析や方法論の確立、新しい知識やその応用法の体系化、先端的な学問領域の開拓などをいうとされている（個情法ガイドライン（通則編）2-19）。

[5] 当該個人データを提供する目的の一部が学術研究目的である場合を含み、個人の権利利益を不当に侵害するおそれがある場合を除く。

[6] 当該個人データを取り扱う目的の一部が学術研究目的である場合を含み、個人の権利利益を不当に侵害するおそれがある場合を除く。

[7] ただし、本人の権利利を不当に侵害するおそれがある場合は除かれる（同号カッコ書き）。

[8] 具体的には、沖縄科学技術大学院大学学園、国立研究開発法人、国立大学法人、大学共同利用機関法人、独立行政法人国立病院機構、独立行政法人地域医療機能推進機構、福島国際研究教育機構（令和5年4月1日追加）及び放送大学学園。

公表しなければならない（同法第 75 条第 1 項）ため、一定の範囲の情報は公表されるが、同法第 32 条第 1 項各号及び同法施行令第 10 条各号の定める公表等事項のうち、安全管理措置並びに苦情の申出先（これらに相当する事項を含む）は個人情報ファイル簿に記載されないため、個情法別表第二法人は、これらの事項を公表等する義務を負わないこととなる。

もっとも、個人情報の保護に関する基本方針において、「必要に応じて安全管理措置の内容を公表する等の透明性と信頼性を確保する取組を行うことが重要である[9]。」とされているところであるので、公表をすることを含め、透明性・信頼性確保に向けた取組が望まれる。

なお、地方公共団体等が設置・運営する公立大学等の研究機関[10]についても、個情法別表第二法人と同様、原則として民間部門の研究機関における個人情報の取扱いに係る規律が適用される一方で、開示請求等に係る制度等については、公的部門における規律が適用されることとなった（もっとも、デジタル社会形成整備法のうち、地方公共団体及び地方独立行政法人等に係る規律を改正する第 51 条の施行日は、令和 5 年 4 月 1 日である）。

3．参考資料（法令・ガイドラインなど）
本文中に記載のとおり

4．裁判例
特になし

---

[9] 独立行政法人等に関して「4　独立行政法人等が講ずべき個人情報の保護のための措置に関する基本的な事項」を参照。

[10] 厳密に記載すると、①地方独立行政法人で試験研究を主たる目的とするもの又は大学等の設置及び管理及び病院事業の経営を目的とするもの（個情法第 58 条第 1 項第 2 号）、②地方公共団体の機関が、病院、診療所、大学の運営の業務を行う場合（個情法第 58 条第 2 項第 1 号）、③独立行政法人労働者健康安全機構が、病院の運営を行う場合（個情法第 58 条第 2 項第 2 号）の類型がある。

①は、個人情報取扱事業者に該当する（個情法第 2 条第 11 項第 4 号において、「地方独立行政法人」の定義から除かれる結果、個情法第 16 条第 2 項により、個人情報取扱事業者となる）ため、個情法第 4 章の個人情報取扱事業者等の義務等の適用がある。ただし保有個人データに関する事業の公表（第 32 条）、開示等請求（第 33 条～第 39 条）の規定の適用がない（第 58 条第 1 項第 2 号）。

②は、本来は地方公共団体の機関であり、行政機関等に該当するものである。第 58 条第 2 項第 1 号により、病院、診療所、大学の運営業務においては、個人情報取扱事業者による取扱いとみなされて、個人情報取扱事業者の義務（のうち、上記第 32 条～第 39 条を除くもの）が適用される。

③は、本来は独立行政法人であるが、第 58 条第 2 項第 2 号により、病院の運営業務においては、個人情報取扱事業者による取扱いとみなされて、個人情報取扱事業者の義務（のうち、上記第 32 条～第 39 条を除くもの）が適用される。

Q15 個人データの加工と法令上の安全管理

個人データを安全管理のため、又は利活用のために加工する場合に、法令上どのような安全管理が必要となるか。

タグ：個情法、安全管理措置義務、統計情報、仮名加工情報、匿名加工情報

1．概要

　個人データを加工する場合、①安全管理のため氏名等を削除するなどの加工を施す、②仮名加工情報へ加工する、③匿名加工情報へ加工する、④統計情報へ加工する場合が考えられる。

　①の場合、個人データ該当性は失われないため、個情法第23条に基づく安全管理措置など、個情法上の個人データの取扱いに係る規律を遵守する必要がある。

　②の場合、個情法上の仮名加工情報の取扱いに係る規律を遵守する必要がある。例えば、仮名加工情報の安全管理措置、削除情報等の安全管理措置、識別行為の禁止、本人への連絡等の禁止等の規律を遵守する必要がある。

　③の場合、個情法上の匿名加工情報の取扱いに係る規律を遵守する必要がある。例えば、匿名加工情報の安全管理措置（努力義務）、加工方法等情報の安全管理措置、匿名加工情報の作成時の公表、識別行為の禁止等の規律を遵守する必要がある。

　④の場合、個情法に基づく規律はかからないが、適切に管理することが重要であると考えられる。

2．解説

（1）データの加工について

　企業が保有する個人データ[1]を含むデータについては、データベースから一定の条件を満たすデータ等を抽出し、加工を施す等して社内外で利活用することも考えられる。

　このうち、個人データを加工するという場合、①安全管理のため氏名等を削除するといった加工を施すケース、②仮名加工情報へ加工するケースや、③匿名加工情報へ加工するケース、④統計情報へ加工するケースが考えられる[2]。

　いずれの場合も、事業者が保有する個人データを元に加工を行うこととなるが、データの加工にあたっては、個情法ガイドライン（通則編）「10（別添）講ずべき安全管理措置の内容」を踏まえ、データ加工に関する手続等を含め、個人データの取扱いにかかる規律の整備などの措置を講じる必要がある。また、②の仮名加工情報及び③の匿名加工情報の場合には、

---

[1] 個人データ等、個情法における定義についてはQ10を参照されたい。
[2] なお、データを加工して社外へ提供するという場合には、データ取引に係る契約を締結するケースが多いと考えられる。データ取引に関する契約についてはQ44を参照されたい（特に「派生データ」について）。

70

個情委「個人情報の保護に関する法律ガイドライン（仮名加工情報・匿名加工情報編）」（以下、本項において「個情法ガイドライン（仮名加工情報・匿名加工情報編）」という。）及び個情委事務局「個人情報保護委員会事務局レポート：仮名加工情報・匿名加工情報　パーソナルデータの利活用促進と消費者の信頼性確保の両立に向けて」（以下「事務局レポート」という。）により、仮名加工情報・匿名加工情報の作成・利活用をサポートする情報発信がなされており、これらを踏まえて適切に加工を行う必要がある。

（2）安全管理のための加工

名簿等の個人データから、安全管理のために氏名等を削除する等の加工を施す場合がある。

個情法においては、当該情報単体で特定の個人を識別できる場合はもちろん、「他の情報と容易に照合することができ、それにより特定の個人を識別することができる」（同法第2条第1項第1号）場合も個人情報に該当するため、加工前のデータをはじめ、他の情報と容易に照合でき、それにより特定の個人を識別することができるのであれば、加工後のデータの個人データ該当性を失われず、加工後のデータについても、同法第23条に基づく安全管理措置義務が課されることとなる。

当該安全管理措置については、「個人データが漏えい等をした場合に本人が被る権利利益の侵害の大きさを考慮し、事業の規模及び性質、個人データの取扱状況（取り扱う個人データの性質及び量を含む。）、個人データを記録した媒体の性質等に起因するリスクに応じて、必要かつ適切な内容」[3]とすることが必要である。

（3）仮名加工情報への加工
ア　仮名加工情報制度の趣旨

近年、個人データに上記（2）で述べたような氏名を削除等する等の加工を施し利活用するニーズが高まっていたところ、このような加工を施しても、加工後のデータも個人情報に該当する場合もあり、そのような場合には、通常の個人情報としての取扱いに係る義務が一律に課されていた。一方で、このような加工がされた個人情報は、本人と紐づいて利用されることのない限り、個人の権利利益が侵害されるリスクを相当程度低下する。これらの観点から、事業者内部で個人情報を様々な分析に活用できるよう、令和2年の個情法改正で「仮名加工情報」が設けられた。

イ　仮名加工情報の定義や性質

仮名加工情報とは、他の情報と照合しない限り特定の個人を識別することができないように個人情報を加工して得られる個人に関する情報をいう（個情法第2条第5項）。ここにいう「他の情報と照合しない限り特定の個人を識別することができない」とは、加工後の情報それ自体により特定の個人を識別することができないような状態にすることを

---

[3] 個情法ガイドライン（通則編）3-4-2参照。

求めるものであり、当該加工後の情報とそれ以外の他の情報を組み合わせることによって特定の個人を識別することができる状態にあることを否定するものではない[4]。

仮名加工情報取扱事業者において、仮名加工情報の作成の元となった個人情報や当該仮名加工情報に係る削除情報[5]等を保有している等により、当該仮名加工情報が「他の情報と容易に照合することができ、それにより特定の個人を識別することができる」状態にある場合には、当該仮名加工情報は、「個人情報」に該当する。他方、委託や共同利用、事業承継等に伴って仮名加工情報の提供を受けた場合（同法第27条第5項各号）等、当該仮名加工情報の作成の元となった個人情報や当該仮名加工情報に係る削除情報等を保有していない等により、当該仮名加工情報が「他の情報と容易に照合することができ、それにより特定の個人を識別することができる」状態にない場合には、当該仮名加工情報は個人情報に該当しない[6]。

仮名加工情報については、一定のルールに従った取扱いが求められている。まず、仮名加工情報を作成する個人情報取扱事業者は、①適正な加工、②削除情報等の安全管理措置が求められ（同法第41条第1項、同条第2項）、個人情報である仮名加工情報を取り扱うに当たっては、③利用目的による制限・公表、④利用する必要がなくなった場合の消去、⑤第三者提供の禁止、⑥識別行為の禁止、⑦本人への連絡等の禁止、が求められる（同条第3項から第8項まで）[7]。

他方で、仮名加工情報については、個人情報、個人データ又は保有個人データに該当する場合であっても、利用目的の変更の制限（同法第17条第2項）、個人データに関する漏えい等の報告及び本人通知（同法第26条）、保有個人データに関する事項の公表等及び保有個人データの開示・訂正等・利用停止等への対応等（同法第32条から第39条まで）の規定は適用されない（同法第41条第9項）。

特に、利用目的の変更の制限がかからないことが仮名加工情報制度のポイントの一つであり、仮名加工情報は、当初の利用目的には該当しない目的や、該当するか判断が難しい新たな目的での内部分析を行うケース等での利用が想定されている。また、仮名加工情報は、事業者内部での利活用が想定されており、法令に基づく場合や、委託、事業承継又は共同利用の場合を除き、第三者提供は認められない（上記⑤。個情法第41条第6項・第27条第5項各号、同法第42条第2項・第27条第5項各号）[8]。

---

[4] 個情法ガイドライン（仮名加工情報・匿名加工情報編）2-1-1(1)参照。

[5] 削除情報等とは、仮名加工情報の作成に用いられた個人情報から削除された記述等及び個人識別符号並びに個情法第41条第1項により行われた加工の方法に関する情報をいう（同条第2項カッコ書）。

[6] 個情法ガイドライン（仮名加工情報・匿名加工情報編）2-2-1参照。

[7] 個人情報に該当でない仮名加工情報を取り扱うに当たっては、上記⑤⑥⑦と同様の義務に加えて、安全管理措置義務等の義務が課される（同法第42条第3項）。

[8] 仮名加工情報を作成する前に本人の同意を得ていた場合であっても、仮名加工情報を第三者に提供することはできない（QA14-17参照）。

ウ　仮名加工情報の適正な加工

　個人情報取扱事業者は、仮名加工情報を作成するときは、他の情報と照合しない限り特定の個人を識別することができないようにするために、個情法施行規則第31条各号に定める基準[9]に従って、個人情報を加工しなければならない（個情法第41条第1項、同法施行規則第31条）。

　仮名加工情報を「作成するとき」とは、仮名加工情報として取り扱うために、当該仮名加工情報を作成するときのことを指し、例えば、上記（2）のように、安全管理措置の一環として氏名等の一部の個人情報を削除することは、仮名加工情報を「作成するとき」には該当しない[10]。

エ　仮名加工情報に関する安全管理措置義務

　仮名加工情報に関する安全管理措置義務としては、削除情報等の安全管理措置義務（個情法第41条第2項、同法施行規則第32条）及び仮名加工情報自体の安全管理措置義務（同法第23条、同法第42条第3項）が挙げられる。

　削除情報等の安全管理措置については、同規則32条に定める基準に従い、必要な措置を講じなければならず、当該措置の内容は、対象となる削除情報等が漏えいした場合における個人の権利利益の侵害リスクの大きさを考慮し、当該削除情報等の量、性質等に応じた内容としなければならない[11]。同条においては、①削除情報等を取り扱う者の権限及び責任の明確化、②削除情報等の取扱いに関する規程類の整備及び当該規程類に従った削除情報等の適切な取扱い並びに削除情報等の取扱状況の評価及びその結果に基づき改善を図るために必要な措置の実施、③削除情報等を取り扱う正当な権限を有しない者による削除情報等の取扱いを防止するために必要かつ適切な措置の実施が求められている[12]。

　次に、仮名加工情報それ自体については、当該仮名加工情報が個人データ（個人情報）である場合には、個人データ全般に係る同法第23条に基づき安全管理措置義務が課され、当該仮名加工情報が個人情報でない場合には、同法第42条第3項により準用される同法第23条に基づき安全管理措置義務が課される。講ずべき安全管理措置の内容は、仮名加工情報が個人情報であるかどうかに関わらず通常の個人情報と同様と考えられるが、仮名加工情報には（通常の個人情報とは異なり）識別行為の禁止義務や本人への連絡等の禁止義務が課されている（上記イ）ことから、これらの義務に違反することがないよう、仮名加工情報に該当することを明確に認識できるようにしておくことが重要であり、仮名加工情報を取り扱う者にとってその情報が仮名加工情報である旨が一見して明らかな状態にしておくことが望ましい[13]。

---

[9]　詳細については、個情法ガイドライン（仮名加工情報・匿名加工情報編）2-2-2-1を参照されたい。

[10]　個情法ガイドライン（仮名加工情報・匿名加工情報編）2-2-2-1参照。

[11]　個情法ガイドライン（仮名加工情報・匿名加工情報編）2-2-2-2参照。

[12]　具体例については、個情法ガイドライン（仮名加工情報・匿名加工情報編）2-2-2-2を参照されたい。

[13]　個情法ガイドライン（仮名加工情報・匿名加工情報編）2-2-4-2(1)参照。

（4）匿名加工情報への加工

ア　匿名加工情報制度の趣旨

　「匿名加工情報」は、個人情報を特定の個人を識別できないように加工した情報について、一定のルールの下で本人の同意を得ることなく目的外利用及び第三者提供を可能とすることにより、安全性を確保しつつ、事業者間におけるデータ取引やデータ連携を含むパーソナルデータの利活用を促進しようとするものである[14]。匿名加工情報の利活用による事例としては、例えば、ポイントカードの購買履歴や交通系 IC カードの乗降履歴等を複数の事業者間で分野横断的に利活用することにより、新たなサービスやイノベーションを生み出す可能性などが挙げられている[15]。

イ　匿名加工情報の定義や性質

　匿名加工情報とは、特定の個人を識別することができないように個人情報を加工して得られる個人に関する情報であって、当該個人情報を復元することができないようにしたものをいう（個情法第 2 条第 6 項）。ここにいう「特定の個人を識別することができないように」「復元することができないように」とは、あらゆる手法によって特定することができないよう（復元することができないよう）技術的側面から全ての可能性を排除することまでを求めるものではなく、少なくとも、一般人及び一般的な事業者の能力、手法等を基準として、当該情報を通常の方法により特定できない（復元できない）ような状態にすることを求めるとされている[16]。

　匿名加工情報については、一定のルールに従った取扱いが求められており、匿名加工情報を作成する個人情報取扱事業者には、個情法第 43 条に基づき、①適正加工、②加工方法等情報[17]の安全管理措置、③作成した際の情報項目の公表、④第三者提供に当たっての情報項目等の公表及び匿名加工情報であることの明示、⑤識別行為の禁止、⑥匿名加工情報の安全管理措置等が求められる（⑥については努力義務）。また、匿名加工情報の提供を受けて取り扱う匿名加工情報取扱事業者には、個情法第 44 条から第 46 条までに基づ

---

[14]　事務局レポート 3 頁、9 頁参照。

[15]　事務局レポート 9 頁参照。

[16]　個情法ガイドライン（仮名加工情報・匿名加工情報編）3-1-1 参照。

[17]　匿名加工情報の作成に用いた個人情報から削除した記述等及び個人識別符号並びに同法第 43 条第 1 項の規定により行った加工の方法に関する情報（その情報を用いて当該個人情報を復元することができるものに限る）をいう（同法施行規則第 35 条第 1 号）。なお、氏名等を仮 ID に置き換えた場合における氏名と仮 ID の対応表は、匿名加工情報と容易に照合することができ、それにより匿名加工情報の作成の元となった個人情報の本人を識別することができるものであることから、匿名加工情報の作成後は破棄しなければならず、氏名等の仮 ID への置き換えに用いた置き換えアルゴリズムと乱数等のパラメータの組み合わせを保有している場合には、当該置き換えアルゴリズム及び当該乱数等のパラメータを用いて再度同じ置き換えを行うことによって、匿名加工情報とその作成の元となった個人情報とを容易に照合でき、それにより匿名加工情報の作成の元となった個人情報の本人を識別することができることから、匿名加工情報の作成後は、氏名等の仮ＩＤへの置き換えに用いた乱数等のパラメータを破棄しなければならない。（個情法ガイドライン（仮名加工情報・匿名加工情報編）3-2-3-1 参照）。

き、上記④から⑥までと同様の義務が課せられる[18]。

匿名加工情報は、特定の個人を識別することができないものであり、かつ、作成の元となる個人情報を復元することができないように適正に加工されたものであり、さらに、個人情報に係る本人を識別することを禁止する等の制度的な担保がなされていることから、作成の基となった個人情報を通常の業務における一般的な方法で照合することができる状態にある（すなわち容易照合性がある）とはいえ、個人情報に該当しないとされており[19]、例えば、同法第27条第1項に基づく第三者提供に当たっての本人の同意は不要となる。

ウ　匿名加工情報の適正な加工

個人情報取扱事業者は、匿名加工情報を作成するときは、特定の個人を識別できないように、かつ、その作成に用いる個人情報を復元できないようにするために、個人情報保護法施行規則第34条各号に定める基準に従って、個人情報を加工しなければならない（個情法43条第1項、同法施行規則第34条）。

匿名加工情報を「作成するとき」とは、匿名加工情報として取り扱うために、当該匿名加工情報を作成するときのことを指し、例えば、上記（2）のように、安全管理措置の一環として氏名等の一部の個人情報を削除することは、匿名加工情報を「作成するとき」には該当しない[20]。

エ　匿名加工情報に関する安全管理措置

匿名加工情報に関する安全管理としては、加工方法等情報の安全管理措置（個情法第43条第2項）及び匿名加工情報自体の安全管理措置義務の努力義務（同条第6項、同法第46条）が挙げられる。

加工方法等情報の安全管理については、個情法施行規則第35条に定める基準に従い、必要な措置を講じなければならず、当該措置の内容は、対象となる加工方法等情報が漏えいした場合における復元リスクの大きさを考慮し、当該加工方法等情報の量、性質に応じた内容としなければならない[21]。同施行規則においては、①加工方法等情報を取り扱う者の権限及び責任を明確に定めること、②加工方法等情報の取扱いに関する規程類を整備し、当該規程類に従って加工方法等情報を適切に取り扱うとともに、その取扱いの状況について評価を行い、その結果に基づき改善を図るために必要な措置を講ずること、③加工方法等情報を取り扱う正当な権限を有しない者による加工方法等情報の取扱いを防止するために必要かつ適切な措置が求められている[22]。

次に、匿名加工情報それ自体については、個人情報と同様の取扱いを求めるものではな

---

[18] なお、匿名加工情報取扱事業者には、⑤に関して加工方法等情報の取得も禁止されている。

[19] 事務局レポート4.1.4.2参照。

[20] 個情法ガイドライン（仮名加工情報・匿名加工情報編）3-2-2参照。

[21] 個情法ガイドライン（仮名加工情報・匿名加工情報編）3-2-3-1参照。

[22] 具体例については、個情法ガイドライン（仮名加工情報・匿名加工情報編）3-2-3-1を参照されたい。

いが、それも参考にしつつ、具体的には、事業の性質、匿名加工情報の取扱状況、取り扱う匿名加工情報の性質、量等に応じて、合理的かつ適切な措置を講ずることが望ましいとされている[23]。

（5）統計情報への加工

統計情報とは、複数人の情報から共通要素に係る項目を抽出して同じ分類ごとに集計して得られるデータであり、集団の傾向又は性質などを数量的に把握するものである。

したがって、統計情報は、特定の個人との対応関係が排斥されている限りにおいては、「個人に関する情報」に該当せず、個情法の規制の対象外と整理されている[24]。

したがって、例えば、第三者提供における本人同意（個情法第27条第1項）が不要であるなど、データの利活用を推進することが可能となり、また、同法第23条に基づく安全管理措置義務も課されない。

ただし、法的な義務がないからといって何らの対策も行わなくてよいものではなく、こうしたデータが漏えい等した場合に、企業に対する風評被害が生じるなど社会的責任を問われる可能性や、当該漏えい等に関して損害賠償責任等の法的責任を問われる可能性があるため、統計情報についても、適切な管理を行うことが重要であると考えられる。

3．参考資料（法令・ガイドラインなど）
・個情法第2条、第23条、第27条、第4章第3節、第4章第4節
・個情法施行規則第31条、第32条、第34条、第35条
・個情法ガイドライン（通則編）、個情法ガイドライン（仮名加工情報・匿名加工情報編）
・個情法QA
・個情委事務局「個人情報保護委員会事務局レポート：仮名加工情報・匿名加工情報パーソナルデータの利活用促進と消費者の信頼性確保の両立に向けて」

4．裁判例
特になし

---

[23] 個情法ガイドライン（仮名加工情報・匿名加工情報編）3-2-3-2 参照。
[24] 個情法ガイドライン（仮名加工情報・匿名加工情報編）3-1 参照。

Q16 クレジットカード情報の取扱い

クレジットカード情報を取り扱うに当たって、セキュリティ上どのような点に留意すべきか。

タグ：割賦販売法、クレジットカード情報、PCI DSS、非保持化、重要インフラ分野、クレジットカード・セキュリティガイドライン

1．概要

クレジットカードによる決済は、利用可能な店舗等が拡大しており、現在社会的なインフラとなっている。また、キャッシュレス化の推進に伴い、クレジットカード決済のより一層の進展が見込まれている。一方、クレジットカード情報の漏えいやクレジットカード情報の不正利用も発生しており、割賦販売法（昭和36年法律第159号）では、安全・安心なクレジットカード利用環境を整備するため、クレジットカードを発行する事業者（クレジットカード等購入あっせん業者）、加盟店に立替払いを行う事業者（立替払取次業者）、決済代行業者、コード決済事業者、コード決済事業者の受託者、決済システムの中で大量のクレジットカード番号等の取扱いを受託する事業者、及び加盟店に対して、クレジットカード情報の漏えい等の事故を防止するための適正管理を義務付けるとともに、加盟店に対してはクレジットカード情報の不正利用を防止するための措置を義務付けている。

これらの措置については、「クレジットカード・セキュリティガイドライン」（以下、本項において「ガイドライン」という。）を実務上の指針としており、ガイドラインに掲げる措置又はそれと同等以上の措置を講じている場合には、法令に基づく措置を講じていると認められることとしている。

2．解説
（1）クレジットカードに関するセキュリティ確保の重要性

クレジットカードによる決済は、利用可能な店舗等が拡大しており、現在社会的なインフラとなっており、キャッシュレス化の推進に伴い、クレジットカード決済のより一層の進展が見込まれている。重要インフラ行動計画においても、クレジット分野は、重要インフラ分野[1]の一つとして位置付けられており、セキュリティ強化の更なる取組みが求められている。

一方、クレジットカード情報の漏えいやクレジットカード情報の不正利用も発生しており、こうした不正利用に対する対策の必要性に鑑み、割賦販売法は、クレジットカード番号等の適切な管理に関する規定や、クレジットカード番号等の不正な利用の防止に関する規定を置いている。

---

[1] 重要インフラに関する取組みの概要について Q2 参照。

（2）クレジットカード番号等の適切な管理

　割賦販売法では、クレジットカード等購入あっせん業者、立替払取次業者、決済代行業者、コード決済事業者、コード決済事業者の受託者、加盟店及び EC モール事業者等の決済システムの中で大量のクレジットカード番号等の取扱いを受託する事業者等（これらを併せて以下「クレジットカード情報取扱事業者」という。）に対して、割賦販売法施行規則に定められた基準に従い、クレジットカード番号の漏えい、滅失又は毀損の防止その他のクレジットカード番号等の適切な管理のために必要な措置を講ずることを求めている（割賦販売法第 35 条の 16 第 1 項）。

　具体的な基準は、以下のとおりである（割賦販売法施行規則第 132 条第 1 号～第 5 号）。

①クレジットカード番号等の漏えい、滅失、毀損その他のクレジットカード番号等の管理に係る事故（以下、本項において「漏えい等の事故」という。）を防止するため必要かつ適切な措置を講ずること。

②漏えい等の事故が発生し、又は発生したおそれがあるときは、直ちに事故の状況を把握し、事故の拡大を防止するとともに、その原因を究明のために必要な調査（当該事故に係るクレジットカード番号等の特定を含む。）を行うこと。

③漏えい等の事故が発生し、又は発生したおそれがあるときは、当該事故の対象となったクレジットカード番号等を利用者に付与したクレジットカード等購入あっせん業者は、不正利用されることを防止するために必要な措置を講ずること。

④漏えい等の事故が発生し、又は発生したおそれがあるときは、類似の漏えい等の事故の再発防止のために必要な措置を講ずること。

⑤クレジットカード番号等をクレジットカード取引の健全な発達を阻害し、又は利用者若しくは購入者等の利益の保護に欠ける方法により取り扱わないこと。

　また、クレジットカード情報取扱事業者は、クレジットカード情報の取扱いを委託した事業者（以下「受託業者」という。）に対して、クレジットカード番号等の適切な管理が図られるよう、受託業者に対する指導その他の適切な措置を講じなければならない（割賦販売法第 35 条の 16 第 3 項）。

　これらの措置に関しては、ガイドラインを実務上の指針としており、このガイドラインに掲げる措置又はそれと同等以上の措置を講じている場合には、法令上の基準となる「必要かつ適切な措置」を満たしているとされている[2]。

　令和 4 年に公表されたガイドライン 3.0 版においては、クレジットカード番号等の漏えい防止措置として、クレジットカード等購入あっせん業者、立替払取次業者、決済代行業者及びコード決済事業者等に対して、国際ブランド（VISA、Mastercard、JCB、American Express、Discover）が定めたクレジットカード情報についてのセキュリティの国際基準で

---

[2] 経産省プレスリリース「クレジットカード・セキュリティガイドライン【3.0 版】が取りまとめられました」（令和 4 年 3 月 9 日）
https://www.meti.go.jp/press/2021/03/20220309003/20220309003.html

ある PCI DSS（Payment Card Industry Data Security Standard）[3]の準拠が求められている。また、加盟店については、クレジットカード決済の際にクレジットカード情報を通過・保持しない方法（非保持化）を推奨しており、クレジットカード番号等を保持する場合にはPCI DSS 準拠が求められている。ただし、非保持化を実現した場合であっても、ウェブサイトの開発・運用段階での対応が不十分であるとクレジットカード情報が漏えいするリスクがあることから、自社システムの定期的な点検や追加的な対策の実施等が重要である。また、不正犯の攻撃手口も巧妙化していることから、新たな攻撃手口への速やかな対応が必要となる。同ガイドラインは、令和 5 年 3 月に 4.0 版が公表されており、加盟店について、上記、クレジットカード情報の非保持又は PCI DSS に加えて、一定の対策を取ることが求められている[4]ので、留意を要する。

　経済産業大臣は、クレジットカード等購入あっせん業者、立替払取次業者、決済代行業者又はコード決済事業者等が講じるクレジットカード番号等の適切管理に係る措置が法令上の基準に適合しないと認めるときは業務改善命令を発出することができる（割賦販売法第35 条の 17）。

（3）クレジットカード番号等の不正な利用の防止

　加盟店は、施行規則に定められた基準に従って、クレジットカード番号等の不正な利用を防止するために必要な措置を取らなければならない（割賦販売法第 35 条の 17 の 15）。

　具体的な基準は、以下のとおりである（割賦販売法施行規則第 133 条の 14）。

①クレジットカード番号等の通知を受けたとき、当該通知が正当な利用者によるものかについての適切な確認その他の不正利用を防止するために必要かつ適切な措置を講ずること。

②加盟店において不正利用されたときは、その発生状況を踏まえ、類似の不正利用を防止するために必要な措置を講ずること。

　これらの措置の実務上の指針であるガイドラインにおいては、対面加盟店における偽造カードによる不正利用防止策として、クレジットカードの IC 化及び加盟店の決済端末の IC対応を求めており、また、非対面加盟店におけるなりすまし等による不正利用防止策として、パスワードによる本人認証（EMV3-D）、セキュリティコードによる券面認証、不正検知システムによる不正取引判断等の措置をリスクに応じて多面的・重層的に導入することを求めている。

---

[3] 詳細については、PCI SSC（Payment Card Industry Security Standards Council）ウェブサイトを参照されたい。
https://ja.pcisecuritystandards.org

[4] 経産省プレスリリース「クレジットカード・セキュリティガイドライン【4.0 版】が改訂されました」（令和 5 年 3 月 15 日）
https://www.meti.go.jp/press/2022/03/20230315001/20230315001.html

３．参考資料（法令・ガイドラインなど）

・割賦販売法第 35 条の 16、同第 35 条の 17、同第 35 条の 17 の 15
・割賦販売法施行規則第 132 条、同第 133 条の 14
・クレジット取引セキュリティ対策協議会「クレジットカード・セキュリティガイドライン [3.0 版]」、同[4.0 版]

４．裁判例

・東京地判平成 21 年 11 月 11 日判時 2073 号 64 頁
・東京地判平成 26 年 1 月 23 日判時 2221 号 71 頁
・東京地判令和元年 12 月 20 日（平成 29 年（ワ）第 6203 号）
・東京地判令和 2 年 10 月 13 日（平成 28 年（ワ）第 10775 号）

Q17 労働者の心身の状態に関する情報の取扱い

労働者の心身の状態に関する情報を取り扱う際のセキュリティ対策を含めた留意点は何か。

タグ：労働安全衛生法、じん肺法、個情法、労働契約法、労働者、メンタルヘルス、
　　　健康診断

1．概要

　事業者は、労働安全衛生法（昭和47年法律第57号）の規定に基づく定期健康診断の実施等の健康確保措置や任意に行う労働者の健康管理等を通じて労働者の心身の状態に関する情報の収集等を行うこととなる。当該情報は、労働者の健康確保の観点から事業者が取り扱う必要があるものである一方で、労働者側からみれば雇用管理において自身にとって不利益な取扱いを受けることが懸念されるものでもある。

　そのため、労働安全衛生法において、事業者に対し適正な取扱いが求められている。また、同時に個情法における個人情報であり、要配慮個人情報であることも多い。そこで、労働者の心身の状態に関する情報の適切な取扱いのために事業者が講ずべき措置に関する指針の内容を踏まえ、個情法や労働安全衛生法によって規定されている情報の取扱いの定めに従う必要がある。具体的には、労使関与の下で事業所ごとに取扱規程を定め、労働者の健康確保の実施や事業者が負う民事上の安全配慮義務の履行の目的の範囲で適正に取扱い、情報の収集に当たっては適切な説明を行うこと、必要に応じて労働者本人の同意を取得すること、労働者を不利益に取扱わないこと、情報の取扱者を制限することなどの措置をとることが必要である。

2．解説

（1）「労働者の心身の状態に関する情報」と個情法

　事業者（個人情報取扱事業者）は、事業活動を行うために労働者を雇用し、その雇用する労働者について、氏名、年齢、性別など基本的な情報に加え、給与の額、勤務状況、勤務成績など多くの情報を保有している。これらの労働者の情報は、個人情報（個情法第2条第1項）に該当し、個情法に基づいた取扱いを行わなければならない。また、労働者の情報には、労働者の病歴や健康診断の結果、健康診断の結果に基づき医師から指導等を受けたこと、すなわち労働者の心身の状態に関する情報も含まれる。このような労働者の心身の状態に関する情報のほとんどが、要配慮個人情報（個情法第2条第3項）に該当しうる。個情委・厚労省「雇用管理分野における個人情報のうち健康情報を取り扱うに当たっての留意事項」

（平成 29 年 5 月 29 日）[5]（以下、本項において「留意事項」という。）によれば、例えば、労働安全衛生法の諸規定に基づく健康診断の結果やストレスチェックの結果等が要配慮個人情報にあたるとされている。要配慮個人情報に該当する場合には、その取得に当たって原則として本人同意を得る必要がある（同法第 20 条第 2 項）、オプトアウトによる第三者提供は認められない（同法第 27 条第 2 項）など、要配慮個人情報としての取扱いに係る規律に留意しなければならない。要配慮個人情報に該当する具体例を含め、個情法に基づく具体的な取扱いの方法については、留意事項を参照されたい。

（2）「労働者の心身の状態に関する情報」と労働安全衛生法

　事業者は労働者に対して安全配慮義務を負っており、この履行として労働者の健康管理活動を行う必要がある（労働契約法第 5 条、最判昭和 50 年 2 月 25 日民集 29 巻 2 号 143 頁）。また、労働安全衛生法は、労働者の安全と健康を確保するとともに、快適な職場環境の形成を促進する目的で、事業者に様々な労働者の健康管理措置を行うことを求めている（労働安全衛生法第 66 条以下）。同法にいう事業者とは、「事業を行う者で、労働者を使用するものをいう。」と定義されており（同法第 2 条第 3 号）、業種や分野、法人格の有無を問わない。法人企業であれば当該法人（法人の代表者ではない。）、個人企業であれば事業経営主を指し、事業経営の利益の帰属主体そのものを義務主体としている[6]。

　したがって、労働者の健康管理活動や健康確保措置を行うため、事業者は労働者の心身の状態に関する情報を取得する必要がある。もっとも、労働者側としては自身の心身の状態についての情報により不利益な取扱いを受けるという懸念があり、自身の心身の情報について、事業者に対して、取得、利用、管理のそれぞれの場面に応じた適切な管理を望んでいる。

　このような観点から、平成 30 年改正労働安全衛生法は、事業者は、労働者の心身の状態の情報を収集、保管、又は使用するに当たっては、労働者の健康の確保に必要な範囲内で収集し、当該収集の目的の範囲内でこれを保管し、使用しなければならないとしている（労働安全衛生法第 104 条第 1 項）。加えて、労働者の心身の状態に関する情報を適正に管理するために必要な措置を講じなければならないとしている（同条第 2 項）[7]。

　このように「労働者の心身の状態に関する情報」には、健康診断の結果などの要配慮個人情報も含まれ、さらに労働安全衛生法によっても事業者に適切な取扱いが要請される情報でもある。したがって、その取扱いに当たっては、個情法や労働安全衛生法との関係に留意することが必要である。このうち、要配慮個人情報を含む個人情報の取扱いに関しては、留意事項を、また、労働者安全衛生法による労働者の心身の状態に関する情報の取扱いについ

---

[5] 都道府県労働局長宛て個人情報保護委員会事務局長・厚生労働省労働基準局長通知「雇用管理分野における個人情報のうち健康情報を取り扱うに当たっての留意事項について（通知）」（平成 29 年 5 月 29 日付個情第 749 号・基発 0529 第 3 号）も参照。

[6] 都道府県労働基準局長宛て労働事務次官通達「労働安全衛生法の施行について」昭和 47 年 9 月 18 日発基第 91 号）

[7] 労働者の心身の状態に関する情報の取扱いについては、同様の規定がじん肺法第 35 条の 3 にも設けられている。

ては、「労働者の心身の状態に関する情報の適正な取扱いのために事業者が講ずべき措置に関する指針」（以下、本項において「指針」という。労働安全衛生法第104条第3項参照）を参照されたい。

（3）労働者の心身の状態に関する情報の適正な取扱いのために事業者が講ずべき措置に関する指針

労働者の心身の状態の情報をどのように取扱うかについては、指針において具体的に示されている。

指針においては、まず、心身の状態の情報の取扱いに関する原則として、①取扱いの目的は労働者の健康確保や安全配慮義務の履行のためであり、そのために必要な情報を適正に収集し、活用すること、②事業者による労働者の健康確保措置が十全に行われるよう事業所における取扱規程を定めること、③心身の状態の情報を取扱う目的や取扱い方法、取扱者、取扱う情報の範囲などを取扱規程に定めること、④取扱規程については、労使関与の下で定めるとともに労働者へ周知すること、⑤情報取扱者の制限や情報の加工など適正な取扱いのための体制を整備すること、⑥情報の収集に当たって本人同意の取得や利用目的、取扱い方法の周知を行うこと、⑦労働者に対する不利益な取扱いを防止することなどが定められている。

また、同様に、心身の状態の情報の適正管理（労働安全衛生法第104条第2項関係）の方法についても示されている。具体的には、①心身の状態の情報の適正管理のための規程として、心身の状態の情報の正確性の確保、安全管理措置、適切な消去等について、事業場ごとに取扱規程に定めること、②労働者からの開示請求、訂正等に適切に対応することなどが定められている。

（4）健康診断等の事務を実施した者の守秘義務等について

その他、労働安全衛生法に基づく労働者の心身の状態に関する情報の取扱いに関しては、同法第105条にも留意を要する。同条は、同法に基づく健康診断、面接指導、ストレスチェック等の実施事務に従事した者に対して、その実施に関して知り得た労働者の秘密を漏らしてはならない旨を規定するものであり、これに違反した者に対しては、6月以下の懲役又は50万円以下の罰金が科せられる（同法第119条第1号）[8][9]。これに関連して、個人の健康診断結果や服薬歴等の健診等情報を電子記録として本人や家族が正確に把握するための仕組み（Personal Health Record、以下「PHR」という。）について、適切に民間PHRサービスが利活用されるための民間PHR事業者におけるルール整備等が必要であるとされたことを受け、PHRサービスを提供する民間事業者が遵守すべき事項について、総務省、厚労省、経産省から、「民間PHR事業者による健診等情報の取扱いに関する基本的指針」

---

[8] なお、罰則付きの守秘義務については、Q80も参照。
[9] 守秘義務については、じん肺法第35条の4にも規定されている。

が公表された。同指針には、①健診等情報を取り扱うに当たって、その漏えい、滅失又は毀損の防止その他の安全管理のために PHR 事業者が講じなければならない措置の内容・具体例、②PHR 事業者が健診等情報を取り扱うに当たって、法規制に基づいて遵守しなければならない事項、同指針に基づき遵守しなければならない事項の内容等が示されている。また、別紙には、同指針に係るチェックリストも付属しており、参考になる。

（5）補論・職業安定法と個人情報

　労働者の心身の状態に関する情報では必ずしもないが、近年、内定辞退率を提供するサービス[10]に関連して、職業安定法と個人情報についても話題になったことから、これについても簡単に記載しておく。

　職業安定法は、第5条の5第1項において、公共職業安定所等[11]は、求職者等の個人情報を収集し、保管し、又は使用するに当たっては、その業務の目的の達成に必要な範囲内で求職者等の個人情報を収集し、並びに当該収集の目的の範囲内でこれを保管し、及び使用しなければならない旨を定め、第2項において、公共職業安定所等は、求職者等の個人情報を適正に管理するために必要な措置を講じなければならない旨を定めている。

　そして、第51条第1項では、職業紹介事業者等[12]の守秘義務を、第2項では、そのほかその業務に関して知り得た個人情報その他厚生労働省令で定める者に関する情報を、みだりに他人に知らせてはならない旨を定めている。

　この第51条に関して、前述の内定辞退率を提供するサービスに端を発して、厚生労働省職業安定局長通達が出されており、そこでは、「本人の同意なく、あるいは仮に同意があったとしても同意を余儀なくされた状態で、学生等の他社を含めた就職活動や情報収集、関心の持ち方などに関する状況を、本人があずかり知らない形で合否決定前に募集企業に提供する事は、募集企業に対する学生等の立場を弱め、学生等の不安を惹起し、就職活動を萎縮させるなど学生等の就職活動に不利に働く恐れが高い。このことは本人同意があっても 直ちに解消する問題ではなく、職業安定法第51条第2項に違反する恐れもあるため、今後、募集情報等提供事業や職業紹介事業等の本旨に立ち返り、このような事業を行わないようにすること」とされた[13]。

---

[10] 当該サービスに対しては、個人情報保護委員会による個情法上の勧告が公開されている。問題となったサービス概要についても、当該勧告に記載されている。
https://www.ppc.go.jp/files/pdf/191204_houdou.pdf

[11] 公共職業安定所、特定地方公共団体、職業紹介事業者及び求人者、労働者の募集を行う者及び募集受託者並びに労働者供給事業者及び労働者供給を受けようとする者、と同条項で定義されている。

[12] 求人者、労働者の募集を行う者、募集受託者、労働者供給事業者及び労働者供給を受けようとする者、と同条項で定義されている。

[13] 募集情報等提供事業等の適正な運営について
https://www.mhlw.go.jp/content/000576588.pdf

3. 参考資料（法令・ガイドラインなど）

・労働安全衛生法第 104 条、第 105 条、じん肺法（昭和 35 年法律第 30 号）第 35 条の 3、第 35 条の 4

・個情委、厚労省「雇用管理分野における個人情報のうち健康情報を取り扱うに当たっての留意事項」（平成 29 年 5 月 29 日）

https://www.ppc.go.jp/personalinfo/legal/ryuuijikou_health_condition_info/

・労働者の心身の状態に関する情報の適正な取扱いのために事業者が講ずべき措置に関する指針（平成 30 年 9 月 7 日　労働者の心身の状態に関する情報の適正な取扱い指針公示第 1 号）

・厚労省「事業場における労働者の健康情報等の取扱規程を策定するための手引き」（平成 31 年 3 月）

・総務省、厚労省、経産省「民間 PHR 事業者による健診等情報の取扱いに関する基本的指針」（令和 3 年 4 月 23 日策定、令和 4 年 4 月一部改定）

4. 裁判例

本文中に記載のとおり

Q18 マイナンバーの取扱い

企業がマイナンバーを取り扱う上で、その安全管理を含め留意しなければならない点は何か。

タグ：番号利用法、個情法、マイナンバー、個人番号、安全管理措置

1．概要

　マイナンバー（個人番号）については、その制度趣旨に鑑み、利用主体や利用範囲の限定、厳格な本人確認、提供等の制限等の個情法における個人情報には見られない対応が求められる。

2．解説

（1）マイナンバー制度の趣旨と個人情報との相違

　マイナンバー制度は、行政運営の効率化と国民の利便性の向上を図り、公平・公正な社会を実現する基盤となるものである（番号利用法第1条参照）が、全ての住民に指定される個人識別のための番号である（同法第2条第5項参照）ことから、安全かつ適正な取扱いを担保するため、企業がマイナンバーを取り扱う際には、以下のとおり、個情法に規定する「個人情報」[1]には見られない対応が求められる。

（2）利用主体や利用範囲を法律で限定

　マイナンバーは、番号利用法に定められた、①社会保障・税・災害対策等分野の行政事務（個人番号利用事務。番号利用法第2条第10項参照。）[2]、②個人番号利用事務に関して行われている事務（個人番号関係事務。番号利用法第2条第11項参照。）の範囲内に限り、

---

[1] なお、番号利用法は、「個人情報」の定義について個情法を引用している。従来は、番号利用法において、個人情報とは、「行個法に規定する個人情報であって行政機関が保有するもの」、「独個法に規定する個人情報であって独立行政法人等が保有するもの」又は「個情法に規定する個人情報であって行政機関及び独立行政法人等以外の者が保有するもの」である旨規定していたが、デジタル社会整備法による改正に伴い個人情報の定義が統合されたことに伴い、番号利用法における個人情報の定義も改正された（現行の番号利用法第2条第3項において、「この法律において「個人情報」とは、個人情報保護法第二条第一項に規定する個人情報をいう。」と規定されている）。

[2] ただし、この点については、2023年3月7日、第211回国会（通常国会）に提出され、6月2日に可決成立した「行政手続における特定の個人を識別するための番号の利用等に関する法律等の一部を改正する法律」（令和5年法律第48号）において改正が行われる。理念として、社会保障制度、税制及び災害対策以外の行政事務においてもマイナンバーの利用の推進を図る旨、改正がなされる。具体的な利用事務の追加は、従来どおり法律改正で追加され、理容師・美容師、小型船舶操縦士及び建築士等の国家資格等、自動車登録、在留資格に係る許可等に関する事務において、マイナンバーの利用を可能とする。
https://www.digital.go.jp/laws/8db62cdf-8375-4c4f-b807-8d98595b67e8/

利用が認められる。本人の同意を得たとしても、この範囲を超えて利用することはできない。

企業においては、例えば、雇用保険被保険者資格取得届や源泉徴収票の作成等の個人番号関係事務に必要な限度で、個人番号関係事務実施者として、マイナンバーの利用が認められる。

（3）厳格な本人確認

個人番号利用事務実施者及び個人番号関係事務実施者は、本人からマイナンバーの提供を受けるときは、なりすましを防止するため、本人確認（番号確認と身元確認）措置をとらなければならない（番号利用法第16条参照）。

企業においては、例えば、雇用保険被保険者資格取得届や源泉徴収票の作成等の個人番号関係事務に当たり、従業員等本人からマイナンバーの提供を受けるときは、マイナンバーカード等による本人確認を行う必要がある。

（4）提供等の制限

マイナンバーを含む個人情報[3]については、番号利用法で定められた一定の場合を除き、提供の求め・提供・収集・保管が禁止される（番号利用法第15条、第19条、第20条参照）。本人の同意を得たとしても、番号利用法で定められた場合に該当しない限り、提供等は認められない。

また、（2）の事務（個人番号利用事務・個人番号関係事務）を第三者に委託することは可能であるが、再委託に当たっては、委託元の許諾が必要となる（番号利用法第10条第1項参照）。

（5）安全管理措置

個人番号関係事務実施者又は個人番号利用事務実施者である事業者は、個人番号及び特定個人情報（以下「特定個人情報等」という。）の漏えい、滅失又は毀損の防止その他の特定個人情報等の管理のために、必要かつ適切な措置を講じなければならない（番号利用法第12条、個情法第23条）。

安全管理措置の具体的な内容については、個情委「特定個人情報の適正な取扱いに関するガイドライン（事業者編）」の「（別添1）特定個人情報に関する安全管理措置（事業者編）」が参考になる。また、特定個人情報の漏えい等が発生した場合の個情委への報告等については、Q7を参照。

3．参考資料（法令・ガイドラインなど）

本文中に記載のとおり

---

[3] 番号利用法第2条第8項は、マイナンバー（個人番号）をその内容に含む個人情報を「特定個人情報」と定義している。

４．裁判例

特になし

Q19 マイナンバーカード

民間企業がマイナンバーカードを活用することは可能か。

タグ：番号利用法、公的個人認証法、マイナンバーカード、本人確認、身分証明証、公的
　　　個人認証、通知カード

1．概要

　マイナンバーカードは、①マイナンバーの提示書類、②顔写真付き本人確認書類、③オンラインでの確実な本人確認という 3 つの機能を有しており、民間企業もマイナンバーカードを活用することができる。

2．解説

（1）マイナンバーカード

　マイナンバーカード（個人番号カード）とは、券面に氏名、生年月日、性別、住所及びマイナンバーが記載されたプラスチック製の IC カードであり、申請者に対して、市区町村が厳格な本人確認を実施した上で交付している。マイナンバーカードの全国の人口に対する保有枚数率は、令和 5 年 6 月末時点で 70.0% となっており[1]、マイナンバーカードの普及率は向上しつつある。

　マイナンバーカードには、①マイナンバーの提示書類、②顔写真付き本人確認書類、③オンラインでの確実な本人確認という 3 つの活用方法がある。その他、令和 3 年 3 月からマイナンバーカードを健康保険証として利用することが可能となり、また、令和 6 年度末にはマイナンバーカードと運転免許証との一体化が予定される[2]など、活用範囲の拡大が図られている。

（2）マイナンバーカードの活用方法①　マイナンバーの提示書類

　マイナンバーカードは裏面にマイナンバーが記載されており、マイナンバーの提示書類として活用できる。

　マイナンバーを使う手続の際に必要となるマイナンバーの確認は、マイナンバーが記載された住民票の写しなどによって行うことができるが、その場合は、別途本人確認のために顔写真付き本人確認書類等の提示が必要になる一方、マイナンバーカードを活用すれば、マイナンバーの確認と本人確認を 1 枚で行うことができる。

---

[1] 総務省「マイナンバーカード交付状況について」
https://www.soumu.go.jp/kojinbango_card/kofujokyo.html
[2] 「デジタル社会の実現に向けた重点計画（令和 5 年 6 月 9 日閣議決定）」49 頁

（3）マイナンバーカードの活用方法②　顔写真付き本人確認書類

会員登録や銀行口座の開設など対面での本人確認が求められる様々な場面で、顔写真付き本人確認書類としてマイナンバーカードを活用できる。

ただし、身分証明書として利用すると偽って、カード裏面のマイナンバーを盗み見たり、書き取ったりすることは違法である。身分証明書を確認する際に、例えば、運転免許証であれば、運転免許証番号を別途メモ等にとることがあるが、マイナンバーカードの場合はマイナンバーを別途メモ等にとることはできない点に注意する必要がある。

（4）マイナンバーカードの活用方法③　オンラインでの確実な本人確認

マイナンバーカードのICチップに搭載された電子証明書を用いることで、オンラインでの確実な本人確認を行うことができる。

ICチップに搭載されている電子証明書には、以下の2種類がある。

・署名用電子証明書

インターネット等で電子文書を作成・送信する際に利用するものであり、当該電子文書が、利用者が作成した真正なものであり、利用者が送信したものであることを証明できる。例えば、e-Taxによる確定申告等のオンライン申請で利用することができる。

・利用者証明用電子証明書

インターネットサイトやコンビニ等のキオスク端末等にログインする際に利用するものであり、ログインした者が利用者本人であることを証明することができる。例えば、マイナポータルへのログインや、コンビニでの証明書交付サービスなどで利用することができる。

また、マイナンバーカードのICチップの空き領域を活用し、カードアプリケーションを搭載することにより、例えば、物理的な入退室管理カード、チケット購入、ポイント付与等に活用することも可能である[3]。

（5）マイナンバーの利用制限とマイナンバーカード

マイナンバーの利用範囲は、番号利用法において、行政機関等に限定されている[4]が、マイナンバーカードの利用については番号利用法上、基本的に利用範囲に制限がなく、民間企業も上記の機能を利用することができる。

なお、マイナンバーカードの利用とマイナンバーそのものの利用とは法的性質を異にする。マイナンバーカードは、裏面にマイナンバーが記載されているものの、カードの利用は、

---

[3] 詳細については、総務省自治行政局住民制度課「民間事業者による個人番号カードの空き領域の活用について」を参照されたい。
[4] マイナンバーの利用範囲については、Q18を参照されたい。

マイナンバーそのものを利用しない限りは、マイナンバーの利用とはみなされない。マイナンバーそのものを利用するとは、①マイナンバーの提示書類としての機能のように、マイナンバーカードに記載されたマイナンバーの確認、コピー、又はマイナンバーカードの IC チップ内に記録されたマイナンバーの読み取り等を指す。これに対して、②顔写真付き本人確認書類、③オンラインでの確実な本人確認の場合は、マイナンバーそのものを確認・取得等することなく、マイナンバーカードを利用しているだけであるので、マイナンバーの利用にはあたらない。

3．参考資料（法令・ガイドラインなど）

・番号利用法
・電子署名等に係る地方公共団体情報システム機構の認証業務に関する法律（公的個人認証法）

4．裁判例

特になし

Q20 どのように情報を管理していれば「営業秘密」として認められるのか

サイバーセキュリティインシデントが発生し、企業が秘密として取扱いたい情報が漏えいした場合に、民事裁判において当該情報の使用・開示の停止・中止を求める、若しくは損害賠償を請求する、又は刑事告訴して厳正に対処するためには、当該情報が不正競争防止法上の「営業秘密」に該当する必要がある。どのように秘密情報を管理していれば、「営業秘密」として認められるのか。

タグ：不正競争防止法、刑事訴訟法、関税法、営業秘密、秘密管理性、有用性、非公知性

1．概要

　企業において秘密として取扱いたい情報が漏えいしたときに、当該情報を不正に開示した者や取得した者などを相手に当該情報の使用・開示の停止・中止や損害賠償を求めて裁判をするなどの法的保護を受けようとするのであれば、「営業秘密」の3要件を満たすように当該情報を管理することが必要である。詳しくは、営業秘密について不正競争防止法に基づく法的保護を受けるために必要となる最低限の水準の対策を示す営業秘密管理指針を参照されたい。

2．解説

（1）「営業秘密」とは

　「営業秘密」とは、一定の要件を満たした場合に不正競争防止法に基づく法的保護が与えられる情報をいう。

　どのような情報が「営業秘密」に該当するかについては不正競争防止法第2条第6項が規定する。また、営業秘密に該当する情報に対する侵害（不正な取得・開示等）があった場合には、民事上、または刑事上の責任を追及することができる。

　「営業秘密」は法律上の用語であるのに対し、これと似た用語である、秘密情報、機密情報や企業秘密（以下「秘密情報等」という。）については、法律上定義されたものではなく、組織内の規程や企業同士における契約において、一定の情報に用いられる呼称にすぎない。

　このように、「営業秘密」と秘密情報等とは、法律に基づく保護を受け得るのか、又は規程・契約等の合意に基づく保護を受け得るのか、すなわち何かしらの違反行為があった場合に、不法行為責任若しくは刑罰を問えるのか、又は債務不履行責任を問えるのか、という点で大きく異なるものといえる。なお、両者は重なる場合もあり、決して択一の関係にあるわけではないが、「営業秘密」に該当しない秘密情報等については、不正競争防止法に基づく法的保護が受けられないことがポイントである。

　なお、平成30年不正競争防止法改正により新しく創設された「限定提供データ」と営業

秘密との異同については、Q23 を参照されたい。

（2）「営業秘密」に該当した場合に受けられる法的保護の内容

大きく分けると民事的措置、刑事的措置及び水際措置である[5]。

民事的措置としては、営業秘密の不正な取得・使用・開示の停止・中止や削除を求める差止請求権（不正競争防止法第 3 条）、及び損害賠償請求権（同法第 4 条）である[6]。

刑事的措置としては、営業秘密侵害罪（同法第 21 条第 1 項各号等）が設けられている[7]ので、被害者は告訴を行うことができる（刑事訴訟法第 230 条）。なお、刑事的措置については、営業秘密の保護強化を図った平成 27 年不正競争防止法改正により、営業秘密侵害罪について告訴がなくても検察官は被疑者を起訴することができるようになり（非親告罪化され）、また、都道府県警本部に営業秘密保護対策官が置かれた[8]。営業秘密を侵害された企業においては、初動対応の一環として早急に警察に相談し、捜査開始後は警察と連携・協力していくことが重要である（「秘密情報保護ハンドブック」第 6 章参照）。

水際措置（水際取締り）[9]とは、税関での輸出又は輸入差止めをいい、営業秘密侵害品（不正競争防止法第 2 条第 1 項第 10 号）についての輸出入差止め（輸出について関税法第 69 条の 2 第 1 項第 4 号等、輸入について同法第 69 条の 11 第 1 項第 10 号等参照）をなし得る。

このように、ある情報が「営業秘密」に該当し、かつ、不正競争防止法が規定する要件を満たす不正な行為が行われた場合には、民事訴訟、刑事告訴又は輸出入差止めといった措置を取り得ることができる。なお、「営業秘密」に該当するか否かは、主に裁判所で判断されることとなる。

（3）「営業秘密」として認められるためには

企業が秘密として取り扱いたい情報が裁判において「営業秘密」（不正競争防止法第 2 条第 6 項）として認められるためには、①秘密管理性、②有用性、及び③非公知性の 3 つの要件を満たすことが必要である。

---

[5] 「不正競争防止法テキスト」（経産省知的財産政策室、https://www.meti.go.jp/policy/economy/chizai/chiteki/pdf/unfaircompetition_textbook.pdf ）が、「営業秘密」を含め不正競争防止法について、図表付きでわかりやすく解説しており、参考となる。

[6] 詳細については逐条不正競争防止法（https://www.meti.go.jp/policy/economy/chizai/chiteki/pdf/20190701Chikujyou.pdf ）86 頁以降を参照

[7] 詳細については逐条不正競争防止法 246 頁以降を参照

[8] 全国都道府県警察営業秘密侵害事犯窓口については、秘密情報保護ハンドブック 206 頁（https://www.meti.go.jp/policy/economy/chizai/chiteki/pdf/handbook/full.pdf）、又は右記資料 19 頁参照（経産省知的財産政策室「秘密情報の保護ハンドブックのてびき；情報管理も企業力」https://www.meti.go.jp/policy/economy/chizai/chiteki/pdf/170607_hbtebiki.pdf）。

[9] 水際措置については、「水際措置の流れ（輸出入差止申立て及び認定手続きのフロー）」（経産省知的財産政策室、https://www.meti.go.jp/policy/economy/chizai/chiteki/pdf/20161012mizugiwanagare.pdf）を参照されたい。

ア　秘密管理性

（ア）趣旨

　「秘密として管理されている」（不正競争防止法第 2 条第 6 項）という要件は、「情報自体が無形で、その保有・管理形態も様々であること、また、特許権等のように公示を前提とできないことから、営業秘密たる情報の取得、使用又は開示を行おうとする従業員や取引相手先（以下「従業員等」という。）にとって、当該情報が法により保護される営業秘密であることを容易に知り得ない状況が想定される」ことを踏まえて定められたものである（営業秘密管理指針 4 頁〜5 頁）。

（イ）ポイント

　秘密管理性が認められるためには、「営業秘密保有企業の秘密管理意思が秘密管理措置によって従業員等に対して明確に示され、当該秘密管理意思に対する従業員等の認識可能性が確保される必要がある」とされる（営業秘密管理指針 6 頁〜16 頁）。

（ウ）裁判例

　刑事事件であるが業務委託先の派遣労働者が被告人となった東京高判平成 29 年 3 月 21 日高刑集 70 巻 1 号 10 頁・判タ 1443 号 80 頁は、「不正競争防止法 2 条 6 項が保護されるべき営業秘密に秘密管理性を要件とした趣旨は、営業秘密として保護の対象となる情報とそうでない情報とが明確に区別されていなければ、事業者が保有する情報に接した者にとって、当該情報を使用等することが許されるか否かを予測することが困難となり、その結果、情報の自由な利用を阻害することになるからである」と解釈したうえで、当該情報にアクセスした者につき、それが管理されている秘密情報であると客観的に認識することが可能であることこそが重要であって、当該情報にアクセスできる者を制限するなど、当該情報の秘密保持のために必要な合理的管理方法がとられていることを独立の要件とみるのは相当ではないため、「本件顧客情報へのアクセス制限等の点において不備があり，大企業としてとるべき相当高度な管理方法が採用，実践されたといえなくても，当該情報に接した者が秘密であることが認識できれば，全体として秘密管理性の要件は満たされていたというべきである」と判示した。

イ　有用性

（ア）趣旨

　「生産方法、販売方法その他の事業活動に有用な技術上又は営業上の情報」（不正競争防止法第 2 条第 6 項）という要件は、「公序良俗に反する内容の情報（脱税や有害物質の垂れ流し等の反社会的な情報）など、秘密として法律上保護されることに正当な利益が乏しい情報を営業秘密の範囲から除外した上で、広い意味で商業的価値が認められる情報を保護することに主眼がある」とされる（営業秘密管理指針 16 頁〜17 頁）。

（イ）ポイント

　そこで、「秘密管理性、非公知性要件を満たす情報は、有用性が認められることが通常であり、また、現に事業活動に使用・利用されていることを要するものではな」く、また、「直接ビジネスに活用されている情報に限らず、間接的な（潜在的な）価値がある場合も含む。例えば、過去に失敗した研究データ（当該情報を利用して研究開発費用を節約できる）や、製品の欠陥情報（欠陥製品を検知するための精度の高いAI技術を利用したソフトウェアの開発には重要な情報）等のいわゆるネガティブ・インフォメーションにも有用性は認められる」とされる。

　また、特許制度における「進歩性」概念とは無関係であり、「当業者であれば、公知の情報を組み合わせることによって容易に当該営業秘密を作出することができる場合であっても、有用性が失われることはない」とされる（営業秘密管理指針17頁）。

（ウ）裁判例

　元従業員が技術情報等を持ち出したとして争われた事件（大阪高判平成30年5月11日（平成29年（ネ）第2772号）最高裁ウェブサイト[10]）において、控訴人（元従業員）は「ほとんどが古い情報であり、秘匿の必要性も有用性もない」と主張して争ったが、控訴審は、「情報が古いといっても、同種事業を営もうとする事業者にとっては有用であり、有用性を認めることができる」と判示した。

　また、競業他社に転職した者が技術情報を退職前に持ち出して、退職後に開示したと争われた事件（名古屋高判令和3年4月13日（令和2年（う）第162号））において、控訴審は、最新の技術情報でなかったとしても競業他社が入手した場合に「試行錯誤の相当部分を省略できることに照らして」有用性を認めた。

ウ　非公知性

（ア）趣旨

　「公然と知られていない」（不正競争防止法第2条第6項）とは、「一般的には知られておらず、又は容易に知ることができないこと」（営業秘密管理指針17頁～18頁）を意味する。

（イ）ポイント

　非公知性要件は、「発明の新規性の判断における「公然知られた発明」（特許法第29条）の解釈と一致するわけではない」ため、混同しないことが肝要である（営業秘密管理指針17頁～18頁）。

　また、「ある情報の断片が様々な刊行物に掲載されており、その断片を集めてきた場合、当該営業秘密たる情報に近い情報が再構成され得る」としても「どの情報をどう組み合わせるかといったこと自体に価値がある場合は」「組み合わせの容易性、取得に要する時間や資金等のコスト等を考慮し、保有者の管理下以外で一般的に入手できるか

10　http://www.courts.go.jp/app/files/hanrei_jp/912/087912_hanrei.pdf

どうかによって」非公知性を判断することになる（営業秘密管理指針 17 頁～18 頁）。

（ウ）裁判例

投資用マンション顧客情報事件（知財高判平成 24 年 7 月 4 日（平成 23 年（ネ）第 10084 号・平成 24 年（ネ）第 10025 号）最高裁ウェブサイト[11]）の控訴審において、一審被告らは、「顧客の氏名や住所、電話番号、勤務先名・所在地が登記事項要約書や NTT の番号案内、名簿業者、インターネットから容易に入手することができる」と主張して非公知性を争ったが、控訴審は、「本件顧客情報は，単なる少数の個人に係る氏名等の情報ではなく」、原告が「販売する投資用マンションを購入した約 7000 名の個人に係る氏名等の情報であって、そのような情報を登記事項要約書や NTT の番号案内、名簿業者、インターネットで容易に入手することができないことは明らかである」と判示して、有用性とともに非公知性を認めた。

加えて、同事件において、被告らは、氏名や連絡先を記憶し、又はその一部を記憶していた情報に基づいてインターネット等を用いて連絡した顧客が多数であるから、自らが「利用した 51 名というごく一部の顧客に関する情報については有用性及び非公知性について事案に即した判断をしていない」と主張したが、控訴審は、「上記 51 名が上記約 7000 名の顧客に含まれるものであり、当該約 7000 名の顧客情報（本件顧客情報）に有用性及び非公知性が認められる以上、当該 51 名について個別に有用性又は非公知性について論ずる必要はない」とも判示した。

また、技術情報の非公知性に関する裁判例としては、「本件情報を構成する個々の原料や配合量が特許公報等の刊行物によって特定できるとしても、まとまりをもった体系的情報である本件情報の非公知性が失われることはない」と判示したものがある（上記イ（ウ）に記載の名古屋高判）。

（4）「営業秘密」として認められるための情報管理について

上記（3）に記載の 3 要件を満たした場合に「営業秘密」として認められることとなるが、特に「秘密管理性要件」に関しては、必要な管理の程度や具体的な秘密管理措置が、当該情報の性質、保有形態、情報を保有する企業等の規模等によって異なるため、合理的かつ効果的と考えられる対策を適切に取捨選択・工夫して実施することが重要である。

なお、秘密管理の詳細については、不正競争防止法によって差止め（使用・開示の停止・中止の請求又は削除の請求など）等の法的保護を受けるために必要となる最低限の水準の対策を示す営業秘密管理指針を参照されたい。

このような営業秘密管理を行うことで、セキュリティリスクの低減につながる。また、内部不正といった相手方を特定し得るサイバーセキュリティインシデントが生じた場合には、営業秘密侵害罪（同法第 21 条第 1 項各号等）に該当すれば刑事罰も含めた厳正な対処を求めることができる。

---

[11] http://www.courts.go.jp/app/files/hanrei_jp/439/082439_hanrei.pdf

もっとも、上記（2）のとおり、不正競争防止法に基づく法的保護は「営業秘密」の漏えい後（漏えいの恐れがある場合を含む。）に受けられるものであることから、営業秘密管理は、サイバーセキュリティインシデント発生後に法的な救済・制裁措置を取り得るようにすること（法的保護を受けるための条件を予め満たすこと）を目的とした情報管理といえる。しかしながら、相手方（被疑侵害者）を特定することが困難なサイバー攻撃のような場面ではこれら民事的措置や刑事的措置を取り得ることはきわめて難しいことに留意が必要である。

　そこで、不正競争防止法に基づく法的保護を受けるために必要となる最低限のレベルにとどまらず、漏えい防止ないし漏えい時に推奨される（高度なものも含めた）包括的対策については、平成 28 年 2 月に公表され、令和 4 年 5 月に改訂された「秘密情報の保護ハンドブック」が参考となる（対策レベルの相違について下記図 1 も参照）。

図 1　情報管理のレベルについてのイメージ[12]

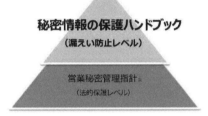

　秘密情報保護ハンドブックは、場所・状況・環境に潜む「機会」が犯罪を誘発するという犯罪学の考え方なども参考としながら、秘密情報の漏えい要因となる事情を考慮し、下記図 2 に挙げられる 5 つの「対策の目的」を設定した上で、それぞれに係る対策を提示するものである（同書 17 頁〜18 頁）[13]。なお、秘密情報保護ハンドブックの概略版である「秘密情報の保護ハンドブックのてびき」も公表されている[14]。

---

[12] 前掲注 5・不正競争防止法テキスト 22 頁より抜粋。
[13] なお、「既に、平成 27 年改訂前の営業秘密管理指針や ISMS（情報セキュリティマネジメントシステム）などの考え方を参考に、秘密情報の漏えい対策を実施している」場合については、「そのために、既に対策を実施されている場合には、その全てを一から検討し直す必要はないと考えられますが、対策の更なる水準の向上や、対策の遺漏のチェックなどを行う際に、本書をお役立てください」とされる（秘密情報保護ハンドブック 7 頁）。
[14] 経産省ウェブサイト「営業秘密〜営業秘密を守り活用する〜」（https://www.meti.go.jp/policy/economy/chizai/chiteki/trade-secret.html）参照。

図2 秘密情報の保護ハンドブックの概要[15]

　加えて、サイバーセキュリティ対策としては、Q21も参照されたい。
　また、技術情報管理認証制度に関連して公示する認証基準（Q49参照）も、技術等情報の漏えい防止の対策をまとめている。
　さらに、「営業秘密」として認められるための情報管理を行う対象の情報に個人情報が含まれる場合については、個情法が個人情報取扱事業者に対して安全管理措置を講ずることを求めている。詳細についてはQ10〜Q15を参照されたい。

3．参考資料（法令・ガイドラインなど）
本文中に記載のとおり

4．裁判例
本文中に記載したもののほか、
・大阪地裁令和2年10月1日（平成28年（ワ）第4029号）最高裁ウェブサイト[16]
・知財高判令和3年6月24日金融・商事判例1629号26頁[17]

---

[15] 前掲注5・不正競争防止法テキスト76頁より抜粋。
[16] https://www.courts.go.jp/app/hanrei_jp/detail7?id=089818
[17] 営業上の情報を元従業員が不正取得したか否かが争われた本判決では、「秘密管理性は、従業員全体の認識可能性も含めて客観的観点から定めるべきものであり、従業員個々が実際にどのような認識であったか否かに影響されるものではないから」、ある従業員が当該情報を営業秘密であると考えていたか否かは、秘密管理性の有無についての結論を左右しないとした（https://www.courts.go.jp/app/files/hanrei_jp/444/090444_hanrei.pdf）。

Q21 営業秘密管理とサイバーセキュリティ対策との異同

不正競争防止法に基づく営業秘密としての法的保護を受けるための情報管理とサイバーセキュリティ対策としての情報管理は、どのような点で異なり、どのような点で共通するか。

タグ：不正競争防止法、営業秘密管理、情報管理、内部統制システム、リスクマネジメント、コンプライアンス

1．概要

　不正競争防止法に基づく営業秘密としての法的保護を受けるための情報管理も、サイバーセキュリティ対策としての情報管理も、いずれも情報に関するリスクマネジメントである点で共通する。他方で、前者は、企業が秘密として取扱いたい情報が漏えいした後に当該情報について不正競争防止法に基づく民事救済や刑事制裁といった法的保護を受けることを目的とした情報管理であり、後者は、企業が保有する様々な情報の漏えい・滅失・毀損の可能性を事前に回避・低減等することを目的とした情報管理であるという点で異なる。

2．解説

（1）不正競争防止法に基づく営業秘密としての法的保護を受けるための情報管理（営業秘密管理）について

ア　概要

　営業秘密管理については、Q20 のとおり、企業が秘密として取扱いたい情報へのサイバーセキュリティインシデント発生後に不正競争防止法に基づいて差止め（使用・開示の停止・中止の請求又は削除の請求など）、侵害者に対する刑事制裁等の法的保護、すなわち事後的な措置を取り得ること（法的保護を受けるための条件を予め満たすこと）を目的とした情報管理といえる。

　また、当該法的保護の内容は、Q20 のとおり、主に民事的措置（交渉若しくは訴訟提起）又は刑事的措置であるから、当該保護を受けるためには、交渉の場合は相手方、訴訟提起の場合は裁判所、捜査の段階においては警察又は検察官に、漏えいした又は漏えいしそうになっている秘密情報が「営業秘密」であると認めてもらうことに加えて、そもそも被疑侵害者（被告又は被疑者）をある程度特定する必要が生じる。

　よって、サイバー攻撃のような、被疑侵害者の特定が技術的に困難なサイバーセキュリティインシデントや、交渉・裁判をしようとしても被疑侵害者に応じてもらえないような場合については、不正競争防止法に基づく法的保護を受けることはきわめて困難であるといえる。

　他方で、サイバーセキュリティインシデントのうち、内部不正（従業員・役員による秘密情報の不正な持ち出し等）や取引先企業における不正利用のように、被疑侵害者を特定

することが可能な場合に、企業のガバナンスとして、被疑侵害者を相手に交渉や訴訟提起をする、又は、被疑侵害者への厳正な処分（刑事的処置）を求めようとするならば、裁判所等において漏えいした又は漏えいしそうになっている秘密情報が「営業秘密」であると認めてもらう必要があるため、営業秘密管理が活かされるといえる。

なお、刑事的措置については、営業秘密侵害罪の主観的要件として、故意に加えて、「不正の利益を得る目的で、又はその営業秘密保有者に損害を加える目的」（図利加害目的。不正競争防止法第21条第1項各号等）が必要となる。この目的要件は、処罰範囲を明確に限定するため、違法性を基礎づけるものである[1]。

そこで、刑事的措置においては、被疑侵害者の行為に、故意に加えて、図利加害目的が認められるかという論点が生ずる。

図利加害目的について参考になる裁判例としては、最高裁（最決平成30年12月3日刑集72巻6号569頁）が、営業秘密侵害罪の「不正の利益を得る目的」[2]について以下のとおり判示している。

> 被告人は，勤務先を退職し同業他社へ転職する直前に，勤務先の営業秘密である…（中略）…の各データファイルを私物のハードディスクに複製しているところ，当該複製は勤務先の業務遂行の目的によるものではなく，その他の正当な目的の存在をうかがわせる事情もないなどの本件事実関係によれば，当該複製が被告人自身又は転職先その他の勤務先以外の第三者のために退職後に利用することを目的としたものであったことは合理的に推認できるから，被告人には法21条1項3号にいう「不正の利益を得る目的」があったといえる。

なお、民事的措置の対象となる不正競争についても、一部、図利加害目的を要件とするものがあるが（不正競争防止法第2条第1項第7号〜第10号[3]）、刑事事件で示された上記最高裁の考えが民事事件においても妥当するか未だ定かではない。

イ　対策の内容

営業秘密管理のための対策のポイントは、以下のとおりである。

- 営業秘密保有企業の秘密管理意思（特定の情報を秘密として管理しようとする意思）が、具体的状況に応じた経済合理的な秘密管理措置によって、従業員に明確に示され、結果として、従業員が当該秘密管理意思を容易に認識できる（換言すれば、認識可能性が確保される）必要がある（営業秘密管理指針6頁）

---

[1] 図利加害目的の趣旨等については、逐条不正競争防止法249頁〜251頁も参照されたい。【注：令和元年7月1日施行版（https://www.meti.go.jp/policy/economy/chizai/chiteki/pdf/20190701Chikujyou.pdf）】

[2] なお、正確には、平成27年改正前の不正競争防止法第21条第1項第3号に規定される「不正の利益を得る目的」についての判示であるものの、平成27年改正で同号自体は改正されていない。

[3] 平成30年不正競争防止法改正により限定提供データが新設されたことに伴い、同法第2条第1項第8号の「不正開示行為」が「営業秘密不正開示行為」に変更となった。

- 秘密管理措置は、対象情報（営業秘密）の一般情報（営業秘密ではない情報）からの合理的区分と当該対象情報について営業秘密であることを明らかにする措置とで構成される（同7頁）。

- 従業員に対する「対象情報について営業秘密であることを明らかにする措置」として、一般的には、社内規程又は就業規則において、情報の漏えい禁止に関する一般的な義務規定や情報の管理の具体的手法等を定め、また、入社時、異動時、プロジェクト参加時・終了時、退社時等、対象情報の変動や具体化に合わせて、認識可能性を確保するための誓約書等の書面を取得し、適時、教育・研修を行って認識可能性を高めるといった措置が取られている（秘密情報保護ハンドブック参照）。

- 別法人に対する「対象情報について営業秘密であることを明らかにする措置」として、一般的には、対象情報を特定した守秘義務契約又は守秘義務規定を含む契約を締結し、開示する文書へのマル秘表示を行うといった措置が取られている（営業秘密管理指針14頁〜16頁）。

上記対策に加え、グローバルにビジネスを展開する企業は、外国拠点における営業秘密管理体制の整備又はその見直しを行うことも重要である[4]。

（2）サイバーセキュリティ対策としての情報管理について

ア　概要

サイバーセキュリティ対策は、「インターネットその他の高度情報通信ネットワークの整備及び情報通信技術の活用による情報の自由な流通の確保が、これを通じた表現の自由の享有、イノベーションの創出、経済社会の活力の向上等にとって重要であることに鑑み」て「積極的に対応することを旨として」行われるものである（サイバーセキュリティ基本法第3条第1項（基本理念）参照）。

すなわち、サイバーセキュリティ対策としての情報管理は、「サイバーセキュリティリスクを組織の経営リスクの一環として織り込み、その観点からサイバーセキュリティリスクを把握・評価した上で対策の実施を通じてサイバーセキュリティに関する自社が許容可能とする水準まで低減することは、企業として果たすべき社会的責任であり、その実践は経営者としての責務」（経営ガイドライン4頁）であることから実施される。

加えて、サイバー攻撃が発生した場合には「事業継続に影響する可能性があるのみならず、個人情報の漏えいや他社に対するサイバー攻撃への発展など社会全体に影響を与え被害が拡大する可能性がある」ことから（経営ガイドライン21頁）、サイバーセキュリティ対策の実施は、「経済社会の活力の向上及び持続的発展」（サイバーセキュリティ基本法

---

[4] 例えば、経産省知的財産政策室では国別の注意点・特徴に焦点を当てて、営業秘密の管理・保護に向けたマニュアルを作成・公表している（令和5年1月時点では、中国、タイ、ベトナム、シンガポール、韓国）。また、アメリカ、EU、ドイツ、イギリスの営業秘密法制に関する資料も作成・公表している。（https://www.meti.go.jp/policy/economy/chizai/chiteki/trade-secret.html）

第1条）に資するものであり、ひいては「我が国の安全保障」への寄与（同条）にもつながる。

イ　対策の内容

サイバーセキュリティ対策としての情報管理の詳細については、以下のとおり、参考となる資料が提供されている。

- 経営ガイドライン
- 経営ガイドラインの実践に関する国内の実践事例を取りまとめたものとして、IPA「サイバーセキュリティ経営ガイドライン Ver2.0 実践のためのプラクティス集　第3版」（令和4年3月）
- 「Society5.0」、「Connected Industries」における新たなサプライチェーン全体のセキュリティ確保を目的としたサイバー・フィジカル・セキュリティ対策として、経産省商務情報政策局サイバーセキュリティ課「サイバー・フィジカル・セキュリティ対策フレームワーク Version 1.0」（平成31年4月）
- ファイルレスマルウェア、ランサムウェアや不正アプリ等の攻撃に対するITシステムや制御システムのセキュリティ対策の徹底と強化について記載したものとして、経産省産業サイバーセキュリティ研究会「産業界へのメッセージ」（令和2年4月）

また、中小企業自らがセキュリティ対策に取り組むことを宣言する制度（SECURITY ACTION、IPA）のポータルサイト[5]においてもサイバーセキュリティ対策の参考となる情報がまとめて紹介されている。

なお、子会社を保有しグループ経営を行う企業については、グループ全体の企業価値向上を図るためのガバナンスの在り方として、内部統制システムの一要素として、「サイバーセキュリティについて、グループ全体やサプライチェーンも考慮に入れた対策の在り方が検討されるべきである」という考え方もある（グループガイドライン92頁〜94頁）。

（3）共通点・相違点について
ア　共通点
（ア）情報管理であること

営業秘密管理も、サイバーセキュリティ対策としての情報管理も、いずれも情報管理という点で共通する。

このため、ある対策を見たときに、営業秘密管理として行われている側面と、サイバーセキュリティ対策として行われている側面とが見て取れることも多く、また、情報管理における部門間連携や組織横断的な管理体制が望ましいといわれる。

---

[5] https://www.ipa.go.jp/security/security-action/

（イ）管理の対象となる情報の種類

　　管理の対象となる情報の種類についても、自社が保有する情報、取引先等の他者から提供を受けた情報、協業事業や共同開発等において他者と共同で保有する情報や、社内社外の個人の個人情報まで多種多様であり共通する。

（ウ）リスクマネジメントであること

　　いずれも、リスクベースドアプローチに基づいて、限られたリソースの最適配分という観点で行われる、リスクマネジメントである（**Q1**参照）。

イ　相違点

（ア）管理対象となる情報の範囲・秘密管理意思の有無

　　営業秘密管理においては、営業秘密の要件（秘密管理性、有用性、非公知性）を満たす情報が管理の対象となるのに対し、サイバーセキュリティ対策としての情報管理においては、そのような秘密管理意思の有無に関係なく、サイバーセキュリティリスクが懸念される情報が管理対象となる。

（イ）漏えい対策か、漏えい・滅失・毀損対策か

　　不正競争防止法に基づく法的保護が不正取得、不正開示、不正使用を規制していることからわかるように、営業秘密管理は、主に情報の「漏えい」対策に焦点が当てられる。これに対し、サイバーセキュリティ対策としての情報管理においては、サイバーセキュリティ基本法におけるサイバーセキュリティの定義（第2条）に「情報の漏えい、滅失又は毀損の防止その他の当該情報の安全管理のために必要な措置」とあるとおり、情報の「漏えい」「滅失」「毀損」のいずれについても防止しようとするものである[6]。

（ウ）攻めか守りか

　　不正競争防止法は、営業秘密侵害行為に対して罰則を規定することで、侵害の「抑止」に向けた役割を果たすだけでなく、差止や損害賠償等の民事的な責任追及といった法的保護を規定しており、営業秘密管理は、不正競争行為に対する事後的な「攻め」を主眼として行う情報管理であるといえる。そのため、営業秘密管理は、将来、法的保護を求めることを念頭に、どのようにすれば立証できるか、どのようにして立証すべきかといった観点を考慮して行われる。

　　他方で、サイバーセキュリティ対策としての情報管理は、サイバーセキュリティリスクの回避や低減を図るものであり、「守り」のための情報管理であるといえる。

3．参考資料（法令・ガイドラインなど）

・営業秘密管理指針

---

[6] もちろん、営業秘密管理は主に情報の「漏えい」対策に焦点を当てるといっても、秘密情報の滅失又は毀損の事実をもって、営業秘密の不正取得・使用・開示の痕跡であるとして、裁判等で争うことは考えられる。

・秘密情報保護ハンドブック／秘密情報の保護ハンドブックのてびき

・経営ガイドライン

・IPA「サイバーセキュリティ経営ガイドライン Ver2.0 実践のためのプラクティス集 第3版」

　https://warp.ndl.go.jp/info:ndljp/pid/12446699/www.ipa.go.jp/security/fy30/reports/ciso/index.html

　・サイバー・フィジカル・セキュリティ対策フレームワーク Version 1.0

　https://www.meti.go.jp/policy/netsecurity/wg1/CPSF_ver1.0.pdf

　・産業界へのメッセージ

　https://www.meti.go.jp/shingikai/mono_info_service/sangyo_cyber/pdf/20200417.pdf

4．裁判例

特になし

Q22 委託元と営業秘密

従業員や委託先企業が作成や取得に関与した顧客リストや技術情報などの秘密情報について、雇用会社や委託元会社は、営業秘密としての保護を受けることができるのか。

タグ：不正競争防止法、独占禁止法、雇用、委託、営業秘密、従業員、営業秘密保有者

1．概要

従業員や委託先企業が作成や取得に関与した情報であっても、その情報を雇用会社や委託元会社が秘密として管理するに至ったときには、その情報は雇用会社又は委託元会社の営業秘密として不正競争防止法により保護され得る。

2．解説

従業員や委託先企業が自ら作成や取得に関与した情報であっても、雇用契約又は業務委託契約において、労務の提供として又は委託業務の履行として作成又は取得された情報については、雇用会社又は委託元会社が当該情報の保有者となり、当該会社の企業秘密として管理する旨が合意されている場合が多い。

このような合意は、雇用会社又は委託元会社が当該情報を営業秘密として管理する意思を示しているものと解される。

よって、その情報が雇用会社又は委託元会社の業務において用いるために整理されるなど、雇用会社又は委託元会社の秘密管理意思が具体的状況に応じた経済合理的な秘密管理措置によって明確に示されて従業員又は委託先企業において当該秘密管理意思を容易に認識できる場合には、雇用会社又は委託元会社が、営業秘密を保有する事業者として「営業秘密保有者」[1]に該当し得るものと考えられる。

そして、従業員や委託先企業が自ら作成や取得に関与した情報であっても、このように、雇用会社や委託元会社が営業秘密保有者に該当する場合には、当該従業員又は委託先企業は、営業秘密保有者から営業秘密を「示された」者に該当すると解され得るため、不正の利益を得る目的又は営業秘密保有者に損害を加える目的で、営業秘密を使用又は第三者に開示した場合には、当該行為は、不正競争防止法第2条第1項第7号所定の不正競争に該当し得る。

もっとも、従業員に関しては、あらゆる情報を会社の管理下において一切退職後は使用できないとすることは、転職の自由との関係で問題がある。したがって、プロジェクトへの参加時など、具体的に企業秘密に接する時期に、秘密として管理すべき情報を特定した上で、秘密保持義務を負わせることが望ましいと考えられる。（なお、従業員に退職後の秘密保持

---

[1] 営業秘密を保有する事業者（不正競争防止法第2条第1項第7号参照）。「営業秘密保有者」という用語は、平成30年不正競争防止法改正により導入された。

義務を課すための秘密保持契約については Q32 から Q34 までを参照)。

委託先企業についても、基本的には同様に、秘密として管理すべき情報を具体的に選別して特定した上で秘密保持義務を負わせることが実効性のある秘密保持契約として望ましいと考えられるが、転職の自由を配慮する必要性がない点において従業員の場合とは異なると考えられる。

なお、委託元会社(ライセンサー)は、業務委託にともなって委託先企業(ライセンシー)に技術をライセンスする際、秘密保持契約において、委託先企業の事業活動に関して一定の制限を課すことがあるが、当該制限が公正競争阻害性を有する場合には、当該制限は独占禁止法上の不公正な取引方法に該当し得るため、留意が必要である(知的財産の利用に関する独占禁止法上の指針第 4-4 参照)。また、片務的な秘密保持契約についても、場合によっては優越的地位の濫用行為に該当することもあり得るため、留意が必要である(製造業者のノウハウ・知的財産権を対象とした優越的地位の濫用行為等に関する実態調査報告書)。

３．参考資料(法令・ガイドラインなど)

- 不正競争防止法第 2 条第 1 項第 7 号
- 営業秘密管理指針
- 公正取引委員会「知的財産の利用に関する独占禁止法上の指針」
  (平成 19 年 9 月 28 日 (最終改正平成 28 年 1 月 21 日))
  https://www.jftc.go.jp/dk/guideline/unyoukijun/chitekizaisan_files/chitekizaisangl.pdf
- 公正取引委員会「製造業者のノウハウ・知的財産権を対象とした優越的地位の濫用行為等に関する実態調査報告書」(令和元年 6 月)
  https://www.jftc.go.jp/houdou/pressrelease/2019/jun/190614_files/houkokusyo.pdf

４．裁判例

- 札幌地判平成 6 年 7 月 8 日 (平成 6 年 (モ) 第 725 号)
- 東京地判平成 14 年 2 月 5 日判時 1802 号 145 頁・判タ 1114 号 279 頁
- 東京高判平成 15 年 3 月 31 日 (平成 14 年 (ラ) 第 1302 号)
- 東京高判平成 16 年 9 月 29 日判タ 1173 号 68 頁
- 東京高判平成 18 年 2 月 27 日 (平成 17 年 (ネ) 第 10007 号)
- 知財高裁平成 24 年 7 月 4 日 (平成 23 年 (ネ) 第 10084 号・平成 24 年 (ネ) 第 10025 号) 最高裁ウェブサイト
- 大阪地裁平成 30 年 3 月 5 日 (平成 28 年 (ワ) 第 648 号) 最高裁ウェブサイト

Q23 限定提供データとサイバーセキュリティ

平成 30 年不正競争防止法改正により新たに導入された「限定提供データ」は、どのような制度であり、サイバーセキュリティインシデントにどのように対応できるのか。

タグ：不正競争防止法、限定提供データ、限定提供性、相当量蓄積性、電磁的管理性、営業秘密

1．概要

　平成 30 年に不正競争防止法が改正され、「限定提供データ」の不正取得、不正使用又は不正開示といったサイバーセキュリティインシデントに対して差止請求又は損害賠償請求をなし得るようになった。「限定提供データ」にこのような法的保護を与えたのは、データの利活用を促進するための環境を整備するためである[1]。

　また、限定提供データとしての法的保護を受けるために行う電磁的管理が、サイバーセキュリティ対策に通ずる場合もある。

2．解説

（1）制度趣旨

　「限定提供データ」の制度は、データが企業の競争力の源泉としての価値を増す中で、データの創出、収集、分析、管理等の投資に見合った適正な対価回収が可能な環境を整備すべく、データを安心して提供できるように、限定提供データの不正取得行為等に対して法的措置を取れるようにしたものである（限定提供データ指針 6 頁参照）。平成 30 年改正不正競争防止法により新しく導入され、令和元年 7 月 1 日に施行された。

（2）「限定提供データ」とは

　「限定提供データ」とは、「業として特定の者に提供する情報として電磁的方法により相当量蓄積され、及び管理されている技術上又は営業上の情報（秘密として管理されているものを除く。）」と定義される（不正競争防止法第 2 条第 7 項）。

　すなわち、「技術上又は営業上の情報（秘密として管理されているものを除く。）」が以下の要件を満たせば、「限定提供データ」に該当する。各要件等の詳細な解説については、「限定提供データ指針」を参照されたい[2]。

---

[1] 経産省「不正競争防止法平成 30 年改正の概要（限定提供データ、技術的制限手段等）」（平成 30 年、https://www.meti.go.jp/policy/economy/chizai/chiteki/H30_kaiseigaiyoutext.pdf）。なお、中間報告や新旧対照表は、右記ウェブサイトにまとめられている（「平成 30 年改正（限定提供データの不正取得等を不正競争行為として追加、技術的制限手段に係る規律強化）」https://www.meti.go.jp/policy/economy/chizai/chiteki/kaisei_recent.html）。

[2] 平成 31 年 1 月（令和 4 年 5 月改訂）に経産省より「限定提供データに関する指針の概要」

107

- 業として特定の者に提供する情報であること（限定提供性）
- 電磁的方法により相当量蓄積されていること（相当量蓄積性）
- 電磁的方法により管理されていること（電磁的管理性）

なお、限定提供データが無償で公衆に利用可能となっている情報（オープンなデータ）と同一の情報である場合には、当該情報の不正取得・使用・開示行為については不正競争に該当しない（不正競争防止法第19条第1項第8号ロ[3]）。

（3）法的保護の内容

限定提供データの不正取得・使用・開示のうち「不正競争」に該当する行為に対しては、差止請求又は損害賠償請求をなし得る（不正競争防止法第3条、第4条参照）。なお、「まだ事例の蓄積も少ない中で、事業者に対して過度の萎縮効果を生じさせ」かねないことから刑事的措置（刑事罰）は設けられていない（限定提供データ指針4頁）。

どのような「不正競争」について差止請求又は損害賠償請求をなし得るかについて、模式的に整理したものが下記図1である。赤く塗られた行為が、対象となり得る「不正競争」である。なお、限定提供データに関する不正競争は、不正競争防止法第2条第1項第11号から第16号に規定されているため、下図における「第11号」等の数字は、これら条文番号を指す。

図1　限定提供データに関する不正競争（限定提供データ指針5頁）

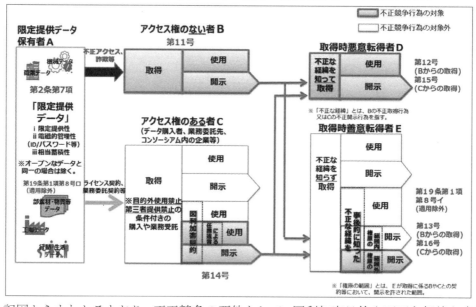

上記図からもわかるとおり、不正競争の要件として、図利加害目的や不正な経緯を事後的

が公表されている。
(https://www.meti.go.jp/policy/economy/chizai/chiteki/guideline/h31pd.pdf)
[3] 不正競争防止法第19条第1項第8号ロに該当すると、不正競争防止法が適用されないことになるので、このロの事由のことを適用除外事由という。

に知ったことといった主観的要件が加重されているので、差止請求又は損害賠償請求を検討するときには、これら主観的要件も立証できるかといった検討が必要となる。

　また、限定提供データと同じ不正競争防止法に規定される営業秘密の場合は、営業秘密侵害品の譲渡等も不正競争の対象とされている（不正競争防止法第2条第1項第10号）が、限定提供データの場合は、不正取得等された限定提供データを使用して生み出された物品の流通を不正競争として規制する規定はない。よって、「取得したデータを使用して得られる成果物（データを学習させて生成された学習済みモデル、データを用いて開発された物品等）がもはや元の限定提供データとは異なるものと評価される場合には、その使用、譲渡等の行為は不正競争には該当しない」ことになる（限定提供データ指針22頁）。

（4）「限定提供データ」と「営業秘密」の違いについて

　限定提供データは、上記（1）のとおり、データの創出や分析等に投資した者が「データを安心して提供」して、当該「投資に見合った適正な対価回収」をしようとすること、すなわち、他者にデータを提供して利用させることを念頭に置いた制度であるといえる。

　他方で、営業秘密は、他者に情報を提供して利用してもらい投資回収をすることを念頭に置いているのではなく、秘密として管理し、利用することに価値がある情報を念頭に置いた制度であるといえる[4]。

　そこで、不正競争防止法第2条第7項は、『このような「営業秘密」と「限定提供データ」の違いに着目し、両者の重複を避けるため、「営業秘密」を特徴づける「秘密として管理されているもの」を「限定提供データ」から除外する』旨を規定する。もっとも、この趣旨は、法適用の場面において、2つの制度による保護が重複して及ばないことを意味するにすぎず、実務上は、両制度による保護の可能性を見据えた管理を行うことは否定されない（限定提供データ指針15頁）。

　たとえば、あるデータにアクセスするためにはID・パスワードが必要となるという措置が実施されている場合、限定提供データ指針によれば、
　　① 当該措置が秘密として管理する意思に基づくものであり、当該意思が客観的に認識できるとき
　　　→「秘密として管理されているもの」に該当する

---

[4] 営業秘密の法的保護の沿革は、TRIPS協定第39条の担保にある（営業秘密管理指針3頁～4頁）。同条は、「合法的に自己の管理する情報」のうち「秘密であることにより商業的価値がある」もの等の一定の要件を満たす情報の不正開示等の防止ができるように保護すべきことを加盟各国に対して求めている。よって、営業秘密の制度は、秘密として管理し、利用することに価値がある情報を念頭に置いたものであるといえる。
　なお、TRIPS協定（知的所有権の貿易関連の側面に関する協定）とは、国際的な自由貿易秩序維持形成のための知的財産権の十分な保護や権利行使手続の整備を加盟各国に義務付けることを目的とした多国間協定である。WTOの規定によって加盟各国は本協定に拘束され、本協定の内容は加盟各国の法律に反映される。（外務省、https://www.mofa.go.jp/mofaj/gaiko/ipr/pdfs/trips.pdf）

（⇒有用性及び非公知性を満たせば「営業秘密」に該当する）

② 当該措置が対価を確実に得ること等を目的とするものにとどまり、その目的が満たされる限り誰にデータが知られてもよいという方針の下で施されているとき

→「秘密として管理されているもの」に該当しない

（⇒他の要件を満たせば「限定提供データ」に該当する）

というように考えられる（限定提供データ指針15頁）。

（5）サイバーセキュリティインシデントにどのように対応できるか

データの管理・利用においてサイバーセキュリティを確保しようとすると、自ずと、限定提供データの電磁的管理性の要件も満たされることが多いものと思われる。

逆に、「限定提供データ」としての法的保護を受けることを予定してデータを管理することは、サイバーセキュリティ対策の実施にもなり得る。たとえば、電磁的管理性として、認証技術とともに対象となるデータを暗号化していた場合（限定提供データ指針 12 頁～13頁）には、サイバー攻撃によりデータが不正に取得されたとしても、データの内容の流出（漏えい）を防ぎ得るし、ID・パスワードによるユーザ認証によってアクセスを制限していた場合（限定提供データ指針13頁）には、データの不正取得自体を防ぎ得る。

もっとも、限定提供データの法的保護は、限定提供データの不正取得等の不正行為が生じた後に又は生じようとしているときに、当該不正行為を行った者・行う者に対して差止請求又は損害賠償請求をすることができるという制度であるから、当該不正行為を行う者・行おうとする者（いわゆる被疑侵害者）をある程度特定できなければ、そのようなサイバーセキュリティインシデントに対して限定提供データの制度を利用した対応を取ることはできない。

３．参考資料（法令・ガイドラインなど）

・不正競争防止法第2条第1項第11号～第16号、第2条第7項、第3条、第4条、第19条第1項第8号ロ
・限定提供データ指針
・営業秘密管理指針

４．裁判例

特になし

Q24 技術的手段の回避行為・無効化行為の法的責任

企業内の秘密情報や従業員情報、顧客情報等のコピーや改変の禁止のために、若しくは当該情報が格納されたサーバやクラウドへのアクセスの禁止のために、又はアプリやソフトウェアの認証（アクティベーション方式）のために、技術的な手段が施されている場合に、そのような技術的手段を回避したり無効化したりする行為について、法律上、どのような責任が発生するのか。

タグ：不正競争防止法、著作権法、刑法、不正アクセス禁止法、技術的制限手段、技術的保護手段、技術的利用制限手段、技術的手段

1．概要

著作権法又は不正競争防止法に基づく法的責任が生じ得るが、サイバーセキュリティ技術の開発の目的等で技術的手段を回避したり無効化したりする場合には、これら二つの法律に基づく法的責任は生じない。

その他、刑法や不正アクセス禁止法等への抵触についても留意が必要である。

2．解説

（1）技術的手段とは

実務上、著作権法の「技術的保護手段」（第 2 条第 1 項第 20 号）及び「技術的利用制限手段」（同項第 21 号）、並びに不正競争防止法の「技術的制限手段」（第 2 条第 8 項）をまとめて、「技術的手段」と呼ぶ[1][2]。

（2）沿革

ア　導入の経緯について

平成 11 年に著作権法と不正競争防止法を改正して、技術的手段の保護に関する制度が創設された。

我が国が著作権に関する世界的所有権機関条約（WIPO 著作権条約、WCT）及び、実演及びレコードに関する世界知的所有権機関条約（WIPO 実演・レコード条約、WPPT）に加入するにあたり、両条約が著作権等を保護するための効果的な技術的手段に対する適当な法的保護を加盟各国に義務づけていたからである。

---

[1] 逐条不正競争防止法 115 頁・脚注 124 （https://www.meti.go.jp/policy/economy/chizai/chiteki/pdf/20190701Chikujyou.pdf）。なお、著作権法第 29 条に規定される「技術的手段」とは異なる意味である。

[2] Technological Measures や Technical Protection Measures に相当する用語であり、後者の略称の TPM と呼ばれることもある。

イ　著作権法と不正競争防止法の二つの法律で対応した経緯について

　平成 11 年当時、技術的手段としては、大きく分けると、①著作権等の支分権の対象となる行為を制限する技術（いわゆるコピーコントロール技術：CC）と、②著作権等の支分権の対象外の行為（コンテンツの視聴やプログラムの実行など）を管理する技術（いわゆるアクセスコントロール技術：AC）の二種類が存在した。そこで、CC については著作権法で保護し、AC については不正競争防止法で保護することとされた。

　こうして、著作権法は、技術的保護手段を定義し、これを回避する行為等を規制することとなり、不正競争防止法は、技術的制限手段を定義し、これを無効化する装置等の譲渡等の行為を規制することとなった。

ウ　これまでの制度改正について

（ア）著作権法について

　著作権法においては、まず、平成 24 年改正により、技術的保護手段（同法第 2 条第 1 項第 20 号）の対象に、著作物等の利用に用いられる機器が特定の変換を必要とするよう著作物、実演、レコード又は放送若しくは有線放送に係る音若しくは影像を変換して記録媒体に記録し、又は送信する方式（暗号方式）が加えられた。

　次に、いわゆる TPP11 協定[3]に対応する改正により、「従前の技術的保護手段に加え，アクセスコントロール機能のみを有する保護技術について、新たに『技術的利用制限手段』を定義した上で、技術的利用制限手段を権原なく回避する行為について、著作権者等の利益を不当に害しない場合を除き、著作権等を侵害する行為とみなして民事上の責任を問いうることとするとともに、技術的利用制限手段の回避を行う装置やプログラムの公衆への譲渡等の行為」が刑事罰の対象となった（平成 30 年 12 月 30 日施行）[4]。

　また、不正競争防止法の平成 30 年改正によって生じたアクセスコントロールに関する定義規定と規制対象行為の相違を解消すべく、著作権法の令和 2 年改正により、技術的保護手段及び技術的利用制限手段の各定義規定を改正して、急速に普及したアクティベーション方式（特定の反応をする信号をコンテンツの記録・送信と同時に行わないもの）が含まれることを明確にした。加えて、ライセンス認証などを回避するための不正な指令符号（シリアルコード）の提供等（公衆に譲渡、公衆譲渡目的製造・所持、公衆送信等）の行為を、著作権等を侵害する行為とみなす旨の規定を設けるとともに（著作権法第 113 条第 7 項）、新たに刑事罰の対象とした（第 120 条の 2 第 4 号）。このように、著作権法上も、シリアルコードの提供等については民事上・刑事上の責任が

---

[3]　TPP11 協定とは、環太平洋パートナーシップに関する包括的及び先進的な協定をいう。当該協定の内容等詳細については、内閣官房 TPP 等政府対策本部ウェブサイト（https://www.cas.go.jp/jp/tpp/tppinfo/kyotei/tpp11/index.html）を参照。

[4]　文化庁「環太平洋パートナーシップ協定の締結に伴う関係法律の整備に関する法律（平成 28 年法律第 108 号）及び環太平洋パートナーシップ協定の締結に伴う関係法律の整備に関する法律の一部を改正する法律（平成 30 年法律第 70 号）について」（http://www.bunka.go.jp/seisaku/chosakuken/hokaisei/kantaiheiyo_hokaisei/）

問われることとなった（いずれについても令和3年1月1日施行）。

（イ）不正競争防止法について

　平成30年不正競争防止法改正により、技術的制限手段の保護範囲が拡大された（同年11月29日施行）[5]。アクティベーション方式も技術的制限手段に含まれることを明確化するために、「影像、音若しくはプログラムとともに」という要件が削除され、また、シリアルコード等の「指令符号」の提供等及びプロテクト破り代行サービス等の「役務」も「不正競争」として規制対象に加えられた。

（3）著作権法上の技術的保護手段・技術的利用制限手段の保護と不正競争防止法上の技術的制限手段の保護の相違点について

　いずれも技術的手段に民事的措置及び刑事的措置（刑事罰）による保護を与えている点等多くの点で共通するが、主な相違点をまとめると、以下のとおりである。

図1　技術的手段に関する両法における保護の主な相違点

	著作権法上の技術的保護手段・技術的利用制限手段の保護	不正競争防止法上の技術的制限手段の保護
保護の対象物[6]	著作物、実演、レコード、放送又は有線放送	著作物性は問わず、影像、音、プログラムその他の情報
技術的手段の用途	営業上用いられるか否かは問わない	営業上用いられる技術的制限手段に限られる
回避行為・無効化行為後の対象物の利用について	私的使用目的であっても、技術的保護手段が回避された対象物を回避されたことを知りながら複製する行為は複製権侵害となる（著作権法第30条第1項第2号）	不正競争防止法違反とはならない
取り得る措置	回避装置等についての水際措置（税関における輸出入差止め手続）はない（もっとも、CCを外して違法にコピーされた著作物等であれば、水際措置の対象となる）	無効化装置等についての水際措置（税関における輸出入差止め手続）がある

（4）技術的手段の回避行為・無効化行為に関する法的責任

　技術的手段の回避行為・無効化行為に関する法的責任をまとめると、以下のとおりである。

	著作権法	不正競争防止法

---

[5] 技術的制限手段の定義（不正競争防止法第2条第8項）の構造及び規制対象行為（同条第1項第17号・第18号）の構造（条文の読み方）については、「不正競争防止法テキスト」36〜40頁（https://www.meti.go.jp/policy/economy/chizai/chiteki/pdf/unfaircompetition_textbook.pdf ）が図示しており、わかりやすい。

[6] 有体物に限る意味ではなく、無体物も含む意味で「対象物」と記載するものである。

	技術的保護手段の回避行為	技術的利用制限手段の回避行為	技術的保護手段及び技術的利用制限手段の回避を行うための指令符号の提供等	技術的制限手段の無効化装置等の提供等の行為
民事上の責任	回避行為そのものは規制対象ではない。ただし、回避行為後に回避されたことを知りながら行う私的使用目的の複製行為は著作権侵害になり得る（第30条第1項第2号）	一定の場合を除き、回避行為がみなし侵害行為（第113条第6項）	指令符号の提供等がみなし侵害行為（第113条第7項）	不正競争として差止め請求・損害賠償請求（第2条第1項第17号・第18号、第3条、第4条）なお、無効化行為そのものは規制対象ではないが、無効化するサービスの提供は規制対象である。
刑事上の責任	—	以下の行為について、懲役3年以下若しくは罰金300万円以下又は併科 ・ 回避する機能を有する装置・プログラムの複製物の公衆への譲渡等、公衆への譲渡等目的の製造行為等、当該プログラムの公衆送信等（第120条の2第1号） ・ 業として公衆からの求めに応じて回避する行為（第120条の2第2号） ・ 技術的保護手段及び技術的利用制限手段の回避を行うための指令符号の提供等（第120条の2第4号） 上記いずれの行為の場合も罰金300万円以下の法人両罰あり（第124条第1項第2号）		— 上記行為について、懲役5年以下若しくは罰金500万円以下又は併科（第21条第2項第4号） ・ 「不正の利益を得る目的で、又は営業上技術的制限手段を用いている者に損害を加える目的」が必要 ・ 罰金3億円以下の法人両罰あり（第22条第1項第3号）

（5）技術・開発目的、試験・研究目的について

　サイバーセキュリティに関する技術の開発のために行う技術的手段への攻撃行為（回避行為・無効化行為）については、著作権法上、技術的利用制限手段の回避行為が「技術的利用制限手段に係る研究又は技術の開発の目的上正当な範囲内で行われる場合その他著作権者等の利益を不当に害しない場合」には、みなし侵害行為は成立しない（第113条第6項）。また、刑事罰については、回避装置等の「公衆」への譲渡等、「公衆」への譲渡等目的での回避装置等の製造行為等、回避プログラムの公衆送信等、又は「公衆からの求めに応じて」の回避行為が規制対象とされているのみである（第120条の2第1号・第2号）。著作権法上、「公衆」とは、不特定多数のみならず特定かつ多数の者を含むとされる（第2条第5項）ことから、たとえば、自分が使用する目的や特定少数に譲渡する目的で回避装置等を製造す

る場合や、特定少数の求めに応じて回避行為を行うことは、刑事罰の対象外となる。

また、不正競争防止法の技術的制限手段の無効化行為についても、試験・研究目的で行う場合を規制の対象外としている（不正競争防止法第19条第1項第9号）。

（6）その他法令への抵触の可能性について

以上、技術的手段の回避・無効化に関する行為について不正競争防止法と著作権法の関係を解説したが、その他の法令の関係では、不正なプログラムを作成等して技術的手段を回避・無効化した場合には、不正指令電磁的記録に関する罪により処罰され得るほか、電子計算機損壊等業務妨害罪や電磁的記録毀棄罪などにより処罰され得る。また、技術的手段を回避・無効化して、①データを改ざんするなどした場合には、電磁的記録不正作出罪などにより、②情報を不正に入手した場合には、営業秘密侵害罪や通信の秘密侵害罪などにより、③情報を漏えいさせた場合には、個人情報データベース等提供罪や秘密漏示罪などにより、また、④不正にログインなどをした場合には、不正アクセス禁止法違反により、処罰され得る。その他、場合によっては、電算機使用詐欺罪などで処罰され得る（以上の詳細について、Q76〜Q82を参照）。

3．参考資料（法令・ガイドラインなど）

・著作権法第2条第1項第20号・第21号、第2条第5項、第30条第1項第2号、第113条第6項・第7項、第120条の2第1号・第2号・第4号、第124条第1項第2号
・不正競争防止法第2条第1項第17号・第18号、第2条第8項、第3条、第4条、第19条第1項第9号、第21条第2項第4号、第22条第1項第3号

4．裁判例

・東京地判平成21年2月27日（平成20年（ワ）第20886号・平成20年（ワ）第35745号）最高裁ウェブサイト
・東京地判平成25年7月9日（平成21年（ワ）第40515号、同22年（ワ）第12105号、同第17265号）最高裁ウェブサイト、知財高裁平成26年6月12日（平成25年（ネ）第10067号）最高裁ウェブサイト
・大阪地判平成28年12月26日（平成28年（ワ）第10425号）最高裁ウェブサイト
・最高裁判令和3年3月1日刑集75巻3号273頁

Q25 データの知的財産権法規定による保護方法

企業や組織において保有する秘密情報やビッグデータなどの価値ある重要なデータについて、情報漏えい等が生じた場合に、不正競争防止法に基づく営業秘密又は限定提供データとしての保護以外に、他の知的財産権法規定による保護方法として有用なものはあるか。

タグ：不正競争防止法、著作権法、著作権、特許権、実用新案権、意匠権、営業秘密，限定提供データ

1．概要

　秘密情報の保護については、そもそも、権利を取得するためには公開が必要となる特許権や実用新案権、権利取得後に権利内容の公開が必要となる意匠権といった産業財産権は適していない。なお、設計図、模型、写真、製造マニュアルといった形式の秘密情報については、これらに著作物性が認められる場合、著作権法で保護される可能性があるが、著作権法は表現を保護するに過ぎず、アイデア自体を保護するものではないため、秘密情報の表現ではなくて中身が利用された場合、保護が及ばず、十分とはいえない。

　構造を有するデータなどのプログラム等の特許権も、データそのものが保護されるものではない。また、データの選択又は体系的な構成によって創作性を有するデータベースは著作物として保護されるが、データベースを構成する個々の秘密情報やデータを保護するものではない。

　このように、秘密情報の保護や価値ある重要なデータの保護として、産業財産権や著作権による保護は十分ではない。そこで、秘密情報の保護としては不正競争防止法による営業秘密としての保護が重要となるし、（営業秘密ではない）価値ある重要なデータの保護については平成30年の不正競争防止法改正により導入された限定提供データとしての保護が重要となる。なお、価値ある重要なデータについては、不正競争防止法による保護とは別途、適切な内容のデータ取引契約を締結することによる保護を図ることも重要となる。

2．解説

（1）秘密情報の保護

　特許権や実用新案権は、権利を取得するためには特許庁に出願して一般に公開しなければならない[1]ため、特許権や実用新案権では、秘密情報を秘密のまま保護することはできない。また、権利取得後に権利内容の公開が必要となる意匠権は、秘密意匠制度を利用することにより、意匠登録の日から最長3年間、意匠を記載した図面などを秘密にすることが可

---

[1] 令和4年5月11日に可決成立した「経済施策を一体的に講ずることによる安全保障の確保の推進に関する法律」（令和4年法律第43号）では、安全保障上機微な発明の特許出願について、保全指定をして公開を留保する仕組み等を新たに導入する内容となっている。

能であるが、意匠を秘密とする期間が経過した後に、改めて図面などを掲載した公報が発行されるため、意匠法で秘密情報を秘密のまま保護できる期間は限定的である。

　他方、設計図、模型、写真、製造マニュアル、顧客データベースといった形をとり、著作物性が認められる場合には、これらに著作権や著作者人格権が発生している可能性がある。

　著作権法上の「著作物」とは、思想又は感情を創作的に表現したものであって、文芸、学術、美術又は音楽の範囲に属するものをいうとされることから（著作権法第2条第1項第1号）、著作権法の保護を受けるためには、当該秘密情報が創作的な表現物である必要がある。また、データベースであっても、その情報の選択又は体系的な構成によって創作性を有するものは、著作物として保護される（同法第12条の2第1項）。

　したがって、例えば、いかに重要な顧客データベースであったとしても、それが顧客の住所電話番号をあいうえお順に並べたものなど、ありふれた構成であった場合には、データベースの著作物としての創作性が認められず、著作権法の保護を受けることはできない。データベースの著作物としての創作性が否定された例としては、自動車データベースの創作性について争われた事例で、東京地判平成13年5月25日判時1774号132頁（中間判決）、東京地判平成14年3月28日判時1793号133頁がある[2]。

　他方、データベースの著作物としての創作性が肯定された例としては、旅行業者向けシステムのリレーショナル・データベース（データベースの情報の単位であるレコードを別のレコードと関連付ける処理機能を持つ）の創作性について争われた事案で、知財高判平成28年1月19日（平成26年（ネ）第10038号）最高裁ウェブサイト[3]がある。

　秘密情報が著作物として保護される場合、著作者は、公表権を始めとする著作者人格権（同法第18条～第20条）、複製権を始めとする著作権（財産権）（同法第21条～第28条）を享有し、これらの権利を侵害する者に対し、差止請求（同法第112条、第116条）、損害賠償請求、名誉回復措置請求（同法第115条、第116条）等が可能である。このため、情報漏えい等が生じた場合には、かかる権利行使により保護を図ることが考えられる。著作権や著作者人格権は、特許権等の、出願して一般に公開しなければならない権利と異なり、その権利取得のために公開が要求されるものではないため、情報を秘匿したまま著作権法で保護することが可能である。

　しかしながら、著作権法は著作物の創作的な表現を保護する法律であって、アイデアを保護するものではないため、著作物に含まれるアイデア自体を使用する行為（例えば製造マニュアルを読んでそこに書かれているアイデアを利用して製造する行為）は著作権侵害とはならない。さらに、他人の営業秘密である機械の設計図に基づき、第三者が無断で機械を製

---

[2] ただし、当該データベースの複製行為が不法行為に該当すると認定していることに注意。もっとも、その後の最判平成23年12月8日民集65巻9号3275頁において、著作権法所定の著作物に該当しない著作物の利用行為については、「同法が規律の対象とする著作物の利用による利益とは異なる法的に保護された利益を侵害するなどの特段の事情がない限り、不法行為を構成するものではない」として、不法行為の成立が否定されている。

[3] 原審：東京地判平成26年3月14日（平成21年（ワ）第16019号）最高裁ウェブサイト

作しても、機械に著作物性が認められない以上、設計図の著作権侵害にならないとされる（大阪地判平成4年4月30日判時1436号104頁）。また、データベースを構成する個々のデータを不正に取得・利用された場合には、データベースそのものの複製でない限り、データベースの著作物に係る複製権侵害とはならないと考えられる。このため、秘密情報が漏えいし、これが用いられた場合においては、当該秘密情報が著作物として保護される場合であったとしても、著作権は、当該秘密情報に係る表現そのものの公表や複製の差し止め等には有用であるものの、当該秘密情報に含まれるアイデアの活用や、当該秘密情報に基づいた製品やサービスの提供の差し止め等には有用ではないと考えられる。

　以上のとおり、著作権法による秘密情報の保護はきわめて限定的であるといわざるを得ない。

（2）価値ある重要なデータの保護

　平成30年の不正競争防止法改正において、商品として広く提供されるデータや、コンソーシアム内で共有されるデータなど、事業者等が取引等を通じて第三者に提供するデータを念頭においた、「限定提供データ」（不正競争防止法第2条第7項）の概念が導入され、限定提供データの不正取得・使用・開示行為等の不正競争も規制されることになった（**Q23**参照）。

　この点、特許法上、特許権の保護の対象となる発明は、「自然法則を利用した技術的思想の創作のうち高度のものをいう」（特許法第2条第1項）とされているところ、事業者等が取引等を通じて第三者に提供するデータなど価値ある重要なデータは、データ自体に価値があるとしても、データ自体は「技術的思想」の「創作」には該当しないことが通常であり、特許権の保護の対象となる場合は限定的であると考えられる。なお、構造を有するデータは、プログラムに準ずるものと解釈される場合があり、プログラム等の特許権（特許法2条4項）として保護の対象となり得るが、こちらについても、データそのものを保護するものではなく、あくまでもデータ構造全体として特定された発明を保護するものに過ぎない。

　また、前述のとおり、著作権法の保護を受けるためには創作的な表現である必要があるところ、機械稼働データや消費動向データのようにセンサ等の機器により機械的に創出されるデータや、スマートフォン等のユーザの使用履歴等のデータの集合については、そのデータの収集、蓄積及び整理の態様や状況にもよるものの、その情報の選択又は体系的な構成による創作性を認めるのが困難な場合もあると考えられる。加えて、前述のとおり、データベースの著作物として保護される場合であったとしても、データベースを構成する個々のデータを不正に取得・利用された場合には、データベースそのものの公表・複製でない限り、データベースの著作物の公表権侵害や複製権侵害を問えるものではないと考えられる。

　このため、価値ある重要なデータは、秘密情報以上に、著作権法等の知的財産権法による保護を図ることは困難であるといわざるを得ない。

（3）契約による保護

このため、企業や組織において保有する秘密情報やビッグデータなどの価値ある重要なデータについては、契約による保護を図ることが重要であり、これについては Q44 において解説する。

３．参考資料（法令・ガイドラインなど）

・著作権法第 2 条第 1 項第 1 号（著作物の定義）、第 10 条（著作物の例示）、第 12 条の 2（データベースの著作物）

・特許法第 2 条第 4 項

・不正競争防止法第 2 条第 6 項（営業秘密）、同条第 7 項（限定提供データ）

４．裁判例

本文中に記載したもののほか、

・東京高判昭和 58 年 6 月 30 日無体例集 15 巻 2 号 586 号

・東京地判平成 12 年 3 月 17 日判時 1714 号 128 頁

・東京地判平成 17 年 11 月 17 日判時 1949 号 95 頁

・大阪地判平成 16 年 11 月 4 日判時 1898 号 117 頁

Q26 セキュリティ上必要となる雇用関係上の措置と誓約書の取得

> 企業は、従業員がサイバーセキュリティ上の事故を発生させる事態を未然に防止し、また、こうした事態が発生した場合に適切な対応をとるために、雇用関係上どのような措置を講じておくべきか。

> タグ：労働基準法、労働組合法、労働契約法、民法、個情法、不正競争防止法、従業員、就業規則、誓約書、秘密保持義務、懲戒処分

1．概要

サイバーセキュリティの観点から遵守すべき事項について、明確な服務規律の定めを設けて周知徹底を図ることが望ましい。重要になるのが、就業規則上の規定の整備である。特に、企業が従業員に対して懲戒処分を行うに当たっては、あらかじめ就業規則上の懲戒の種別及び事由を定めておくことなどが必要となる。

また、従業員が在職中及び退職後に負う秘密保持義務を明確化することや、サイバーセキュリティに関する法令上の義務を履行するため、情報資産の守秘に関する誓約書を従業員から取得することも必要となる。誓約書の対象となる情報の範囲は具体的に特定するべきであり、誓約書の取得時期は、プロジェクトへの参加時など、具体的に企業秘密に接する時期がより適切であるといえる。

2．解説

（1）就業規則上の規定の整備

ア　考え方

企業が従業員との関係でサイバーセキュリティ体制を確立する上では、サイバーセキュリティをめぐる企業と従業員との関係を明確にしておくことが重要である。このような体制の構築は、労働法制に適合した形で行われる必要があるが、その際、特に就業規則を適切な形で作成することが重要になる。

イ　従業員との関係において構築すべきサイバーセキュリティ体制

企業がサイバーセキュリティを確保する観点から、従業員との関係において講じておくべき措置としては、まず、従業員が職務遂行に当たってサイバーセキュリティの観点から遵守すべき事項を、従業員の服務上の義務（服務規律）としてあらかじめ定めておくことが挙げられる。こうした事項の遵守は、個別の業務命令等によってもある程度対応は可能であるが、サイバーセキュリティ体制を確立するという観点からは、明確な服務規律の定めを設けて周知徹底を図ることが望ましい。

また、こうした服務上の義務の履行を確実なものとするためには、従業員が義務に違反し、サイバーセキュリティ上の問題を生じさせた（あるいはそのおそれがある）場合には

事実関係を確認し、違反の事実が確認された場合には迅速に是正するとともに、必要に応じて従業員に対して懲戒処分等の制裁を課すことが可能な体制を整えておくことが重要である。こうした観点からも、事実関係の調査や懲戒処分との関係で、あらかじめ関連する規定を整備しておくことが必要になる。

　以上のようなサイバーセキュリティ体制の構築に当たって、特に重要になるのが、就業規則上の規定の整備である。

ウ　サイバーセキュリティとの関係での就業規則の意義及び運用上の留意点

（ア）就業規則の意義

　適法に作成、運用される就業規則には、サイバーセキュリティの観点からは、次に挙げるような意義が認められる。

　第1に、就業規則には、①その内容が合理的であることと、②従業員に対して周知させる手続が取られていることを要件として、当該就業規則の適用を受ける労働者の労働契約内容を定める効力が認められる（労働契約法第7条）。

　なお、上記の2要件のうち②周知については、問題となる従業員（労働者）が所属する事業場において周知がなされている必要がある。また、この場面での周知は労働基準法第106条に基づく就業規則等の周知義務[1]と異なり、従業員が就業規則の内容を知り得る状態にあれば、その方法は問われないというのが通説的理解であるが、同条による周知義務が課せられている以上、企業としては同条所定の方法による周知を行うべきである。

　したがって、企業がサイバーセキュリティの観点から、在職中の秘密保持義務など、従業員が遵守すべき事項を就業規則に定めてこれを従業員に周知させた場合、その内容がサイバーセキュリティ確保の手段として合理的なものである限り、これを遵守すべき従業員の義務の存在が認められ、従業員に遵守を求める使用者の対応は法的根拠を伴ったものとなる（ただし、秘密保持義務については、後記（2）も参照）。

　第2に、判例[2]によれば、企業が従業員に対して懲戒処分を行うためには、就業規則上の懲戒の種別及び事由を定めておくことが必要である。したがって、サイバーセキュリティ上の問題を生じさせた従業員に対し、制裁として懲戒処分を課すに当たっては、あらかじめ就業規則上の根拠規定の整備が不可欠となる。ただし、実際に懲戒処分を行うに当たっては、就業規則所定の懲戒処分事由への該当性、懲戒権濫用の有無などが問題になる（**Q31**参照）。

　さらに、サイバーセキュリティに関する規程は、①基本方針（ポリシー）、②対策基準（スタンダード）、③実施手順（プロシージャー）の3階層構造で体系的に整備され

---

[1] ①常時各作業場の見やすい場所へ掲示する、又は備え付ける、②書面で労働者に交付する、③磁気テープ、磁気ディスクその他これらに準ずる物に記録し、かつ、各作業場に労働者が当該記録の内容を常時確認できる機器を設置する、のいずれかの方法により周知する必要がある。

[2] 最判平成15年10月10日労判861号5頁

ることが一般的であるとされている[3]が、サイバーセキュリティに関する規程のうち、どの範囲を就業規則上遵守すべきものとするかについて、検討が必要となる。すなわち、サイバーセキュリティに関する規程は柔軟に変更していく必要性があるが、就業規則の対象とした場合には不利益変更などの問題（労働契約法第9条）が生じてしまうことからすると、上記③のうち従業員に対して遵守を求める事項のみを対象とするなど、対象範囲が適切となるような検討が必要である。

（イ）運用上の留意点

　こうした就業規則規定の違反に対して現実に懲戒処分を行う場面としては、サイバーセキュリティ上のルール違反によりインシデントが発生した場合と、単にルール違反が生じている段階で処分を行う場合が考えられるが、このうち事前のインシデント予防策として懲戒処分を行う後者の場合、懲戒処分事由（ルール違反行為）の重大さの評価は、一般的にいえば具体的なインシデントが生じた場合に比して低いものとなる。このため、適法・有効な懲戒処分を行うという観点（主として懲戒権濫用の成否が問題となる）からは、処分内容の選択や処分に至る過程において留意が必要となる。懲戒処分を課すことの可否や、どの程度重い処分までが許容されるかは、ルール違反がインシデントを惹起する蓋然性、想定されるインシデントの重大性、従業員の職種・地位（サイバーセキュリティに対して特に高い意識が求められるものかどうか）、平素におけるルールの周知・徹底のあり方、過去における同種事案への対応事例など、当該事案における様々な事情に左右される。実務上の指針となる公刊裁判例は必ずしも多くないが、基本的には、発見されたルール違反に対し、懲戒処分事由に該当する行為である点を指摘しつつ注意を与えて是正を促した上で、なお従業員の態度が改まらずに違反が繰り返される場合に、比較的軽い処分を行うことは許容され得るものと考えておくべきであろう。

（2）守秘に関する誓約書の取得

ア　誓約書を取得する意義

（ア）在職中、退職後の秘密保持義務の明確化

　労働契約は、賃貸借契約等と同様に継続的性格を有することから労使双方の信頼関係が重視される。そのため、労使はともに相手方の利益を不当に侵害しないことが求められる（労働契約法第3条第4項、民法第1条第2項）。

　このことから、従業員は、仮に労働契約において特別に定めがなくても、企業秘密を保持する義務を負うと考えられている。しかし、責任の範囲などが必ずしも明確とはいえないことから、契約上の特約又は就業規則上の条項によって秘密保持を定めておくことが有効であると考えられている。もっとも、就業規則に秘密保持に関する規定があっても、抽象的な規定に留まらざるを得ないため、どの程度の義務を負うかが明確でな

---

[3] IPA ウェブサイト「情報セキュリティマネジメントと PDCA サイクル」参照。
https://warp.ndl.go.jp/info:ndljp/pid/11334363/www.ipa.go.jp/security/manager/protect/pdca/policy.html

いという点が問題となりうる。そこで、義務の内容を具体化する観点からも、誓約書を取得することには意味がある。従業員としても自らの負う秘密保持義務の内容を明確に知ることになるため、予測可能性が高まり、注意喚起的な効果も認めることができる。

加えて、退職後には、営業秘密としての保護がある場合など、法律上の保護がある場合を除き、原則として在職中負っていた労働契約の信義則上の秘密保持義務が退職により消滅すると考えられるので、退職後も秘密保持義務を課す誓約書を取得しておくことが望ましい。

（イ）サイバーセキュリティの確保

守秘の対象となる情報資産が個人情報の含まれるデータベースであった場合、個人情報取扱事業者となる使用者側は、従業員が当該データベースを取り扱うにあたり、必要かつ適切な管理措置を行わなければならない（個情法第24条）。

また、例えば情報資産が技術情報であり、当該情報資産につき、営業秘密として保護を受ける必要があるのであれば、当該情報資産を秘密として管理する必要がある（秘密管理性・不正競争防止法第2条第6項）。さらに、契約上も機密情報とされる情報の適切な管理が求められることがある。

こうしたサイバーセキュリティ関連法令の義務を履行するための方法の一つとして、従業員との間で秘密保持契約を締結し、又は誓約書を取得する方法が考えられる。

イ　誓約書を取得する際に考慮すべき事項

誓約書を取得する際に考慮すべきなのは、法令上要求されている情報資産の管理という目的の達成と、従業員に課される義務とのバランスをとることである[4]。

（ア）誓約書の対象情報

誓約書の対象となる情報については、情報資産の管理という観点から決定されるべきであるが、特に営業秘密として保護をする場合には対象を具体的に特定することが必要である[5]。また、従業員の予測可能性を高めるという観点からもできるだけ特定し具体化することが望ましいといえる。もっとも、守秘すべき必要性が乏しい情報を含めて広く誓約書を取得することは、後に誓約書の内容が争いになった場合、誓約書の有効性が否定されるおそれがあるため、望ましいとはいえない。例えば、従業員本人が当該職種における一般的な仕事の中で自然に身につけることができるスキルのような情報に制約を課すことができないとした裁判例[6]がある。

（イ）誓約書を取得する時期

誓約書を取得するタイミングとして、従業員の退職時、あるいは退職後に誓約書を取得することも考えられないわけではない。しかし、退職時あるいは退職後には従業員がこれに応じないことも少なくないと考えられる。また、入社時に徴収した誓約書

---

[4] 秘密保持誓約書の例として、秘密情報保護ハンドブック157頁以下に誓約書例が記載されている。
[5] この点については、Q20も参照されたい。
[6] 奈良地判昭和45年10月23日判時624号78頁

では、抽象的な内容とならざるを得ないため、その有効性には限界がある（このような問題は、後から誓約書が有効か否かをめぐって争いになる）。そこで、義務を具体化するといった観点から、企業秘密に接する段階において守秘すべき情報を特定した上でかかる情報に関する守秘について合意する旨の誓約書を当該従業員から取得することなどが考えられよう。なお、従業員の退職後に競業避止義務、秘密保持義務を課す場合の留意点については、Q32〜Q34を参照されたい。

ウ　従業員が誓約書への署名に応じない場合の措置

誓約書への署名については労働契約上使用者が有する業務命令権が及ぶとは考えられないため、業務命令の対象とすることはできない。したがって、従業員が署名を拒否したことを業務命令違反として懲戒処分を行うことはできない。また、誓約書に署名しないという行為が、企業秩序を侵しているとまでいえないため、この観点からも懲戒処分にはできない。　もっとも、誓約書を提出しない従業員をプロジェクトに参加させないことは、人事権の行使の範囲内にあたり認められる。誓約書を提出しない従業員に対しては、このような人事権の行使で対処することになろう。

エ　誓約書に違反した場合の懲戒処分の可否

誓約書に違反したからといって、常に懲戒処分が有効とされるわけではないことに注意を要する。すなわち、上記（1）ウ（ア）で述べたとおり、懲戒処分を科すためには、就業規則に列挙された懲戒事由に該当し、かつ、懲戒権濫用（労働契約法第15条）に該当しないことが必要である。

3．参考資料（法令・ガイドラインなど）

本文中に記載のとおり

4．裁判例

本文中に記載したもののほか、
・奈良地判昭和45年10月23日判時624号78頁
・大阪高判昭和53年10月27日労判314号65頁
・東京地判平成15年10月17日労経速1861号14頁
・東京高判平成29年3月21日判タ1443号80頁

Q27 従業員のモニタリングと個人情報・プライバシー保護

企業が従業員に提供する業務用の PC やスマートフォン等の端末について、従業員による個人データや営業秘密の流出・漏えいの未然防止、早期発見のために、企業が、従業員の電子メールのモニタリングや端末画面のスクリーンショット等、又は GPS を用いて従業員の位置を管理すること等について、法律上問題点になる点、留意すべき点は何か。また、従業員の私物である PC やスマートフォン等の端末の場合はどうか。

> タグ：民法、個情法、モニタリング、GPS、プライバシー権

1．概要

　企業が従業員に提供する PC やスマートフォン端末は、従業員の私的な通信など、私的な目的でも利用されることが少なくない実態があるため、企業が行う電子メール等のモニタリングは、従業員に対するプライバシー侵害の問題や個情法への抵触を生じさせる可能性がある。

　そこで、企業としては、業務用の PC やスマートフォン端末の利用に関する規程を設け、その中で、私的利用についてのルールを明確化するとともに、個人情報保護法制に適合的な形でモニタリングについて規定し、従業員への周知徹底を図るべきである。その上で、モニタリングを行う際には、モニタリングを必要とする個別具体的な事情も考慮しつつ、社会的に相当な範囲を逸脱する監視と評価されることがないよう注意を払うべきである。

　近年は、EDR（Endpoint Detection and Response）や SOC（Security Operation Center）を活用する例も増えているが、これらを活用する場合にも、プライバシー侵害や個情法への抵触が問題となり得るため、電子メール等のモニタリングと同様若しくはそれ以上に注意を払う必要がある。

　なお、企業が従業員の私用メールや業務用 PC やスマートフォン端末の私的利用を禁止することには服務規律上の根拠が認められるが、一方で過度に渡らない私用メール等が許容されるべきことは社会通念として一定の定着をみていると考えられるため、そのことへの配慮が必要となる。

　さらに、近年、従業員が私物の PC やスマートフォン端末を業務に利用する事例も増えてきている。かかる私物端末について端末管理ソフト等を導入する場合には、事前に、個別の同意書面を取得する必要がある。

2．解説

（1）PC やスマートフォン端末等のモニタリングをめぐる問題点

　企業が従業員の利用する PC やスマートフォン端末等をモニタリングすることには、次に挙げるように、従業員に対するプライバシー侵害と、個情法の観点から、法的な問題が生じ

得る。

ア　プライバシーに関する問題点と裁判例の状況

まず、企業が PC やスマートフォン端末等のモニタリングを通じて、私的利用に伴う従業員の私的な情報を知ることは、従業員のプライバシーを侵害する違法な行為とされる可能性がある。この点についての代表的な裁判例（東京地判平成 13 年 12 月 3 日労判 826 号 76 頁、東京地判平成 14 年 2 月 26 日労判 825 号 50 頁、東京地判平成 16 年 9 月 13 日労判 882 号 50 頁など）において示された考え方は、概ね次のようなものである。

① まず、電子メール等の私的利用について、これを禁止する服務規律上の定めが存在しないか、存在しても、その実効性確保に向けた取組みが十分でない場合、社会通念に照らして過度にわたらない私的利用が許容されているものと解される。

② このように、電子メール等の私的利用が一定範囲で許容されている場合、私的利用に伴う従業員の私的情報はプライバシーによる保護の対象となり得る。ただし、このような場合にも、企業が行うモニタリングが直ちにプライバシー侵害として違法になるわけではない（裁判例の中には、このことに関連して、電子メール等の私的利用の場合には使用者が管理する領域（サーバ上のファイル等）に情報が残ることなどから、私用電話のようなケースに比べるとプライバシーによる保護の程度は弱いものとなる旨を述べるものもある。前掲・東京地判平成 13 年 12 月 3 日）。

③ 具体的にプライバシー侵害が成立するかどうかの判断は、モニタリングの目的が企業運営上必要かつ合理的なものか、その手段・態様は相当か、従業員の人格や自由に対する行き過ぎた支配や拘束にならないか、従業員の側に監視を受けることも止むを得ないような具体的事情が存在するか、等の要素を総合的に考慮し、モニタリング行為が社会通念上相当として許容される範囲を逸脱するかどうかを判断するという枠組みの下で行われ、これが肯定される場合にプライバシー侵害が成立する。

なお、このようなプライバシー侵害の問題は、基本的には被監視者とされた従業員に対して企業が不法行為（民法第 709 条、第 715 条）に基づく損害賠償責任を負うことになるかという問題であるが、プライバシー侵害の程度が重大である場合には、そのような違法性の強いモニタリング等の行為によって得られた情報は従業員に対する懲戒処分等の不利益を課す根拠となし得ないものとされる可能性もある（結論としては否定したが、このような処理の可能性を認めた例として、前掲・東京地判平成 16 年 9 月 13 日）。

また、GPS を用いた従業員の位置情報の監視に関する裁判例として、東京地判平成 24 年 5 月 31 日労判 1056 号 19 頁がある。同裁判例は、「GPS 衛星の電波を受信することによって携帯電話又はパソコン（親機）から、本件ナビシステムに接続した携帯電話（子機）の位置を常時確認することができる」機能を持つ、電話会社の提供する「本件ナビシステム」を用いた従業員の位置情報の監視の不法行為該当性が論点の一つとなった事案である。同裁判例は、「原告が労務提供が義務付けられる勤務時間帯及びその前後の時間帯において、被告が本件ナビシステムを使用して原告の勤務状況を確認することが違法であ

るということはできない。」としつつも、「反面、早朝、深夜、休日、退職後のように、従業員に労務提供義務がない時間帯、期間において本件ナビシステムを利用して原告の居場所確認をすることは、特段の必要性のない限り、許されない」とし、結論として、本件ナビシステムを用いた被告による原告の監視は不法行為を構成すると判断した。

イ　個情法上の問題点と関連する規定等

　次に、個情法との関係では、企業が行うPCやスマートフォン端末等のモニタリングに対して同法の規制が及ぶ可能性がある。

　すなわち、従業員によるPCやスマートフォン端末等の利用に関する情報（メールの文面、アクセス履歴等）は、当該情報それ自体から、あるいは他の情報と容易に照合することにより、特定の個人を識別することができる場合には、同法第2条第1項にいう個人情報に該当する。そして、このような個人情報を企業がPCやスマートフォン端末等のモニタリングを通じて取得することは、従業員の個人情報の取得に該当する。このため企業がモニタリングを行う際には、個人情報の利用目的の特定及びその通知等（同法第17条第1項、第21条）、目的外利用の原則禁止（同法第18条）、不適正利用の禁止（同法第19条）、適正取得（同法第20条）、さらに、個人データ（同法第16条第3項）に該当する場合には、第三者提供規律（同法第27条)などの同法が定める事項を遵守しなければならない。

　以上のほか、同法との関係では、個情法ガイドライン（通則編）及び個情法QAの記載も、企業がPCやスマートフォン端末等のモニタリングを行う際に留意すべき点を検討する上で参考になる。

　例えば、個情法QA5-7は、個人データの取扱いに関する従業者の監督、その他安全管理措置の一環として従業者を対象とするビデオ及びオンラインによるモニタリングを実施する場合は、以下のようにすることが望ましいとしている。

①モニタリングの目的をあらかじめ特定した上で、社内規程等に定め、従業者に明示すること

②モニタリングの実施に関する責任者及びその権限を定めること

③あらかじめモニタリングの実施に関するルールを策定し、その内容を運用者に徹底すること

④モニタリングがあらかじめ定めたルールに従って適正に行われているか、確認を行うこと

また、個情法QA5-7は、モニタリングに関して、個人情報の取扱いに係る重要事項等を定めるときは、あらかじめ労働組合等に通知し必要に応じて協議を行うことが望ましく、また、その重要事項等を定めたときは、従業者に周知することが望ましいとしている。

（2）PCやスマートフォン端末等のモニタリングについて企業が講ずべき措置

　以上のような裁判例・法令等の状況を前提とすると、企業は、PCやスマートフォン端末

等のモニタリングを行う際には、従業員に対するプライバシー侵害等の法的リスクの回避・軽減を図るという観点から、以下のような措置を講ずべきである。

ア　モニタリングに関する規程の整備

　まず、業務用の PC やスマートフォン端末の利用方法に関する規程を整備し、その中で、PC やスマートフォン端末等のモニタリングについての規定を置くべきである。このような規定を置き、それに従ってモニタリングを行うことは、モニタリング行為の手段・方法の相当性を肯定する要素となるなど、前述した、プライバシー侵害の成否についての判断において、侵害のリスクを回避・軽減することにつながる。また、個情法との関係では、このような規程の中でモニタリングによって収集した従業員の個人情報の利用目的を示すことで、利用目的の特定・通知等という同法上の要求事項を満たすことになる。

　こうした規程は、事業場の全従業員を対象としたものであるときには、就業規則に記載することが労働基準法上要求される（労働基準法第 89 条第 10 号）。また、事業場の全従業員を対象としていない場合及び使用者に就業規則の作成義務がない場合（同法第 89 条参照。これらの場合、就業規則に記載する法律上の義務はない）にも、対象となる事項がサイバーセキュリティ上の重要な事項であることからすると、社内規程に記載しておくことは望ましいといえる。作成した社内規程は、就業規則として作成したかどうかに関わらず、対象となる従業員に周知する必要がある（就業規則の周知については、同法第 106 条、労働契約法第 7 条、第 10 条参照。就業規則の形をとらない場合にも、上述した法的リスクの回避・軽減を実現するためには従業員への周知が不可欠である）。

　規程中でモニタリングに関する事項として規定しておくべき事項としては、次のようなものが挙げられる。

①モニタリング対象となる機器等の私的利用（私用メール等）に関するルール（私的利用の許容範囲等）

②モニタリングを実施する権限と責任の所在（権限・責任が帰属する職制・部署等）

③モニタリングを実施する目的（収集情報の利用目的）

④モニタリングの具体的実施方法（調査の対象となる媒体等及び調査の手法、事前予告の有無等の調査実施手続）

　このほか、収集した情報の保存期間、収集情報の第三者提供を原則として行わないこと（個情法第 27 条参照）、モニタリングの適正を確保するための監査に関する事項などについての規定を置くことも考えられる。

　いくつかの点に説明を補足すると、まず、私的利用の許容範囲等に関する定めは、これをどのように設定するかによって、モニタリングとの関係で保護の対象となる従業員のプライバシーの範囲に影響を及ぼす。この点について、理論上は、私的利用を一切禁止するとともに、電子メール等がモニタリングによる閲覧の対象となることを事前に明らかにしておけば、プライバシー侵害の問題は生じなくなるといえるが、このような取扱い（特に私的利用を一切禁止すること）が許容されるかについては検討を要する（後述「(3)

PC やスマートフォン端末等の私的利用の禁止について」）参照）。

次に、モニタリングの実施目的については、情報流出・漏えいの防止、電子メール等の業務目的外利用の防止等の、企業運営上の必要性・服務規律の観点から合理的なものであることを要する。

モニタリングの実施方法については、従業員のプライバシー侵害を生じさせないことへの留意が必要となる。基本的には、上述したモニタリングの目的を達成する上で合理的であり、かつ、従業員のプライバシーその他の人格的利益を必要以上に侵害しないよう配慮した内容を定めるべきであるが、次のイで述べるように、プライバシー侵害を生じさせないものとして許容されるモニタリング手法の範囲は、具体的状況に応じて変化し得るため、イで述べる内容を踏まえつつ、具体的な状況に応じた柔軟な対応の余地を残すような定め方とすることが望ましいといえよう。

イ　モニタリング実施時の留意点

次に、具体的にモニタリングを実施する際の留意点であるが、基本的には、アで述べた規程の整備がなされていることを前提として、当該規程の定めに沿う形で実施すべきものである。ただし、モニタリングがプライバシー侵害となるかどうかは、最終的には、個別具体的な事案に即して判断されることになるので、実施に際しては、実施の具体的必要性（情報流出等が現に発生しているか又はまさに発生しようとしている具体的なおそれ）の有無・内容、実施しようとする手法が従業員に及ぼす不利益の内容・程度等を個別に考慮して、許容限度を超えた従業員の権利・利益の侵害と評価されることのないよう留意することが必要である。

こうした具体的留意点は、個々の事案ごとに判断されるという性質上、一般的に記述することに限界があり、また、現時点の裁判例から得られる示唆も限られたものではあるが、概ね次のようなことがいえるであろう。

①情報流出等の具体的なおそれが生じていない段階で行われるモニタリングは、「広く、浅く」を旨とすべきであり、特定従業員に対象を絞って集中的にモニタリングを行うのは、当該従業員から情報流出等が生じている具体的な疑いが生じた後とすべきと思われる。

②事前にモニタリング等の実施について十分な予告を行わない抜き打ち的な検査や、（使用者が管理するサーバ等ではなく）従業員が日常的に使用する端末等、従業員が通常管理する領域を対象として行う検査は、それを必要とする（より穏当な手段ではモニタリングの目的を達成することができない）事情が具体的に存在していることが必要と思われる。

ウ　EDR・SOC を活用する場合の留意点

近年、セキュリティ強化を目的として、EDR（Endpoint Detection and Response）やSOC（Security Operation Center）を活用する企業が増加している。

EDR とは、組織内のネットワークに接続されている PC やスマートフォン端末等（＝

エンドポイント）における操作や通信内容等のログデータを収集・解析し、不審な挙動やサイバー攻撃を検知した場合に、管理者に通知するセキュリティ・ソリューションである。EDR を導入した場合においては、電子メールに関するデータのみならず、エンドポイント端末に係る様々な情報を収集・解析することになるため、従業員のプライバシー侵害を生じさせないことへの留意がより一層重要となる。また、EDR において収集するデータは、それ自体だけでは特定の個人を識別することが出来なくとも、導入企業においては、通常、「他の情報と容易に照合することができ、それにより特定の個人を識別することができ」、それゆえ個人情報に該当する（個情法第 2 条第 1 項第 1 号）と考えられる。したがって、EDR を導入する際には、上記（1）イで述べたような個情法上の義務を遵守することも必要となる。

　特に、グローバル展開している企業に関しては、日本に所在する子会社のエンドポイント端末を外国の親会社が監視する場合等には、個人データの越境移転規制（同法第 28 条）が問題となり得る[1]。逆に、日本に本社が所在しており、外国子会社のエンドポイント端末を一括して監視する場合等には、外国支社に適用される各国の個人情報保護法令上問題がないかどうか（越境移転規制など）が問題となり得る。

　SOC とは、24 時間 365 日体制で企業のネットワークや端末を監視し、サイバー攻撃の検出や分析等を行う組織であり、企業が SOC サービス・プロバイダに対してネットワーク等の監視を委託するケースが多い。SOC による監視においても、EDR と同様、様々なデータが収集されるため、やはり従業員のプライバシー侵害を生じさせないことへの留意が必要である。また、SOC により収集されるデータも、EDR により収集されるデータと同様、通常は容易照合性を満たし個人情報に該当すると考えられる。そのため、委託者である企業は、受託者である SOC サービス・プロバイダを監督する義務を負い（同法第25 条）、また、SOC サービス・プロバイダが外国事業者である場合には個人データの越境移転規制（同法 28 条）が問題となり得る点に留意する必要がある。他方、受託者である SOC サービス・プロバイダにとっては、収集したデータが個人情報に該当しない場合も少なくないと考えられるものの、個人情報に該当する可能性がある情報を含めて収集データを取り扱う以上、同法の規制には常に注意を払う必要がある。

（3）PC やスマートフォン端末等の私的利用の禁止について

　上述した問題のうち、従業員のプライバシー侵害をめぐる問題においては、前述した裁判例の判断枠組みに照らすと、会社の提供する PC やスマートフォン端末等について、私的な

---

[1] なお、個人データの提供先が、「個人の権利利益を保護する上で我が国と同等の水準にあると認められる個人情報の保護に関する制度を有している外国」（例えば、EU 加盟国）に所在する場合や、「個人情報取扱事業者が講ずべきこととされている措置に相当する措置を継続的に講ずるために必要なものとして個人情報保護委員会規則で定める基準に適合する体制を整備している」場合は、個情法第 28 条第 1 項の規定は適用されないが、その場合であっても、同法第 27 条の第三者提供制限の規律は適用されるため、留意する必要がある。

目的での利用が一定の範囲内で許容されることが、プライバシー侵害が成立する前提になっているといえる。こうした私的利用の禁止の可否については、**Q28** を参照)。

（4）従業員の私物である PC やスマートフォン端末等を対象とした検査

　以上の検討は、モニタリングの対象となる業務用の PC やスマートフォン端末等を企業が提供することを前提としたものであった。

　これと異なり、従業員が私物の PC やスマートフォン端末を業務に利用している場合には、そこに保存されたデータについて従業員のプライバシーを保護する必要性は企業が提供する PC の場合に比して著しく大きいものとなる。このため、従業員から、事前に、個別の同意書面を取得する必要がある。同意書面には、端末管理ソフトを導入する目的、取得するデータの範囲、取得の方法、取得したデータの利用態様などを明記するほか、リモートでデータを削除する場合等の条件などを明記し、従業員に十分その内容を理解させる必要がある。

３．参考資料（法令・ガイドラインなど）
本文中に記載のとおり

４．裁判例
本文中に記載のとおり

Q28　業務用端末の私的利用・私物端末の業務利用等に関する諸問題

企業が従業員に貸与する端末やメールアドレスを私的に利用することや従業員が私物端末を業務に利用すること等を巡っては様々な問題があるが、次のようなケースではどのようなことを考慮すべきか。
① 私用メールの禁止・制限
② SNS の利用禁止・制限
③ 私物端末の社内持込及び業務用データの社外持ち出しの禁止・制限
④ ①～③に違反した場合の懲戒・解雇処分の可否

タグ：労働契約法、私用メール、SNS、労働契約、就業規則、職務専念義務、解雇・懲戒処分、労働基準法、私物 PC、業務用データの社外持ち出し

1．概要

① 業務用メールアドレスの私的利用の禁止・制限

企業が従業員の業務用メールアドレスの私的利用（以下、本項において「私用メール」という。）その他業務用 PC の私的利用を禁止又は制限することについては、禁止を原則としつつ例外を認めること等柔軟な制度設計を行うことが考えられる。

② SNS の利用禁止・制限

企業が一定の場合に SNS の利用を禁止又は制限する規程を設けることには合理的理由がある。ただし、必要かつ合理的な限度の範囲においてのみ社会通念上許容されるものである。

③ 私物端末の社内持込及び業務用データの社外持ち出しの禁止・制限

企業は、従業員が遵守すべき事項を、従業員の服務上の義務（服務規律）としてあらかじめ定め、周知徹底を図る必要がある。さらに、当該服務規律について、就業規則上で、従業員に対して遵守を求め、違反がある場合には懲戒処分を実施できるようにしておくべきである。

私物 PC 等の社内持込及び利用禁止を実施する際、会社は従業員に持込及び利用の禁止を命ずることができる。私物 PC 等の社内持込及び利用を認める場合には、所有者の意思に反して調査することは原則的にできないことに注意すべきである。

また、使用者は、就業規則に定めを置き、業務用の情報の社外持ち出しを規制することができる。

④ ①～③に違反した場合の懲戒・解雇処分の可否

上記の行為は、解雇や懲戒処分の対象となり得る。ただし、こうした処分を実際に行うに当たっては、あらかじめこれらの行為に関する禁止や制限を定めた規程を作成し、就業規則上でこれらに関する服務上の規律の遵守を求めた上で、従業員に周知する等の形で当該服務規律が徹底されていることが重要である。このような徹底がなされていない場合、解雇や

懲戒処分の許容性は大きく減殺される。

２．解説

（１）業務用メールアドレスの私的利用の禁止・制限

　企業が業務遂行のために従業員に提供する業務用 PC 等の器材・設備及びメールアドレス（以下「PC 等」という。）を私的な目的を含む業務外の目的で利用することは、これらを提供する趣旨に反する。そして、私用メールが就業時間内に行われる場合には、当該行為は従業員が労働契約上負っている職務専念義務への違反となり得る。さらに、業務上取り扱う情報を外部に転送すること等で、情報流出のおそれはもちろん、その他守秘義務違反、競業行為等の問題が生じ得るほか、企業が提供する PC 等がストーキングや脅迫に用いられることで、企業の評判が害されるおそれがあるという名誉・信用の問題、そして、PC 等の私的利用を許すことで、ウイルス感染のリスクが高まるという問題も生じうる。こうした問題を抑止する観点から、業務用の PC 等端末の私的利用の禁止が正当化され得る。

　他方において、PC 等の私的利用が会社における職務の遂行の妨げとならず、また、私的利用を許容することで発生しうる会社の経済的負担（メールサーバの負荷、PC のメンテナンスコスト等）もきわめて軽易なものである場合には、必要かつ合理的な範囲内における過度に渡らない私用メール等が許容されるべきことは社会通念として一定の定着をみていると考えられるため、全面的に禁止することは難しいと考えられる。

　以上から、企業が従業員に対して業務用 PC 等の私的利用を禁止したい場合には、就業規則等の諸規程において、合理的な理由がある場合に限定的に禁止するなど柔軟な規定を設けて制度設計を行うことが考えられる。

　加えて、従業員がこれを理解し、実行し得るものとなるよう、必要に応じてガイドラインを設けるなどしておくことが望ましい。

　なお、私用メール等を禁止する規定を設けているとしても、事実上私用メール等が黙認される等の実態がある場合には、当該規定の有効性が問題となることがあり得るため、規定を設けるだけでなく、規定に沿った実運用を図る必要がある。

（２）SNS の利用禁止・制限

　企業内において、人事情報、知的財産、営業秘密等のセンシティブな情報を取り扱う従業員については、私的な SNS アカウントの利用を許すことで、これらのセンシティブな情報を流出するおそれがあり、その他の従業員についても、SNS を用いて企業の評価を害するような発信を行うおそれがある。

　このため、企業としては、一定の場合に SNS の利用を禁止し、又は制限する規定を設けることが認められると考えられる。

　ただし、こうした規定は、必要かつ合理的な限度の範囲においてのみ社会通念上許容されるものと考えられることから、SNS の利用に関する規程ないしガイドラインを設け、禁止

又は制限の対象となる部署、発信内容、対象となる SNS 等について明確化することが考えられる。

（3）私物端末の社内持込及び業務用データの社外持ち出しの禁止・制限
ア　服務規律の作成
　企業は、私物パソコン等の社内持込及び利用禁止、業務用データの社外持ち出し、テレワークなど社外における業務を認めるに当たっては、従業員が遵守すべき事項を、従業員の服務上の義務（服務規律）としてあらかじめ定め、周知徹底を図る必要がある。そして、企業は、就業規則上で、当該服務規律の遵守を求め、違反がある場合には従業員に対する懲戒処分を実施できるようにしておくべきである。

イ　私物 PC 等の社内持込及び利用禁止を実施する際の考慮事項
　私物パソコン等の社内持込及び利用は、企業秘密漏えいの可能性があるため、会社は、従業員に持込及び利用の禁止を命ずることができる。私物 PC は、当然のことながら会社には所有権がないため、所有者の意思に反して調査することは原則的にできないと考えるべきである。調査は、現に秘密漏えい事故があり、当該従業員にその漏えいの疑いを持つことに合理的な根拠があるなどの高度の必要性がある例外的な場合に限定されよう。また、私物 PC には多くのプライバシー情報が含まれる点も留意しなければならない。

ウ　業務用データの社外持ち出しを認める場合の考慮事項
　従業員は労働契約上、企業の利益を不当に害しないようにする信義則上の義務（労働契約法第 3 条第 4 項）の履行として、秘密保持義務を負っているため、使用者は業務用の情報の社外持ち出しを規制することができる。また、業務上の情報を含む物品に関し、会社は所有権を有するため、これをどこで使用させるかについて会社には管理権限により決定することができる。企業は、業務上、情報を含む物品を社外に持ち出さないという規則を定める権限があり、従業員は、労働契約上の企業秩序遵守義務から当該規則に従う義務を負っている。特に、従業員の義務の内容に関しては、就業規則に根拠規定を置いた社内規程等において、禁止の範囲などを明確に定めておかなければならない。この際、企業の外から、企業の管理するアカウントを利用して、企業に管理権限がある情報にアクセスすることも業務用データの社外持ち出しに該当することに注意する必要がある。

（4）上記（1）〜（3）に違反した場合の懲戒・解雇処分の可否
　私用メール等を理由とした解雇や懲戒処分の効力も、一般的な解雇・懲戒処分の判断と同様の枠組で判断される。
　すなわち、解雇については就業規則等で定められた解雇事由への該当性、解雇権濫用の成否（労働契約法第 16 条）などが、懲戒処分については就業規則上の根拠規程の存否、就業規則上の懲戒処分事由への該当性、懲戒権濫用の成否（労働契約法第 15 条）などが、それぞれ問題となる。

上記のとおり、PC 等の私的利用、SNS の利用や私物 PC 等に関する規定を設け、また、その違反行為を就業規則上の懲戒処分事由として明確化し、解雇・懲戒の対象とした場合であっても、裁判上、解雇・懲戒の効力が否定されることはあり得る。

例えば、軽微な違反の場合に解雇・懲戒を行った場合は、裁判においてその効力が否定されることがあり、また、就業規則等に PC 等の私的利用等について単純に全面禁止である旨を規定するのみでは、裁判においてそのとおりの効力が認められず合理的限定解釈の対象となりうる。

さらに、規定はあるものの、従業員に周知されていないなど、運用面で実態と乖離している場合も、当該規定の効力が否定されうる。

以上のとおり、上記（1）〜（3）に関する制限については、全面禁止の規定を設けたとしても、従業員と争いとなる場面ではその効力の全部又は一部が否定されることがあり得る。このため、少なくともガイドラインの制定による基準の設定、規程・ガイドラインの内容の周知を行うことによって、規程と実態の乖離を防ぎ、当該規程の効力の有効性を担保することが考えられる。

３．参考資料（法令・ガイドラインなど）
・労働契約法第 15 条、第 16 条など
・労働契約法第 3 条第 4 項

４．裁判例
・東京地判平成 13 年 12 月 3 日労判 826 号 76 頁
・東京地判平成 14 年 2 月 26 日労判 825 号 50 頁
・東京地判平成 15 年 9 月 22 日労判 870 号 83 頁
・札幌地判平成 17 年 5 月 26 日労判 929 号 66 頁
・福岡高判平成 17 年 9 月 14 日労判 903 号 68 頁
・東京高裁平成 17 年 11 月 30 日労判 919 号 83 頁（原判決は、東京地判平成 17 年 4 年 15 日労判 895 号 42 頁）
・東京地判平成 19 年 6 月 22 日労働経済判例速報 1984 号 3 頁
・東京地判平成 19 年 9 月 18 日労働判例 947 号 23 頁

Q29 テレワークにおけるセキュリティ

テレワークなど社外における業務を認める場合にはどのようなことを考慮すべきか。

タグ：テレワーク、VPN、テレワークセキュリティガイドライン

1．概要

近時、新型コロナウイルス感染症の拡大によりテレワークの導入が加速したが、テレワークは、オフィスにおける勤務に比して類型的にセキュリティリスクが高く、実際、テレワークの導入が加速したことを狙ったと思われるサイバー攻撃が多数発生している。

テレワークの実施に当たっては、経営者、システム・セキュリティ管理者、テレワーク勤務者がそれぞれの立場からセキュリティの確保に関して必要な役割を認識し、適切に担っていくことが重要である。

2．解説

（1）テレワークの拡大とセキュリティリスク

近時、新型コロナウイルス感染症の拡大によりテレワークの導入が加速し、組織内外のコミュニケーション手段としてウェブ会議システムの利用が増加した。テレワークとは、労働者が情報通信技術を利用して行う事業場外勤務をいい、①労働者の自宅で業務を行う在宅勤務、②労働者の属するメインのオフィス以外に設けられたオフィスを利用するサテライトオフィス勤務、③ノートパソコンや携帯電話を活用して臨機応変に選択した場所で業務を行うモバイル勤務などの類型がある[1]。また、長期滞在先や旅行先などでテレワークを行う「ワーケーション」も注目を浴び、勤務の場所や状況を選ばない点で業務の効率化に役立っている。

他方、テレワークには、業務にインターネットを利用すること、従業員以外の第三者が立ち入る場所で執務をすること、セキュリティ設定が甘い無線 LAN（Wi-Fi）を利用する可能性があること、私物の端末を使用する場合があること等、特有のリスクがあり、テレワークは、オフィスにおける勤務に比して、類型的にセキュリティリスク（情報漏えいリスク[2]や情報システムリスク[3]等）が高い。実際、テレワークの導入が加速したことを狙ったと思われるサイバー攻撃が実際に多数発生しており、近時では、複数の VPN 製品の脆弱性を突い

---

[1] 厚生労働省「テレワークの適切な導入及び実施の推進のためのガイドライン」（https://www.mhlw.go.jp/content/000759469.pdf）1 頁参照。

[2] テレワークにおける情報漏えいリスクの具体例として、例えば、インターネットを通じて業務データを社外で利用している際のマルウェア感染、第三者によるのぞき込み、ウェブ会議システムにおける機密情報の写り込み等が考えられる。

[3] テレワークにおける情報システムリスクの具体例として、例えば、インターネットを通じて業務データを社外で利用している際のマルウェア感染等により情報システムの全部又は一部を停止せざるを得なくなり、業務継続に支障が生じること等が考えられる。

た不正アクセス事案も多発している。。脆弱性が原因と思われる情報漏えいについては、国内外で様々な機関が注意喚起を行っており、IPA が公開した「情報セキュリティ 10 大脅威 2022」でも、「テレワーク等のニューノーマルな働き方を狙った攻撃」が組織向けの脅威の第 4 位となっている。

テレワークに係るセキュリティ対策を検討・実施するに当たっては、例えば、総務省が公表している「テレワークセキュリティガイドライン」、NISC が発出している注意喚起、IPA が公表している「テレワークを行う際のセキュリティ上の注意事項」等が参考になる。また、テレワークの実施に際しては、必然的に労務管理上の問題も生じることとなるが、これについては、厚労省が公表している「テレワークの適切な導入及び実施の推進のためのガイドライン」等が参考になる。以下、これらの概要を説明する。

（2）テレワークセキュリティガイドライン（総務省）

総務省「テレワークセキュリティガイドライン（第 5 版)」[4]（以下「テレワークセキュリティガイドライン」という。）は、テレワークの実施に当たっては、経営者、システム・セキュリティ管理者、テレワーク勤務者がそれぞれの立場からセキュリティの確保に関して必要な役割を認識し、適切に担っていくことが重要とし、それぞれの立場について、期待される役割と具体的に実施すべき事項を説明している[5]。

ア　経営者の役割・実施すべき事項

経営者の基本的な役割は、事業の効率的かつ健全な発展と、当該事業に影響を及ぼすセキュリティリスクへの対応という両側面から、組織としてのあるべき姿を大局的な立場から検討し、その方針を示し、システム・セキュリティ管理者に作業を指示することである。具体的には、①テレワークセキュリティに関する脅威と事業影響リスクの認識、②テレワークに対応したセキュリティポリシーの策定、③テレワークにおける組織的なセキュリティ管理体制の構築、④テレワークでのセキュリティ確保のための資源（予算・人員）確保、⑤テレワークにより生じるセキュリティリスクへの対応方針決定と対応計画策定、⑥テレワークにより対応が必要となるセキュリティ対策のための体制構築、⑦情報セキュリティ関連規程やセキュリティ対策の継続的な見直し、⑧テレワーク勤務者に対するセキュリティ研修の実施と受講の徹底、⑨セキュリティインシデントに備えた計画策定や体制整備、⑩サプライチェーン全体での対策状況の把握を実施することが重要である[6]。

イ　システム・セキュリティ管理者の役割・実施すべき事項

システム・セキュリティ管理者の基本的な役割は、経営者が示した方針や指示を情報セ

---

[4] https://www.soumu.go.jp/main_content/000752925.pdf

[5] 「テレワークセキュリティガイドライン」は、それぞれの役割や実施すべき事項を考える前提として、セキュリティ対策は、「最も弱いところが全体のセキュリティレベルになる」という特徴があり、「ルール」「人」「技術」のバランスが取れた対策が必要性であるとしている。

[6] なお、②⑤⑦⑧⑨の全部又は一部については、本来は経営者が実施すべき事項であるものの、その具体的作業をシステム・セキュリティ管理者に任せることが想定されている。

キュリティに関するルール（情報セキュリティ関連規程）の作成により具体化し、当該ルールを従業員に遵守させるとともに、当該ルールに沿った対策の企画・実施を行うことである。具体的には、①テレワークに対応した情報セキュリティ関連規程[7]やセキュリティ対策の見直し、②テレワークで使用するハードウェア・ソフトウェア等の適切な管理、③テレワーク勤務者に対するセキュリティ研修の実施、④セキュリティインシデントに備えた準備と発生時の対応、⑤セキュリティインシデントや予兆情報の連絡受付、⑥最新のセキュリティ脅威動向の把握を実施することが重要である。

ウ　テレワーク勤務者の役割・実施すべき事項

テレワーク勤務者の基本的な役割は、システム・セキュリティ管理者が作成した「ルール」を認識・理解し、これを遵守することである。具体的には、①情報セキュリティ関連規程の遵守、②テレワーク端末の適切な管理、③認証情報（パスワード・IC カード等）の適切な管理、④適切なテレワーク環境の確保、⑤セキュリティ研修への積極的な参加、⑥セキュリティインシデントに備えた連絡方法の確認、⑦セキュリティインシデント発生時の速やかな報告を実施することが重要である。

（3）テレワークの導入に関連する注意喚起（NISC）

NISC は、テレワークの実施に伴い、テレワークに関連したサイバー攻撃やサポート詐欺などのリスクが高まることから、テレワークの導入に関連する注意喚起を複数発出している。

例えば、令和 2 年 4 月に発出された「テレワークを実施する際にセキュリティ上留意すべき点について」[8]は、テレワークの開始に当たって、導入目的の明確化、対象範囲の決定、導入計画の策定、職員への説明等を行い、必要に応じ、セキュリティポリシーの改訂、それに伴う各種ルールの策定、ICT 環境の確認・整備を行うことが必要としたうえで、テレワークの実施に際して留意すべき事項[9]について説明を行っている。同注意喚起は、テレワーク勤務者が留意すべき 7 つの項目[10]も指摘しており、参考になる。なお、テレワーク勤務者

---

[7] テレワークの実施に当たっては、日頃は企業内部で厳密に保管されている情報を紙媒体で持ち帰って、あるいは、自宅等外部から共有ドライブにアクセスして業務を遂行することも生じ得るところ、営業秘密に関しては、テレワーク環境でも秘密管理性を失わないように扱う必要がある点に留意が必要である。この点に関して、経産省知的財産政策室が公表している「テレワーク時における秘密情報管理のポイント（Q&A 解説）」（https://www.meti.go.jp/policy/economy/chizai/chiteki/pdf/teleworkqa_20200507.pdf）は、重要情報の自宅持ち帰り、私物端末での利用、ウェブ会議の留意点と営業秘密に関する事項が Q&A 方式でまとめられており参考になる。営業秘密の管理については、Q20 も参照されたい。

[8] https://www.nisc.go.jp/active/general/pdf/telework20200414.pdf

[9] 例えば、SNS に投稿したテレワークの写真に、機密性の高い文書や業務情報が映り込む事例が発生しており、テレワーク実施時には特に不用意な機密情報の漏洩に留意する必要があるとされている。

[10] ①複雑なパスワードや多要素認証を使うこと、②端末や機器を最新のものにアップデートすること、③業務を装ったりするメールや不審なメールに注意すること、④通信を暗号化すること、⑤端末の盗難、紛失への注意（データの暗号化等）、⑥社外での留意点（他者か

が、職場とは異なった環境で業務を行っていることを十分認識し、所属先が決めた規定やルールをよく理解してそれに従う（特に所属先支給外の機器を使う際のルール等）など、セキュリティ対策を強く意識してテレワークを行うことは、令和3年1月に発出された「緊急事態宣言（令和3年1月7日）を踏まえたテレワーク実施にかかる注意喚起」[11]において、テレワークに係るセキュリティ対策として特に重要な事項とされている。

また、同年6月に発出された「テレワーク等への継続的な取組に際してセキュリティ上留意すべき点について」[12]では、テレワークの導入後、これを継続的に実施するために留意すべき事項として、①情報セキュリティリスクの再評価、②情報セキュリティ関連規程の確認と必要に応じた改定、③利用端末・関連機器等の確認、④遠隔会議システムの利用状況の確認等が挙げられている。

（4）テレワークを行う際のセキュリティ上の注意事項（IPA）

IPAは、令和2年4月に公表した「テレワークを行う際のセキュリティ上の注意事項」[13]（令和3年7月更新）において、テレワーク勤務者に向けたセキュリティ上の注意事項を説明している。

情報漏えい防止の観点で、テレワーク時に特に気をつけるべき注意事項として、①テレワークで使用するパソコン等は、できる限り他人と共有して使わず、共有で使わざるを得ない場合は、業務用のユーザアカウントを別途作成すること、②ウェブ会議のサービス等を新たに使い始める際は、事前にそのサービス等の初期設定の内容を確認し、特にセキュリティ機能は積極的に活用すること、③自宅のルータは、メーカーのサイトを確認のうえ、最新のファームウェアを適用すること、④カフェ等の公共の場所でパソコン等を使用するときは画面をのぞかれないように注意すること、⑤公共の場所でウェブ会議を行う場合は、話し声が他の人に聞こえないように注意すること、⑥公衆Wi-Fiを利用する場合は、パソコンのファイル共有機能をオフにすること、⑦公衆Wi-Fiを利用する場合は、必要に応じて信頼できるVPNサービスを利用すること、⑧デジタルデータ／ファイルだけではなく、紙の書類等の管理にも注意することが挙げられている。

（5）テレワークの適切な導入及び実施の推進のためのガイドライン（厚労省）

厚労省は、使用者が適切に労務管理を行い、労働者が安心して働くことができる良質なテレワークを推進するため、テレワークの導入及び実施に当たり、労務管理を中心に、労使双方にとって留意すべき点、望ましい取組み等を明らかにするため、「テレワークの適切な導

らの盗み見（ショルダーハッキング）等への注意、無線LANのセキュリティ設定の注意）、⑦事故が生じた場合の連絡手順を確認することの7つである。
[11] https://www.nisc.go.jp/pdf/press/20210108_caution_press.pdf
[12] https://www.nisc.go.jp/active/general/pdf/telework20200611.pdf
[13] https://www.ipa.go.jp/security/announce/telework.html

入及び実施の推進のためのガイドライン」[14]を公表している。

　同ガイドラインは、労務管理を中心に、①テレワークの導入に際しての留意点、②労務管理上の留意点[15]、③テレワークのルールの策定と周知、④さまざまな労働時間制度の活用、⑤テレワークにおける労働時間管理の工夫、⑥テレワークにおける安全衛生の確保、⑦テレワークにおける労働災害の補償、⑧テレワークの際のハラスメントへの対応、⑨テレワークの際のセキュリティへの対応について説明している。上記⑨においては、情報セキュリティの観点から全ての業務を一律にテレワークの対象外と判断するのではなく、関連技術の進展状況等を踏まえ、解決方法の検討を行うことや業務毎に個別に判断することが望ましいとされ、また、企業・労働者が情報セキュリティ対策に不安を感じないよう、テレワークセキュリティガイドライン等を活用した対策の実施や労働者への教育等を行うことが望ましいとされている。

３．参考資料（法令・ガイドラインなど）
本文中に記載のとおり

４．裁判例
特になし

---

[14] 前掲注１参照。

[15] 「テレワークに要する費用負担の取扱い」について、「テレワークを行うことによって労働者に過度の負担が生じることは望ましくない。」といった記述もある（5頁）。

Q30 派遣労働者に対するセキュリティに関する義務付け

派遣先企業は秘密情報流出防止の目的で派遣社員の秘密漏えい防止の誓約書提出を義務付けることができるか。また、セキュリティ対策のための教育訓練を行うことができるか。

タグ：民法、労働者派遣法、派遣労働者、誓約書、教育訓練

1．概要

　派遣労働者の秘密漏えい防止については、派遣元企業と派遣先企業との間の労働者派遣契約の中でそれを条件とするなど、労働者派遣契約（労働者派遣事業の適正な運営の確保及び派遣労働者の保護等に関する法律（昭和60年法律第88号、以下「労働者派遣法」という。）第26条）の中で検討すべき事項である。

　セキュリティ対策のための教育訓練に関しては、派遣労働者が派遣契約上負う職務を遂行する上で必要な範囲のものであれば、派遣先企業は、当該派遣労働者に対して教育訓練を行うことが可能である。

2．解説

（1）労働契約に付随する秘密保持義務等

　従業員は、労働契約に付随する義務として秘密保持義務を負っている。しかし、派遣先企業と派遣労働者との間には労働契約が存在しないため、派遣先企業において派遣労働者に秘密保持義務を直接負わせることはできない。派遣労働者の守秘義務に関しては、あくまでも雇用関係のある派遣元企業と派遣労働者の間で義務付けがなされるべき事項である。

　したがって、派遣労働者に派遣先企業の業務に関する秘密保持を義務付けるためには、基本的には派遣元企業との労働者派遣契約（労働者派遣法第26条）において、派遣元企業・派遣労働者間で派遣先の業務に関する秘密保持契約を締結させることを条件としておくことが考えられる。そして、派遣労働者が派遣元企業に対して誓約書を提出すること及び当該誓約書の写しを派遣先に提出することも派遣の条件としておくとよいであろう。また、派遣労働者が秘密を漏えいした場合には、派遣元企業が派遣先企業に対して損害賠償額の支払の責任を負う旨を定めておく等の措置も考えられる。

（2）労働者派遣法上の秘密保持義務

　ところで、労働者派遣法第24条の4は「派遣元事業主及びその代理人、使用人その他の従業者は…その業務上取り扱ったことについて知り得た秘密を漏らしてはならない。派遣元事業主及びその代理人、使用人その他の従業者でなくなった後においても、同様とする。」と定めている。この条文にいう「従業者」とは派遣元企業において勤務する従業者のほか、派遣労働者も含むため、派遣労働者は労働者派遣法上「秘密を守る義務」を負うということ

になる。しかし、この義務は、労働者派遣法の性質から、該当する者が国に対して負っている義務（公法的な義務）であって、派遣労働者が派遣先企業に対してこの義務を負うものではない。したがって、やはり上記のように労働者派遣契約の中での対応が必要となるといえる。

（3）セキュリティ対策のための教育訓練等

　派遣先企業は、派遣労働者の就業に際して、派遣先企業において秘密としている事項又は一般の従業員が負っている秘密保持の内容について、派遣労働者に周知すべきである。そして、秘密保持について教育訓練が必要になる場合には、派遣先企業はこれを実施することができる。派遣労働者は、派遣先企業の指揮命令下で使用されるため、派遣先企業で指揮命令を受けて職務を遂行する上で必要な教育訓練であれば、派遣先企業は当該派遣労働者に教育訓練を命ずることができるからである。

　したがって、セキュリティ対策のための教育訓練に関しては、派遣労働者が派遣契約上負う職務を遂行する上で必要な範囲のものであれば、派遣先企業は当該派遣労働者に教育訓練を行うことは可能である。このことについても、できる限り労働者派遣契約において明確化しておいた方がより適切であると考えられる。

３．参考資料（法令・ガイドラインなど）
・民法第 709 条
・労働者派遣法第 24 条の 4、第 26 条
・秘密情報保護ハンドブック

４．裁判例
特になし

Q31 インシデント発生時の従業員の調査協力等

営業上の秘密の漏えい等のサイバーセキュリティインシデントを発生させた従業員に対し、調査に協力させたり、始末書を徴収したり、セキュリティ啓発教育を受けさせたりする等の措置をとる際に労働法上考慮すべき事項としてはどのようなものがあるか。また、どのような場合に、当該従業員に対し、解雇、懲戒処分、損害賠償請求等を行うことができるか。

タグ：労働基準法、労働契約法、従業員、サイバーセキュリティインシデント、調査協力、始末書、解雇、懲戒処分、損害賠償請求

1．概要
（1）従業員の負う調査協力義務
サイバーセキュリティインシデントが発生した場合、この事故にかかわる従業員は、調査に協力する義務を負うと考えられる。

（2）始末書の提出
始末書の内容が客観的に状況説明に過ぎないものであれば、業務命令により提出を命ずることができる。これに対して、謝罪の言葉を述べること強制する内容の始末書の提出命令に関しては、懲戒処分となるので、あらかじめこのような始末書提出義務を定める就業規則上の規定が必要である。

（3）教育訓練
業務命令によりセキュリティ啓発教育を受けさせることができる。ただし、その教育内容が、実質的に教育の意味がない見せしめ的なものであるときは、業務命令権の濫用となる。

（4）処分
従業員が在職中に営業上の秘密の漏えい等のサイバーセキュリティインシデントを発生させることは、原則として従業員が労働契約の付随義務として負っている秘密保持義務の違反に該当し、企業はこのような従業員に対し、解雇、懲戒処分、損害賠償請求等の法的手段をとり得る。ただし、具体的な解雇や懲戒処分の効力は、労働法上の判断枠組みに基づいて判断されることになる。

2．解説
（1）従業員の調査協力
企業が行う従業員による企業秩序違反行為の調査について他の従業員の協力義務が問題となった判例は、従業員の調査協力義務を肯定しつつも、それが「労働者の職務遂行にとって必要かつ合理的なものでなくてはならない」としている。

そこで、サイバーセキュリティインシデントが発生した場合、この事故を解明するのに必要かつ合理的な範囲での調査に関して、従業員はこれに協力する義務を負うと考えられる。

143

これに関しても、事故発生の場合に調査があり得る旨をあらかじめ規程において明確にしておく必要がある。

（2）始末書の提出

　始末書の内容が状況説明に過ぎないものであれば、業務命令により提出を命ずることができる。これに従わない業務命令違反に対しては、懲戒処分を課すことは可能である。この場合、状況説明としての具体的内容として、反省点を列挙させたり、今後気をつけていくべきこと、心構え等について、書かせたりすることは、業務命令権の範囲内であるといえ、問題なく行えよう。

　これに対して、その内容に「謝罪の言葉を述べること」が含まれる場合には、懲戒の一類型としての始末書の提出となるので、これを義務付ける就業規則上の規定が必要である。

　ところで、「謝罪の言葉を述べること」を求める、すなわち、「謝らせる」という行為は、従業員の良心、思想、信条等と微妙にかかわる内的意思の表明を求めるものであるから、反省を強要することにもなり、個人の良心・内面の自由の観点から問題となる可能性がある。このような危険を冒して「謝らせよう」とあまりに感情的になるよりも、今後二度と同様の事件が生じないよう冷静・客観的に事態を収拾することのほうが得策であろう。

（3）教育訓練

　教育を実施する権利は、労働契約から派生し、特に長期雇用システムにおいては幅広い教育訓練の実施の権限が企業にはあると考えられる。しかし、内容が業務遂行と関係がなく、過度の苦痛を伴うなど不適切な制裁を含むような場合などは、権利濫用となる。セキュリティ啓発教育に関しても、この点に特にこの点に問題が生じていない限り、命令することは、可能である。

（4）処分

ア　営業上の秘密の漏えい行為等に対する解雇、懲戒処分、損害賠償請求

　従業員が在職中に発生させるサイバーセキュリティインシデントのうち、これまでの裁判例において最も多く問題にされてきたのは、営業上の秘密の漏えい行為等である。企業の従業員（労働者）は、労働契約に付随する義務として、その在職中、秘密保持義務を負っていると解されていることから、こうした漏えい行為等は原則として当該義務の違反となる（ただし、サイバーセキュリティ上の問題を生じさせた従業員に対し、懲戒処分を課すにあたっては、あらかじめ就業規則上の根拠規定の整備が不可欠となること等について、Q26参照）。

　こうした場合、企業は、当該行為を行った従業員に対し、解雇、懲戒処分、損害賠償請求等を行い得る。ただし、解雇及び懲戒処分については、それぞれの効力を判断する労働契約法上の枠組みに依拠して具体的な効力が判断されることになる（懲戒解雇の場合に

は双方の枠組みに沿った判断がなされる）。

すなわち、解雇については、解雇権濫用（労働契約法第 16 条）が主要な問題となり、従業員の行為態様、問題となった行為の重大性等に照らして解雇の効力が判断される。懲戒処分については、あらかじめ就業規則に設けられた根拠規定に基づいて処分を行うことが必要であるほか、ここでも、権利濫用の成否が問題となり（労働契約法第 15 条）、処分の根拠とされた行為の重大性に比して重すぎる処分でないか、他の同種事案に対する扱いと均衡を失していないか、等の点が問題になる。

このほか、従業員の営業上の秘密の漏えい行為等によって会社に損害が生じた場合、労働契約上の債務不履行若しくは不法行為に基づく損害賠償請求の対象となることもある。

裁判例における具体的な判断としては、退職直前の従業員自らが関与した設計書類、設計計算書等を自宅に持ち出した行為について、当該書類記載の情報を利用して退職後に競業行為に及ぶ意図が推認できるなどとして懲戒解雇を有効とし、退職金を支給しないことも適法であるとした例（大阪地判平成 13 年 3 月 23 日労経速 1768 号 20 頁）、新商品に関するデータ漏えい行為について、懲戒解雇に相当するものと認め、退職金を支給しないことも適法であるとしたほか、データ保存費用等、当該商品の開発・情報管理のために会社が支出した費用の一部に相当する額の損害賠償請求を認めた例（東京地判平成 14 年 12 月 20 日労判 845 号 44 頁）などがある。

一方、従業員に対する制裁が認められなかった例としては、従業員が、会社との間の雇用関係上の紛争に関連する資料として弁護士に会社の顧客情報を渡した行為について、当該情報を渡した経緯や相手方を考慮すると守秘義務違反に該当するとはいえないなどとして、懲戒解雇を無効とした例（東京地判平成 15 年 9 月 27 日労判 858 号 57 頁）などが存在する。

イ　営業上の秘密の漏えい行為等以外のサイバーセキュリティインシデント

また、裁判例上の事例は少数であるが、情報の改ざんや正確な情報の記録を怠ることについて、具体的行為態様に照らして労働契約上の義務違反が認められる場合もある。

具体例としては、農協職員による貸付金の担保に関する資料の改ざんを理由とした懲戒解雇を有効とした例（大阪地決平成 13 年 7 月 23 日労経速 1783 号 17 頁）、先物取引会社の従業員について、会社に対して自己の担当顧客の真実の氏名・住所等を告知する義務の存在を認め、当該告知を怠ったことによって生じた回収不能差損金相当額の損害賠償を認めた例（東京地判平成 11 年 11 月 30 日労判 782 号 51 頁）などが存在する。

3．参考資料（法令・ガイドラインなど）

・労働基準法第 89 条第 9 号
・労働契約法第 15 条、第 16 条など

4．裁判例

本文中に記載したもののほか、以下のとおり

・最判昭和 43 年 8 月 2 日民集 22 巻 8 号 1603 頁
・最判昭和 52 年 12 月 13 日民集 31 巻 7 号 1037 頁
・大阪地堺支判昭和 53 年 1 月 11 日労判 304 号 61 頁
・東京地判昭和 42 年 11 月 15 日労民 18 巻 6 号 1136 頁
・東京地判昭和 62 年 1 月 30 日労判 495 号 65 頁
・大阪地判昭和 50 年 7 月 17 日労経速 892 号 3 頁
・高松高判昭和 46 年 2 月 25 日労民 22 巻 1 号 87 頁
・大阪高判昭和 53 年 10 月 27 日労判 314 号 65 頁
・最判平成 8 年 2 月 23 日労判 690 号 12 頁

Q32　退職後の情報漏えい防止のための秘密保持契約

退職者が在職中に知り得た秘密情報を使用又は第三者に開示することを防ぐためには、いつどのような方法で秘密保持義務を負わせることが有効であるか。

タグ：不正競争防止法、労働基準法、秘密保持契約、秘密保持義務

1．概要

　企業としては、従業員との間の契約関係において、従業員が退職後に会社の秘密情報を流出させる行為、あるいはこれにつながり得る行為に制約を加えるための整備をしておくことが望ましい。このような定めとしては、以下のものが例として挙げられる。

①　退職後の従業員に秘密保持義務を課す定め

②　退職後の従業員に競業避止義務を課す定め

　これらは、常に有効と判断されるとは限らない。各々の定めの有効性等は、それぞれ異なる枠組みの下で判断され（本項では①について説明し、**Q33**において②について説明する。）、認められ得る効力も異なる。

　①の定めは、従業員との間の個別合意という形態をとるべきである（就業規則に規定を置くことも考えられるが、併せて個別合意を結んでおくべきである）。具体的には、在職中に、対象情報を特定する形で秘密保持義務を課し、退職後もその情報について秘密保持義務を継続的に負うことを明示した秘密保持契約を個別に締結することが望ましい。さらに、従業員のプロジェクトへの参加時など、具体的に秘密情報に接する機会を得る際に、その都度、秘密保持義務の対象となる情報をより具体的に特定し、退職後もその情報について秘密保持義務を継続的に負うことを明示した誓約書をとることが望ましい。

2．解説

　就業規則により退職後の秘密保持義務を負わせることは、一定の合理性が認められる範囲では有効と解される余地がある。一方で就業規則では従業員の退職後の法律関係を定めることはできないという見解も有力であり、裁判実務上確立していない中で、退職後の従業員の秘密保持義務を就業規則にのみ依拠することは少なからず法的リスクを伴うことになる。また、就業規則に退職後の従業員の秘密保持義務を定める規定を置いた場合には、従業員との間の個別合意によって、就業規則の定めよりも従業員に不利益となるような義務を課すことができなくなる（労働契約法第12条）。さらに、就業規則規定の新設や変更により、既に退職した後の従業員に対し、新たに義務を課したり、義務の内容を従業員側の不利益に変更したりすることについては、許容されないと解される。そこで、退職者が在職中に知り得た企業の秘密情報を第三者に開示させないためには、仮に就業規則でその旨を設ける場合であっても、さらに、個別の秘密保持契約により、当該退職者に企業に対する秘密保

持義務を負わせることが有効と考えられる。

　また、企業に対する契約上の営業秘密保持義務は、営業秘密の要件である秘密管理性を充足するための重要な要素の一つと考えられている。そして、秘密情報が不正競争防止法における営業秘密としての保護を受けるためには、秘密保持の対象となる情報が具体的に特定されている必要があると考えられている[1]ため、営業秘密としての保護を受けるためには、対象となる秘密情報を特定した上で契約を締結することが望ましい（秘密管理性の意義についてQ20参照）。

　秘密保持契約を締結する場合には、その締結時期に留意する必要がある。入社時において、秘密保持契約を個別に締結する場合には、秘密保持の対象とする具体的な秘密情報の特定が困難であり、秘密情報を特定しない包括的な秘密保持義務を定めることにならざるを得ない。他方、退職時に秘密保持契約を締結しようとしても、退職者が秘密保持契約の締結を拒否する場合があり、この場合には契約の締結を強要することはできない。

　そこで、従業員に秘密情報を開示する段階で、退職後も秘密保持義務を継続的に負うことを明示した秘密保持契約を締結することが有効と考えられる。この場合、労働契約終了後も守秘義務を継続的に負担させる合意の効力が問題となるが、裁判例[2]は、「使用者にとって営業秘密が重要な価値を有し、労働契約終了後も一定の範囲で営業秘密保持義務を存続させることが、労働契約関係を成立、維持させる上で不可欠の前提でもあるから、労働契約関係にある当事者において、労働契約終了後も一定の範囲で秘密保持義務を負担させる旨の合意は、その秘密の性質・範囲、価値、当事者（労働者）の退職前の地位に照らし、合理性が認められるときは、公序良俗に反せず無効とはいえないと解するのが相当である。」としている。

　また、秘密保持義務の定めを実効的なものにするためには、秘密保持義務違反に対する違約金を定めておくことも考えられる。なお、秘密保持義務違反に対する違約金の定めは労働基準法第16条との関係でその有効性について議論があるところ、企業としては、同条に違反するとの評価を受けるリスクがある点を踏まえて違約金の定めを置くことの是非を検討する必要がある。

3．参考資料（法令・ガイドラインなど）
・不正競争防止法第2条第1項第7号、第21条第1項第3号・第5号・第6号
・秘密情報保護ハンドブック

4．裁判例
本文中に記載のとおり

---

[1]　東京地判平成17年2月25日判時1897号98頁参照
[2]　東京地判平成14年8月30日労判838号32頁

Q33 退職後の競業避止義務及び違反時の退職金減額・不支給

秘密情報の流出を防止する目的で、従業員に退職後の競業避止義務を課すことを定める就業規則規定や個別合意の効力について、従業員の職業選択の自由との関係でどのような問題が生じるか。また、秘密情報流出防止を目的として競業避止義務を従業員に課した場合、これに違反したことを理由とする退職金の減額・不支給は認められるか。

タグ：民法、不正競争防止法、競業避止義務、競業避止義務契約、労働基準法、退職金、労働契約法、就業規則

1．概要

　退職後の従業員に競業避止義務や秘密保持義務を負わせる就業規則上の規定や個別合意については、それが退職した従業員の職業選択の自由を過度に制約するものとして、公序良俗違反（民法第 90 条）によりその全部又は一部が無効になるのではないかが問題になる。

　この点につき、裁判例の傾向は、①企業側の守るべき利益およびそれを踏まえた競業避止義務契約の内容の合理性、②従業員の地位、③地域的な限定の有無、④競業避止義務の存続期間、⑤禁止される競業行為の範囲への制限、⑥代償措置の有無等の要素に基づいて判断するという点では概ね一致しているが、裁判例は個別具体的な判断であるため、どのような規定ぶりであれば有効かということは一概には言えない。

　また、秘密情報流出防止を目的として競業避止義務を従業員に課した場合、これに違反したことを理由とする退職金の減額・不支給は基本的に認められる。ただし、賃金の後払い的性格の強い退職金制度の場合、退職金の減額・不支給ができない場合がある。

2．解説

（1）退職後の従業員の競業避止義務を定める約定の効力を判断する枠組み

　退職後の従業員に競業避止義務を課すためには、その旨を明示的に定める就業規則上の規定、個別合意等の根拠が必要であるが、これらの定めについては、適法な手続に則った就業規則の作成・周知や合意の成立が認められたとしても、さらにそれが退職した従業員の職業選択を過度に制約するものとして公序良俗違反によりその全部又は一部が無効になるのではないかが問題になる。この点について裁判例は、その細部においては必ずしも確立した傾向を示すとはいえないが、①企業側の守るべき利益およびそれを踏まえた競業避止義務契約の内容の合理性、②従業員の地位、③地域的な限定の有無、④競業避止義務の存続期間、⑤禁止される競業行為の範囲への制限、⑥代償措置の有無等の要素に基づいて判断するという点では概ね一致しているといえる。

　以下では、各々の考慮要素について、秘密情報保護ハンドブック参考資料５に沿って概要を解説する。

（2）裁判例における具体的判断

ア　企業側の守るべき利益

　企業側の守るべき利益としては、不正競争防止法上の「営業秘密」はもちろん、それに準じて取り扱うことが妥当な情報やノウハウについても、守るべき企業側の利益として判断されることとなる（モップ等のレンタル事業についてこれを肯定した例として、東京地判平成 14 年 8 月 30 日労判 838 号 32 頁など参照）。営業秘密に準じるほどの価値を有する営業方法や指導方法等に係る独自のノウハウについては、営業秘密として管理することが難しいものの、競業避止によって守るべき企業側の利益があると判断されやすい傾向がある。

　また、裁判例の中には、顧客との人的関係等について判断を行ったものも見られ、多数回にわたる訪問、地道な営業活動を要する場合であって、人的関係の構築が企業の業務としてなされている場合には、企業側の利益があると判断されやすい。

イ　従業員の地位

　合理的な理由なく従業員全てを対象とした規定はもとより、特定の職位にあることをもって判断するというよりは、企業が守るべき利益を保護するために競業避止義務を課す必要がある従業員かどうかという観点から判断されていると考えられる。

　例えば、形式的に執行役員という高い地位にある者を対象とした競業避止義務であっても、企業が守るべき機密性のある情報に接していなければ否定的な判断が行われることがある（東京地判平成 24 年 1 月 13 日労判 1041 号 82 頁等参照）。

ウ　地域的限定

　地域的限定について判断を行っている裁判例はそれほど多くはない。地理的な限定がないことを他の要素と併せて競業避止義務契約の有効性を否定する要素としている裁判例も散見されるが、地理的な限定が付されていない場合であっても、企業の事業内容（特に事業展開地域）や、職業選択の自由に対する制約の程度、特に禁止行為の範囲との関係等を総合的に考慮して競業避止義務契約を有効とした裁判例もあり、単に地理的な制限がないことをもって契約の有効性を否定するものではないと考えられる。

　例えば、使用者が全国規模で事業を行っていることを理由に挙げて、地理的な制限がないとしても禁止範囲が過度に広範であるということもないとした裁判例がある（東京地判平成 19 年 4 月 24 日労判 942 号 39 頁参照）。

エ　競業避止義務期間

　退職後に競業避止義務が存続する期間についても、形式的に何年以内であれば認められるというものではなく、労働者の不利益の程度を考慮したうえで、業種の特徴や企業の守るべき利益を保護する手段としての合理性等が判断されているものと考えられる。裁判例の傾向として、期間が短期、特に 1 年以内のものについては、肯定的に捉えられている裁判例も多いが、長期のもの、特に 2 年以上の期間となっているものについては、否定

的な判断がなされている例もみられる。

オ　禁止行為の範囲

　禁止される行為の範囲についても、企業側の守るべき利益との整合性が判断される傾向にある。例えば、約定で禁止される行為の内容が、競業行為の自営や競業企業への就職を全面的に禁止するものでなく、アで挙げた企業の利益を侵害するおそれが大きい行為に絞り込まれている場合、従業員の職業選択の自由に及ぼす制約が小さくなることから、約定の効力は認められやすくなる。例えば、前掲・東京地判平成14年8月30日は、退職後2年間、在職中の営業担当地域及びこれに隣接する地域における（転職先からの）使用者の顧客への営業活動を禁止する内容の定めが置かれた事案であり、このように禁止する行為の内容が絞り込まれていたことから、代償措置がなくとも当該定めは有効と認められると判示されている。

　このように、禁止対象となる活動内容な職種を限定する場合においては、必ずしも個別具体的に禁止されている業務内容や取り扱う情報を特定することまでは求められていないものと考えられる。

　なお、これに関連して、競業行為の自営や競業企業への就職を一般的に禁止する約定の効力について、使用者たる企業側の利益を侵害するおそれが多い行為を禁止する限度で肯定する合理的限定解釈を行う裁判例もみられる（合理的限定解釈を行った上で、その限度で差止めを認めた例として、東京地決平成16年9月22日判時1887号149頁、合理的限定解釈を行った結果義務違反を否定した例として、東京地判平成17年2月23日判タ1182号337頁）。

カ　代償措置

　代償措置、すなわち、競業行為を規制される従業員に対して、その代償として金銭の支払等を行うことについては、他の要素に比して競業避止義務契約の有効性について直接的な影響を与えている例も少なくなく、裁判所が重視していると思われる要素である。裁判例の中には、代償措置と呼べるものが何らなされていないことを理由の一つとして当該契約の有効性を否定する例もある。

　しかし、主流な考え方は、複数の要因を総合的に考慮する考え方であり、代償措置の有無のみをもって当該契約の有効性の判断が行われているわけではない。代償措置がない場合であっても約定の効力を認める例（前掲・東京地判平成14年8月30日）や、代償措置が明確な形で講じられていない場合にも、従業員に支払われた賃金が比較的高額である場合に、そのことを代償措置としての性質も有するものとして柔軟に考慮する例（前掲・東京地決平成16年9月22日、東京地判平成19年4月24日など）も存在する。

　もっとも、代償措置が明確な形で講じられていない場合に約定の効力を認めた事案の多くは、禁止される行為の内容が絞り込まれた形で約定がなされていたか、合理的限定解釈により、裁判所が禁止される行為の内容を絞り込んだ上でその効力を認めた事案である。

（3）小括

以上をまとめると、競業避止義務契約締結に際して考慮すべき点を以下のとおり挙げることができる。

ア　競業避止義務契約締結に際して最初に考慮すべきポイント

- ◆　企業側に営業秘密等の守るべき利益が存在する。
- ◆　上記守るべき利益に関係していた業務を行っていた従業員等特定の者が対象。

イ　競業避止義務契約の有効性が認められる可能性が高い規定のポイント

- ◆　競業避止義務期間が短期間（1年以内）となっている。
- ◆　禁止行為の範囲につき、業務内容や職種等によって限定を行っている。
- ◆　代償措置（高額な賃金等「みなし代償措置」といえるものを含む）が設定されている。

ウ　有効性が認められない可能性が高い規定のポイント

- ◆　業務内容等から競業避止義務が不要である従業員と契約している。
- ◆　職業選択の自由を阻害するような広汎な地理的制限をかけている。
- ◆　競業避止義務期間が長期間（2年超）にわたっている。
- ◆　禁止行為の範囲が、一般的・抽象的な文言となっている。
- ◆　代償措置が設定されていない。

エ　労働関係法令との関係におけるポイント

- ◆　就業規則上の規定、個別合意等の根拠を整備すること。
- ◆　当該就業規則について、入社時の「就業規則を遵守します」等といった誓約書を通じて従業員の包括同意を得るとともに、十分な周知を行う。

（4）義務違反がある場合の差止め要件

上述した判断枠組みにしたがって、義務違反が認められる場合、従業員の義務違反行為に対する差止め又は義務違反によって生じた損害の賠償の請求が認められ得る。ただし、裁判例の中には、このうち前者の差止めについて、元使用者の営業上の利益が侵害されるか、そのおそれがある場合に限って認められるという要件を課しているもの（東京地決平成7年10月16日労判690号75頁など参照）も存在する。

（5）競業避止義務違反による退職金の減額不支給

判例は、企業が労働者（従業員）に対し退職後の同業他社への就職をある程度の期間制限することをもって直ちに労働者の職業の自由等を不当に拘束するものとは認められず、したがって、会社がその退職金規程において、競業制限に反して同業他社に就職した退職従業員に支給すべき退職金につき、その点を考慮して、退職金の減額する規定にも合理性があるとしている。これは、退職金が賃金の後払い的性格を持つとともに、功労報償的性格をあわ

せ持つと解されるため、功労を抹消するような行為について退職金を減額・不支給（没収）する条項も合理性があると考えられているためである。

ただし、このような退職金の減額・不支給は、同業他社への就職を制約するものであるため、労働者の職業選択の自由との関係が問題となる。すなわち、退職金の減額・不支給が適用になるのは、競業規制の内容（競業規制の期間、態様、減額率）について合理的な範囲に限定されるのである[1]。合理的でない場合には、条項が無効とされよう。

また、理論的には、支払済みの場合退職金返還請求も可能である。もっとも、退職金減額・不支給のメリットとしては、あらかじめ退職金を押さえてしまうことで、損害賠償請求を行う手間を省けるところにあるので、一度支払ってしまった退職金を取り戻すことができると考えることにどれほどのメリットがあるか疑問ではある。したがって、特に秘密に触れる業務に従事する従業員が退職を申し出たような場合には、退職金を支払う前に当該従業員に関し十分慎重に調査するなどの対応が求められよう。その対策の一例としては、秘密を取り扱う企業である場合、十分調査できるように支給日に余裕をもたせた退職金制度を設計しておくなどの方法も考えられよう（また、退職金相当額の違約金の約定を取り付けておく等の対策も検討されるべきである。なお、この場合、労働契約の不履行に対する違約金の定めではないので労働基準法第16条の問題は生じない）。

なお、退職金の不支給・減額が認められない場合として、業務実績に応じて額が機械的に積算されるような方式（ポイント式退職金制度）や、退職金相当額を毎月前払で支払ってもらうか退職時に積み立てた額を支払ってもらうか従業員が選択する方式（退職金前払選択制度）が採用されている場合が挙げられる。このような制度の下では、賃金後払的性格が強く功労報償的性格は認められないとして、退職金の減額・不支給は否定されるとする裁判例がある。また、選択的な制度を採用している企業において退職一時金を選択した従業員に対してのみ、制裁措置として退職金を減額・不支給にすることは、公平さを欠き許されないと考えられる。

（6）参考：秘密保持義務、競業避止義務等の比較

Q32 で説明した秘密保持義務の定めによる方法は、従業員による情報漏えいそれ自体を禁止対象としているのに対し、競業避止義務の定めによる方法は、情報漏えいにつながり得る行為を広く禁止対象としている。このように、後者の手法は前者の手法と比べて禁止対象が広く、それだけ従業員の退職後の職業選択の自由に対する制約の度合いが大きいため、定めの有効性の判断が、より厳格なものとなる。すなわち、一般的にいえば、前者の手法の方が、後者の手法よりも、その有効性を認められやすい（より一般的にも、禁止される行為の範囲が絞り込まれていた方が、定めの有効性を認められやすいといえる）。

次に、退職金の減額等による方法は、退職した従業員の行為を直接的に禁止する（差止める）効果をもたらすものではないが、その反面、定めの効力等が認められた場合、企業側に

---

[1] 菅野和夫『労働法』（弘文堂、第11版補正版、平成29年）423頁等参照

は従業員の行為によって被った具体的損害の額に関わりなく一定の額の金銭を従業員に請求できる（あるいは一定の範囲で退職金支払を免れる）というメリットがある。企業としては、このような各手法の特質及びその相違を考慮しつつ、自企業においてどのような定めを設けるべきかを判断すべきである。なお、これらの手法のうち複数のものを併用することは差し支えなく、実際にもそのような例は多い。

３．参考資料（法令・ガイドラインなど）

・労働契約法第 7 条、第 9 条、第 10 条、第 12 条など
・民法第 90 条
・秘密情報保護ハンドブック　参考資料5 競業避止義務契約の有効性について
・労働基準法第 16 条、第 24 条、第 89 条第 3 号の 2

４．裁判例

退職後の競業避止義務の効力については本文中に記載のとおり
競業避止義務違反による退職金の減額不支給については以下のとおり
・最判昭和 52 年 8 月 9 日労経速 958 号 25 頁
・名古屋高判平成 2 年 8 月 31 日労判 569 号 37 頁
・大阪高判平成 10 年 5 月 29 日労判 745 号 42 頁
・名古屋地判平成 6 年 6 月 3 日労判 680 号 92 頁

Q34 退職後の海外での秘密保持義務違反行為について

元従業員・元役員による海外における秘密情報の不正使用・不正開示行為については、どのような対策があり得るか。退職後の秘密情報流出防止を目的とした秘密保持義務契約は有効か。また、当該義務違反時にどのような措置を取り得るか。

タグ：不正競争防止法、民事訴訟法、産業競争力強化法、法の適用に関する通則法、秘密保持義務、競業避止義務、情報漏えい、人材を通じた技術流出、懸念国

1．概要

企業から退職等した元従業員・元役員が、当該企業の秘密情報を海外において不正に使用する行為や不正に開示する行為については、秘密保持義務契約（守秘義務契約）違反若しくは不正競争防止法違反を主張して争う、又は営業秘密侵害罪の適用を求めて警察・検察に相談するという措置を取り得る。

もっとも、海外における裁判の利用には様々な論点が存在するため、秘密保持義務契約を反故にされても、技術的又は物理的に秘密情報が使用されたり漏えいしたりしないようにするためのサイバーセキュリティ対策が重要といえる。

2．解説

（1）海外における秘密保持義務違反行為とは

かねてより人を通じた技術流出が指摘されている[1]。そこで、企業では、秘密情報のこのような流出の防止を目的として、退職後の秘密情報の使用・開示を禁止する内容の、就業規則（包括的合意）を規定したり、誓約書等（個別の合意）を従業員・役員に提出させたりする場合がある[2]。

本項においては、このように就業規則や誓約書等を通じて秘密保持義務契約を締結した従業員・役員が企業を退職・退任又は解雇・解任された後、海外で秘密保持義務の対象となっている秘密情報の不正使用・不正開示を行った場合について解説する。

（2）海外における秘密保持義務違反行為のパターンについて

元従業員・元役員が海外（仮に A 国とする）において従前所属し又は勤めた企業の秘密情報を不正に使用・開示する場合を整理すると、

---

[1] 「平成 24 年度 経済産業省委託調査 人材を通じた技術流出に関する調査研究 報告書」（平成 25 年 4 月。本体は、https://www.meti.go.jp/policy/economy/chizai/chiteki/pdf/houkokusho130319.pdf。別冊『「営業秘密の管理実態に関するアンケート」調査結果』は、https://www.meti.go.jp/policy/economy/chizai/chiteki/pdf/H2503chousa.pdf。）

[2] なお、誓約書の徴収については Q26 参照。また、退職後の秘密保持義務及び競業避止義務の効力については、Q32~Q34 を参照されたい。

① 日本で労務提供・職務執行していた場合に、
　(i) 日本本社との間で退職・退任前に秘密保持義務契約を締結するとき
　(ii) 日本本社との間で退職・退任後に秘密保持義務契約を締結するとき
② 海外（仮にB国とする）の支店において労務提供・職務執行していた場合に、
　(i) 日本本社との間で退職・退任前に秘密保持義務契約を締結するとき
　(ii) 日本本社との間で退職・退任後に秘密保持義務契約を締結するとき
③ B国にある海外子会社で労務提供・職務執行していた場合に
　(i) 海外子会社との間で退職・退任前に秘密保持義務契約を締結するとき
　(ii) 海外子会社との間で退職・退任後に秘密保持義務契約を締結するとき

の6つに大きく分類される。

図1　海外における秘密保持義務違反行為の設例の概要

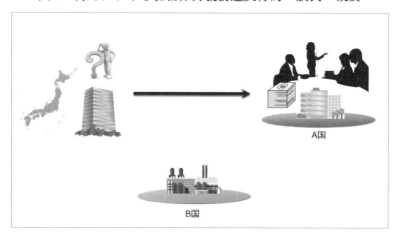

（3）国際私法（抵触法）及び準拠法について

このような場合、どの国・地域の裁判所が管轄権を有するのかという国際裁判管轄の問題[3]に加えて、日本の法令が適用されるのか、A国の法令が適用されるのか、又はB国の法令が適用されるのかといったような、どの国・地域の法令によるべきかという問題が生じる。

このような渉外的私法関係に適用すべき私法を指定する法規が国際私法である[4]。そして、渉外的私法関係に適用すべく指定される実質法のことを準拠法という[5]。

我が国における代表的な国際私法としては、法例（明治31年法律第10号）を全部改定する形で制定された「法の適用に関する通則法」（平成18年法律第78号。法適用通則法）

---

[3] 我が国においては、民事紛争のうち財産権上の訴えについては、民事訴訟法および民事保全法に国際裁判管轄に関する規定が設けられている（法務省民事局総務課長小出邦夫編著「逐条解説 法の適用に関する通則法〔増補版〕」449頁（商事法務、平成26年12月））。

[4] 山田鐐一「国際私法 第3版」2頁（有斐閣、平成16年12月）。なお、法律の抵触を解決する法という意味で、国際私法は往々抵触法とも呼ばれ、また、狭義の国際私法と、国際民事訴訟法ないし国際手続法を含めた広義の国際私法という概念がある（同3頁）。

[5] 前掲注4「国際私法」2頁

6が挙げられる。

（4）設例に関する検討

ア　A国において争う場合について

　秘密情報が実際に使用されているA国において、元従業員・元役員による秘密情報の開示行為又は使用行為を差し止めたり損害賠償を請求したりしようとする場合、①A国の裁判所又は裁判外紛争手続を利用する、②日本の裁判所で得た判決をA国で承認してもらい執行する、という2つの選択肢が考えられる。

　また、請求の相手方としては、元従業員・元役員のみならず、不正開示先又は不正使用先（たとえば、元従業員・元役員の再就職先や自らが設立した企業など）を相手方とすることも考えられる。留意すべきは、秘密保持義務契約の相手方は元従業員・元役員であるため、秘密保持義務違反に基づく主張は、元従業員・元役員を相手方とする場合に限られることである。不正開示先・不正使用先を相手方にしようとするときは、日本の不正競争防止法違反、又はA国・当該地域の営業秘密に関する法令や不法行為を規定する法令等の違反を主張する必要がある。

（ア）A国の裁判所を利用するとき

　まず、A国の裁判所を利用しようとするときには、当該裁判所の管轄権の有無が判断されなければならない。

　その上で、元従業員・元役員を相手方とするならば、秘密保持義務違反で争うことが考えられる。この場合、A国の国際私法に則って、準拠法が判断された上、秘密保持義務契約の有効性が判断されることになる。そこで、仮に、秘密保持義務契約において準拠法を日本国法とする旨の準拠法の指定に関する合意がなされていたとしても、A国の国際私法によれば、秘密保持義務契約における準拠法の指定は許されないと判断される可能性もある。

　加えて、準拠法はA国又は該当地域の法令であると判断された場合に、A国・当該地域の法令に基づくと従業員・役員との秘密保持義務契約は無効と判断されることもある。

　次に、元従業員・元役員又は不正開示先・不正使用先を相手方として、日本の不正競争防止法違反、又はA国・当該地域の営業秘密に関する法令違反を主張して争うことが考えられる。

　A国の裁判所等において日本の不正競争防止法違反を主張できるかは、A国の国際私法によることとなる。

　また、A国・当該地域の営業秘密に関する法令違反を主張する場合には、当該法令の

6　法例においては「法律」との文言であったところ、法適用通則法は、外国法、慣習法、判例法などを含む私法一般という意味で「法」という文言にかえられている（櫻田嘉章＝道垣内正人「注釈国際私法　第1巻　§§1〜23」66頁（平成23年12月、有斐閣））。

調査・検討を要することとなる。

（イ）日本の裁判所で得た判決をＡ国で執行しようとするとき

　　まず、日本の裁判所で判決を得る必要があるが、この場合の論点等については、下記イ（ア）及び（イ）を参照されたい。

　　その上で、日本国の判決がＡ国において承認され執行されるかという国際手続法に関する検討が必要となる（下記イ（ウ）と同じ論点である。）。

イ　日本において争う場合

　　日本の裁判所において、秘密保持義務違反又は不正競争防止法違反を主張して争い、そこで得た判決をもってＡ国において執行しようとする場合については、以下の論点が考えられる。

（ア）秘密義務契約違反を主張する場合

　　日本の裁判所の管轄権の有無は、民事訴訟法第3条の3第1号に基づき判断されると考えられる[7]。

　　仮に管轄権が日本の裁判所にあると判断された場合、次に、準拠法が問題となる。準拠法については、上記（3）のとおり、日本においては法適用通則法が規定している。具体的には、同法は、「法律行為の成立及び効力」についての準拠法を規定しているところ、元従業員・元役員に対し秘密保持義務違反に基づいてＡ国における秘密情報の不正使用・不正開示を差し止めたり、損害賠償請求をしたりできるかという点については、「法律行為の…効力」の問題と考えられる。

　　法律行為の効力に関する準拠法について、同法は、まずは当事者の選択によることとしており（同法第7条）、当事者の選択がない場合についての基準も定めている（同法第8条）。そして、法律行為のうち消費者契約と労働契約については、それぞれ特例を定めている（同法第11条及び第12条）。

　　そこで、従業員・役員との間の秘密保持義務契約については、法適用通則法第12条の労働契約の特例により準拠法が決定されるのかという問題が生じる。すなわち、退職等する前に秘密保持義務契約を締結していたとしても、既に退職等しているのであれば、秘密保持契約は「労働契約」[8]に該当しないのではないかが問題となる。

　　この点、秘密保持義務契約ではないものの、競業避止義務契約については、学説上、労働契約の終了後に関するものであり、厳密な意味での労働契約には該当しないものの、労働契約と密接に関連し、当該合意を行う時点で当事者間の交渉力格差も認められ

---

[7] 民事訴訟法第3条の3第1号は、「契約上の債務の履行の請求を目的とする訴え…契約上の債務の不履行による損害賠償の請求その他契約上の債務に関する請求を目的とする訴え」については、「契約において定められた当該債務の履行地が日本国内にあるとき、又は契約において選択された地の法によれば当該債務の履行地が日本国内にあるとき」は、日本の裁判所に提起することができる旨を規定する。

[8] 法適用通則法上、「労働契約」の定義が明示されていないものの、「労働契約」とは、労働者が使用者に使用されて労働し、使用者がこれに対して賃金を支払うことを約する契約と解されるとされる（前掲注6「注釈国際私法」275頁）

ることから、法適用通則法第12条の適用又は類推適用がなされると解されている[9]。

　他方、会社法上の役員については、そもそも企業に雇用されているのではなく委任契約であり（会社法第330条）、「労働契約」とはいえないため、法適用通則法第12条ではなく、当事者が準拠法の選択をしているか否か（第7条・第8条）の問題となると考えられる。すなわち、秘密保持義務契約において準拠法の指定がなければ、「当該法律行為に最も密接な関係がある地の法による」（法適用通則法第8条第1項）こととなる。

　しかし、秘密保持義務違反に基づく差止請求における「当該法律行為に最も密接な関係がある地」はどこなのか、秘密保持義務契約の締結自体は、上記（2）に記載のとおり大きく6パターンに分けられるが、契約違反行為自体はA国で生じているため、「当該法律行為に最も密接な関係がある地」をどのように解すべきかという問題が生じると考えられる。また、秘密保持義務違反に基づく損害賠償請求については、契約違反に基づく損害賠償請求が「法律行為において特徴的な給付を当事者の一方のみが行うものである」といえるのであれば[10]、「その給付を行う当事者の常居所地法」が当該法律行為に最も密接な関係がある地の法と推定されると考えられる（法適用通則法第8条第2項）。なお、秘密保持義務違反に基づく損害賠償請求が不法行為に基づく損害賠償請求の要件も満たす場合には、同法第20条の「当事者間の契約に基づく義務に違反して不法行為が行われたこと」に該当し、結局、契約の準拠法によることとなると解される[11]。

（イ）不正競争防止法違反を主張する場合

　A国において元従業員・元役員により開示・使用されている秘密情報が「営業秘密」に該当するのであれば、元従業員・元役員又は不正開示先・不正使用先に対して不正競争防止法違反の主張をすることが考えられる。不正競争防止法は不法行為の特則であるから、日本の裁判所の管轄権の有無は、民事訴訟法第3条の3第8号に基づき判断されると考えられる[12]。

　仮に管轄権が日本の裁判所にあると判断された場合、次に、上記（ア）同様、準拠法が問題となる。不正競争の準拠法決定は、不正競争における被侵害利益が多様であることを理由に法適用通則法の立法時に見送られたため[13]、法適用通則法には明文の規定がない。

---

[9]　前掲注6「注釈国際私法」277頁
[10]　「特徴的給付の理論」とは、ある契約を他の種類の契約から区別する（特徴付ける）基準となる特徴的な給付を当事者の一方のみがする場合に、その当事者の所在地をその契約と最も密接に関係する地とする考え方である（前掲注3「逐条解説　法の適用に関する通則法〔増補版〕」108～109頁）。
[11]　前掲注3「逐条解説　法の適用に関する通則法〔増補版〕」232～237頁）
[12]　民事訴訟法第3条の3第8号は、「不法行為に関する訴え」については、「不法行為があった地が日本国内にあるとき（外国で行われた加害行為の結果が日本国内で発生した場合において、日本国内におけるその結果の発生が通常予見することのできないものであったときを除く。）」は、日本の裁判所に提起することができる旨を規定する。
[13]　前掲注6「注釈国際私法」450頁

そこで、法適用通則法第 17 条説、第 20 条（最密接関係地がある場合の例外）説又は条理に基づく市場地法による説といった解釈論が展開されている[14, 15]。また、裁判例としては、法適用通則法第 17 条（法例第 11 条）によるもの、明文の規定ではなく条理によるもの、根拠を示すことなく日本法を適用したものに分類されるという[16, 17]。

（ウ）A 国において判決を執行する場合

上記（ア）又は（イ）の各論点をクリアして日本国の判決を得た場合、日本国の判決が A 国において承認され執行されるかという国際手続法に関する検討が必要となる[18]。

（5）刑事的措置について

平成 27 年不正競争防止法改正により、国外犯処罰の規定について、従前「日本国内において管理されていた営業秘密」との定めが「日本国内において事業を行う営業秘密保有者の営業秘密」と改正され[19]、対象となる営業秘密の範囲が明確化ないし拡大されたとともに、国外における不正取得行為も対象行為として追加され、国外犯処罰規定の範囲が拡大された（不正競争防止法第 21 条第 6 項）。また、下記図 2 のとおり、海外重罰規定も設けられた（不正競争防止法第 21 条第 3 項。）。

そこで、これら規定の適用を求めて、警察・検察に相談するという手段もある[20]。

---

[14] 前掲注 6「注釈国際私法」450〜451 頁

[15] 法規欠缺の場合の裁判事務処理の方法として、まず慣習により、慣習なきときは条理によるとされる（前掲注 6「注釈国際私法」51 頁）。

[16] 嶋拓哉「日本法人保有の情報の使用及び開示の差止等請求と不競法」（私法判例リマークス 59-142）

[17] なお、近時の裁判例としては、海外で不正開示された営業秘密を海外で取得した日本法人に対して（不競法第 2 条第 1 項第 8 号）、当該営業秘密の日本における使用・開示の差止め等を求めた日本法人間の事案において、知財高判平成 30 年 1 月 15 日判タ 1452 号 80 頁があるが、日本法人の日本での使用・開示が問題になった事案であり、本項の設例のように、海外での使用・開示が問題となった事案ではない。

[18] なお、上記設例とは逆であるが、日本において技術の不正開示・使用をされたことを理由とする不法行為に基づく損害賠償請求及び当該不正使用行為等の差止請求を認容した米国判決を日本で執行しようとした場合については、最決平成 26 年 4 月 24 日民集 68 巻 4 号 329 頁を参照されたい。

[19] 正しくは、平成 27 年改正では、「日本国内において事業を行う保有者の営業秘密」との改正内容であったところ、「限定提供データ保有者」という定義規定が創設された平成 30 年改正によって、「日本国内において事業を行う営業秘密保有者の営業秘密」と「営業秘密」が加えられたものである。

[20] 都道府県警本部に営業秘密保護対策官が置かれていることについては、Q20 参照。また、全国都道府県警察営業秘密侵害事犯窓口については、右記資料 19 頁参照（経産省知的財産政策室「秘密情報の保護ハンドブックのてびき；情報管理も企業力」https://www.meti.go.jp/policy/economy/chizai/chiteki/pdf/170607_hbtebiki.pdf）。

図２　海外重罰規定の内容[21]

営業秘密侵害罪の罰金刑の上限額引上げ

	改正前	改正後
個人 （第21条1項）	懲役：10年以下 罰金：1000万円	懲役：変更無し 罰金：2000万円
法人両罰 （第22条1項）	罰金：3億円	罰金：5億円
海外重罰 （第21条3項）	なし	海外使用の場合などに重罰 （罰金刑のみ） （個人：3000万円、法人：10億円）

<海外重罰の3つのパターン>

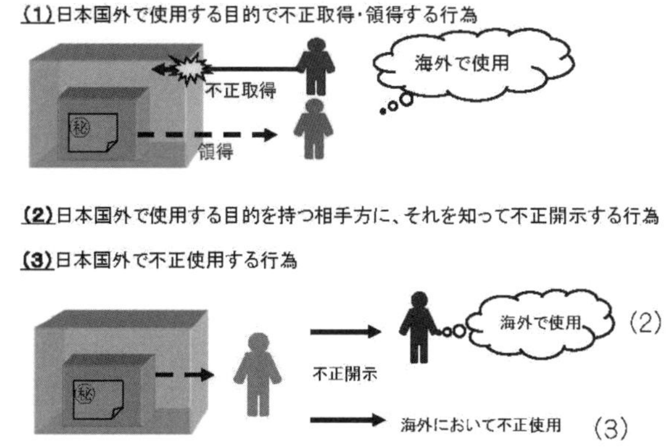

（６）サイバーセキュリティ対策について

上記のとおり、退職後にも秘密保持義務を負わせる契約が従業員・役員と締結されていた場合であっても、海外における元従業員・元役員による秘密情報の不正使用・不正開示を裁判等において差し止めるためには様々な論点に対応する必要が生じ得る。

そこで、例えば、元従業員・元役員に付与していた秘密情報への電磁的なアクセス権限を直ちに停止する、退職等の前に秘密情報の不正な持ち出しがないか技術的に確認するといったようなサイバーセキュリティ対策が重要であるといえる。加えて、従業員・役員に対し、秘密情報を持ち出していないか、企業に対して不満がないか等について在職中に定期的に確認する、退職予定者に対しインタビューするといったような対策も有用であるといえる。

３．参考資料（法令・ガイドラインなど）

・法適用通則法第７条、第８条、第 12 条、第 17 条、第 20 条

・民事訴訟法第１編第２章第２節

[21] 経産省知的財産政策室「平成 27 年不正競争防止法の改正概要（営業秘密の保護強化）」7 頁（https://www.meti.go.jp/policy/economy/chizai/chiteki/pdf/27kaiseigaiyou.pdf）

・不正競争防止法第 21 条第 3 項、第 21 条第 6 項

4．裁判例

本文に記載のとおり

Q35 電気通信サービスと電気通信事業法に基づく登録・届出

どのような事業を行うと電気通信事業者に該当するか。

タグ：電気通信事業法、外国法人等が電気通信事業を営む場合における電気通信事業法の
適用に関する考え方、電気通信事業参入マニュアル、電気通信事業参入マニュアル
［追補版］、電気通信事業参入マニュアル（追補版）ガイドブック

1. 概要

　情報通信ネットワークを構築するための通信インフラは、サイバー空間における活動を支える基盤である。今日において、いかなる事業も多かれ少なかれ通信インフラを利用しているが、電気通信事業者として登録又は届出が必要となるのはどのような事業を行う場合であろうか。

2. 解説

（1）電気通信事業を営む場合

　電気通信事業法（昭和59年法律第86号。以下、本項において「事業法」という。）は、電気通信事業（事業法第2条第4号）を営もうとする者は、同法第9条の規定による登録を受け、又は第16条第1項の規定による届出を行う必要がある旨を定める。事業法第9条の登録を受けた者及び第16条第1項の規定による届出をした者を電気通信事業者という（事業法第2条第5号）。

（2）外国法人等が電気通信事業を営む場合に関する事業法等の改正

　令和3年4月1日、外国法人等が電気通信事業を営む場合の規定を整備した電気通信事業法の改正法が施行された。当該施行に伴って、令和3年2月12日、総務省は「外国法人等が電気通信事業等を営む場合における事業法の適用に関する考え方」を公表し、外国法人等（外国の法人及び団体並びに外国に住所を有する個人をいう。以下同じ。）が営む電気通信事業に対する事業法の適用に関する解釈が示された。

　具体的には、事業法は、①外国法人等が、日本国内において電気通信役務を提供する電気通信事業を営む場合のほか、②外国から日本国内にある者に対して電気通信役務を提供する電気通信事業を営む場合に適用されること、さらに、②については、外国から日本国内にある者（訪日外国人を含む。）に対する電気通信役務の提供の意図を有していることが明らかであることを指し、例えば、aサービスを日本語で提供している場合、b有料サービスにおいて決済通貨に日本円がある場合、c日本国内におけるサービスの利用について広告や販売促進等の行為を行っている場合には、当該意図を有していることが明らかと判断され得ること等の解釈が示されている。また、改正された事業法は、外国法人等に対して、電気通

信事業の登録又は届出を行う際には、国内における代表者又は国内における代理人を定めて総務大臣に提出することを求める（事業法第10条第1項第2号）。

（3）登録又は届出を行うことを要する場合

次の①から④の全てに該当する場合は、事前に登録（事業法第9条）又は届出（事業法第16条第1項）を行うことを要する。なお、登録、届出のいずれの手続が必要かを含め、詳しい内容は総務省ホームページ

（https://www.soumu.go.jp/menu_seisaku/ictseisaku/denkitsushin_suishin/tetsuzuki/）に掲載されている「電気通信事業参入マニュアル」［追補版］及び「電気通信事業参入マニュアル（追補版）ガイドブック」を参照されたい。

① 提供する役務が「電気通信役務」に該当すること

電気通信役務とは、a 電気通信設備を用いて b 他人の通信を媒介し、その他 c 電気通信設備を他人の通信の用に供することをいう（事業法第2条第3号）。

 a 「電気通信設備」とは、電気通信（有線、無線その他の電磁的方式により、符号、音響又は影像を送り、伝え、又は受けること。）（事業法第2条第1号）を行うための機械、器具、線路その他の電気的設備をいう（事業法第2条第2号）。

 b 「他人の通信を媒介する」とは、他人の依頼を受けて、情報をその内容を変更することなく伝送・交換し、隔地者間の通信を取次ぎ、又は仲介してそれを完成させることをいう。

 c 「電気通信設備を他人の通信の用に供する」とは、広く電気通信設備を他人の通信のために運用することをいう。

② 事業が「電気通信事業」に該当すること

電気通信事業とは、電気通信役務を d 他人の需要に応ずるために提供する e 事業（放送法（昭和25年法律第132号）第118条第1項に規定する放送局設備供給役務に係る事業を除く。）をいう（事業法第2条第4号）。

 d 「他人の需要に応ずるため」とは、電気通信役務の提供について自己の需要のために提供していることではなく、他人の需要に応ずることを目的とすることをいう。

 e 「事業」とは、主体的・積極的意思、目的をもって同種の行為を反復継続的に遂行することをいう。

③ 「事業法の適用除外」に該当しないこと

次の場合には、「適用除外となる電気通信事業」（事業法第164条第1項）に該当する。

表1「適用除外となる電気通信事業」※令和4年改正（令和4年法律第70号）の後のもの

・専ら一の者に電気通信役務（当該一の者が電気通信事業者であるときは、当該一の者の電気通信事業の用に供する電気通信役務を除く。）を提供する電気通信事業（同項第1号）

・その一の部分の設置の場所が他の部分の設置の場所と同一の構内（これに準ずる区域内を含む。）又は建物内である電気通信設備その他総務省令で定める基準（設置する線路のこう長の総延長が 5km）に満たない規模の電気通信設備により電気通信役務を提供する電気通信事業（同項第 2 号）

・他人の通信を媒介しない電気通信役務（ドメイン名電気通信役務、検索情報電気通信役務、媒介相当電気通信役務（後二者にあっては、当該電気通信役務を提供する者として総務大臣が総務省令で定めるところにより指定する者により提供されるものに限る）を除く。）を電気通信回線設備を設置することなく提供する電気通信事業（同項第 3 号）

　このうち、第 3 号の適用除外となる電気通信事業には、以下のものが含まれる（総務大臣が総務省令で定めるところにより指定する者による検索情報電気通信役務又は媒介相当電気通信役務を提供する電気通信事業は除く。）。

　　a 電子メールマガジンの配信（企業等から提供された製品 PR やイベント開催案内等に関する情報を元に電子メールマガジンを作成し、あらかじめ登録した購読者等に対して送信するもの）

　　b 各種情報のオンライン提供（電気通信設備（サーバ等）を用いて、天気予報やニュース等の情報を、インターネットを経由して利用者に提供するもの）

　　c ウェブサイトのオンライン検索（広範なウェブサイトのデータベースを構築し、検索語を含むウェブサイトの URL 等を、インターネットを経由して利用者に提供するもの）

　　d ソフトウェアのオンライン提供（クラウド上にアプリケーションソフトウェアを構築し又はアプリケーションソフトウェアをインストールしたサーバ等を設置し、インターネット等を経由して当該ソフトウェアを企業や個人等に利用させるもの）

　　e オンラインストレージ（利用者がデータを保存することを目的として、サーバ等を設置して、インターネット等を経由して利用者のデータ等を受信して保存するもの）

　　f オープン・チャット（インターネット経由で不特定多数の利用者がリアルタイムで文字ベースの会話を行うことができる「場」を提供するもの）

　　g EC モール/ネットオークション/フリマアプリの運営（インターネット経由で複数の店舗でネットショッピングを行うことができる又は複数の出品者の商品等を購入できる「場」を提供するもの）

　なお、適用除外となる電気通信事業である場合でも、事業法第 3 条（検閲の禁止）及び第 4 条（通信の秘密の保護）は当該電気通信事業を営む者の取扱中に係る通信については、適用されるので（事業法第 164 条第 3 項）、注意が必要である。また、適用除外となる電気通信事業を行う者についても、電気通信事業における個人情報等の保護に関するガイドライン（令和 4 年個人情報保護委員会・総務省告示第 4 号（最終改正令和 5 年個人情報保護委

員会・総務省告示第5号））が適用される[1]ことにも注意が必要である。

④　「電気通信事業を営むこと」に該当すること

　「電気通信事業を営む」とは、電気通信役務を利用者に反復継続して提供して、電気通信事業自体で利益を上げようとすること、すなわち収益事業を行うことを意味する。

（4）登録又は届出を要する電気通信事業者の例示

　「電気通信事業参入マニュアル」［追補版］には、電気通信事業について、登録又は届出を要する事例と登録又は届出を要しない事例が例示されているので参照されたい。もっとも、事業の内容によっては異なる判断となる場合があるので、個別かつ具体的な検討が必要である。また、いわゆる「クラウド」、「プラットフォーム」、「スーパーアプリ」、「ポータルサイト」等、様々なサービスが複合的に提供されている場合は、それぞれのサービスごとに、登録又は届出の要否を判断することとなる。

（5）参考：電気通信事業法改正法（令和4年）

　令和4年6月13日に、電気通信事業法の一部を改正する法律が可決成立し（令和4年法律第70号）、令和5年6月16日に施行された。同改正は、主に、①情報通信インフラの提供確保、②安心・安全で信頼できる通信サービス・ネットワークの確保、③電気通信市場を巡る動向に応じた公正な競争環境の整備の3つよりなるが[2]、本ハンドブックと関連しうる②について触れておくと[3]、内容としては2点ある。1点目は、利用者の利益に及ぼす影響が大きい電気通信役務を提供する事業者に対する規律である。本規律の対象となる電気通信事業者に指定されると、特定利用者情報を適正に取り扱うべき電気通信事業者として、その情報の取扱規程の策定・届出、情報取扱方針の策定・公表等の義務が課されることとなる。2点目は、「外部送信規律」と呼ばれる規律であり、総務省からパンフレットも出されている[4][5]。ウェブサイトやアプリケーションを運営している事業者は、タグや情報収集モジュールを使って、利用者に関する情報を外部に送信する場合に、利用者が確認できるようにする義務が課されることとなる。

---

[1] 事業法に規定する「電気通信事業者」と、電気通信事業における個人情報等の保護に関するガイドラインの適用対象として定義される「電気通信事業者」とでは定義・範囲が異なっている。

[2] https://www.soumu.go.jp/main_content/000797453.pdf

[3] ②に関しては、同年2月18日に公開された「電気通信事業ガバナンス検討会　報告書」も参照。
https://www.soumu.go.jp/menu_news/s-news/01kiban05_02000237.html

[4] https://www.soumu.go.jp/main_sosiki/joho_tsusin/d_syohi/gaibusoushin_kiritsu_00001.html

[5] 「電気通信事業における個人情報等の保護に関するガイドライン（令和5年5月18日版）」も参照。
https://www.soumu.go.jp/main_sosiki/joho_tsusin/d_syohi/telecom_perinfo_guideline_intro.html

3．参考資料（法令・ガイドラインなど）

・電気通信事業法（昭和 59 年法律第 86 号）

・総務省「電気通信事業参入マニュアル」

https://www.soumu.go.jp/main_content/000739290.pdf

・総務省「電気通信事業参入マニュアル［追補版］」

https://www.soumu.go.jp/main_content/000477428.pdf

・総務省「電気通信事業参入マニュアル（追補版）ガイドブック」

https://www.soumu.go.jp/main_content/000799137.pdf

・総務省「外国法人等が電気通信事業を営む場合における電気通信事業法の適用に関する考え方」

https://www.soumu.go.jp/main_content/000733072.pdf

4．裁判例

特になし

Q36 電気通信事業者に関する規律の概要

電気通信事業者に対する電気通信事業法上の義務としてどのようなものがあるか。

> タグ：電気通信事業法、通信の秘密、同意取得の在り方に関する参照文書、通信の秘密の確保に支障があるときの業務の改善命令の発動に係る指針、電気通信事業における個人情報等の保護に関するガイドライン、電気通信事業におけるサイバー攻撃への適正な対処の在り方に関する研究会、重要インフラ、電気通信事業法の消費者保護ルールに関するガイドライン

1．概要

　電気通信事業者は、電気通信事業法（昭和 59 年法律第 86 号。以下、本項において「事業法」という。）や電気通信事業法施行規則（昭和 60 年郵政省令第 25 号。以下、本項において「施行規則」という。）等の関係法令の規定を遵守する必要があり、「検閲の禁止」（事業法第 3 条）や「通信の秘密の保護」（事業法第 4 条）といった規律をはじめ、参入に関する規律、登録・届出事項の変更や事業の休廃止等に関する規律、消費者保護に関する規律、電気通信設備に関する規律、報告等に関する規律等が適用される。

2．解説

（1）電気通信事業者に係る規律

　電気通信事業者に対する全般的な規律として、検閲の禁止（事業法第 3 条）、通信の秘密の保護（事業法第 4 条）、利用の公平（事業法第 6 条）、重要通信の確保（事業法第 8 条）、業務の停止等の報告（事業法第 28 条）、電気通信設備の維持（事業法第 41 条）がある。

（2）通信の秘密の保護

　まず、事業法が定める通信の秘密の保護の大要を説明する。

　日本国憲法第 21 条第 2 項後段は、「通信の秘密は、これを侵してはならない」と定めるところ、同規定は、プライバシー権の観念が発展した現在において、その一局面を取り上げて通信の秘密を保護する規定であるとともに、通信事業者に特別の位置づけを与えることを通じて、国民の自由なコミュニケーション、すなわち通信の自由を保障する規定であると解される[1]。同規定を受けて、電気通信事業法第 4 条第 1 項では、「電気通信事業者の取扱中に係る通信の秘密は、侵してはならない」との定めが置かれ、同法第 179 条では違反した場合の罰則も定められている。

　同法第 4 条第 1 項の趣旨は、通信が人間の社会生活にとって必要不可欠なコミュニケーションの手段であることから、日本国憲法第 21 条第 2 項後段の規定を受けて思想表現の自

---

[1] 渡辺康行・宍戸常寿・松本和彦・工藤達朗『憲法 I　基本権』（日本評論社、平成 28 年）256 頁

由の保障を実行たらしめること及び個人の私生活の自由を保護し、個人生活の安寧を保護すること（プライバシー保護）にとどまらず、国家権力が自ら通信を侵害しないのみならず、自然による侵害から通信の秘密を保護すること、国民が安全・安心に通信を利用できるよう通信制度を保障することにより、国民の通信の自由を確保することにあると考えられる。

「通信の秘密」の範囲には、個別の通信に係る通信内容のほか、個別の通信に係る通信の日時、場所、通信当事者の氏名、住所・居所、電話番号等の当事者の識別符号等これらの事項を知られることによって通信の意味内容を推知されるような事項全てが含まれる。

「通信の秘密」を侵害する行為は、一般に、通信当事者以外の第三者（電気通信事業者とそれ以外の全ての者を含む）による行為を念頭に、以下の①から③の 3 類型に大別されている。知得や窃用には、機械的・自動的に特定の条件に合致する通信を検知し、当該通信を通信当事者の意思に反して利用する場合のように機械的・自動的に処理される仕組みであっても該当し得る。

① 知得 ：積極的に通信の秘密を知ろうとする意思のもとで知ること[2]
② 窃用 ：発信者又は受信者の意思に反して利用すること
③ 漏えい ：他人が知り得る状態に置くこと

通信当事者の「有効な同意」がある場合、通信当事者の意思に反しない利用であり、通信の秘密の侵害に当たらないが、一般的に「有効な同意」は「個別具体的かつ明確な同意」であることが必要と解されていることに注意が必要である[3]。

また、通信当事者の同意を得ることなく通信の秘密を侵した場合であっても、①正当防衛（刑法第 36 条）、②緊急避難（刑法第 37 条）（例　人命保護の観点から緊急に対応する必要のある電子掲示板等での自殺予告事案について、ISP が警察機関に発信者情報を開示する場合）、③正当行為（刑法第 35 条）に当たる場合[4]（例　電気通信事業者が課金・料金請

---

[2] 電気通信事業者が電気通信事業を行うために通信の秘密に当たる情報を知得することも、形式上通信の秘密侵害に該当する（構成要件該当性がある）が、正当業務行為として違法性が阻却される場合には許容される。

[3] 「有効な同意」の有無は個別事案ごとに判断する必要があるが、規律を明確化することで事業者における予見可能性を高めることを目的として、総務省は、令和 3 年 2 月 25 日、同意取得の在り方に関する論点について整理・検討した「同意取得の在り方に関する参照文書」を公表した。また、「同意取得の在り方に関する参照文書」の公表にあわせて、総務省は、事業法第 29 条第 1 項第 1 号に基づく「通信の秘密の確保に支障があるときの業務の改善命令の発動に係る指針」を公表している。これは通信の秘密の確保に関する考え方を明らかにし、各事業者の取組みが十分機能していないとして業務改善命令を発動する基準や事例を指針として類型的に示すことにより透明性・予見可能性を高めることを目的として策定されたものであるが、本指針においても、「有効な同意」の判断に関わる項目が示されている。同意取得方法について検討する際には、「同意取得の在り方に関する参照文書」及び「通信の秘密の確保に支障があるときの業務の改善命令の発動に係る指針」（令和 3 年 2 月）をあわせて参照することが有効である。

[4] 正当業務行為として違法性が阻却されるためには、電気通信役務の円滑な提供の確保の観点から、業務の目的が正当であり、当該目的を達成するための行為の必要性及び手段の相当性が認められる行為である必要がある（（個人情報保護委員会・総務省「電気通信事業における個人情報等の保護に関するガイドライン（令和 4 年個人情報保護委員会・総務省告

求目的で顧客の通信履歴を利用する行為）等違法性阻却事由がある場合には、例外的に通信の秘密を侵しても違法とはならない[5]。

（3）通信の秘密の保護とサイバー攻撃への適正な対処の在り方

総務省は、サイバー攻撃が巧妙化・複雑化する中で、電気通信事業者が通信の秘密等に配慮しつつ、新たな対策や取組みを講じていくことが可能となるように、電気通信事業におけるサイバー攻撃への適正な対処の在り方について検討を行うことを目的として、「電気通信事業におけるサイバー攻撃への適正な対処の在り方に関する研究会」を開催している。同研究会における議論を取りまとめた結果については、これまでに、第一次とりまとめが平成26年4月に、第二次とりまとめが平成27年9月に、第三次とりまとめが平成30年9月、第四次とりまとめが令和3年11月にそれぞれ公表されているので、サイバー攻撃との詳しい関係については、同取りまとめを参考されたい。

このうち、第四次とりまとめにおいては、①ISP がサイバー攻撃に予防的に対処するため、平時から自らのネットワーク内の通信トラフィックに係るデータを収集・蓄積・分析し、C&C サーバ[6]である可能性が高い機器の検知を行うことは、必要最低限の範囲でフロー情報を収集・蓄積し、当該情報を C&C サーバ検知以外で使用しない場合に限り、正当業務行為として違法性が阻却されること、②各 ISP がサイバー攻撃に対処できるようにする観点から、一の ISP が自らの電気通信ネットワーク内のフロー情報の収集・蓄積・分析によって検知した C&C サーバに関する IP アドレス及びポート番号のリストの情報のみを、サイバーセキュリティ対策を行うために必要最小限の情報として、適切な事業者団体等に提供することは、通信の秘密の保護規定に直ちに抵触するとまではいえないと考えられることが示されている。

（4）電気通信設備に関する規律

サイバーセキュリティ基本法におけるサイバーセキュリティの定義の中に情報通信ネットワークの安全性・信頼性を含んでいることからも明らかなとおり、情報通信ネットワークを構築するための通信インフラは、サイバー空間における活動を支える基盤であり、重要インフラ行動計画においても、電気通信を含む情報通信分野は、重要インフラ分野[7]の1つとして、セキュリティ強化の取組みが求められている。

電気通信サービスを提供する上での基盤となる電気通信設備に対する規律として、事業

示第4号（最終改正令和5年個人情報保護委員会・総務省告示第5号））の解説」令和4年3月（令和5年5月更新）参照）。

[5] 「電気通信事業におけるサイバー攻撃への適正な対処の在り方に関する研究会　第一次取りまとめ」（平成26年4月）

[6] Command and Control（指揮統制）サーバの略称。C2（シーツー）サーバということもある。マルウェアに感染した PC をネットワーク経由で操作し、情報の収集や攻撃の命令を出すサーバのこと。

[7] 重要インフラに係る取組みについて Q2、Q41 参照。

法第41条において、電気通信回線設備を設置する電気通信事業者、基礎的電気通信役務を提供する電気通信事業者及び利用者の利益に及ぼす影響が大きい電気通信役務を提供する電気通信事業者等に対し、その電気通信事業の用に供する電気通信設備（以下「事業用電気通信設備」という。）について、電気通信役務の確実かつ安定的な提供を確保するため、技術基準への適合維持義務を課している。このうち、サイバーセキュリティ対策については、電気通信事業者は、事業用電気通信設備について、サイバーセキュリティ対策を含む防護措置を取らなければならないと事業用電気通信設備規則（昭和60年郵政省令第30号）第6条に定められており、当該措置等の具体的な内容については、事業法第42条において、電気通信設備の使用を開始しようとするときには、当該電気通信設備が技術基準に適合することを自ら確認し、その結果を電気通信設備の使用の開始前に、届け出なければならないことが規定されている。

また、同法第44条において、事業用電気通信設備の技術基準適合維持義務が適用される電気通信事業者は、電気通信役務の確実かつ安定的な提供を確保するため、当該設備について、電気通信事故の事前防止や発生時に必要な取組みのうち、技術基準等で画一的に定めることが必ずしも適当でなく、電気通信事業者ごとの特性に応じた自主的な取組みにより確保すべき管理の方針・体制・方法等の事項について管理規程を定め、事業の開始前に届け出なければならないことが規定されている。このうち、サイバーセキュリティ対策については、事業用電気通信設備の情報セキュリティの確保のための方針と情報セキュリティ対策の内容について、管理規程に記載をしなければならないとされている[8]。

さらに、同法第44条の3において、電気通信役務の確実かつ安定的な提供を確保するための事業用電気通信設備の管理の方針・体制・方法に関する事項に関する業務を統括管理させるため、事業運営上の重要な決定に参画する管理的地位にあり、かつ、電気通信設備の管理に関する一定の実務の経験等の要件を備える者のうちから、電気通信設備統括管理者を選任すること、及び、同法第45条において、事業用電気通信設備の工事・維持・運用に関する事項を監督させるため、電気通信主任技術者を選任することが規定されている。

（5）通信の秘密の漏えい等の重大事故に関する報告及び四半期報告に関する規律

電気通信事業者は、電気通信業務の一部を停止したとき、又は電気通信業務に関し通信の秘密の漏えいその他総務省令で定める重大な事故（電気通信役務の提供を停止又は品質を低下させた事故で、継続時間及び影響利用者数が一定の基準を満たすもの等）が生じたときは、速やかにその発生日時及び場所、概要、理由又は原因、措置模様等について報告するとともに、30日以内にその詳細について報告しなければならない（事業法第28条、施行規則第57条、第58条）。

また、電気通信事業者は、電気通信役務の提供を停止又は品質を低下させた事故で、影響利用者数3万以上又は継続時間2時間以上のものや、電気通信設備に関する情報であって、

---

[8] 施行規則第29条及び平成27年総務省告示第67号。

電気通信役務の提供に支障を及ぼすおそれのある情報が漏えいした事故等が発生した場合には、毎四半期毎に、毎四半期経過後2か月以内に、その発生状況について報告しなければならない（電気通信事業報告規則第7条の3）。

事故に関する報告等の適用関係については、「電気通信事故に係る電気通信事業法関係法令の適用に関するガイドライン（第5版）」（令和2年1月27日）が参考になる。

（6）その他の規律（参入などの各場面に関する規律）

以上のほか、参入などの各場面に関する規律として、次のものがある。特に、消費者保護に関する規律の詳しい内容は、総務省総合通信基盤局が公表している「電気通信事業法の消費者保護ルールに関するガイドライン」（平成28年（2016年）3月（令和4年2月最終改定）を参照されたい。

表2「そのほか、電気通信事業者における参入などの各場面に関する規律」

参入に関する規律	電気通信事業の登録（事業法第9条）、電気通信事業の届出（事業法第16条第1項）、事業法第9条違反への罰則（事業法第177条）、事業法第16条第1項違反への罰則（事業法第185条）
登録・届出事項の変更や事業の休廃止等に関する規律	変更登録等（事業法第13条）、届出事項の変更（事業法第16条第2項、3項）、事業の承継（事業法第17条）、事業の休廃止・法人の解散（事業法第18条）、電気通信役務等の変更報告（施行規則第10条）
消費者保護に関する規律	提供条件の説明（事業法第26条）、書面の交付（事業法第26条の2）、書面による解除（初期契約解除）（事業法第26条の3）、業務の休廃止の周知（事業法第26条の4）、苦情等の処理（事業法第27条）、電気通信事業者等の禁止行為（事業法第27条の2及び第27条の3）、媒介等業務受託者に対する指導（事業法第27条の4）
報告等に関する規律	業務の改善命令（事業法第29条）、報告及び検査（事業法第166条）、法令等違反行為を行った者の氏名等の公表（事業法第167条の2）

（7）参考：電気通信事業法改正法（令和4年）

令和4年6月13日に、電気通信事業法の一部を改正する法律が可決成立し（令和4年法律第70号）、令和5年6月16日に施行された。同改正は、主に、①情報通信インフラの提供確保、②安心・安全で信頼できる通信サービス・ネットワークの確保、③電気通信市場を巡る動向に応じた公正な競争環境の整備の3つよりなるが[9]、本ハンドブックと関連しうる

---

[9] https://www.soumu.go.jp/main_content/000797453.pdf

②について触れておくと[10]、内容としては２点ある。１点目は、利用者の利益に及ぼす影響が大きい電気通信役務を提供する事業者に対する規律である。本規律の対象となる電気通信事業者に指定されると、特定利用者情報を適正に取り扱うべき電気通信事業者として、その情報の取扱規程の策定・届出、情報取扱方針の策定・公表等の義務が課されることとなる。２点目は、「外部送信規律」と呼ばれる規律であり、総務省からパンフレットも出されている[11] [12]。ウェブサイトやアプリケーションを運営している事業者は、タグや情報収集モジュールを使って、利用者に関する情報を外部に送信する場合に、利用者が確認できるようにする義務が課されることとなる。

３．参考資料（法令・ガイドラインなど）

・電気通信事業法（昭和 59 年法律第 86 号）
・同意取得の在り方に関する参照文書
　https://www.soumu.go.jp/main_content/000734726.pdf
・通信の秘密の確保に支障があるときの業務の改善命令の発動に係る指針
　https://www.soumu.go.jp/main_content/000734725.pdf
・個人情報保護委員会・総務省「電気通信事業における個人情報等の保護に関するガイドライン（令和 4 年個人情報保護委員会・総務省告示第 4 号（最終改正令和 5 年個人情報保護委員会・総務省告示第 5 号））の解説
　https://www.soumu.go.jp/main_content/000805807.pdf
・「電気通信事業におけるサイバー攻撃への適正な対処の在り方に関する研究会　第一次取りまとめ」（平成 26 年 4 月）
　https://www.soumu.go.jp/main_content/000283608.pdf
・「電気通信事業におけるサイバー攻撃への適正な対処の在り方に関する研究会　第二次取りまとめ」（平成 29 年 9 月）
　https://www.soumu.go.jp/main_content/000376396.pdf
・「電気通信事業におけるサイバー攻撃への適正な対処の在り方に関する研究会　第三次取りまとめ」（平成 30 年 9 月）
　https://www.soumu.go.jp/main_content/000575399.pdf
・「電気通信事業におけるサイバー攻撃への適正な対処の在り方に関する研究会　第四次

---

[10] ②に関しては、同年 2 月 18 日に公開された「電気通信事業ガバナンス検討会　報告書」も参照。
　https://www.soumu.go.jp/menu_news/s-news/01kiban05_02000237.html
[11] https://www.soumu.go.jp/main_sosiki/joho_tsusin/d_syohi/gaibusoushin_kiritsu_00001.html
[12] 「電気通信事業における個人情報等の保護に関するガイドライン（令和 5 年 5 月 18 日版）」も参照。
　https://www.soumu.go.jp/main_sosiki/joho_tsusin/d_syohi/telecom_perinfo_guideline_intro.html

取りまとめ」（令和 3 年 11 月）

https://www.soumu.go.jp/main_content/000779208.pdf

・総務省総合通信基盤局「電気通信事業法の消費者保護ルールに関するガイドライン」平成 28 年 3 月（令和 4 年 2 月最終改定）

https://www.soumu.go.jp/main_content/000794752.pdf

4．裁判例

・東京地判平成 14 年 4 月 30 日（平成 11 年（刑わ）第 3255 号）

Q37 IoT 機器のセキュリティに関する法的対策

IoT 機器のセキュリティに関する法的対策として、どのような取組みがあるか。

タグ：電気通信事業法、国立研究開発法人情報通信研究機構法、IoT セキュリティガイドライン ver1.0、IoT セキュリティ総合対策、電気通信事業法に基づく端末機器の基準認証に関するガイドライン、米国カリフォルニア州 IoT セキュリティ法、IoT 機器、NOTICE

1．概要

平成 31 年 2 月から、脆弱な ID・パスワード設定等のためサイバー攻撃に悪用されるおそれのある IoT 機器の調査及び当該機器の利用者への注意喚起を行う取組みである「NOTICE」[1]が実施されている。電気通信事業法の技術基準関係では、IoT 機器の技術基準において、セキュリティ対策が規定されている。

2．解説

（1）IoT 機器特有の性質について

IoT の進展が企業活動や製品・サービスのイノベーションを加速する一方で、IoT 特有の性質と想定されるリスクを踏まえたセキュリティ対策を行うことが必要とされている。一般的な IoT 機器特有の性質は次のとおりである[2]。

①脅威の影響範囲・影響度合いが大きいこと

IoT 機器がひとたび攻撃を受けると、IoT 機器単体に留まらずネットワークを介して関連する IoT システム・サービス全体へ影響が波及する可能性が高い。

②IoT 機器のライフサイクルが長いこと

長期にわたって使用されるものも多く、構築・接続時に適用したセキュリティ対策が時間経過とともに危殆化した状態で、ネットワークに接続され続ける可能性がある。

③IoT 機器に対する監視が行き届きにくいこと

IoT 機器の多くは画面がないため、利用者には IoT 機器に問題が発生していることがわかりづらく、勝手にネットワークにつながり、マルウェアに感染する可能性がある。

④IoT 機器側とネットワーク側の環境や特性の相互理解が不十分であること

IoT 機器側とネットワーク側のそれぞれが有する業態の環境や特性が、相互間で十分に理解されていないと、所要の安全や性能を満たすことができなくなる可能性がある。

⑤IoT 機器の機能・性能が限られていること

---

[1] National Operation Towards IoT Clean Environment の略。

[2] IoT 推進コンソーシアム、総務省、経産省「IoT セキュリティガイドライン ver1.0」平成 28 年 7 月

センサー等のリソースが限られた IoT 機器では、暗号等のセキュリティ対策を適用できない場合がある。

⑥開発者が想定していなかった接続が行われる可能性があること

これまで外部につながっていなかったモノがネットワークに接続されることで、IoT 機器メーカーやシステム、サービスの開発者が当初想定していなかった問題が発生する可能性がある。

これらの性質と想定されるリスクがあることから、IoT 機器のセキュリティに関する法的な対策として、次に取り上げるものを中心とした取組みが行われている。

（2）サイバー攻撃の踏み台となるおそれがある機器に係る脆弱性調査

平成 31 年 2 月より、総務省、NICT 及びインターネットプロバイダが連携し、サイバー攻撃に悪用されるおそれのある機器を調査し、利用者への注意喚起を行う取組みである「NOTICE」が実施されている。

これは、国立研究開発法人情報通信研究機構法（NICT 法）附則第 8 条に基づき、「令和六年三月三十一日までの間」(同条第 2 項柱書)の時限的な業務として行われるものであり、既に市場に出ている機器に関する対策として、具体的には、次の①〜④の運用がされている[3]。

①機器調査：NICT は、インターネット上の IoT 機器に対して、容易に推測されるパスワード等[4]を入力し、特定アクセス行為[5]を行うことができるかを確認することなどにより、サイバー攻撃[6]に悪用されるおそれのある機器を調査し、当該機器の情報をインターネットプロバイダに通知する（NICT 法附則第 8 条第 2 項）。総務省は、令和 2 年 9 月に、

---

[3] NOTICE ウェブサイト参照。　https://notice.go.jp/
[4] NICT 法附則第 8 条第 4 項第 1 号により、「不正アクセス行為から防御するため必要な基準として総務省令で定める基準を満たさない」識別符号とされており、当該基準については、「国立研究開発法人情報通信研究機構法附則第八条第四項第一号に規定する総務省令で定める基準及び第九条に規定する業務の実施に関する計画に関する省令」（平成 30 年総務省令第 61 号）第 1 条により、(1) 字数 8 以上であること、(2) これまで送信型対電気通信設備サイバー攻撃のために用いられたもの、同一の文字のみ又は連続した文字のみを用いたものその他容易に推測されるもの以外であることのいずれも満たすこととされている。当該基準を満たさないものとして、具体的には、①送信型対電気通信設備サイバー攻撃の実績のあるマルウェア（亜種含む）で利用されている識別符号、②同一の文字のみの暗証符号を用いているもの、③連続した文字のみの暗証符号を用いているもの、④連続した文字のみを繰り返した暗証符号を用いているもの、⑤機器の初期設定の識別符号（機器固有の識別符号が付与されていると確認されたものを除く。）が挙げられる。
[5] NICT 法附則第 8 条第 4 項第 1 号に定義されている。なお、同法附則に基づく NICT の業務として行われる特定アクセス行為については、不正アクセス禁止法に基づく不正アクセス行為から除外されている（同法附則第 8 条第 7 項）。
[6] NICT 法附則においては、「送信型対電気通信設備サイバー攻撃」（情報通信ネットワーク又は電磁的方式で作られた記録に係る記録媒体を通じた電子計算機に対する攻撃のうち、送信先の電気通信設備の機能に障害を与える電気通信の送信（当該電気通信の送信を行う指令を与える電気通信の送信を含む。…（中略））により行われるもの）とされている（NICT 法附則第 8 条第 4 項第 3 号、電気通信事業法第 116 条の 2 第 1 項第 1 号）。具体的には、DDoS 攻撃等を想定したものである。

調査の取組強化として、特定アクセス行為において入力する識別符号（ID・パスワード）の追加、特定アクセス行為の送信元の IP アドレスの追加を認可している。

②注意喚起：インターネットプロバイダは、NICT から受け取った情報を元に該当機器の利用者を特定し、電子メールなどにより注意喚起を行う。

③設定変更等：注意喚起を受けた利用者は、注意喚起メールや NOTICE サポートセンターサイトの説明などに従い、パスワード設定の変更、ファームウェアの更新など適切なセキュリティ対策を行う。

④ユーザサポート：総務省が設置する NOTICE サポートセンターは、ウェブサイトや電話による問合せ対応を通じて、利用者に適切なセキュリティ対策等を案内する。

（3）電気通信事業法の技術基準関係

利用者[7]は、電話機、FAX、モデム等の端末機器を電気通信事業者のネットワーク（電気通信回線設備）に接続し使用する場合、原則として、電気通信事業者の接続の検査を受け、当該端末機器が電気通信事業法に基づく技術基準に適合していることを確認する必要がある（電気通信事業法第 52 条第 1 項）。

そして、技術基準は、①電気通信回線設備を損傷し、又はその機能に障害を与えないようにすること、②電気通信回線設備を利用する他の利用者に迷惑を及ぼさないようにすること、③電気通信事業者の設置する電気通信回線設備と利用者の接続する端末設備との責任の分界が明確であるようにすること（電気通信事業法第 52 条第 2 項各号）の各事項が確保されるものとして、端末設備等規則（昭和 60 年郵政省令第 31 号）において定められている[8]。

令和 2 年 4 月から、端末設備等規則に IoT 機器の技術基準にセキュリティ対策が追加された。

新たに技術基準に位置づけられた具体的な内容は次のとおりである。インターネットプロトコルを使用し、電気通信回線設備を介して接続することにより、電気通信の送受信に係る機能を操作することが可能な端末設備について、セキュリティ対策として、①アクセス制御機能（端末への電力供給が停止した場合でも機能の維持が可能）、②アクセス制御の際に使用する ID/パスワードの適切な設定を促す等の機能、③ファームウェアの更新機能（端末への電力供給が停止した場合でも更新されたファームウェアの維持が可能）、又は①～③と同等以上の機能を具備すること、を追加した。なお、PC やスマートフォン等、利用者が随時かつ容易に任意のソフトウェアを導入することが可能な機器については本セキュリティ

---

[7] 「利用者」とは、電気通信事業者との間に電気通信役務の提供を受ける契約を締結する者をいう。エンドユーザのほか、電気通信事業者である者を含む（多賀谷一照監修『電気通信事業法逐条解説』(情報通信振興会、改訂版、令和元年) 318 頁参照）。

[8] 以上①から③について、総務省ウェブサイト「端末機器に関する基準認証制度について」参照

https://www.soumu.go.jp/main_sosiki/joho_tsusin/tanmatu/index.html

対策の対象外とされている。また、電気通信回線設備に直接接続して使用されない機器も認定等を要しない。

　総務省は、令和2年9月、当該改正後の端末設備等規則の各規定等に係る端末機器の基準認証に関する運用について明確化を図る観点から、「電気通信事業法に基づく端末機器の基準認証に関するガイドライン（第2版）」を策定・公表しているので、詳細については同ガイドラインも参照されたい。

（4）参考：米国カリフォルニア州 IoT セキュリティ法

　米国カリフォルニア州では、IoT 機器のセキュリティ対策に関する法律が 2018 年 9 月に成立し、2020 年 1 月から施行されている。同法では、接続される装置がローカルエリアネットワークの外部に認証手段を備えている場合、IoT 機器には、ユーザが IoT 機器に初めてアクセスする時に、ユーザが新しい認証手段を生成しなければならないようにするか、1 台ずつ固有のパスワードを設定して出荷するようにしなければならないというセキュリティ機能を含むことが必要とされている。日本の企業であっても、米国カリフォルニア州で販売されることとなる機器を製造する場合には、同法の対象となりえるので、注意が必要である。

３．参考資料（法令・ガイドラインなど）

- 電気通信事業法（昭和 59 年法律第 86 号）
- 端末設備等規則（昭和 60 年郵政省令第 31 号）
- 端末設備等規則及び電気通信主任技術者規則の一部を改正する省令（平成 31 年総務省令第 12 号）
- 国立研究開発法人情報通信研究機構法（平成 11 年法律第 162 号）
- IoT 推進コンソーシアム、総務省、経産省
　「IoT セキュリティガイドライン ver1.0」（平成 28 年 7 月）
　https://www.soumu.go.jp/main_content/000428393.pdf
- 総務省「電気通信事業法に基づく端末機器の基準認証に関するガイドライン(第 2 版)」（令和 2 年 9 月 1 日）
　https://www.soumu.go.jp/main_content/000705080.pdf
- 米国カリフォルニア州 IoT セキュリティ法
　https://leginfo.legislature.ca.gov/faces/codes_displaySection.xhtml?sectionNum=1798.91.05.&lawCode=CIV

４．裁判例

特になし

Q38　IoT機器からのデータ漏えいにおける製造者の責任

Q38 IoT 機器からのデータ漏えいにおける製造者の責任

IoT 機器からデータが漏えいした場合、同機器の製造者はデータ漏えいの被害者に対して、どのような責任を負うおそれがあるか。

タグ：民法、製造物責任法、IoT 機器、データ漏えい、製造者責任、NIST

１．概要

　IoT 機器にデータ漏えいの原因があった場合、同機器の製造者は、データ漏えいの被害者に対して、不法行為又は債務不履行に基づく責任を負う可能性がある。この場合、データ漏えいの被害者は、製造物責任を追及することができる。

　第三者又は利用者に原因があった場合、同機器の製造者は、原則として責任を負わないと考えられる。なお、製造者でも、初めての利用時に、パスワード変更が必要な仕様とするなど、利用者保護のための対策を講じることが望ましい。

２．解説

（１）IoT 機器の特徴

　IoT 機器はネットワークにつながっているため、従来の機器に比べると、データ漏えいが生じるリスクが高く、かつ漏えいが生じた場合にその影響が広範囲に及ぶ可能性もある。さらに、ネットワークにつながることで、データ漏えいの原因が解明しづらくなることから、製造者だけではなく、IoT 機器を利用したサービスを提供する第三者を含む多数の者が当該漏えいによる被害者から責任追及されうるという特徴がある。

　IoT 機器からデータが漏えいした場合、① IoT 機器に原因があった場合、② IoT 機器を利用したサービスを提供する第三者に原因があった場合、③ 利用方法が不適切であったなど利用者に原因があった場合、④ ①～③の原因が複合的にあった場合に大きく分類できる。以下、それぞれの場合に分けて、IoT 機器の製造者がデータ漏えいの被害者に対して負う可能性がある民事上の責任について検討する。なお、データ漏えい時における損害額については、Q61 を参照されたい。

（２）IoT 機器の製造者がデータ漏えいの被害者に対して負う可能性がある民事上の責任

ア　IoT 機器に原因があった場合

　製造者は、被害者から、不法行為（民法第 709 条）又は債務不履行（民法第 415 条）に基づく損害賠償責任を負う可能性がある。

　被害者が不法行為責任（民法第 709 条）を追及する場合、製造者に故意又は過失があったことなどの要件を証明する必要がある。もっとも、製造物責任法第 3 条では、「製造

179

業者等[1]は、その製造（中略）した製造物であって、その引き渡したものの欠陥により他人の生命、身体又は財産を侵害したときは、これによって生じた損害を賠償する責めに任ずる」とし、被害者は、製造者（同法上では、製造業者等）に欠陥があることを証明すれば、故意又は過失があったことを証明する必要まではないとされている。

　ここで、「製造物」とは、製造又は加工された動産をいい（製造物責任法第2条第1項）、「欠陥」とは、当該製造物の特性、その通常予見される使用形態、その製造業者等が当該製造物を引き渡した時期その他の当該製造物に係る事情を考慮して、当該製造物が通常有すべき安全性を欠いていることをいうとされている（同条第2項）。IoT機器に欠陥があった場合には、製造物責任法が適用されることとなる。

　被害者は、上記の不法行為責任（民法第709条）のほかに、債務不履行責任（民法第415条）による責任を追及することも考えられるが、被害者と製造業者との間に直接的な契約関係の存在が必要とされることなどからすると、不法行為責任に基づく責任追及が一般的と考えられる。

　もっとも、製造物責任法は、①被害者又はその法定代理人が損害及び損害賠償義務を知った時から3年間行使しないとき又は②その製造業者等が当該製造物を引き渡した時から10年を経過したときには、損害賠償の請求権が時効によって消滅する（製造物責任法第5条第1項）ため、注意が必要である。ただし、人の生命又は身体を侵害した場合における損害賠償の請求権の消滅時効においては、上記①について、被害者又はその法定代理人が損害及び損害賠償義務を知った時から5年間行使しないときとされている（同条第2項）[2]。

イ　IoT機器を利用したサービスを提供する第三者に原因があった場合

　第三者（サービスプロバイダやアプリケーション開発者・提供者）がIoT機器を利用したサービスを提供している場合に、IoT機器自体ではなく、サービスの内容が原因で、データが漏えいしたケース、例えば、IoT機器からデータが送信される先におけるサーバのセキュリティ設定が適切ではなく、外部にデータが流出してしまったケースである。データ漏えいの被害者との関係では、当該第三者が、不法行為（民法第709条）又は債務不履行（同法第415条）に基づく損害賠償責任を負う可能性がある。この場合、IoT機器の製

---

[1] 製造物責任法では、「製造業者等」とは、次のいずれかに該当する者をいうとされている（製造物責任法第2条第3項）。
① 当該製造物を業として製造、加工又は輸入した者（以下単に「製造業者」という。）
② 自ら当該製造物の製造業者として当該製造物にその氏名、商号、商標その他の表示（以下「氏名等の表示」という。）をした者又は当該製造物にその製造業者と誤認させるような氏名等の表示をした者
③ 前号に掲げる者のほか、当該製造物の製造、加工、輸入又は販売に係る形態その他の事情からみて、当該製造物にその実質的な製造業者と認めることができる氏名等の表示をした者

[2] なお、参考として、電気用品（電気事業法にいう一般電気工作物の部分となり、又はこれに接続して用いられる機械、器具又は材料をいう。例えば、電気温水器、電気マッサージ器、電気冷蔵庫などがこれにあたる）については、電気用品安全法が適用される。

造者は、IoT 機器に関する当該第三者への説明に過誤があったなどの特別な事情がない限り、責任を負わない。

ウ　利用者に原因があった場合

　利用者が製品出荷時のパスワードを変更するべきであったのに、そのまま利用していた場合など、利用者のみに漏えいの原因があった場合には、利用者に責任があることとなり、IoT 機器の製造者は法的な責任は負わない。もっとも、IoT 機器に固有のパスワードが振られていてユーザが変更できないなど、特別な事由がある場合には、製造者が責任を負う可能性がある。製造者においても、利用者が初めて利用をする際にパスワード変更が必要な仕様とするなど、利用者保護のための対策を講じることが望ましい。

エ　ア～ウの原因が複合的に存在した場合

　上記アからウのいずれか一つだけでなく、複合的な原因でデータ漏えいするケースも考えられる。この場合、利用者に原因があったことは、過失相殺（民法第 418 条、第 722 条第 2 項）の対象となる。なお、訴訟提起などの段階でデータ漏えいの原因が明確になっているとは限らず、被害者は、上記アからウのいずれの場合においても、IoT 機器自体にも欠陥があったとして、製造者やサービス提供者に対して、共同不法行為（民法第 719 条）などに基づく損害賠償を請求する可能性があるので、注意が必要である。

（3）（参考）英国における 13 項目のベストプラクティス

　英国のデジタル・文化・メディア・スポーツ省（DCMS）は、2018 年 10 月に IoT 製品を利用する消費者のセキュリティに関する負担を軽減することを目的として、製造メーカー等が IoT 製品の開発、製造及び販売の段階で安全を確保するために実践すべき対策について、13 項目のベストプラクティスを公表している[3]。具体的な項目は次のとおりであるが、参考に当たっては法制などの違いについても留意する必要がある。

　① デフォルトパスワードを使用しない。② 脆弱性の情報公開ポリシーを策定する。③ ソフトウェアを定期的に更新する。④ 認証情報とセキュリティ上重要な情報を安全に保存する。⑤ 安全に通信する。⑥ 攻撃対象になる場所を最小限に抑える。⑦ ソフトウェアの整合性を確認する。⑧ 個人データの保護を徹底する。⑨ 機能停止時の復旧性を確保する。⑩ システムの遠隔データを監視する。⑪ 消費者が個人データを容易に削除できるように配慮する。⑫ デバイスの設置とメンテナンスを容易にできるように配慮する。⑬ 入力データを検証する。

（4）（参考）米国立標準技術研究所（NIST）の NIST Cybersecurity for IoT Program

　米国の米国立標準技術研究所（NIST）は、IoT に対する信頼を醸成するとともにスタン

---

[3] Department for Digital, Culture,Media & Sport, Guidance Code of Practice for consumer IoT security, 2018 https://www.gov.uk/government/publications/code-of-practice-for-consumer-iot-security/code-of-practice-for-consumer-iot-security

ダード、ガイダンス及び関連するツールを通じてグローバルスケールのイノベーションを可能とすることを目的として「NIST Cybersecurity for IoT Program」を確立している。

かかるプログラムにおいては、多数のガイドラインやベースラインを公表しており、近時に新規に公表されたものとしては以下のようなものがある。このうち、Baseline Security Criteria for Consumer IoT Devices のドラフトは 2021 年 8 月 31 日にドラフトが公表され、同年 10 月 17 日までパブリックコメントに付されていた。

・SP 800-213A – IoT Device Cybersecurity Guidance for the Federal Government[4]
・SP 800-213 – IoT Device Cybersecurity Guidance for the Federal Government Establishing IoT Device Cybersecurity Requirements[5]
・Baseline Security Criteria for Consumer IoT Devices[6]
・NISTIR 8259B – IoT Non-Technical Supporting Capability Core Baseline[7]

３．参考資料（法令・ガイドラインなど）

・民法第 415 条、第 418 条、第 709 条、第 719 条、第 722 条第 2 項
・製造物責任法（平成 6 年 7 月 1 日法律第 85 号）第 2 条、第 3 条
・経産省商務情報政策局サイバーセキュリティ課「『第 2 層：フィジカル空間とサイバー空間のつながり』の信頼性確保に向けたセキュリティ対策検討タスクフォースの検討の方向性」（令和元年 8 月）
https://www.meti.go.jp/shingikai/mono_info_service/sangyo_cyber/wg_seido/wg_bunyaodan/dainiso/pdf/001_04_00.pdf

４．裁判例

特になし

---

[4] IoT Device Cybersecurity Guidance for the Federal Government: IoT Device Cyber security Requirement Catalog (nist.gov)
[5] IoT Device Cybersecurity Guidance for the Federal Government: Establishing IoT Device Cybersecurity Requirements (nist.gov)
[6] https://www.nist.gov/itl/executive-order-improving-nations-cybersecurity/iot-product-criteria
[7] https://nvlpubs.nist.gov/nistpubs/ir/2021/NIST.IR.8259B.pdf

Q39 5G 促進法

> いわゆる「5G 促進法」とは、どのような法律か。また、同法は、誰に対して、どのようにしてサイバーセキュリティを確保するよう求めているのか。

> タグ：5G 促進法、特定高度情報通信技術活用システムの開発供給等の促進に関する指針、開発供給計画、導入計画、Society 5.0

1．概要

特定高度情報通信技術活用システムの開発供給及び導入の促進に関する法律（令和 2 年法律第 37 号。以下、本項において「5G 促進法」という。）は、サイバーセキュリティ等を確保しつつ、第 5 世代移動通信システム（5G）及びドローンの普及を図る目的で制定された法律であり、同法に基づいて一定の計画を認定する際に参照される「特定高度情報通信技術活用システムの開発供給等の促進に関する指針」（令和 2 年総務省・財務省・経産省告示第 1 号。以下、本項において「本指針」という。）には、サイバーセキュリティの確保に関する要件が含まれる。

2．解説

（1）背景

5G 促進法は、Society 5.0 の実現に不可欠な社会基盤となる特定高度情報通信技術活用システム（5G 及びドローン）のサイバーセキュリティ等を確保しながら、その適切な開発供給及び導入を促進するための措置を講じて、5G 及びドローンの普及を図ることを目的として制定され、令和 2 年 8 月 31 日より施行されている。

なお、「特定高度情報通信技術活用システムの開発供給及び導入の促進に関する法律及び国立研究開発法人新エネルギー・産業技術総合開発機構法の一部を改正する法律」（令和 4 年 3 月 1 日施行）による改正により、5G 促進法に特定半導体（5G 情報通信システムに不可欠な大量の情報を高速度での処理を可能とするもので、国際的に生産能力が限られている等の事由により国内で安定的に生産することが特に必要なもの）の生産施設整備等計画の認定制度及び認定事業者に対する支援措置が追加されている。

（2）概要

ア　特定高度情報通信技術活用システムの定義

5G 促進法第 2 条において、「特定高度情報通信技術活用システム」のうち 5G 及びドローンについて、以下のとおり定義している。

①情報通信の業務を一体的に行うよう構成された無線設備及び交換設備等並びにプログラムの集合体であって、政令で定める周波数の電波を使用することにより大量の情報を高速度で送受信することを可能とするものその他の高度な技術を活用した情報通信

を実現するもの（以下、本項において「1号システム」という。）

②国、地方公共団体若しくは重要社会基盤事業者の事業又はこれに類する事業に係る点検、測量その他の政令で定める業務を一体的に行うよう構成された小型無人機、撮影機器その他機器及びこれらに係るプログラムの集合体（以下、本項において「2号システム」という。）

このうち、①については5Gが想定されており、5Gには携帯電話事業者が全国展開するサービス（全国5G）に加え、地域や産業の個別のニーズに応じて活用されるローカル5Gも含まれる。他方、②についてはドローン及びドローンにおいて利用される撮影機器等を含むシステムが想定されている。

また、②の「重要社会基盤事業者」とは、サイバーセキュリティ基本法第3条第1項に定める重要社会基盤事業者を指し（5G促進法第2条第1項第2号）、「重要社会基盤事業者の事業」とは、重要インフラ行動計画において指定される14の重要インフラ分野[1]に属する事業を指すと解されている。なお、「これに類する事業」として、農業、林業、漁業、建設業、鉄鋼業、郵便業及び警備業が指定されている（特定高度情報通信技術活用システムの開発供給及び導入の促進に関する法律施行令第1条第2項）。

イ　特定高度情報通信技術活用システムの開発供給等の促進に関する指針の策定

主務大臣は、特定高度情報通信技術活用システムの開発供給及び導入の促進に関する指針を定めるものとされており（5G促進法第6条）、これに基づき、令和2年8月28日、本指針が公布された。

ウ　特定高度情報通信技術活用システムの開発供給・導入に係る計画の認定

特定高度情報通信技術活用システムの開発供給事業者（ベンダ）又は当該システムの導入事業者（通信キャリア、製造事業者等）は、開発供給計画又は導入計画を作成して、主務大臣に対して申請することができる。主務大臣が、当該計画が指針に照らして適切なものであること等について適合するものであることを認めた場合、計画の認定を受けることができ、この認定を受けた計画はその概要が公表される[2]（5G促進法第7条～第10条）。

エ　認定された開発供給計画及び導入計画に係る支援措置

認定開発供給事業者は、以下の①～③の支援措置を、認定導入事業者は、①～④の支援措置を受けることができる（第13条～第28条）。ただし、このうち①及び④については、特定高度情報通信技術活用システムのうち、5Gのみが対象であり、ドローンは対象外である。

①日本政策金融公庫の業務の特例（ツーステップローン）：認定計画に従って開発供給等を行うために必要な資金の貸付けを公庫から受けられる

②中小企業投資育成株式会社法（昭和38年法律第101号）の特例：中小企業者が認定計

---

[1] 詳細についてQ2を参照。
[2] 経産省のウェブサイトにおいて公表されている（https://www.meti.go.jp/policy/mono_info_service/joho/laws/5g_drone.html）。

画に従って開発供給等を行う場合、中小企業投資育成株式会社の新規投資の対象となるための要件が緩和される

③中小企業信用保険法（昭和25年法律第264号）の特例：計画の認定を受けた中小企業者が、民間金融機関を利用して信用保証付き融資を受ける際、一般枠とは別枠の保証等の措置を受けられる

④5G導入促進税制による課税の特例：計画の認定を受けた認定導入事業者が、認定導入計画に記載された適用対象設備を取得等した場合、税制措置を受けられる

（3）5G促進法におけるサイバーセキュリティの確保

ア　5G促進法の基本理念

5G促進法は、その基本理念の中で、特定高度情報通信技術活用システムの開発供給及び導入が、サイバーセキュリティを確保しつつ適切に行われることを基本とすることを明記し（同法第3条）、特定高度情報通信技術活用システムの開発供給等を行う事業者は、同法第3条の基本理念にのっとり、国が実施する特定高度情報通信技術活用システムの開発供給等の促進に関する施策に協力するよう努めるものと定める（同法第5条）。

イ　本指針において規定されるサイバーセキュリティの確保

開発供給計画及び導入計画の認定を受けるに当たっては、当該計画が本指針に照らし適切なものであることの確認がなされるところ（同法第7条第3項第1号、第9条第3項第1号）、本指針においては、サイバーセキュリティの確保に関し、以下の要件が規定されている。

（ア）1号システムの開発供給内容に関する要件

開発供給を行う1号システムの安全性及び信頼性確保のための対策が、下記①から④までのいずれにも該当すること（指針第二・一・1）

①開発供給を行う事業者において、サイバーセキュリティを確保するための規程を策定した上で、開発供給を行う1号システムのサイバーセキュリティに係る脆弱性の評価を行い、適切な対策が講じられていること

②開発供給を行う事業者において、開発供給した1号システムの導入を行う事業者が当該システムのサイバーセキュリティを持続的に確保することを支援するために必要な体制が整備されていること

③「政府機関等の情報セキュリティ対策のための統一基準群（平成30年度版）」[3]、「IT調達に係る国の物品等又は役務の調達方針及び調達手続に関する申合せ（平成30年12月10日関係省庁申合せ）」[4]並びに「第5世代移動通信システムの導入のための特定基地局の開設に関する指針（平成31年総務省告示第24号）」及び「ローカル5G

---

[3] 政府機関等統一基準群は令和3年度、令和5年度に更新され、名称も「政府機関等のサイバーセキュリティ対策のための統一基準群」に変わっている。過去のものも含めて、右記ウェブサイト参照（https://www.nisc.go.jp/policy/group/general/kijun.html）。

[4] この申合せに関しては、Q47も参照。

導入に関するガイドライン（令和元年 12 月総務省策定）」[5]等に留意し、サプライチェーンリスク対応を含むサイバーセキュリティ対策が講じられていること

④国際的な取組み（プラハ 5G セキュリティ会議[6]等）の考え方に基づき、開発供給を行う事業者の信頼性を確保するため、(a)開発供給を行う事業者の所有関係及びガバナンスの透明性が確保されていること、(b)開発供給を行う事業者が、過去 3 年間の実績を含め、国際的に受け入れられた基準に反していないこと、及び(c)外国の法的環境等により開発供給の適切性が影響を受けるものでないことのいずれにも該当すること

（イ）1 号システムの導入内容に関する要件

　導入を行う 1 号システムの安全性及び信頼性確保のための対策が、下記①から③までのいずれにも該当すること（指針第二・三・1）

①サイバーセキュリティ上の事案が発生した場合に、1 号システム導入計画に係る事業を所管する省庁に対し、速やかに報告を行うための体制が整備されていること

②サイバーセキュリティ上の事案が発生した場合に、関係主体に対して適切な情報共有を行うための体制が整備されていること

③全国 5G システムにあっては、「第五世代移動通信システムの導入のための特定基地局の開設計画」の認定を受けて「第五世代移動通信システムの導入のための特定基地局の開設に関する指針」に留意し、ローカル 5G システムにあっては、「ローカル 5G 導入に関するガイドライン」[7]に留意し、サプライチェーンリスク対応を含むサイバーセキュリティ対策が講じられていること

（ウ）2 号システムの開発内容に関する要件

　開発供給を行う 2 号システムの安全性及び信頼性確保のための対策が、下記①から④までのいずれにも該当すること（指針第二・五・1）

①開発供給を行う事業者において、サイバーセキュリティを確保するための規程を策定した上で、開発供給を行う 2 号システムのサイバーセキュリティに係る脆弱性の評価を行い、適切な対策が講じられていること

②開発供給を行う事業者において、開発供給した 2 号システムの導入を行う事業者が当該システムのサイバーセキュリティを持続的に確保することを支援するために必要な体制が整備されていること

③「政府機関等の情報セキュリティ対策のための統一基準群（平成 30 年度版）」[8]におけるサプライチェーンリスク対策の内容と同等の対応を含むサイバーセキュリティ対策が講じられていること

---

[5] https://www.soumu.go.jp/main_content/000659870.pdf
[6] 2019 年 5 月 3 日、当該会議において、サイバー攻撃等のリスク回避に向けて各国が連携を深めるとする議長声明（プラハ提案）が採択された。
[7] 脚注 5 と同じ。
[8] 脚注 3 と同じ。

④開発供給を行う事業者の信頼性を確保するため、(a)開発供給を行う事業者の所有関係及びガバナンスの透明性が確保されていること、(b)開発供給を行う事業者が、過去3年間の実績を含め、国際的に受け入れられた基準に反していないこと、及び(c)外国の法的環境等により開発供給の適切性が影響を受けるものでないことのいずれにも該当すること

(エ) 2号システムの導入内容に関する要件

導入を行う2号システムの安全性及び信頼性確保のための対策が、下記①から③までのいずれにも該当すること（指針第二・七・1）

①サイバーセキュリティ上の事案が発生した場合に、2号システム導入計画に係る事業を所管する省庁に対し、速やかに報告を行うための体制が整備されていること

②サイバーセキュリティ上の事案が発生した場合に、関係主体に対して適切な情報共有を行うための体制が整備されていること

③「政府機関等の情報セキュリティ対策のための統一基準群（平成30年度版）」[9]におけるサプライチェーンリスク対策の内容と同等の対応を含むサイバーセキュリティ対策が講じられていること

（4）その他参考

ドローンのサイバーセキュリティに関する留意点については Q40 及び IPA が公表する「ドローンサイバーセキュリティハンドブック～安全なドローン利活用の勘どころ～」[10]も参照されたい。また、ドローンのサイバーセキュリティに関する守るべき要件等については、経産省と NEDO で策定した「無人航空機分野サイバーセキュリティガイドライン」[11]も合わせて参照されたい。

3．参考資料（法令・ガイドラインなど）
本文中に記載のとおり

4．裁判例
特になし

---

[9] 脚注3と同じ。
[10] https://www.ipa.go.jp/jinzai/ics/core_human_resource/final_project/2021/ngi93u0000002jq9-att/000092207.pdf
[11] https://www.meti.go.jp/policy/mono_info_service/mono/robot/drone_cybersecurity.html

Q40 ドローンとサイバーセキュリティ

ドローンの活用が拡大する中で法規制も整備されているが、サイバーセキュリティの関係でどのような点に留意すべきか。

タグ：航空法、登録制度、リモート ID、機体認証制度、操縦ライセンス制度、政府機関等における無人航空機の調達等に関する方針について

1. 概要

ドローンの飛行は航空法、重要施設の周辺地域の上空における小型無人機等の飛行の禁止に関する法律（以下、本項において「小型無人機等飛行禁止法」という。）及び電波法等による規制を受ける。

ドローンについても、ユーザが意図しないプログラムの更新や飛行・撮影情報の外部漏えい、他人による機体制御乗っ取り等のサイバーセキュリティ上のリスクが指摘されている。

2. 解説

（1）ドローンを規制する法律の概要

ア 航空法

平成 27 年 4 月 22 日に首相官邸に落下したドローンが発見された事件を契機として、ドローンに関する規制の必要性が認識されたことにより、平成 27 年 12 月に航空法が改正された。当該改正により、「無人航空機」（航空法第 2 条第 22 項）の定義が創設され、その飛行禁止空域（当該空域の飛行には国土交通大臣の許可が必要）及び飛行の方法に関する規制（当該方法によらない飛行には国土交通大臣の承認が必要）が導入された。

さらに、令和 2 年の航空法改正により、「無人航空機」の登録制度が導入され、令和 4 年 6 月 20 日より当該登録制度に基づく登録が義務化される（義務化に先立ち令和 3 年 12 月 20 日から事前登録が開始された。）。

かかる登録制度の導入後においては、登録を受けた無人航空機の所有者は、その登録記号を当該無人航空機に表示するなど、登録記号が識別できるような措置を講じる必要がある。具体的には、機体表面への物理的な表示及びリモート ID 機能の搭載の両方の措置を講じることが原則として求められる（航空法施行規則第 236 条の 6 第 1 項（なお、航空法施行規則の条文番号は令和 4 年 6 月 20 日の改正法施行日後のもの。以下本項において同じ。））。このうち、リモート ID 機能とは、登録記号を識別するための信号を、電波を利用して送信することにより、遠隔で無人航空機の識別をその飛行中常時可能とする機能をいい（航空法施行規則第 236 条の 3 第 1 項第 13 号）、リモート ID 機能による遠隔識別を確実に行うため、リモート ID 機器の製造及び開発にあたり従うべき要件が「リモート ID 技術規格書」に定められている。

さらに、令和 3 年の航空法改正により以下のカテゴリー区分及び制度が新たに導入された。なお、当該改正は公布日である令和 3 年 6 月 11 日から 1 年 6 月以内に施行されることとされており、令和 4 年 12 月頃の施行が見込まれている。

（ア）カテゴリー区分

　飛行のリスクに応じて、リスクの高いものから、「カテゴリーIII」、「カテゴリーII」及び「カテゴリーI」という 3 つのカテゴリーが設定される。

　「カテゴリーIII」は、飛行ごとに許可・承認を要する空域及び飛行方法での飛行（「特定飛行」）（航空法第 132 条の 87 第 1 項（なお、航空法の条文番号は令和 3 年改正航空法施行後のもの。以下本項において同じ。））であって、操縦者及び操縦補助者以外の立入りを管理する措置（以下、本項において「立入管理措置」という。航空法第 132 条の 85 条第 1 項）を講じない飛行（レベル 4 相当の第三者上空の飛行）をいい、後述する第一種機体認証（航空法第 132 条の 85 第 1 項）及び一等無人航空機操縦士のライセンス（同法第 132 条の 86 第 2 項）が必要となり、飛行ごとに許可・承認が必要となる（同法第 132 条の 85 第 2 項、第 132 条の 86 第 3 項）。

　「カテゴリーII」は、飛行ごとに許可・承認を要する「特定飛行」であって、「立入管理措置」を講じる飛行をいい、後述する第二種機体認証（航空法第 132 条の 85 第 3 項）及び二等無人航空機操縦士のライセンス（同法第 132 条の 86 第 4 項）があれば、一定の要件のもとで飛行ごとの許可・承認が不要とされている（同法第 132 条の 85 第 2 項、第 132 条の 86 第 3 項）。

　「カテゴリーI」は、航空法上、許可・承認が不要とされる飛行（「特定飛行」に該当しない飛行）をいう。

（イ）機体認証制度

　機体認証は、申請により国土交通大臣が行い（航空法第 132 条の 13 第 1 項）、第一種機体認証及び第二種機体認証に区分される（同条第 2 項）。第一種機体認証は、カテゴリーIII の飛行を行うことを目的とする無人航空機を対象とするものであり（同項第 1 号）、他方、第二種機体認証は、カテゴリーII の飛行を行うことを目的とする無人航空機を対象とする（同項第 2 号）。

（ウ）操縦ライセンス制度

　機体認証制度とともに操縦ライセンス制度として「無人航空機操縦者技能証明」制度が導入される。無人航空機操縦者技能証明は、無人航空機を飛行させるために必要な技能について、申請により国土交通大臣が行い（航空法第 132 条の 40）、一等無人航空機操縦士及び二等無人航空機操縦士に区分される（同法第 132 条の 42）。一等無人航空機操縦士は、カテゴリーIII の飛行に必要な技能を対象とするものであり（同条第 1 号）、他方、二等無人航空機操縦士は、カテゴリーII の飛行に必要な技能を対象とする（同条第 2 号）。

イ　小型無人機等飛行禁止法

平成27年の航空法改正と同様に、首相官邸にドローンが落下した事件を契機として、小型無人機等飛行禁止法が制定され、平成28年4月から施行されている。

同法は、国会議事堂、内閣総理大臣官邸その他の国の重要な施設等、外国公館等、防衛関係施設、原子力事業所、空港等を「対象施設」（同法第2条第1項）と定め、当該対象施設の敷地又は区域及びその周囲おおむね300mの地域を、「対象施設周辺地域」（同法第2条第2項）として指定し、その上空におけるドローンを含む小型無人機等の飛行を原則として禁止する（同法第10条第1項）。同法については、警察庁が、警察庁ウェブサイト「小型無人機等飛行禁止法関係」[1]において、小型無人機等の飛行が禁止される対象施設や対象施設周辺地域における飛行禁止の例外にあたる場合に必要な通報手続等を公表している。

ウ　電波法

ドローンの飛行においては電波の利用は不可欠であることから、電波法の規制にも服する。

電波法上、電波を発する無線設備の使用（無線局の開設）には、原則として総務大臣の免許が必要となる（電波法第4条）。ただし、発射する電波が著しく微弱な無線局や、特定の用途に用いる小電力の無線局等については、例外的に免許は不要とされており（電波法第4条但書、電波法施行規則第6条）、市販のホビー用ドローンに使用される無線設備は、基本的にかかる免許不要の場合に該当する。他方で、産業用ドローンについては、平成28年の電波法施行規則等の改正により導入されたロボット用の電波（無人移動体画像伝送システム）が用いられることが多く、かかる電波を使用する場合には、免許が必要となる。詳細については総務省ウェブサイト「ドローン等に用いられる無線設備について」[2]を参照されたい。

（2）ドローンのサイバーセキュリティに関する留意点

ドローンの中には、スマートフォン等を介して外部データセンターとの飛行・撮影情報のやり取りや、プログラム更新を行う機種が存在し、また、ドローンは一般的に無線回線で機体が制御されている。そのため、ユーザが意図しないプログラムの更新や飛行・撮影情報の外部漏えい、他人による機体制御乗っ取り等のサイバーセキュリティ上のリスクが指摘されている（令和2年9月14日付内閣官房「ドローンに関するセキュリティリスクへの対応について」[3]）。そこで、内閣官房は、令和3年9月14日、関係省庁で申合せを行った「政府機関等における無人航空機の調達等に関する方針について」を公表し、以下の業務に用いられるドローンについては、令和4年度以降の新規調達に当たって、サプライチェーンリスクの少ない製品を採用するために、セキュリティ上の疑義に留意した「IT調達に係る国

---

[1]　https://www.npa.go.jp/bureau/security/kogatamujinki/index.html
[2]　https://www.tele.soumu.go.jp/j/sys/others/drone/
[3]　https://www.kantei.go.jp/jp/singi/kogatamujinki/dai10/siryou1.pdf

等の物品等又は役務の調達方針及び調達手続に関する申合せ」[4]と同様の措置を講ずることとした。

①カメラやセンサーから収集される情報の窃取や飛行記録データ（時間・場所）の窃取により、活動内容が推測されうることで、公共の安全と秩序維持に関する業務の円滑な遂行に支障が生じるおそれがある業務（例：防衛、領土・領海保全、犯罪捜査・警備等）

②カメラやセンサーから収集される情報の窃取により、公共の安全と秩序維持等に支障が生じるおそれがある業務（例：国民保護法の生活関連等施設の脆弱性に関する情報を収集する業務（点検等）等）

③人命に直結する業務であって、無人航空機の適時適切な飛行が妨げられる（例：無人航空機が突然動かなくなる）ことで、その遂行に支障が生じるおそれがある業務（救難、救命等の緊急対応業務等）

なお、ドローンのセキュリティに関して、IPA産業サイバーセキュリティセンターは、令和3年6月、ドローンの歴史や基礎的な機能・仕様、法規制、利活用シーン、ドローンの事故攻撃と防御事例の紹介を踏まえて、ドローンに対するサイバー攻撃（脆弱性）とその対策を検証し、安全に利活用するための勘どころについて取りまとめた「ドローンサイバーセキュリティハンドブック～安全なドローン利活用の勘どころ～」[5]を公表しており参考になる。

３．参考資料（法令・ガイドラインなど）

本文中に記載のとおり

４．裁判例

特になし

---

[4] この申合せについては Q47 を参照。https://www.nisc.go.jp/active/general/pdf/chotatsu_moshiawase.pdf

[5] https://www.ipa.go.jp/jinzai/ics/core_human_resource/final_project/2021/ngi93u0000002jq9-att/000092207.pdf

Q41 重要インフラ分野における規律

各々の重要インフラ分野においては、サイバーセキュリティに関してどのような義務が課せられているか。法令上、どのような規定に着目すべきか。

タグ：重要インフラ、重要インフラ行動計画、安全管理、保安規定、事故報告、報告徴収

1．概要

重要インフラ分野に属する事業者がサイバーセキュリティ対策を行うに当たっては、各々に適用される業法にどのような規定があるかを着目すべきである。特に、サイバーセキュリティに関する情報の安全管理や保安規定の有無、事故の報告に関する規定の有無、所管省庁による報告徴収規定の有無について把握しておくことが肝要である。これらを把握するためには、重要インフラ行動計画や関係する文書が参考になる。

2．解説

（1）重要インフラ分野

わが国の重要インフラ防護に関しては、重要インフラ行動計画により、重要インフラ分野として、情報通信、金融、航空、空港、鉄道、電力、ガス、政府・行政サービス、医療、水道、物流、化学、クレジット、石油という合計 14 の分野が指定されている。

また、分野に属する事業を営む者全てが重要インフラ事業者となるわけではなく、例えば、電力分野では「一般送配電事業者、主要な発電事業者」という限定が付されている（重要インフラ行動計画別紙 1 参照）。

（2）総説

重要インフラ分野においては、それぞれ、適用される主な業法がある。例えば、情報通信であれば電気通信事業法、電力であれば電気事業法などが適用される。重要インフラ事業者がサイバーセキュリティ対策を行うに当たっては、業法の中で、サイバーセキュリティに関する情報の安全管理や保安規定の有無（データの保管場所を含む）、事故の報告に関する規定の有無、所管省庁による報告徴収規定の有無について把握しておくことが肝要である。

なお、令和 4 年 5 月 11 日に可決成立した「経済施策を一体的に講ずることによる安全保障の確保の推進に関する法律」（令和 4 年法律第 43 号）は、その柱の一つとして、基幹インフラ役務の安定的な提供の確保に関する制度の導入している。ここにいう基幹インフラと、重要インフラは、重なる部分もあるが同一のものではないため注意が必要である。

ア　情報の安全管理に関する規定

事業者に通則的に適用される法令として個情法を挙げることができ、個人データの安全管理措置が定められている（Q10 参照）。同法は、消費者向けの事業により消費者の個人

情報を収集・利用していないとしても、取引先の担当者の個人情報や自社の従業員等の個人情報を取り扱っていれば適用されることに注意する必要がある。

その他、特に消費者向けの事業を行う分野の業法の場合には、法人を含む利用者に関する情報の保護を定めている例がある。例えば、情報通信分野では、電気通信事業法4条1項が通信の秘密（**Q36**参照）の保護を定めており、金融分野では、銀行法12条の2第2項が顧客情報の適正な取扱いを定め、同法施行規則13条の6の5が個人顧客情報の安全管理措置を規定している。

イ　サイバーセキュリティ対策に関する規定

業法によっては、サイバーセキュリティ対策を行う旨を明確に定めている場合がある。

例えば、電力分野においては、電気設備に関する技術基準を定める省令15条の2に基づき、一般送配電事業、送電事業、特定送配電事業及び発電事業の用に供する電気工作物の運転を管理する電子計算機におけるサイバーセキュリティの確保が義務として明記されている。また、電気通信分野においても、事業用電気通信設備規則第6条が、事業用電気通信設備についてサイバーセキュリティ対策を含む防護措置を取らなければならない旨を定めている（**Q36**参照）。

ウ　情報漏えい等の事故報告に関する規定

情報漏えいが発生した場合又は重大な事故が発生した場合に、所管省庁等に報告する旨を定めている場合がある（**Q7**参照）。

エ　所管省庁による報告徴収規定

必要に応じて、所管省庁が事業者に対して資料の提出や報告を求めることができる旨が定められている場合がある。許認可や届出が必要となる事業に関する業法の多くがこの定めを置いていると考えられる。また、この報告徴収規定を根拠として、報告に関する規則を定めている例もあり、例えば、電気通信分野では電気通信事業報告規則、電力分野では電気関係報告規則が定められている。

以下では、類型的に機微性の高い個人情報を含む情報を取り扱う分野であり、ガイドライン等についても多く公開されている金融分野及び医療分野について上記の規定を敷衍する。

なお、クレジット分野、電気通信分野に関しては、**Q16**、**Q36**を、その他の分野については付録2を参照されたい。

（3）金融分野

金融庁は、金融分野のサイバーセキュリティの確保が金融システム全体の安定のための喫緊の課題であるとの認識の下、2015年に公開し、2022年2月にアップデートした、「金融分野におけるサイバーセキュリティ強化に向けた取組方針（Ver. 3.0）」（以下、本項において「取組方針」という。）に基づき、官民一体となって金融分野のサイバーセキュリティ強化に向けた取り組みを実施している。そして、その中で把握された実態や課題等について

取りまとめた「金融分野のサイバーセキュリティレポート」を令和2年6月30日に公表している[1]。

ア　情報の安全管理

上記（2）アのとおり、銀行について顧客情報の安全管理に係る規定が置かれている。その他、保険分野においても、保険業法第100条の2に顧客情報の適正な取扱い、同法施行規則第53条の8に個人顧客情報の安全管理措置が定められている。一口に金融といっても、銀行、生命保険、損害保険、証券と様々な業態があり、それぞれ適用される法令も異なるが、概ね銀行法等と同趣旨の規定が置かれている（以下についても同様である）。

イ　主要行等向け監督指針（サイバーセキュリティ対策に関する規定）

主要行等の検査・監督を担う職員向けの手引書として、検査・監督に関する基本的考え方、事務処理上の留意点、監督上の評価項目等を体系的に整理した「主要行等向け監督指針」[2]においては、主要行等監督上の評価項目として、システムリスクが挙げられており（III－3-7）、その中で、仮に主要行等において、システム障害や「サイバーセキュリティ事案」[3]が発生した場合は、利用者の社会経済生活、企業等の経済活動、ひいては、我が国経済全体にもきわめて大きな影響を及ぼすおそれがあるほか、その影響は単に一銀行の問題にとどまらず、金融システム全体に及びかねないことから、システムが安全かつ安定的に稼動することは決済システム及び銀行に対する信頼性を確保するための大前提であり、システムリスク管理態勢の充実強化はきわめて重要である旨指摘されている。また、当該評価項目における着眼点として、「サイバーセキュリティ管理」が挙げられており、例えば次のような項目が挙げられている。

①サイバーセキュリティについて、取締役会等は、サイバー攻撃が高度化・巧妙化していることを踏まえ、サイバーセキュリティの重要性を認識し必要な態勢を整備しているか。

②サイバーセキュリティについて、組織体制の整備、社内規程の策定のほか、サイバーセキュリティ管理態勢（サイバー攻撃に対する監視体制、サイバー攻撃を受けた際の報告及び広報体制、組織内CSIRT等の緊急時対応及び早期警戒のための体制、情報共有機関等を通じた情報収集・共有体制等）の整備を図っているか。

③サイバー攻撃に備え、入口対策、内部対策、出口対策といった多段階のサイバーセキュリティ対策を組み合わせた多層防御を講じているか。

---

[1] 金融庁は、金融分野におけるサイバーセキュリティ対策を、金融庁ウェブサイト「金融分野におけるサイバーセキュリティ対策について」において取りまとめている。

[2] https://www.fsa.go.jp/common/law/guide/city/index.html　監督指針は、その他、保険会社向け、金融商品取引業者向け等のものがある。

[3] 「サイバーセキュリティ事案」とは、情報通信ネットワークや情報システム等の悪用により、サイバー空間を経由して行われる不正侵入、情報の窃取、改ざんや破壊、情報システムの作動停止や誤作動、不正プログラムの実行やDDoS攻撃等の、いわゆる「サイバー攻撃」により、サイバーセキュリティが脅かされる事案をいう。

④サイバー攻撃を受けた場合に被害の拡大を防止するために、攻撃元のIPアドレスの特定と遮断、DDoS攻撃に対して自動的にアクセスを分散させる機能、システムの全部又は一部の一時的停止等の措置を講じているか。

⑤システムの脆弱性について、OSの最新化やセキュリティパッチの適用など必要な対策を適時に講じているか。

⑥サイバーセキュリティについて、ネットワークへの侵入検査や脆弱性診断等を活用するなど、セキュリティ水準の定期的な評価を実施し、セキュリティ対策の向上を図っているか。

ウ　事故報告に関する規定

銀行法においては、個情法に基づく個人データの漏えい等に関する報告等を補完する規定が置かれている。例えば、銀行法施行規則第13条の6の5の2では、個人顧客に関する個人データの漏えい等が発生した場合には、金融庁長官等に速やかに報告することその他の適切な措置を講じなければならない旨が規定されている。

また、主要行等向け監督指針において、顧客等に関する情報管理体制に関する主な着眼点の一つとして、「顧客等に関する情報の漏えい等が発生した場合に、適切に責任部署へ報告され、二次被害等の発生防止の観点から、対象となった顧客等への説明、当局への報告及び必要に応じた公表が迅速かつ適切に行われる体制が整備されているか。」が挙げられている[4]。

さらに、サイバーセキュリティインシデントが不祥事件（銀行法第53条、同法施行規則第35条）に該当する場合は、銀行法に基づく届出が必要となる。

エ　報告徴収規定

銀行法第24条に定めがある。

（4）医療分野

厚労省は、医療機関等におけるサイバーセキュリティ対策の充実は喫緊の課題であるという認識の下で、平成30年に地方自治体向けに、「医療機関等におけるサイバーセキュリティ対策の強化について（通知）」を発出し、関係ガイドラインの周知徹底、インシデント発生時の報告、医療分野におけるサイバーセキュリティの取組みとの連携等について通知を行っている。

ア　情報の安全管理

医療分野においては、医師法、医療法などが関係するが、これらの法律においては、情報の安全管理を直接義務づける規定はない[5]。しかし、医療機関が取り扱う医療情報は、

---

[4] 主要行等向け監督指針III-3-3-3-2(1)④。

[5] ただし、医療法第17条において、「病院、診療所又は助産所の管理者が、その構造設備、医

個情法に規定される要配慮個人情報に該当するものがほとんどであり、機微性の高い情報であることから、安全管理を行う重要性は高い。

イ　医療分野のサイバーセキュリティに関係するガイドライン（サイバーセキュリティに関する規定）

医療分野においては、厚労省が「医療情報システムの安全管理に関するガイドライン第5.2版」を策定しており、医療機関等における医療情報システムの安全管理など、サイバーセキュリティの観点から医療機関等が遵守すべき事項等を定めている。

また、総務省及び経産省は、医療情報を取り扱う情報システム・サービスを提供する事業者向けのガイドラインとして、「医療情報を取り扱う情報システム・サービスの提供事業者における安全管理ガイドライン」を公開している。これは、医療機関等との契約に基づいて情報システム・サービスを提供する事業者向けのガイドラインであるところ、様々な要求事項を定めている。リスクベースアプローチを採用しており、リスクに応じて適切な安全管理措置を選択して実施することを求めている（法令等で義務付けられているものについては、一律に対応の必要があるとしている）。

この2つのガイドラインを総称して「3省2ガイドライン」ということがある。なお、データの保管場所に関してQ86を参照。

ウ　事故報告に関する規定

医師法及び医療法においては、サイバーセキュリティインシデント発生時の当局報告に関する法律上の規定は特に定められていないが、上記厚労省「医療情報システムの安全管理に関するガイドライン　第5.2版（本編）」においては、「サイバー攻撃を受けた（疑い含む）場合や、サイバー攻撃により障害が発生し、個人情報の漏洩や医療提供体制に支障が生じる又はそのおそれがある事案であると判断された場合には、…（中略）…所管官庁への連絡等、必要な対応を行うほか、そのための体制を整備すること。また上記に関わ

薬品その他の物品の管理並びに患者、妊婦、産婦及びじよく婦の入院又は入所につき遵守すべき事項については、厚生労働省令で定める。」とされているところ、これを受けた医療法施行規則第14条が令和5年3月に改正され、第2項が追加された。同項では、「病院、診療所又は助産所の管理者は、医療の提供に著しい支障を及ぼすおそれがないように、サイバーセキュリティ（サイバーセキュリティ基本法（平成二十六年法律第百四号）第二条に規定するサイバーセキュリティをいう。）を確保するために必要な措置を講じなければならない」とされている（同年4月1日施行）。また、医薬品、医療機器等の品質、有効性及び安全性の確保等に関する法律（以下「薬機法」という。）第8条第3項において、「薬局の管理者が行う薬局の管理に関する業務及び薬局の管理者が遵守すべき事項については、厚生労働省令で定める。」とされているところ、これを受けた医薬品、医療機器等の品質、有効性及び安全性の確保等に関する法律施行規則第11条第2項が令和5年3月に改正された。同項第1号では、「保健衛生上支障を生ずるおそれがないように、その薬局に勤務する薬剤師その他の従事者を監督し、その薬局の構造設備及び医薬品その他の物品を管理し、その薬局の業務に係るサイバーセキュリティ（サイバーセキュリティ基本法（平成二十六年法律第百四号）第二条に規定するサイバーセキュリティをいう。）を確保するために必要な措置を講じ、その他その薬局の業務につき、必要な注意をすること。」とされている（同年4月1日施行）。

らず、医療情報システムに障害が発生した場合も、必要に応じて所管官庁への連絡を行うこと。」とされている。

エ　報告徴収規定

医療法第 25 条第 1 項は、「都道府県知事、保健所を設置する市の市長又は特別区の区長は、必要があると認めるときは、病院、診療所若しくは助産所の開設者若しくは管理者に対し、必要な報告を命じ…ることができる」としている。

オ　参考：医療機器に関するサイバーセキュリティ

医療機関等が業務において取り扱う医療機器についても、その安全な使用を確保するため、サイバーセキュリティの確保が必要である。薬機法に基づき定められる基準[6]（以下、「基本要件基準」という）においては、サイバーセキュリティリスクを含むリスクマネジメントが求められている。これに基づき、厚労省は、2015 年[7]、2018 年[8]にそれぞれ医療機器におけるサイバーセキュリティの確保に関するガイダンスを公開している。

また、令和 2 年には、国際医療機器規制当局フォーラム（International Medical Device Regulators Forum：IMDRF）において、医療機器サイバーセキュリティガイダンス N60「Principles and Practices for Medical Device Cybersecurity（医療機器サイバーセキュリティの原則及び実践）」がとりまとめられ、厚労省がその周知を図る通知を発出している[9]。これを受けて、厚労省は、令和 3 年 12 月に、医療機器のサイバーセキュリティの確保及び徹底に係る手引書（以下「製販業者向け手引書」という）を公開した[10]。更に、厚労省は、基本要件基準の改正[11]、製販業者向け手引書の改訂[12]及び医療機関における医療機器のサイバーセキュリティ導入に関する手引書の発出[13]を行っている。

3．参考資料（法令・ガイドラインなど）

本文中に記載のとおり

---

[6]　医薬品、医療機器等の品質、有効性及び安全性の確保等に関する法律第四十一条第三項の規定により厚生労働大臣が定める医療機器の基準
[7]　厚労省「医療機器におけるサイバーセキュリティの確保について」（平成 27 年）
　https://www.pmda.go.jp/files/000204891.pdf
[8]　厚労省「医療機器のサイバーセキュリティの確保に関するガイダンスについて」（平成 30 年）
　https://www.pmda.go.jp/files/000225426.pdf
[9]　厚労省「国際医療機器規制当局フォーラム（IMDRF）による医療機器サイバーセキュリティの原則及び実践に関するガイダンスの公表について（周知依頼）」（令和 2 年）
　https://www.pmda.go.jp/files/000235089.pdf
[10]　厚労省「医療機器のサイバーセキュリティの確保及び徹底に係る手引書について」（令和 3 年）
　https://www.mhlw.go.jp/web/t_doc?dataId=00tc6374&dataType=1&pageNo=1
[11]　薬事法第 41 条第 3 項の規定により厚生労働大臣が定める医療機器の基準の一部を改正する件（令和 5 年厚生労働省告示第 67 号）
[12]　医療機器のサイバーセキュリティ導入に関する手引書の改訂について
　https://www.mhlw.go.jp/content/11120000/001167217.pdf
[13]　医療機関における医療機器のサイバーセキュリティ確保のための手引書について
　https://www.mhlw.go.jp/content/11120000/001094637.pdf

4．裁判例

特になし

Q42　モビリティとサイバーセキュリティ

移動サービスが多様化している中、法令上、どのようなサイバーセキュリティ対策が求められているか。

タグ：MaaS、自動運転、道路運送車両法、道路交通法、WP29

1．概要

　MaaS や自動運転等の先進的なモビリティサービスの普及への期待が高まる中で、自動運転に向けた法整備が進みつつある。道路運送車両法の令和元年改正により、道路運送車両の保安基準の対象装置に自動運行装置が追加されるとともに、その施行にあわせて、国際基準に沿う形で自動車の電気装置に関するサイバーセキュリティ確保のための技術基準やサイバーセキュリティ業務管理システムが適合すべき技術基準も設けられた。

　その後、国際基準（UN Regulation No.155）が正式に発効されたことを受けて、サイバーセキュリティに関する保安基準は、国際基準を直接引用する形式に改正されるとともに、その適用対象は、自動運転車以外の従来の自動車全般にも拡大されることとなった。

2．解説

　MaaS（マース）とは、「Mobility as a Service」の略であり、スマホアプリ又はウェブサービスにより、地域住民や旅行者一人一人のトリップ単位での移動ニーズに対応して、複数の公共交通やそれ以外の移動サービスを最適に組み合わせて検索・予約・決済等を一括で行うサービスをいう[1]。自動車、バス、タクシー、鉄道、オンデマンドバスなどに、カーシェア、シェアサイクル等のシェアリングサービスや、小型自動車、電動キックボード等の小型モビリティを結びつけていく取り組みである。

　我が国においては、地方では超高齢に伴う地域の交通サービスの縮小や交通手段の確保が課題となっており、都市部では道路混雑や交通による環境負荷が課題となっている。そこで、このような社会課題を背景に、MaaS や自動運転等の先進的なモビリティサービスの普及への期待が高まっている。

　本項では、モビリティサービスの中でも、自動車の自動運転に向けた法整備及び自動車のサイバーセキュリティに関する法整備について解説する。

（1）　自動運転に向けた法整備について
ア　自動運転について

　米国の SAE（自動車技術会）による運転自動化レベルはレベル 0 からレベル 5 まで定義されている。レベル 3（条件付自動運転）は、場所（高速道路のみ等）、天候（晴れのみ

---

[1] 国土交通省「国土交通白書 2021」による定義。

等）、速度などの特定条件下においてシステムが運転を実施するもの（当該条件を外れる等、作動継続が困難な場合は、システムの介入要求等に対してドライバーが適切に対応することが必要）、レベル4（特定条件下における完全自動運転）は、特定条件下においてシステムが運転を実施するもの（作動継続が困難な場合もシステムが対応）、レベル5（完全自動運転）は、常にシステムが運転を実施するものとされている[2]。国内では、自動運転の実現に向けて、道路運送車両法及び道路交通法[3]の改正が行われている。

イ　道路運送車両法の改正

　令和元年5月、自動運転車等の安全性を確保するため、道路運送車両法の改正法が公布され、道路運送車両の保安基準（昭和26年運輸省令第67号。以下「保安基準」という。）[4]の対象装置に自動運行装置が追加された（道路運送車両法第41条第1項第20号。令和2年4月1日施行）。自動運行装置とは、国土交通省が付する条件（走行環境条件）で使用する場合において、運転者の操作に係る認知、予測、判断、操作に係る能力の全部を代替する機能を有するものをいう[5]。自動車は、その装置が保安基準に適合するものでなければ運行の用に供してはならないため（同法第41条）、自動運転のための装置を備える自動車は、自動運行装置に関する保安基準に適合する必要がある。

　あわせて、サイバーセキュリティに関する保安基準も定められたが、これについては下記（2）で解説する。

ウ　道路交通法の改正

　道路運送車両法の改正と同時になされた、道路交通法令和元年改正により、①自動運行装置の定義等に関する規定の整備、②自動運行装置を使用する運転者の義務に関する規定の整備、及び③作動状態記録装置による記録等に関する規定の整備が行われ[6]（令和2年4月1日施行）、これによってSAEレベル3の自動運転車が公道を走行するための規定が整備された。

　また、限定地域における遠隔監視のみの無人自動運転移動サービス（SAEレベル4）の実用化を念頭に、令和4年4月19日に、SAEレベル4に相当する、運転者がいない状態での自動運転である特定自動運行の許可制度[7]の創設等を内容とする道路交通法の一部を改正する法律[8]（令和4年法律第32号）が成立した。

---

[2] 国土交通省「自動運転車の定義及び政府目標」（https://www.mlit.go.jp/report/press/content/001371533.pdf）

[3] 道路運送車両法は、自動車の車体の規格等（車両の安全基準）を定めているのに対し、道路交通法は自動車の運転に関して遵守すべき規律（交通ルール）を定めている。

[4] 道路運送車両法第3章においては、自動車の構造・装置について、安全確保及び環境保全上の技術基準を省令に定める旨が規定されており、当該省令を道路運送車両の保安基準という。

[5] 国土交通省　自動車局　技術・環境政策課「自動運行装置の保安基準の概要」（https://www.npa.go.jp/bureau/traffic/council/jidounten/R03nendo/2021dai1kaishiryou2.pdf）

[6] https://www.npa.go.jp/laws/kaisei/houritsu/190605/gaiyou.pdf

[7] https://www.npa.go.jp/bureau/traffic/selfdriving/index.html

[8] https://www.npa.go.jp/laws/kokkai/index.html

なお、道路交通に関する国際的動向として、我が国は、道路交通に関する条約、いわゆる1949年ジュネーブ条約を批准しており、これにより国際運転免許証の恩恵等に与れている。近年、自動運転と国際条約との関係の整理等に関し、国際場裡で議論が行われているところ、我が国も議論に参画している。

（2）サイバーセキュリティに関する法整備について

ア　国際基準策定の取組み

我が国は、国連自動車基準調和世界フォーラム（WP29）において、共同議長又は副議長等として自動運転に関する国際基準に係る議論を主導している。2020年6月に開催されたWP29において、サイバーセキュリティ対策等を含む自動運行装置の国際基準が成立し、2021年1月に、国際基準（UN Regulation No.155）として正式に発効した[9][10]。

イ　国内基準の動向

国内では、サイバーセキュリティの要件として、道路運送車両法の令和元年改正法の施行日（令和2年4月1日）に、自動車の電気装置に関する保安基準において、サイバーセキュリティを確保できるものとして、性能に関し告示で定める基準に適合するものでなければならない（第17条の2第3項）とされ、その告示で定める基準として、「サイバーセキュリティシステムの技術基準」[11]が設けられた。

また、同日に、自動車のサイバーセキュリティを確保することを目的として、国土交通大臣による、申請者のサイバーセキュリティを確保するための業務管理システム（CSMS[12]。リスクアセスメントの実施などに関する組織的な管理体制・方法等）の適合証明の制度及び適合証明書の交付手続きを定めるサイバーセキュリティ業務管理システムの適合証明に関する規程（令和2年国交省告示第464号）が施行された。

これらの国内基準は、上記の国際基準に先行して定められたが、その内容は国際基準に沿う形で定められたものであるため、2021年1月に、国際基準（UN Regulation No.155）が正式に発効されたことを受けて、国内基準は、国際基準（UN Regulation No.155）を直接引用する形式に改正された。また、サイバーセキュリティに関する国内基準の適用対象は、従前は自動運転車に限られていたが、自動運転車以外の従来の自動車全般にも拡大されることとなった[13]。これにより、令和4年7月1日以降の自動運転車又は無線によるソフトウェアアップデートに対応している車両の新型車から、順次、国際基準（UN Regulation No.155）が適用されることとなる。

---

[9] https://unece.org/sites/default/files/2021-03/R155e.pdf

[10] 本基準は、1958年協定に基づく協定規則（UN Regulation）であるが、1998年協定に基づく世界統一技術規則（UNGTR）においても、UN Regulation No.155と同様の要件が、2022年に承認される予定である。

[11] 道路運送車両の保安基準の細目を定める告示（平成14年国交省告示第619号）の別添120

[12] Cyber Security Management System の略。

[13] https://www.mlit.go.jp/report/press/content/001379922.pdf

ウ　国際基準（UN Regulation No.155）の概要[14]

　サイバーセキュリティに関する国際基準（UN Regulation No.155）は、他の技術要件と異なり、自動車メーカーの組織が取るべき対策（組織要件）と、車両への対策（型式要件）で構成される。組織要件では、自動車メーカーにおいて、サイバーセキュリティの適切さを担保するための業務管理システム（CSMS）を確保しているかが審査される。車両のセキュリティを確実なものにしても、管理者（自動車メーカー）の管理がずさんであれば、全体として意味をなさないためである。

（ア）組織要件

　　自動車メーカーが構築すべき CSMS として、大要、以下のプロセスを実行することが求められている。なお、CSMS では、自動車メーカーのみならず関連するサプライチェーンなどの外部組織との連携も考慮されなければならない。

- ・　セキュリティを管理するためのプロセス
- ・　審査対象となる車両型式のシステムにおける固有のリスクを特定するためのプロセス
- ・　特定されたリスクを評価、分類しさらにそのリスクを低減させるためのプロセス
- ・　特定されたリスクが拡大しないような措置を講じるためのプロセス
- ・　車両型式のシステムにおけるセキュリティ評価のためのプロセス
- ・　（新たな脅威を考慮しつつ）リスク評価を最新の状態に保つプロセス
- ・　セキュリティ上の脅威や実際の攻撃、車両型式のシステムにおける脆弱性の監視、検出等を行うためのプロセス、またその監視、検出結果に照らし、車両型式のシステムにおけるセキュリティ評価を行うためのプロセス
- ・　セキュリティ上の攻撃を分析するために使用されるプロセス

　　上記プロセスの審査に当たっては、下記の点をポイントとして検証することが必要とされている。

- ・　CSMS に係る組織の体制の提示
- ・　CSMS により設定される業務手順書などのルールの制定、運用、改正方法等の確認
- ・　制定されているルールが組織構成員に周知徹底されていることの確認

CSMS への要件の適合性が確認されれば、CSMS 適合証明書が発行される。

---

[14] 国際基準（UN Regulation No.155）の詳細については、新国哲也「国連自動車基準調和世界フォーラム（WP29）における自動車のサイバーセキュリティ基準の解説」（自動車技術会論文集 vol52,No.1,January 2021）を参照されたい。https://www.jstage.jst.go.jp/article/jsaeronbun/52/1/52_20214056/_pdf/-char/ja

（イ）型式要件

　自動車の型式に対する主な要件は、以下のとおりである。

- ・　審査対象車両に関する有効な CSMS 適合証明書を持っていること
- ・　車両に搭載されるシステムにおける重要な要素（例えば、車両を制御する上で重要なパラメータなど）を特定し、それに対するリスク（サプライヤーに関連のあるリスクを含む。）評価や管理を行うこと
- ・　特定されたリスクから車両を保護するために、技術的な対策を行い、その有効性を検証するための適切かつ十分な試験を実施すること
- ・　車両の使用段階で利用されるサービスのために適切な対策を講じる。また、サイバー攻撃を検出し、防止する対策を講じること。

３．参考資料（法令・ガイドラインなど）

本文中に記載したもののほか、

・自動走行ビジネス検討会報告書

https://www.meti.go.jp/policy/mono_info_service/mono/automobile/jido_soko/index.html

・自動走行ビジネス検討会「自動走行システムにおけるサイバーセキュリティ対策」

https://www.meti.go.jp/policy/mono_info_service/mono/automobile/jido_soko/index.html

・成長戦略ポータルサイト「モビリティ」

https://www.kantei.go.jp/jp/singi/keizaisaisei/portal/mobility/index.html

４．裁判例

特になし

Q43 電子契約実務と電子署名法

近年、契約業務の電子化が進んでいるが、電子契約は可能か。また電子契約を行うにあたり関連する法令はどのようなものであり、また、企業はどのような点に留意すべきか。

タグ：電子署名法、電子署名法施行規則、民事訴訟法、電子帳簿保存法、電子帳簿保存法施行規則、電子契約、文書の成立の真正

1．概要

電子的な契約も可能だが、民事訴訟において証拠として利用できるようにするためには、電子署名が重要となる。電子署名法第3条の要件を満たす電子署名が付された電子契約は、その電磁的記録の真正な成立の推定が働くことから、文書作成者の印章による押印がある紙の契約書と同様の効力を有する。他方、電子署名法第3条の要件を満たさない電子署名が付された電子契約は、その電磁的記録の真正な成立の推定は働かない。しかしながら、自ら、当該電子署名の本人性と非改ざん性が担保されていることを立証できれば、結果として、紙の契約書と同様の効力を有する。

また、電子契約の保存との関係において、電子帳簿保存法の規定に留意する必要がある。電子契約において、時刻認証業務認定事業者のタイムスタンプが付されない場合には、「電子取引データの訂正及び削除の防止に関する事務処理規程」を定め、当該規程に沿った運用を行うことが必要になる。また、関係書類の備付け、見読性の確保及び検索機能の確保の要件を満たす必要がある。

2．解説

（1）電子契約

契約は、一般に、口頭でも契約可能であり、書面の契約書がなければ契約が成立しないわけではない（民法第522条第2項）。売買契約を例にすると、店頭で商品を購入する際は、契約書を交わさない場合がほとんどである。ネットショッピングの場合も、買い物かごに入れて注文する形式が多く、契約書等は交わさない場合が多い。

もっとも、何か問題が発生した場合等には、契約が成立しているかどうか、どのような条件で契約が成立しているのか等に争いが生じることもあり、契約書面で確定していることが重要となってくる。そこで実務上、重要な契約では書面の契約書を交わすことが多い。ただし、契約は書面ではなくICTを利用して電子的に契約することも可能である。

（2）文書証拠の形式的証拠力

民事裁判において文書を証拠とするためには、その文書の成立が真正であること、すなわち、その文書が作成者の意思に基づいて作成されたことが必要である（民事訴訟法第228条

第1項）。これを形式的証拠力という。

　契約書等の私文書に関しては、私文書に顕出された印影と作成名義人の印章が一致することが立証されれば、当該印影は、当該作成名義人の意思に基づき押印されたものと事実上推定される（最判昭和39年5月12日民集18巻4号597頁）。そして、私文書の作成者が、その意思に基づいて当該私文書に署名又は押印をした場合には、当該私文書全体がその意思に基づいて作成されたものと推定される（同条第4項）。この2段階の推定を、二段の推定という[1]。

　もっとも、署名及び押印がない等の理由により二段の推定が働かない場合でも、文書の成立の真正を他の方法により直接立証することが可能である（大判昭和6年1月31日）。

（3）電子データの形式的証拠力

　民事裁判において電子データの意味内容を証拠資料とする場合にも、その成立の真正（＝本人の意思に基づき作成されたこと）を証明する必要がある。これは契約を電子的に行った場合に契約内容を証拠としたい場合に限らず、あらゆる電子データについてあてはまる。一定の要件を満たす電子署名が行われた電子データについては、真正に成立したものと推定される（電子署名法第3条）。つまり、同条の要件を満たす電子署名がなされていれば、文書に署名又は押印があるのと同様の効果が得られる[2]。

　もっとも、同条の要件を満たさない場合であっても、電子データの成立の真正を他の方法により直接立証することも可能と考えられる。

（4）電子契約の有効性と電子署名法
ア　電子署名法第3条の要件を満たす電子署名と電子契約
（ア）電子署名法第3条の要件

　総務省・法務省・経産省「利用者の指示に基づきサービス提供事業者自身の署名鍵により暗号化等を行う電子契約サービスに関するQ&A（電子署名法第3条関係）」（以下「3条QA」という。）によれば、電子署名法第3条の規定が適用されるためには、次の要件が満たされる必要がある。

①　電子文書に同条に規定する電子署名が付されていること。

②　上記電子署名が本人（電子文書の作成名義人）の意思に基づき行われたものであること。

　そして、上記①を満たすためには、(a)当該電子署名が同法第2条に規定する電子署名に該当するものであることに加え、当該電子署名「を行うために必要な符号及び物件

---

[1]　これらに関して、内閣府・法務省・経産省「押印についてのQ&A」（令和2年6月19日）も参照。https://www8.cao.go.jp/kisei-kaikaku/kisei/imprint/document/200619document01.pdf

[2]　なお、タブレット等に手書きで名前を書く、いわゆる電子サインは、同条の要件を満たさない。

を適正に管理することにより、本人だけが行うことができることとなるもの」に該当するものでなければならない。

（イ）電子署名法第2条に規定する電子署名（上記①(a)）

電子署名法第2条第1項は、「電子署名」を、電磁的記録に記録することができる情報について行われる措置であって、以下の要件のいずれにも該当するものをいうと定めている。

① 当該情報が当該措置を行った者の作成に係るものであることを示すためのものであること（本人性）

② 当該情報について改変が行われていないかどうかを確認することができるものであること（非改ざん性）

近時、電子契約の締結においては、「サービス提供事業者が利用者の指示を受けてサービス提供事業者自身の署名鍵による電子署名を行う電子契約サービス」（総務省・法務省・経産省「利用者の指示に基づきサービス提供事業者自身の署名鍵により暗号化等を行う電子契約サービスに関するQ&A」（以下「2条1項QA」という。））（以下このような形態のサービスを「利用者指示型サービス」という。）[3]の利用が拡大している。利用者指示型サービスは、利用者が「当該措置を行った者」（上記(i)）と評価できるのかが問題となるところ、2条1項QAによれば、「当該措置を行った者」に該当するためには、必ずしも物理的に当該措置を自ら行うことが必要となるわけではないとしている。利用者指示型サービスであっても、技術的・機能的に見て、サービス提供事業者の意思が介在する余地がなく、利用者の意思のみに基づいて機械的に暗号化されたものであることが担保されているものであり、かつサービス提供事業者が電子文書に行った措置について付随情報を含めて全体を1つの措置と捉え直すことによって、当該措置が利用者の意思に基づいていることが明らかになる場合には、「当該措置を行った者」はサービス提供事業者ではなく、利用者と考えられる。

（ウ）電子署名「を行うために必要な符号及び物件を適正に管理することにより、本人だけが行うことができることとなるもの」（上記①(b)）

3条QAによれば、電子署名「を行うために必要な符号及び物件を適正に管理することにより、本人だけが行うことができることとなるもの」の要件が設けられているのは、電子署名法第3条の推定効を生じさせる前提として、暗号化等の措置を行うための符号について、他人が容易に同一のものを作成することができないと認められること（以下「固有性の要件」という。）が必要だからであり、利用者指示型サービスが上記要件を満たすためには、利用者とサービス提供事業者の間で行われるプロセス[4]及び当該プ

---

[3] 利用者指示型サービスは、3条QAでは「サービス提供事業者が利用者の指示を受けてサービス提供事業者自身の署名鍵による暗号化等を行う電子契約サービス」と表現されている。

[4] 3条QAによれば、例えば、利用者が2要素による認証を受けなければ措置を行うことが

ロセスにおける利用者の行為を受けてサービス提供事業者内部で行われるプロセス[5]のいずれにおいても十分な水準の固有性が満たされている必要がある。

（エ）電子署名が本人（電子文書の作成名義人）の意思に基づき行われたものであること（上記②）

　　3条QAによれば、上記②の要件は、電子署名法第3条が「本人による」電子署名であることを要件としていることから導かれるものである。電子署名についても、文書に関する二段の推定の一段目の推定[6]と同様、電子署名の一致[7]があれば、電子署名が電子文書の作成名義人の意思に基づき行われたものであることが推定されるのかどうかが問題となるところ、この点については裁判例はなく、確立された見解はない。

イ　電子署名法第3条の要件を満たさない電子署名と電子契約

　電子署名が電子署名法第3条の要件を満たすものではない場合でも、作成された電磁的記録の真正な成立の推定が否定されるにとどまり、これにより、当該電子署名が行われた電子契約の証拠としての有効性が否定されるものではない。同条の要件を満たさない電子署名が行われている電子契約であっても、その真正な成立を直接立証することができれば、その契約内容を訴訟資料とすることが可能である[8]。

（5）電子保存と電子帳簿保存法

　契約締結業務を電子化する場合、締結後の契約を電子保存することも検討されることが多い。その場合には、税法上の帳簿書類の保存義務との関係で、電子計算機を使用して作成する国税関係帳簿書類の保存方法等の特例に関する法律（以下「電子帳簿保存法」という。）の要件を満たす必要がある。

　できない仕組み（利用者が、あらかじめ登録されたメールアドレス及びログインパスワードの入力に加え、スマートフォンへのSMS送信や手元にあるトークンの利用等当該メールアドレスの利用以外の手段により取得したワンタイム・パスワードの入力を行うことにより認証するもの等）が備わっている場合には、十分な水準の固有性が満たされていると認められ得る。

[5] 3条QAによれば、サービス提供事業者が当該事業者自身の署名鍵により暗号化等を行う措置について、暗号の強度や利用者毎の個別性を担保する仕組み（例えばシステム処理が当該利用者に紐付いて適切に行われること）等に照らし、電子文書が利用者の作成に係るものであることを示すための措置として十分な水準の固有性が満たされていると評価できるものである場合には、固有性の要件を満たす。

[6] 私文書に顕出された印影と作成名義人の印章が一致することが立証されれば、当該印影は、当該作成名義人の意思に基づき押印されたものと事実上推定される（上記（2）参照）。

[7] いわゆるRSA方式の電子署名の場合、ファイルから生成されたハッシュ値と、添付された電子署名に対し署名者の復号鍵（公開鍵）で復号して得られたハッシュ値とが一致していれば「電子署名の一致」があると評価されると考えられる。

[8] 真正な成立を直接立証する手段を確保するための方策として、①取引先とのメールのメールアドレス・本文及び日時等、送受信記録の保存（継続的な取引関係がある場合）、②契約締結前段階での本人確認情報（氏名・住所等及びその根拠資料としての運転免許証など）の記録・保存（新規に取引関係に入る場合）、③電子署名や電子認証サービスの活用（利用時のログインID・日時や認証結果などを記録・保存できるサービスを含む。）等が考えられる（内閣府・法務省・経産省「押印に関するQ&A」Q6参照）。

電子契約は、「電子取引」（同法第 2 条第 1 項第 5 号）[9]とされ、所得税を納税する個人事業者や法人税を納税する企業が電子取引を行った場合、財務省令で定めるところにより、その電磁的記録を保存しておく必要がある（同法第 7 条）。ただし、令和 5 年 12 月 31 日までに行う電子取引については、保存すべき電子取引データを書面に出力して保存し、税務調査等の際に提示又は提出ができるようにしている場合は、電磁的記録を保存していなくとも差し支えない[10]。

そして、「財務省令」とは同法施行規則を指すが、同施行規則第 4 条第 1 項が、電磁的記録を保存するに当たって充足すべき要件をまとめている。その内容は以下のとおりである。

① 以下のいずれかの措置を行う
  （ア）タイムスタンプ[11]が付された後、当該取引情報の授受を行う同項第 1 号）。
  （イ）取り引き情報の授受後、速やかに（又はその業務の処理に係る通常の期間を経過した後、速やかに）[12]タイムスタンプを付すとともに、保存を行う者又は監督者に関する情報を確認できるようにしておく同項第 2 号）。
  （ウ）記録事項について訂正・削除を行った場合に、これらの事実及び内容を確認できるシステム又は記録事項の訂正・削除を行うことが出来ないシステムで取引情報の授受及び保存を行う（同項第 3 号）。
  （エ）記録事項について正当な理由がない訂正・削除の防止に関する事務処理規程を定め、その規定に沿った運用を行う（同項第 4 号）。
② 当該電磁的記録の備付け及び保存に併せて、施行規則所定の関係書類の備付を行う。
③ 当該電磁的記録の備付け及び保存の場所に、パソコン、プログラム、ディスプレイ、プリンタ及びこれらのマニュアルを備付け、当該電磁的記録をディスプレイ画面及び書

---

9 「取引情報（取引に関して受領し、又は交付する注文書、契約書、送り状、領収書、見積書その他これらに準ずる書類に通常記載される事項をいう。以下同じ。）の授受を電磁的方式により行う取引をいう。」と定義される。

10 電子計算機を使用して作成する国税関係帳簿書類の保存方法等の特例に関する法律施行規則の一部を改正する省令（令和 3 年財務省令第 25 号））附則第 2 条第 3 項・国税庁「電子帳簿保存法一問一答【電子取引関係】」（以下「一問一答」という。）問 41-2 参照。従前認められていた、電子取引の取引情報に係る電子データを出力することにより作成した書面等の保存をもって、その電子データの保存に代えることができる措置が、電子帳簿保存法の令和 3 年改正（令和 4 年 4 月 1 日施行）により廃止されたが、対応が困難な事業者の実情に配意し、引き続きその出力書面等による保存を可能とするための措置が講じられたものである。

11 「タイムスタンプ」とは、一般に、データファイルの作成日時、更新日時、最終アクセス日などのデータの総称として用いられることがあるが、ここにいうタイムスタンプは、時刻認証業務の認定に関する規程（令和 3 年総務省告示第 146 号）にいう時刻認証業務において電子データに付与される時刻情報等の総体であって、当該電子データがある時刻に存在していたことを示すためのものであり、かつ当該電子データについて改変が行われていないかどうか確認することができるものを指す。本規程に基づき、総務大臣による時刻認証業務認定制度が令和 3 年 4 月より開始されている。

12 最長では、電子取引の取引情報に係る電磁的記録を授受してから 2 か月と概ね 7 営業日以内にタイムスタンプを付与すれば足りる（一問一答問 37）。従前は、取引情報の授受後「遅滞なく」タイムスタンプを付与しなければならないとされていたが、電子帳簿保存法の令和 3 年改正（令和 4 年 4 月 1 日施行）により緩和された。

面に、整然とした形式及び明瞭な状態で、速やかに出力することができるようにする。

④ 当該電磁的記録について、検索機能（同規則第2条第6項第6号）[13]を確保する[14]。

上記①(d)に関して、正当な理由がない訂正・削除の防止に関する事務処理規程の例が、一問一答問24に掲載されているため参照されたい。

（6）外国における電子契約制度

外国企業との取引において電子契約を用いる場合等、企業が外国法に準拠して電子契約を締結することも少なくない。多くの国では既に法令上電子契約の使用が認められているが、実際に外国法に準拠して電子契約を締結する際には、当該外国法の内容を慎重に検証する必要がある。

例えば、EUにおける電子契約に関する主な法規制として、平成26年7月に成立し、平成28年7月に発効した、eIDAS（electronic Identification and Authentication Services）規則があり、eIDAS規則は、現在、EUにおける電子署名及び電子シール等に関する最も重要な法的枠組みとして機能している。

eIDAS規則では、一定の要件を満たすデバイスを使用して生成され、かつ一定の要件を満たす証明書による裏付けがなされた「適格電子署名」[15]は「手書署名と同じ法的効力を有する」[16]。ただし、手書署名の法的効力は加盟国ごとに異なり得るため、「適格電子署名」がEUで統一的な効力を持つとは限らない点に注意が必要である。また、eIDAS規則は、電子署名の証明力について規定していないため、証明力も加盟国法ごとに異なり得る点にも注意が必要である。

３．参考資料（法令・ガイドラインなど）

本文中に記載のとおり

４．裁判例

本文中に記載のとおり

---

[13] 原則として、(i)取引年月日、取引金額、取引先により検索できること、(ii)日付又は金額の範囲指定により検索できること、(iii)2つ以上の任意の記録項目を組み合わせた条件により検索できることが必要であるが、税務調査時においてダウンロードの求めに応じることができるようにしている場合には、(ii)及び(iii)は不要となる。

[14] 保存義務者が小規模な事業者であり、税務調査時においてダウンロードの求めに応じることができるようにしている場合には、検索機能は不要となる。

[15] eIDAS規則第3条第12号

[16] eIDAS規則第25条第2項。もっとも、「適格電子署名」以外の電子署名の法的有効性も否定されない。

Q44 データ取引に関する契約におけるサイバーセキュリティ関連法令上のポイント

AI 技術を利用したソフトウェアやサービスの開発・利用など、データの流通・利用を目的とする取引（データ取引）において、サイバーセキュリティ関連法令上のどのようなポイントに留意して、データの流通・利用に関する契約（データ契約）を取り決めるべきか。

タグ：民法、不正競争防止法、データ取引、AI・データの利用に関する契約ガイドライン 1.1 版

1．概要

データの法的性質及び近時のデータに関する法制度整備の状況を踏まえ、従前の有体物に関する契約や秘密保持義務に関する契約とは異なる観点からの検討を行い、取引の目的に適った実効性のあるデータ契約を取り決めることが望ましい。

2．解説

（1）背景

デジタル技術の急激な発達や IoT デバイスの急速な普及により[1]、多量・多種・リアルタイムなデータ（ビッグデータ）の活用が指摘されるようになって久しい。この間、平成 26 年に「企業が壁を越えてデータを共有・活用し、新たな付加価値を生む取組みとして"データ駆動型（ドリブン）イノベーション"」という考え方が示され[2]、平成 28 年には、官民データ活用推進基本法（平成 28 年法律第 103 号）が公布・施行された。また、第三次 AI ブームといわれてしばらく経ち、回帰や分類、クラスタリングなどのタスクを統計的に行う機械学習やディープラーニングも社会実装が進み日常生活に浸透している。

こうして、データを対象とした取引やデータの利用・活用を目的とした取引が認知され増えるにあたり、データ取引については、往時からの有体物（民法第 85 条）を対象とした取引とは異なるため、また、従来からの秘密情報に関する秘密保持義務の合意（契約）や成果

---

[1] 総務省「令和 3 年版情報通信白書」1-序-補-2-2（https://www.soumu.go.jp/johotsusintoke i/whitepaper/ja/r03/html/nd105220.html）によれば、世界の IoT デバイス数は、平成 26 年に 173.2 億であったが、令和 2 年には 253 億に伸びており、令和 5 年には 340.9 億にまで達するという予測があるとのことである（高成長が予想されているのは、デジタルヘルスケアの市場が拡大する「医療」、スマート家電や IoT 化された電子機器が増加する「コンシューマー」、スマート工場やスマートシティが拡大する「産業用途」（工場、インフラ、物流）、コネクテッドカーの普及により IoT 化の進展が見込まれる「自動車・宇宙航空」。）。なお、IoT デバイスとは、固有の IP アドレスを持ちインターネットに接続が可能な機器及びセンサーネットワークの末端として使われる端末等を指すとしている
[2] 経産省ニュースリリース平成 26 年 6 月 9 日「データ駆動型(ドリブン)イノベーション創出戦略協議会を設立します」（http://warp.da.ndl.go.jp/info:ndljp/pid/10217941/www.meti.go. jp/press/2014/06/20140609004/20140609004.html）

物に関する合意（契約）では対応しきれないため、どのような法的リスクがあり、どのような事項を合意すべきなのかということが議論されるようになった[3]。

たとえば、平成30年6月には、経産省が、ユースケース（事例）に基づいて検討を展開した「AI・データの利用に関する契約ガイドライン」（以下、「契約ガイドライン」という。）を策定し、令和元年12月にはアップデート版として契約ガイドライン1.1版がリリースされた[4]。また、令和3年3月には、経産省が、データ提供側とデータ受信側が実務面で直面する課題について、契約雛形を基に論点を整理・解説し、考え方を示すことでデータ提供・活用の促進を目的とした「AI・データサイエンス人材育成に向けたデータ提供に関する実務ガイドブック」（以下「AI人材育成ガイドブック」という。）を策定した[5]。

（2）データ取引とは

データ取引とは、法令上の用語ではない。一般的に、データの創出、取得、収集、譲渡、使用許諾、加工、統合、分析や管理といったデータの流通又は利用を目的とする取引のことを指す意味で用いられている。第四次産業革命やSociety5.0といわれる前から行われている取引類型である、顧客に関するデータの分析の委託や市場に関するデータの収集も、データ取引といえる。また、AI技術を利用したソフトウェアやサービスの開発の受委託なども、データ取引といえる。

（3）データ契約の意義について

データすなわち電磁的に記録された情報[6]は、有体物ではないため、我が国法制度上、所有権の対象とはならない。つまり、データの使用・収益・処分をする権利の全面的な支配について、法制度上の保証は与えられていないと考えられる（契約ガイドライン・データ編第3-1-(1)及び(2)）。

言いかえれば、①刑法や不正アクセス禁止法に違反する行為によりデータを取得する場合、②個人情報が含まれるデータを取り扱う場合、③秘密情報や限定提供データ（不正競争

---

[3] たとえば、経産省及びIoT推進コンソーシアムは、平成29年5月に「データの利用権限に関する契約ガイドラインVer1.0」を策定した（経産省ニュースリリース平成29年5月30日「『データの利用権限に関する契約ガイドラインVer1.0』を策定しました」（https://warp.da.ndl.go.jp/info:ndljp/pid/11646345/www.meti.go.jp/press/2017/05/20170530003/20170530003.html））。

[4] 経産省ニュースリリース令和元年12月9日「『AI・データの利用に関する契約ガイドライン1.1版』を策定しました」（https://warp.da.ndl.go.jp/info:ndljp/pid/12685722/www.meti.go.jp/press/2019/12/20191209001/20191209001.html）

[5] 経産省ニュースリリース令和3年3月1日「『AI・データサイエンス人材育成に向けたデータ提供に関する実務ガイドブック』を策定しました」（https://warp.ndl.go.jp/info:ndljp/pid/13120268/www.meti.go.jp/press/2020/03/20210301004/20210301004.html）
経産省「『AI・データサイエンス人材育成に向けた データ提供に関する実務ガイドブック』について」（https://www.meti.go.jp/policy/it_policy/jinzai/AIdataguide.html）

[6] 官民データ活用推進基本法において、「官民データ」は「電磁的記録（電子的方式、磁気的方式その他人の知覚によっては認識することができない方式で作られる記録をいう（略））に記録された情報（後略）」と定義されている（同法第2条第1項）。

防止法第2条第7項に定義されるデータをいう。詳細はQ23参照）を取り扱う場合、④肖像権やプライバシー権を考慮しなければならない場合や、⑤外為法に抵触し得る場合（詳細はQ55参照）などの制約（以下、まとめて「法的制約等」という。）がある場合を除いて、原則、誰でも自由にデータを利用できるといえる。

　加えて、データ自体が知的財産権の対象となる場合も限られることから（Q25参照）、データ取引においては、当事者間でデータの取扱いについて合意すること、すなわちデータ契約の重要性が指摘される（契約ガイドライン・データ編第3-2-(1)）[7]。

（4）データ契約におけるサイバーセキュリティ関連法令上のポイント

　データ契約（データの取扱いに関する取り決めを行うに当たって）のポイントは、まずデータ契約を交渉・締結しようとするデータ取引において、取引対象とするデータを特定したうえで、どのような法的制約等があり得るかを調査し、把握して、契約上の手当てをすることである。

　そして、把握した法的制約等の存否・内容を踏まえつつ、データが物権の対象ではないことを念頭に、取引の対象としようとするデータのライフサイクル（データが生成され利用・保管されて消去されるまで）の各段階に応じた契約当事者間のデータの利用権限を検討・交渉・合意することとなる（契約ガイドライン参照）。

　このようなデータ契約の交渉・合意に当たってのサイバーセキュリティ関連法令上のポイントとしては、例えば、以下が挙げられる。

ア　取り扱うデータや取り扱うことができる者の範囲・取扱い態様の内容について
① 各契約当事者について（当事者内でのアクセス権の付与範囲など）
② 契約当事者以外の第三者（委託先等）における取扱いについて
③ たとえば、データの並べ替え（ソート）について、加工と取り扱うのか、また加工後のデータ（契約ガイドラインにおいては「派生データ」と呼んでいる）の取扱いについても合意の対象とするのか、対象とするのであればどのような取り決めをすべきかといった論点が生じ得る。

イ　秘密保持義務・電磁的管理性の保持義務について
① 秘密情報とは別の取扱いを取り決めるか、データも秘密情報に含めるか。
② 特に、データ取引においては、情報の「開示」や「知得」と認識し難い場面、また秘密である旨が明示された情報とはいえない場面もあり得るため、データを秘密

---

[7] なお、企業において、有体物の取引に関する職務権限は内規などに定められているものの、データ取引については、各種データの流通・利用における取扱いに関する職務権限が明らかではないためにデータ契約の交渉、合意や実行に至らないとの問題点がある。この点、データ取引に当たっての社内体制の検討・整備に関する参考資料も提供されている（経産省「データ利活用のポイント集」（https://www.meti.go.jp/policy/economy/chizai/chiteki/pdf/datapoint.pdf）128頁〜141頁・参考）。

情報に含めるとしても、典型的な秘密保持義務に関する条項の書き方で捕捉でき得るかについては検討を要する[8]。

③ 内部不正などのサイバーセキュリティインシデントが生じたときなどに、営業秘密（Q20及びQ21参照）であると主張して秘密管理性を争う予定があるか、又は限定提供データ（Q23参照）であると主張して電磁的管理性を争う予定があるか、さらに争う予定があるのであればどのような管理をすべきかという観点からも考慮を要する。

ウ　セキュリティのレベル又はデータの管理体制に関する合意について

① 上記イと同じく、内部不正などのサイバーセキュリティインシデントが生じたときなどに、営業秘密（Q20及びQ21参照）又は限定提供データ（Q23参照）であると主張して争う予定があるか、争う予定があるのであればどのような管理をすべきかという観点からも考慮を要する。

② セキュリティのレベル又はデータの管理体制について合意するとして、当該レベル・体制の対象とするデータの範囲をどうするか（上記ア同様、どういった基準で「派生データ」を設定し、どのような「派生データ」も対象範囲に含めるのかという考慮も要する）、当該レベル・体制についての監査条項を加えたいとしても当該データの範囲や特性を踏まえるとそもそも実効性のある監査を行える手段があるのか、あるとしてもコストはどれくらいか、といった観点からも考慮を要する。

エ　保証／非保証条項・免責条項について

① 安全性（ウイルスに感染していないこと）又は完全性について、保証又は免責の対象とするか。

② 保証・非保証や免責については、対象とするデータの特性及びデータ取引の目的に応じた考慮を要する。たとえば、データに基づいて生じた成果物の安全性又は完全性についても保証又は免責の対象とするかを検討するに当たっては、AI技術を利用したソフトウェアの開発委託の場合であれば従来型のソフトウェアの開発以上にユーザとベンダ双方の積極的な関与が必要であり責任の分配についても検討を要する（契約ガイドラインAI編第3-4及び第4-3-(4)）など、対象とする成果物の特性に応じた考慮が必要となる。

オ　遵守すべき内容について

① 対象とするデータの内容や特性、また取引自体の内容や特性に応じて、どのような遵守義務を課し、どのような違反時の効果（損害賠償、違約金、中途解約、解除、紛争解決の方法、紛争解決費用の負担等）を設けるか。

② そもそも、遵守できているのか、又は遵守義務に違反したかについて、技術的に認

---

[8] たとえば、データ取引の目的として生じるデータやデータ取引に派生したり副産物的に生じたりするデータと、データ取引に当たって「開示」したデータとの同一性を認めることが困難な場合には、どの範囲のデータを秘密情報として捕捉するかにつき検討や工夫を要することとなる。

知、確認、検証等できるのか。できるとして、どのような基準でもって義務違反と判断すべきか。

なお、契約ガイドライン[9]は、サイバーセキュリティに限らず、データ取引の事例を紹介・検討しているほか、モデル契約の紹介・解説も掲載している。また、AI人材育成ガイドブックも、AI人材の育成に資する取組みのうち、三者以上の関係者間でのデータの授受を伴うものにおけるデータ契約の枠組を4つ提示し[10]、それぞれの枠組における留意点を検討し、モデル契約の紹介・解説を掲載しているので、参考となる。

3．参考資料（法令・ガイドラインなど）

・経産省「AI・データの利用に関する契約ガイドライン 1.1 版」
https://www.meti.go.jp/policy/mono_info_service/connected_industries/sharing_and_utilization.html

・経産省「AI・データサイエンス人材育成に向けた データ提供に関する実務ガイドブック」
https://www.meti.go.jp/policy/it_policy/jinzai/AIdataguide.html

・経産省「データ利活用のポイント集」
https://www.meti.go.jp/policy/economy/chizai/chiteki/pdf/datapoint.pdf

4．裁判例

特になし

---

[9] 契約ガイドラインは、(a)一方当事者が既存データを保持しているという事実状態が明確であるか否か、(b)複数当事者が関与して従前存在しなかったデータが新たに創出されるか否か、(c)プラットフォームを利用したデータの共用か否かという観点からデータ契約を整理し、①データ提供型、②データ創出型、③データ共用型という3つの類型を取り扱う。

[10] データ提供ガイドブックが提示する4つのデータ契約の枠組は、データ提供型（従来の基本的な枠組）に加えて、ハッカソン型、有償コンサル型、及び共同研究型である。詳細については、同ガイドブックを参照されたい。

Q45 データ漏えいに関するシステム開発ベンダの責任とモデル契約

システム開発ベンダは、個人情報等を取り扱うウェブシステムの開発に際して、開発当時の技術水準に沿ったセキュリティ対策を施したプログラムを提供する義務を負うか。契約内容に記載されていない場合についてはどうか。

タグ：民法、SQLインジェクション、重過失、モデル契約、セキュリティ仕様

1．概要

　システム開発ベンダは、個人データやクレジットカード情報など流出すれば個人やシステムの発注者に損害が生じるシステムの開発に際しては、別段の合意がない限り、適切なセキュリティ対策が採られたアプリケーションを提供する義務がある。

　システム開発の業務委託契約書や発注仕様にセキュリティ対策について記述されている場合はもちろんのこと、記述されていない場合でも、開発当時の技術水準に沿ったセキュリティ対策を施したプログラムを提供することが黙示に合意されていたとされ、特段の事情もなく既知の脆弱性についてセキュリティ対策を講じなかった場合、発注者に生じた損害の賠償義務を負う。

2．解説

（1）ベンダの債務の内容としてのセキュリティ対策

　開発する情報システムの性質にもよるが、個人データ等を取り扱うウェブシステムについては、その流出を防ぐために、必要なセキュリティ対策を施したプログラムの提供が契約上の債務の内容となる。

　システム開発の業務委託契約書や発注仕様にセキュリティ対策について記述されていない場合でも、既知の代表的なセキュリティ攻撃手法について、行政機関が対策の必要性及び対策の具体的方法を公表している場合、これに従ったプログラムの提供をしなければシステム開発ベンダが債務不履行責任を問われ得る（東京地判平成26年1月23日判時2221号71頁）[1]。

　もっとも、行政機関が単に「望ましい」と指摘するにすぎないセキュリティ対策については、契約で特別に合意していなくとも当然に実施すべきものではない。

　具体的には、平成21年のオンラインショップのウェブシステムの開発にあたり、平成18

---

[1] なお、情報漏えいが発生していない段階でも、SQLインジェクションが「既知の脆弱性と位置付けられ、これに対する対策を行うことが明記されていた」場合において、エスケープ処理の入れ忘れについて過失による不法行為責任（民法第715条）が問われ、損害賠償責任が認容された事案もある（東京地判平成30年10月26日（平成29年（ワ）第40110号））。

年に経産省が発行した SQL インジェクション攻撃に対する注意喚起文書[2]を受け、平成 19 年に IPA が発行した文書[3]に明示された SQL インジェクション攻撃に対するバインド機構の使用及びエスケープ処理という対策については、多大な労力や費用がかかるものでもなく、ベンダの当然の債務となるとされたが、IPA の前述の文書において「望ましい」旨を述べたデータベースの暗号化等については、ベンダの当然の債務とはいえないとされた（前掲・東京地判平成 26 年 1 月 23 日）。

（2）ウェブシステムのセキュリティに関する発注者の責務

契約書や発注書に記載しないとしても開発当時のセキュリティ水準を採用したシステムの開発がベンダの当然の義務とされるからといって、発注者が発注するシステムのセキュリティ水準について無関心であることは望ましくない。個人データの流出が懸念されるウェブシステムの開発を委託する場合、当該システムにセキュリティ対策を講じなければ、システムの利用者にどのような危害・損失が発生するのか、それを未然に防ぐためには、どのような対策が望ましいのか、たとえ情報システムに関する詳しい知見がなかったとしても、開発を委託するベンダとの間で十分な協議（リスクコミュニケーション）を行い、ベンダが必要な対策を講じることができるよう、セキュリティ対策のために合理的なコストの負担を検討することが必要となる。

前述のウェブシステム開発ベンダが責任を問われた事件でも、発注者のシステム担当者が顧客のクレジットカード情報のデータがデータベースにあり、セキュリティ上はクレジットカード情報を保持しない方が良いことを認識し、ベンダからシステム改修の提案を受けていながら、何ら対策を講じずにこれを放置したことによって、クレジットカード情報流出の一因となったとして、発注者に生じた損害の 3 割の過失相殺を相当としている。

（3）重過失

ベンダにシステム開発に関する専門的知見があり、これを信頼して発注者が契約を締結し、ベンダに求められる注意義務の程度が高度なものである場合、世間で頻発するセキュリティ攻撃に関して行政機関が注意喚起しているなど、セキュリティ攻撃への対策を講じなかった場合の結果が予見することが容易であり、また、対策そのものに多大な労力や費用がかかるものではないような場合、対策を怠ったベンダの債務不履行責任は、重大な過失があったものとされることがある。

システム開発契約において合意していたベンダが賠償すべき損害額の上限に関する規定

---

[2] 経産省「個人情報保護法に基づく個人データの安全管理措置の徹底に係る注意喚起」（平成 18 年 2 月 20 日）
https://www.meti.go.jp/policy/it_policy/privacy/kanki.html
[3] IPA「平成 18 年度調査研究報告書 大企業・中堅企業の情報システムのセキュリティ対策 ～脅威と対策～」（平成 19 年 3 月）
https://warp.ndl.go.jp/collections/info:ndljp/pid/11117513/www.ipa.go.jp/security/fy18/reports/contents/enterprise/html/index.html

などの免責条項の有効性に関して、前掲・東京地判平成26年1月23日は、一律に責任を免除する旨の免責条項について、被告が「権利・法益侵害の結果について故意を有する場合や重過失がある場合…（中略）…にまで同条項によって被告の損害賠償義務の範囲が制限されるとすることは、著しく衡平を害するものであって、当事者の通常の意思に合致しない」ため、被告に故意又は重過失がある場合には適用されないと解するのが相当であると判示しているため、免責条項の有効性については留意が必要である（データ消失時の責任と当該責任の免責条項の有効性について Q62 参照）。

（4）IPA モデル契約

　IPA は、令和2年12月22日に、「情報システム・モデル取引・契約書」（受託開発（一部企画を含む）、保守運用）の第二版（以下「IPA モデル契約」という。）を公開した。第二版では、①セキュリティ、②プロジェクトマネジメント義務及び協力義務、③契約における「重大な過失」の明確化、④システム開発における複数契約の関係、⑤システムの再構築対応という5つの論点に関する検討・見直しが行われた。

　セキュリティに関しては、ユーザとベンダとは、それぞれの立場に応じて必要な情報を示しつつ、リスクやコスト等について相互に協議することにより、セキュリティ対策についてソフトウェアに具体的に具備する機能である「セキュリティ仕様」を決めることが必要であるとされ、その観点から、以下の見直しが行われている。

　①　条項の見直し（定義条項、責任者条項、セキュリティ条項）
　②　セキュリティの実装プロセスに関する解説の加筆
　③　セキュリティ検討 PT による「セキュリティ仕様関連文書」の策定

　セキュリティ仕様の決定に当たっては、ベンダとユーザの間で、必要な情報を相互に出し合い、公的機関や業界団体、セキュリティ関連企業等が提供する参照によってセキュリティの脅威を把握し、リスク評価を行い、対策の実装の有無を決定、合意し、それを仕様書に反映するというプロセスが示されている。

　IPA モデル契約のセキュリティ条項（第50条）は、セキュリティ仕様についてクリアすべき基準及び開発プロジェクトを進める上での提案や合意に関する手順が確立されていない場合を A 案、確立されている場合を B 案として区別している（B 案では簡素な規定となっている）ところ、以下では A 案について概説する。

（5）IPA モデル契約のセキュリティ条項
ア　セキュリティ仕様の確定・書面化等

　ユーザ及びベンダは、協議のうえで、開発業務開始前までにセキュリティ仕様を確定し、書面化する必要がある（第50条第1項）。ただし、セキュリティ仕様が確定後でも、その後新たなセキュリティ脅威が生じた場合に対応できるようにするため、確定したセキュリティ仕様については、IPA モデル契約書に定められた変更

管理手続によれば可能である（同条第3項）。

イ　セキュリティガイドラインの参照（オプション）

第50条第2項と第3項の間に、オプションとして、ガイドラインの参照に関する規定がある。セキュリティ仕様を作成する際に、両当事者が何らかのセキュリティガイドラインを参照することに合意した場合、当該ガイドラインの名称とバージョンだけではなく、当該ガイドラインを参照して適用すべき事項（実装する対策）をセキュリティ仕様に個別に記載すべきこと等を定めている。そして、実装しない対策のうち、軽微とはいえないセキュリティ上の影響が懸念されるリスク受容項目については、その影響そのものについて議事録に記載することを定めており、この議事録がユーザとベンダのリスクコミュニケーションの証憑になるとしている。

ウ　情報提供義務

ユーザは、ベンダに対して、セキュリティ仕様を確定するために必要な情報を適時に提供する義務を負う（第50条第2項）。ユーザが提供した情報に誤りがあったことに起因してセキュリティインシデントが生じ、セキュリティ仕様に従った対策が奏功しなかった場合には、原則としてベンダは免責される。

ユーザ及びベンダのいずれも、セキュリティ仕様の確定後から納入までの間に確定したセキュリティ仕様では対応できない脅威や脆弱性（個別契約の目的を達することができないものに限る。）について知ったときは、相手方に対して書面で通知する義務を負う（第50条第4項）。

エ　セキュリティ仕様の不備等に関する責任

ベンダは、セキュリティ仕様で対応できないセキュリティ上の脅威又は脆弱性に関する情報を収集する義務を負わない（第50条第7項前段）。ただし、個別契約の目的を達成できない脅威又は脆弱性があることを知りながらユーザに通知しなかった場合（重大な過失によって知らなかったときを含む。）には、義務違反となる（同第7項後段）。

ここにいう「重大な過失」に関しては、(a)脅威又は脆弱性が単に既知であること（例えばIPAが運営する脆弱性対策情報のデータベースJVN iPedia[4]に登録されている状態）では足りず、(b)当該脆弱性に関するセキュリティ攻撃が頻発するなどの事態を受けて、国が一般的な方法で広く周知活動を行うなど、当該脅威又は脆弱性が広くベンダに知られるものとなっており、(c)加えて結果回避が容易である場合（特別な技術や多大なコストを要しない対策が広く知られているなど）には、重過失が認められる余地があるとの解釈が示されていることに留意が必要である

---

[4] IPAは、日本国内で利用されているソフトウェア製品又は主に日本国内からのアクセスが想定されているウェブサイトで稼働するウェブアプリケーションに係る脆弱性関連情報が発見された場合、その届出の受付機関となっており（情報処理の促進に関する法律施行規則第47条、ソフトウェア製品等の脆弱性関連情報に関する取扱規程（平成29年経済産業省告示第19号））、メーカー等との調整を経て、脆弱性を公開している。

（前掲・東京地判平成 26 年 1 月 23 日判例時報 2221 号 71 頁を参考としたもの）。

また、ベンダはセキュリティ仕様に従ってソフトウェアのセキュリティ対策を講じる義務は負うが、セキュリティインシデントが生じないことを保証するものではないことが明記されている（第 50 条第 6 項）。

3. 参考資料（法令・ガイドラインなど）

・民法第 415 条
・民法第 715 条
・IPA　情報システム・モデル取引・契約書第二版

4. 裁判例

・東京地判平成 26 年 1 月 23 日判時 2221 号 71 頁
・東京地判平成 30 年 10 月 26 日（平成 29 年（ワ）第 40110 号）
・東京地判令和元年 12 月 20 日（平成 29 年（ワ）第 6203 号）
・東京地判令和 2 年 10 月 13 日（平成 28 年（ワ）第 10775 号）
・東京地判令和 4 年 1 月 12 日（令和 3 年（ワ）第 23709 号）

Q46 クラウドサービスの利用に当たっての留意点

クラウドサービスを利用するに当たって、サイバーセキュリティの観点から留意すべき点は何か。

タグ：民法、個情法、不正競争防止法、クラウド、定型約款

1．概要

　クラウドサービスについては、IT の基盤部分のコントロールが外部のクラウドサービスを提供する事業者（以下本項において「クラウドサービス提供事業者」という。）にあること、複数のベンダが関与する形でサービスが提供されることから、その利用に際してサイバーセキュリティの観点を考慮するに当たっても、クラウドサービスの特色を踏まえた検討が必要である。

　クラウドサービスのユーザは、クラウドサービスにおいて管理する情報資産の性質を踏まえたセキュリティレベルを決定し、クラウドサービス提供事業者から開示されたサービス内容やセキュリティレベルの内容が、決定されたセキュリティのレベルに対応しているのかを検討する。クラウドサービス提供事業者から開示されたサービス内容やセキュリティのレベルについては、法的拘束力を持つ形で合意できるのかについても確認する必要がある。

2．解説

（1）クラウドサービスの特徴

ア　外部リソースの利用[1]

　クラウドコンピューティングとは、「共有化されたコンピュータリソース（サーバ、ストレージ、アプリケーションなど）について、ユーザの要求に応じて適宜・適切に配分してネットワークを通じて提供することを可能とする情報処理形態」であるとされる[2]。インターネットの発達を背景にクラウドサービスが提供されるようになってきたが、近時では、通信速度の向上、携帯端末の高機能化を背景に、世界的規模の事業者により大規模な設備投資が行われ、従前はオンプレミスの環境において提供されていたサービスがクラウド化するなど、IT サービスの一層のクラウド環境への移行がみられるようになって

---

[1] 本項の議論につき、経産省「クラウドサービス利用のための情報セキュリティマネジメントガイドライン（2013 年度版）」（以下「クラウドサービス利用ガイドライン」という。）4 頁以下

[2] クラウドサービス利用ガイドライン 8 頁。なお、法令においては、官民データ活用推進基本法（平成 28 年法律第 103 号）が、「クラウド・コンピューティング・サービス関連技術」について、「インターネットその他の高度情報通信ネットワークを通じて電子計算機（入出力装置を含む。…（中略））を他人の情報処理の用に供するサービスに関する技術」と定義している。

きている。ユーザ側でも、自前で環境を整備するよりも、クラウドサービスを利用したほうが簡易であり、初期投資も安価であることから、利用が進んでいる。

このようなクラウドサービスの最大の特徴としては、外部リソースの利用であることが挙げられる。社内において情報資産を管理するに当たっては、情報の重要性や機密性に応じて、例えば、ファイアウォールの設定、IDS 等のサイバーセキュリティに関連する機器の選定といったシステムをどのように構築するかという技術的な点から、情報システムに関わる組織体制の整備や従業員に対する教育といった組織的な点まで、自社でコントロールすることができる。しかし、外部のクラウドサービスを利用する場合、このように自社で全て管理することができていたリソースの一部を外部に切り出し、外部のクラウドサービス提供事業者が管理する情報システムからサービスの提供を受ける形になる。そのため、クラウドサービスを利用する部分のセキュリティについては、外部のクラウドサービス提供事業者に委ねることになることに留意が必要である。なお、ユーザがクラウドサービスを利用し、クラウドサービス上に構築するシステムにおいて利用するデータ等の情報資産については、ユーザが保有する情報資産であることに留意する必要がある。

イ　クラウドサービスの提供形態の複雑化[3]

また、クラウドサービスが多様化するにつれて、クラウドサービスの提供側にも分化や統合が見られるようになっている。従前は単独の事業者が提供していたクラウドサービスについても、その利用が拡大するにしたがって、巨額な投資を必要とするインフラ側のベンダ（IaaS、PaaS、データセンター）と少額の投資で構築可能であるが多様なサービスが提供されているアプリケーション側のベンダ（SaaS）への分化がみられる。一方で、多様なクラウドサービスをできるだけ一元化して利用したいというユーザ側のニーズを背景に、①複数の SaaS が連携してサービスを提供する（アグリゲーションサービス）、②一つのプラットフォーマーが提供するサービスの上で複数の SaaS がサービスを提供する、③ユーザの ID などを連結点としてデータの連携を行う（ID 連携）などの形態が表れてきている。さらに、クラウドサービス提供事業者がユーザを獲得するために代理店に販路開拓を依頼することもあり、クラウドサービスの提供ルートは複雑になっている。

（2）クラウドサービスの利用に当たってセキュリティの観点から留意すべき点

クラウドサービスを利用するに当たっては、①クラウドサービスを利用しようと考えているユーザ内部の情報資産を検討し、必要なセキュリティのレベルを確定すること、②クラウドサービス提供事業者側から開示される情報をもとに、クラウドサービスを利用することによって必要なセキュリティのレベルを確保することができるかを検討することが重要である。また、③クラウドサービス提供事業者の提供するサービスが実際に開示されたセキュリティのレベルを維持しているのかをどのように確認するのかも検討する必要がある。

---

[3] 本項の議論につき、総務省「クラウドサービス提供における情報セキュリティ対策ガイドライン（第2版）」（以下「クラウドサービス提供ガイドライン」という。）188 頁以下

さらに、④責任共有モデル（Shared Responsibility Model）を前提として、クラウドサービス提供事業者間やクラウドサービス提供事業者とユーザの間でセキュリティの責任分界がどこにあるのかについて理解することも重要である。

ア　ユーザ内部の情報の検討

クラウドサービスを利用するにあたり、ユーザ側がまず検討すべき事項は、ユーザがクラウドサービスを利用して管理しようとしている情報資産の範囲を確定し、その情報資産について必要とされるセキュリティの内容、レベルを明らかにするということである。必要なセキュリティの内容が明らかになっていれば、クラウドサービス提供事業者側からの開示事項を検討することにより、オンプレミスの環境におけるセキュリティレベルと同レベルの環境を維持しうる。

また、クラウドサービス上で利用する情報資産の内容によっては、以下のとおり法的にどのように考えるのかを検討しておく必要がある。

（ア）個情法との関係

個情法においては、個人情報の利用目的の特定及びその通知等（同法第 17 条第 1 項、第 21 条）、目的外利用の原則禁止（同法第 18 条）、不適正利用の禁止（同法第 19 条）、適正取得（同法第 20 条）の規律がある。さらに、個人データ（同法第 16 条第 3 項）に該当する場合には、個人データについて、安全管理措置を行い（個情法第 23 条）、また、委託先に対して必要かつ適切な監督を行わなければならない（同法第 25 条）とされている。クラウドサービスにおいてユーザが取り扱うデータに個人情報が含まれている場合、クラウドサービスを利用することが、クラウドサービス提供事業者に対する個人データの「提供」に該当するかを検討し、対応しなければならない（Q12 参照）。

また、クラウドサービスにおいては、複数の事業者が関与し、クラウドサービス提供事業者間で API（Application Programming Interface）連携や ID 連携によって情報の交換を行っていることがあるが、提供又は受領する情報の中に個人データが含まれていて個人データを取り扱うこととなる場合、各事業者において、個人データの第三者提供に係る本人同意を得る等、個情法の規律を遵守してサービスを利用する必要がある[4]。

（イ）不正競争防止法との関係

クラウドサービスは外部リソースの利用ではあるが、クラウドサービスにより営業秘密の管理を行っていたとしても、そのこと自体で、営業秘密と認められるための要件である秘密管理性が失われることはない[5]。もっともクラウドサービスに従業員全員がアクセスできるような場合には、適切なアクセス管理がなされておらず、秘密管理性が

---

[4] 個情法との関係についても触れていて、クラウド利用にも参考になるものとして、NISC 重要インフラグループ「クラウドを利用したシステム運用に関するガイダンス（詳細版）」（令和 4 年 4 月）がある。
https://www.nisc.go.jp/policy/group/infra/cloud_guidance.html
[5] 営業秘密管理指針 11 頁

失われることがある。

（ウ）ライセンス、守秘義務契約等

　ユーザがクラウドサービスにおいて利用するデータ等については、別の企業やベンダとの間で締結したライセンス契約や守秘義務契約の対象となっており、当該ライセンス契約等に第三者への開示の禁止や、委託の禁止等の利用制限条項が入っている場合がある。

　クラウドサービスを利用することが当該ライセンス契約等の対象となっているデータの第三者への開示や委託に該当するか否かは、当該契約の解釈によるため、明確ではない場合には、契約の締結に当たって解釈を確認することが必要である。

（エ）リージョン

　クラウドサービスを利用する際に、どのリージョンのサーバが使われるのかについても法的に重要である。海外のサーバを利用してデータを処理する場合、特に公法については、原則として属地的にそのサーバが所在するリージョンの法律が適用される可能性がある[6]。

　また、個人データについては、越境移転の規制があり（個情法第28条）、海外リージョンのクラウドサービスを利用する場合には、越境移転に該当するか、越境移転に該当する場合、同条の要件を満たしているのかについて検討することが必要である（個人情報の保護に関する法律についてのガイドライン（外国にある第三者への提供編）。また、仮に越境移転に該当しない場合についても、安全管理措置の一環としての外的環境の把握に注意が必要である（以上についてQ12参照）。

　さらに、クラウドサービスのリージョンが海外にある場合、海外のサーバを利用してデータを処理することが外為法にいう技術移転とされる可能性があるため、外為法の規制対象とならないかの確認も必要である（Q55参照）。

イ　クラウドサービス提供事業者の開示情報の精査

　クラウドサービス提供事業者からは、クラウドサービスの内容や、セキュリティについてのホワイトペーパーなどが開示されている。そこで、ユーザは、それらの開示情報を精査するなどして、提供されるサービス内容がクラウドサービスを利用する目的と合致しているか、また、クラウドサービスを利用して管理する情報資産のセキュリティレベルと合致しているかを確認することが必要である。確認又は検討すべき事項については、各種

6　適用法令は、私法と公法を分けて識別することが望ましい。例えば、私人間に適用される法は「当事者が当該法律行為の当時に選択した地の法による」（法の適用に関する通則法第7条）である。つまり、契約時に準拠法を定めるのが一般的であるため、契約当事者間の適用法令が問題になることは少ない。一方、国家がかかわる公法の適用は、原則として属地的に定まる。外国法人でも日本国内において事業を行う限り、原則として国内法の適用を受け、逆に日本法人でも外国において事業を行う限り、外国法の適用を受けることがある。例えば、データセンターが外国にあっても我が国で事業を営む企業は、我が国の捜査機関の捜査を受け、外国のサーバ内の情報が差押えられることがあり、逆にデータセンターが国内にあっても外国で事業を営む企業は、その国の捜査機関の捜査を受け、我が国のサーバ内の情報が差押えられることがある（クラウドサービス利用ガイドライン77頁）。

の基準やガイドラインで示されているセキュリティに関する事項[7]に加えて、法的には以下のような点があげられる。

（ア）契約当事者

　上記のとおりクラウドサービスの提供は複数のクラウドサービス提供事業者の共同によって行われていることも多く、また、代理店による販売も一般的に行われている。そこで、クラウドサービスの導入について検討するに当たっては、交渉の相手方が、ベンダの立場となるのか、それとも代理店の立場となるのかについて確認し、相手方の立場に応じた契約内容を選択する必要がある。

　また、クラウドサービスについては、サービス自体の権利者と保守、運用を行っている窓口が異なっていることも多い。このような場合にも、適切な権利者を選択し、適切な契約形態を選択しなければならない。

（イ）責任分界

　クラウドサービスは第三者の提供するサービスをユーザが利用することになるため、クラウドサービス提供事業者とユーザとの間で、どちらがどこまで責任を持つのかについてあらかじめ決められているかを確認することが重要である。

　また、クラウドサービスの提供形態の複雑化により、複数のクラウドサービス提供事業者が関与してクラウドサービスを提供しているケースがあり、これらのクラウドサービス提供事業者間の責任分界が決められているかについても確認することが重要である。

（ウ）クラウドサービス提供事業者間での情報共有

　複数のクラウドサービス提供事業者が関与してサービスを提供している場合には、ユーザの情報資産がクラウドサービス提供事業者間で共有されるのかを確認することも重要である。複数の事業者間で共有される場合、前述した個情法やライセンス関係の制限があり、改めて別の契約を締結する必要があるなど、手当てを行う必要が生じることがある。

（エ）サービスの内容やサービスレベル

　クラウドサービスのうち、インフラ系のクラウドサービスについては、サービスの内容が比較的定型的であり、稼働率や平均復旧時間などの指標が開示されていることがある。したがって、サービス内容の把握については比較的容易であるといえる。しかし、一方でSaaS等のアプリケーション寄りのクラウドサービスについては、提供される役務が不定形なサービスであるという特色があり、また、サービス内容についても、機能の追加などが予定されていることが少なくない。そこで、そのサービス内容について明確に記述することが難しいこともあり、どこまでのサービスが提供されるのかを明確

---

[7] クラウドサービス利用におけるセキュリティの検討事項についての規格としては、ISO/IEC27017（JIS Q 27017）がある。また、ユーザ向けのガイドラインとして、クラウドサービス利用ガイドライン、クラウドサービス提供ガイドラインも参照されたい。

に把握することが難しいことがある。

（オ）事故時の対応

　情報漏えい等のインシデント時にどのような対応が行われるかについても確認しておくことが重要である。具体的には、サイバーセキュリティインシデントが発生した場合の報告義務、報告の方法、賠償責任の範囲などを確認することになる。

　セキュリティレベルを高く設定していたとしても、クラウドサービスで利用しているデータについては、セキュリティ事故により消失してしまったり、利用が一部できなくなったりする可能性がある。そこで、データをバックアップすることが必要であるが、バックアップがクラウドサービスの標準サービスとして設定されているのかについて確認しておく必要がある。

（カ）データポータビリティ

　ユーザがクラウドサービスの利用を開始した後に、サービスを乗り換えたい、所期の目的を達成したために解約したい、サービス提供者が倒産した等、契約を終了する局面が発生することが予想される。そこで重要となるのが、契約が終了した場合にユーザがクラウドサービス上に入力、集計、加工したデータやアプリケーションを回収できるか、その後他の環境で再利用できるか（データのポータビリティ、アプリケーションの相互運用性）という点である。これらのデータやアプリケーションをユーザが契約終了時に出力して受領する権利の有無と条件、データ形式の種類に応じた出力の可否（ユーザ自身の環境又は他のサービス事業者のサービスにおいて移行・再利用可能な形式かどうか）、その容易性はどうか等の点が、どのように定められているかについて、検討しておく必要がある。

（キ）データの消去

　クラウドサービスは仮想化された環境で提供されることが多く、クラウドサービス契約が終了した場合には、別のユーザがその環境を利用することになる。クラウドサービス上にデータを残しておくと、何らかのサイバーセキュリティインシデントが発生して、情報の漏えいが生じる可能性がある。そこで、終了したサービス上からデータが確実に削除されるかという問題がある。また、削除はクラウドサービス提供事業者側で行われるので、削除がなされたことについてどのように担保するかという問題がある。そこで、契約終了時及びサービス終了時にデータ消去がなされるかどうか、また消去がなされるとして、作業が行われたことの担保はどのように行われるかを確認しておく必要がある。

（ク）サポート

　クラウドサービスの利用方法が不明な場合のみならず、サイバーセキュリティインシデントが発生したような場合にも、クラウドサービス提供事業者側からのサポートが確実に受けられるかを確認することが必要である。特に、クラウドサービス提供側の複雑化により、窓口になっているクラウドサービス提供事業者とクラウドサービスを

提供しているクラウドサービス提供事業者が異なることがある。また、クラウドサービスが、国外のクラウドサービス提供事業者によって提供されている場合には、サポートが日本語で提供されているかが重要になることがある。

（ケ）初期設定

　クラウドサービスは初期設定のまま利用されることが少なくないが、利用の方法によっては、初期設定ではセキュリティが十分ではないこともある。そのため、クラウドサービスにおける初期設定はどのようになっているか、権限設定の不備がないかを確認する必要がある。

ウ　第三者による監査・認証

　クラウドサービスのセキュリティについても、どのようなセキュリティポリシーを定めているのか、人的管理をどのように行っているのか、アクセス制御を行うのか、情報資産の保存に暗号を利用するのかなど、オンプレミスの環境についての情報セキュリティと同様の問題がある。もっとも、クラウドサービスについては、物理的に外部リソースを利用することになるため、情報セキュリティについてもクラウドサービス提供事業者側に委ねざるを得ない。そこで、実際に情報セキュリティが確保されているかについて、監査をすることが必要となるが、コストや能力の観点からユーザ側では実効性がある監査をなしえないことが多く、第三者が行ったセキュリティ監査の結果を確認することも選択肢となる。第三者認証としては、ISO/IEC27017（JIS Q 27017）、日本公認会計士協会が実務指針を公開している「受託業務のセキュリティ・可用性・処理のインテグリティ・機密保持に係る内部統制の保証報告書」[8]などがある[9]。

エ　責任共有モデル（Shared Responsibility Model）の理解

　クラウドサービスを利用するに当たっては、責任共有モデル（Shared Responsibility Model）について理解していることが前提となる。責任共有モデルとは、ユーザ及びクラウドサービス提供事業者が、上記イ（イ）の責任分界点を定めるだけでなく、運用責任を共有し合っているという考え方である[10]。各クラウドサービス提供事業者やクラウドサービスによって責任共有モデルの考え方が異なる場合があるものの、いかなるクラウドサービスであっても、組織としての活用の目的や指針、設定や接続する端末の安全性の確保、クラウドサービスにより管理又は生成されるデータ等の取扱いは基本的にユーザ側の責任であることを認識する必要がある。また、上記のとおり、クラウドサービスの提供は複数のクラウドサービス提供事業者の共同によって行われることも多く、また、代理店による販売も一般的に行われるなど、クラウドサービスには多数のステークホルダーが関与

---

[8] 日本公認会計士協会「受託業務のセキュリティ・可用性・処理のインテグリティ・機密保持に係る内部統制の保証報告書」（https://jicpa.or.jp/specialized_field/20190401gff.html）

[9] その他、米国公認会計士協会により実務指針が策定されているサービス・オーガニゼーション・コントロール報告書（SOC、SOC1、SOC2）がある。また、業界ごとの認証として PCI DSS（Payment Card Industry Data Security Standard）（Q16 参照）等がある。

[10] 前掲注5・NISC 重要インフラグループ「クラウドを利用したシステム運用に関するガイダンス（詳細版）」（令和4年4月）11頁

しており、一般的にユーザ側に責任がある領域についても外部に委託している場合や外部からの支援を受けている場合があることから、責任共有モデルはこれらのステークホルダーを踏まえた上で理解する必要がある。

（3）クラウドサービスに関する契約

以上のとおり検討したクラウドサービスの内容については、契約として法的拘束力を持たせておくことが望ましい。契約関係については、上記の検討事項に加えて、以下の点の検討が重要である。

ア　定型約款への該当性

クラウドサービスは多数のユーザに対して画一的に安価にサービスを提供することに特徴がある。一方で、特に事業者間の契約においては、契約内容について交渉が行われることもある。そこで、クラウドサービス契約を締結する場合には、その契約がひな型であり、修正が可能であるのか、それとも定型約款[11]となるのかについて検討することが必要である。

定型約款に該当する場合、当該クラウドサービス契約については、原則として同法の定型約款に関する規定（同法第548条の2から第548条の4まで）の適用を受ける。

イ　契約締結の相手方の選択

クラウドサービス提供の複雑化により、複数のクラウドサービス提供事業者の共同によってクラウドサービスが行われていることも多く、また、代理店による販売も一般的に行われている。そこで、契約を締結しようとしている相手方が契約の当事者として適切なのかどうか、他の当事者とも契約を締結するべきではないかの検討が必要である。

ウ　法的拘束力が及ぶ範囲

前記したクラウドサービス締結に当たって検討した点については、努力目標として定められているものなのか、又はクラウドサービス提供事業者とユーザとの間の合意として法的拘束力がある形となるのか否か[12]を確認し、必要に応じて法的拘束力を持たせる形で契約を締結するため交渉をすることを検討する。

エ　取扱う情報の性質

クラウドサービスにおいて管理されている情報資産については、情報セキュリティを確保するに当たって、クラウドサービス提供事業者側も技術的にアクセスできることが多い。情報資産について、個人データが含まれていたり、営業秘密として管理していた情

---

[11] 債権法を大きく改正した民法の一部を改正する法律（平成29年法律第44号、一部を除き令和2年4月1日施行）による改正後の民法（以下本項において「改正民法」という。）第548条の2第1項によれば、定型約款とは、定型取引（ある特定の者が不特定多数の者を相手方として行う取引であって、その内容の全部又は一部が画一的であることがその双方にとって合理的なもの）において、契約の内容とすることを目的としてその特定の者により準備された条項の総体）とされている。

[12] 電子商取引準則265頁〜「Ⅲ-6 SaaS・ASP のための SLA（Service Level Agreement）も参照。

報であったりする場合、その性質に応じ、秘密保持条項や監査条項により管理を行わなければならないことがある。

オ　責任制限

　クラウドサービス契約においては、クラウドサービス提供事業者側の責任を免除したり、一部制限したりする条項が置かれることがある。責任免除条項や責任制限条項については、事業者と消費者との間の契約であれば消費者契約法による規制があるほか（消費者契約法第8条第1項）、事業者間の契約であっても、当該契約が改正民法第548条の2にいう定型約款に該当すれば、不当条項規制（改正民法第548条の2第2項）の適用を受けることとなる可能性があるため、その点検討が必要である（Q62参照）。

（4）クラウドサービスのアクセス管理者が複数の場合の不適切なアクセス

　クラウドサービスは、提供事業者によってその利用形態には様々なものが存在し、当該サービスの明確な分類が困難な状況になっている。これらのクラウドサービスは、形態によって多数の者が関与することとなり、例えば、クラウドサービスを提供する事業者（クラウド事業者）、クラウドサービスの販売事業者、クラウドサービスの利用事業者、クラウドサービスを含めて構築されたシステムの運用を支援する運用事業者等があり得る。これらの者の中には、アクセス管理者に該当する者が複数存在することもある。

　クラウド事業者が提供するサービスにおいて、複数のアクセス管理者が存在する場合、アクセス管理者Aが外部者等からのアクセスを意図していないにもかかわらず、アクセス管理者Bの行為によって外部からアクセスできてしまった場合に、当該アクセスをした者は、アクセス管理者Aが意図していないアクセスをしたという意味では不適切なアクセスといえるが、当該行為が不正アクセス行為に該当するのかが問題となる

　この点、アクセス管理者は、特定電子計算機の動作を管理する者をいい、クラウドサービスへのアクセスを誰に認めるかという動作の管理をする権原を有していれば、アクセス制御機能による特定利用を制限することが可能なアクセス管理者となり得る。そのため、前述のとおり、このようなクラウドサービスにおいては、複数の管理者が存在することとなる。この場合において、個々の管理者の権原、つまり、アクセス制御機能による特定利用を制限する範囲が相互に排他的であれば大きな問題は生じないと考えられる。すなわち、アクセス管理者Aが外部者等からのアクセスを意図しておらずアクセス制御機能による特定利用を制限している一方で、アクセス管理者Bが外部者等からのアクセスに対してアクセス制御機能による特定利用を制限していない場合、外部からアクセス管理者Bの管理範囲にアクセスしたとしても、特定利用の制限を免れたとはいえず、不正アクセス行為には該当しないと考えられる。

　他方、複数の管理者が存在し、個々の管理者としてアクセス制御機能による特定利用を制限する範囲が相互に重なり合う場合には問題が生じ得る。このような場合に、アクセス管理者の有する権原の範囲は、クラウドサービスにおける管理形態や利用規約、管理者間の関係

等に依存し得るため、一律にクラウドサービスにおける当該特定利用の制限をしたのは、どの管理者であるかを決することが困難になる。

　よって、複数の管理者が存在し、個々の管理者として有する権原の範囲が相互に重なり合う場合には、外部からアクセスした者の行為が不正アクセス行為に該当するか否かを直ちに判断できるわけではない点に留意すべきである。

しかし、不正アクセス行為に該当するかどうかにかかわらず、クラウドサービス等においては、アップデートに伴うサービスの仕様変更・設定変更等に起因して、あるアクセス管理者が意図していない情報にアクセスされるというデータの機密性に関わる問題が生じうる。直近でもそれが大きく問題となった事案もあった。同様の不適切なアクセス行為を防止するためにも、クラウド事業者は、不適切なアクセスが可能となり得る仕様変更を実施する場合には、クラウドサービスの運用事業者を含めた利用事業者らに対して繰り返し注意喚起を行い、運用事業者らはクラウドサービスのアップデート等がなされた際には必ずアクセス制御機能の設定等について確認する運用にすることが望ましい。

（５）（参考１）政府情報システムのためのセキュリティ評価制度

　政府機関等におけるクラウドサービスの導入にあたり情報セキュリティ対策が十分に行われているサービスを調達できるようにすべく、令和2年6月にNISC・内閣官房情報通信技術（IT）総合戦略室（令和3年9月にデジタル庁に変更）、総務省及び経産省の連携の下、「政府情報システムのためのセキュリティ評価制度」（Information system Security Management and Assessment Program、以下「ISMAP」という。）を立ち上げた。

　ISMAPの基本的な枠組みは、国際標準等を踏まえて策定したセキュリティ基準に基づき、各基準が適切に実施されているかを第三者が監査するプロセスを経て、クラウドサービスを登録する制度である。

　政府機関は、原則としてISMAPクラウドサービスリスト[13]に掲載されたサービスから調達を行うところ、令和3年3月に初回のISMAPクラウドサービスリストの登録及び公開が行われ、政府機関による本制度の利用を開始した。ISMAPクラウドサービスリストは、IPAが運用するISMAPポータルサイト[14]にて公開されている。また、令和4年11月には、ISMAPの枠組みのうち、リスクの小さな業務・情報の処理に用いるSaaSサービスを対象とした仕組みである「ISMAP-LIU」の運用を開始した。

　統一的なセキュリティ要求基準に基づき安全性が評価されたクラウドサービスはISMAPクラウドサービスリストへの追加登録が継続的に行われており、政府機関におけるISMAPの利用が推進されている。なお、ISMAPの運用状況を踏まえ、統一的なセキュリティ要求基準等の見直しが行われることが予定されている。

　ISMAPクラウドサービスリストは、民間においても参照することで、クラウドサービス

---

[13] https://www.ismap.go.jp/csm?id=cloud_service_list
[14] https://www.ismap.go.jp/csm

の適切な活用が推進されることが期待されている。

（6）（参考2）自治体におけるクラウド利活用

　地方自治体の関係では、各地方公共団体が情報セキュリティポリシーの策定や見直しを行う際の参考として、情報セキュリティポリシーの考え方及び内容について解説した総務省「地方公共団体における情報セキュリティポリシーに関するガイドライン」がある。

　同ガイドラインでは、情報セキュリティ基本方針と情報セキュリティ対策基準から構成される情報セキュリティポリシーの例文や例文に対応する解説を付しており、クラウドサービスの利用に関しても、情報セキュリティ対策基準の例文として、①情報資産の分類や分類に応じて取扱制限を踏まえてどこまでクラウドに情報の取り扱いを委ねるかを判断する、②クラウド上の情報に対して海外法令が適用されるリスクを評価して委託先を選定し、必要に応じて準拠法・裁判管轄を指定する、③クラウドサービスの中断や終了時に円滑に業務を移行するための対策を検討する、④クラウドサービス部分を含む情報の流通経路全般にわたるセキュリティが適切に確保されるようにセキュリティ設計を行い、セキュリティ要件を定める、⑤クラウドサービス及び当該サービス提供事業者の信頼性が十分であることを総合的・客観的に評価する旨が定められている。

3．参考資料（法令・ガイドラインなど）

- サイバーセキュリティ戦略本部「政府情報システムにおけるクラウドサービスのセキュリティ評価制度の基本的枠組みについて」
  https://www.nisc.go.jp/active/general/pdf/wakugumi2021.pdf
- 各府省情報化統括責任者（CIO）連絡会議決定「政府情報システムにおけるクラウドサービスの利用に係る基本方針」（令和3年3月）
  https://cio.go.jp/sites/default/files/uploads/documents/cloud_policy_20210330.pdf
- ISO/IEC27017、JIS Q 27017
- 総務省「クラウドサービス提供における情報セキュリティ対策ガイドライン（第3版）」（令和3年9月）
  https://www.soumu.go.jp/menu_news/s-news/01cyber01_02000001_00121.html
- 総務省「クラウドサービス利用・提供における適切な設定のためのガイドライン」（令和4年10月）
  https://www.soumu.go.jp/main_content/000843318.pdf
- 総務省「地方公共団体における情報セキュリティポリシーに関するガイドライン(令和5年3月版)」https://www.soumu.go.jp/main_content/000870997.pdf
- 経産省「クラウドサービス利用のための情報セキュリティマネジメントガイドライン」（2013年度版）
  https://www.meti.go.jp/policy/netsecurity/downloadfiles/cloudsec2013fy.pdf

・The cloud security alliance「クラウドコンピューティングのためのセキュリティガイダンス」（日本語版 ver4.0）

・電子商取引準則

・NISC 重要インフラグループ「クラウドを利用したシステム運用に関するガイダンス（詳細版）」（令和 4 年 4 月）

　https://www.nisc.go.jp/active/infra/pdf/cloud_guidance.pdf

４．裁判例

特になし

Q47 サプライチェーン・リスク対策

> サプライチェーン・リスク対策を実施・推進するにあたり、ビジネスパートナーや委託先等との関係において、どのような法律上の事項に留意すべきか。

> タグ：独占禁止法、下請代金支払遅延等防止法（下請法）、リスクマネジメント、サプライチェーン・リスク、委託、優越的地位の濫用、IT調達

1．概要

　一定のサイバーセキュリティ対策を実施していることを取引の条件とすることや、一定のサイバーセキュリティ対策を実施することを取引先に求めることは、社会全体のサイバーセキュリティ対策に資するものであり、原則として、我が国の何らかの法令に抵触するおそれはないが、優越的地位の濫用及び下請法に留意すべき場合もある。

2．解説

（1）サプライチェーン・リスクとは

　サプライチェーンとは、一般的には、取引先との間の受発注、資材の調達から在庫管理、製品の配達まで、いわば事業活動の川上から川下に至るまでのモノや情報の流れのことをいう。これらに加え、IT分野では、情報システム・ITサービスの設計段階や、情報システム等の運用・保守・廃棄を含めてサプライチェーンと呼ばれることもある。

　サプライチェーン・リスクとは、従来、自然災害等何らかの要因からサプライチェーンに障害が発生し、結果として事業の継続に支障を来す恐れがあるというリスクを主に想定していたが、近年、新たなサイバーセキュリティリスクとして、サプライチェーン・リスクへの懸念が生じている[1]。すなわち、サプライチェーンのいずれかの段階において、①サイバー攻撃等によりマルウェア混入・情報流出・部品調達への支障等が発生する可能性、②悪意のある機能等が組み込まれ、機器やサービスの調達に際して情報窃取・破壊・情報システムの停止等を招く可能性についても想定する必要がある[2]。以下では、サプライチェーン・リスクのうちサイバーセキュリティに関する事項として、たとえば、①取引に使用する自社の情報システムやビジネスパートナーが使用する情報システムにセキュリティインシデントが生じるおそれや、②サプライチェーンのビジネスパートナーやシステム管理等の委託先がサイバー攻撃に対して無防備であった場合、自社から提供した重要な情報が流出してしまうおそれ、③サプライチェーンのビジネスパートナーにおいて適切なサイバーセキュリティ対策が行われていないと、これらの企業を踏み台にして自社が攻撃されるおそれ、さら

---

[1] 総務省「令和2年版情報通信白書」1-3-4-4-1（https://www.soumu.go.jp/johotsusintokei/whitepaper/ja/r02/html/nd134410.html）参照。

[2] サイバーセキュリティ2021・354頁参照。

に④その結果、他社の二次被害を誘発し、加害者となるおそれなどのリスクを想定する[3]。

（2）サプライチェーン・リスク対策の現状について
ア　サプライチェーン・リスク対策の必要性

　　サプライチェーン・リスク対策については、国内外のサプライチェーンを介したサイバーセキュリティ関連被害の拡大を踏まえ、サプライチェーン全体を通じた対策の推進の必要性が高まっている[4]。

　　実務においても、一例として、システム管理等の委託先や、取引等に用いる IT サービスの選定時に、与信、業務体制や契約条件の各審査に加えて、セキュリティ体制やセキュリティ対策状況も審査する対策例がある。このときの審査方法としては、外部機関による監査の結果や認証等の取得状況を提供・開示してもらう、取引（予定）先にチェックリスト形式でセキュリティ体制やセキュリティ対策状況を報告してもらう、自社のセキュリティ部門・部署がヒアリング・インタビュー等をする、場合によっては外部専門家に審査してもらうといった方法がある。また、サプライチェーン上での対策の底上げとして、サイバーセキュリティお助け隊等の中小企業向け施策を活用するなども考えられる[5]。

　　その他の対策例としては、取引を開始したときには、契約上の監査条項に基づいて実地監査をする、委託取引の場合は委託先に対してサイバーセキュリティに関する教育・研修を実施するといった方法が考えられる。なお、外部監査等も、大きく分けると、セキュリティ体制自体を監査しているものと、製品・サービスのセキュリティレベル等を監査しているものとがあるため、サプライチェーン・リスクの内容・程度に応じて、いずれを参考とすべきかについて留意を要する[6]。

イ　経営者と担当幹部との関係において

　　経営ガイドラインにおいては、「自社のみならず、国内外の拠点、ビジネスパートナーや委託先等、サプライチェーン全体にわたるサイバーセキュリティ対策への目配りが必要」（同 12 頁）として、経営者がサイバーセキュリティ対策を実施する上での責任者となる担当幹部に対して以下の指示をすることが必要としている。（同 29 頁）。

　　①　サプライチェーン全体にわたって適切なサイバーセキュリティ対策が講じられるよう、国内外の拠点、ビジネスパートナーやシステム管理の運用委託先等を含めた対策状況の把握を行わせる。

　　②　ビジネスパートナー等との契約において、サイバーセキュリティリスクへの対応に関して担うべき役割と責任範囲を明確化するとともに、対策の導入支援や共同

---

[3]　経営ガイドライン 29 頁参照。
[4]　経営ガイドライン 3 頁参照。
[5]　経営ガイドライン 30 頁参照。
[6]　たとえば、前者については、ISMS が知られており、後者については、SOC 2（Service and Organization Controls 2）報告書の開示を受ける、ペネトレーションテストや脆弱性診断の結果を秘密保持義務を負った上で開示してもらう、ISMAP クラウドサービスリスト（詳細は Q46 参照）を参考にするといった方法が考えられる。

実施等、サプライチェーン全体での方策の実効性を高めるための適切な方策を検討させる。

ウ　再委託先について

再委託を行うに当たっては、サプライチェーン・リスク対策として、委託先による再委託先の監督を求めることや、委託先に求められる水準と同等のセキュリティ水準を再委託先においても確保することを条件とすることが考えられる。

具体的には、委託先からの再委託・再々委託を何次までと制限する、再委託先を通知してもらい事前承諾を要求するといった対策例が考えられる。

エ　認証・保証報告書の取得について

上記アのとおり、取引先から取引条件として求められることから、又は、取引先のサイバーセキュリティ対策の状況確認のコストの低減につながることから、情報セキュリティマネジメントシステムに関する認証を取得する企業もいる（なお、技術等情報の適切な管理に係る認証制度についてはQ49参照）。

その他第三者機関に自社のサイバーセキュリティ対策を含めた内部統制を評価してもらい、その結果を取引（予定）先に報告してもらうというサービスを利用することも考えられる。

（3）法律上の留意点について

サプライチェーン・リスク対策は、その一環として、取引先に対してサイバーセキュリティ対策を求めることも含まれていることから、独占禁止法に抵触しないかが懸念される。

具体的には、不公正な取引方法（独占禁止法第2条第9項、第19条）のうち、①その他の取引拒絶（一般指定72項）、②拘束条件付取引（一般指定12項）、③優越的地位の濫用（独占禁止法第2条第9項第5号）、又は④下請法に抵触しないかが問題となる。

ア　その他の取引拒絶（一般指定2項）

（ア）基準

その他の取引拒絶とは、「不当に、ある事業者に対し取引を拒絶し若しくは取引に係る商品若しくは役務の数量若しくは内容を制限し、又は他の事業者にこれらに該当する行為をさせること」とされている。

「流通・取引慣行ガイドライン」[8]は、単独の直接取引拒絶について、「事業者がどの事業者と取引するかは、基本的には事業者の取引先選択の自由の問題である。事業者が、価格、品質、サービス等の要因を考慮して、独自の判断によって、ある事業者と取引し

---

[7] 独占禁止法第2条第9項第6号イからヘのいずれかに該当する行為であって、公正な競争を阻害するおそれがあるもののうち、公取委が指定するものであって、全ての業種について適用されるものを「一般指定」といい、昭和57年6月18日公取委告示第15号（改正平成21年10月28日公取委告示第18号）（https://www.jftc.go.jp/dk/guideline/fukousei.html）により指定されている。

[8] 公正取引委員会事務局「流通・取引慣行に関する独占禁止法上の指針」（https://www.jftc.go.jp/dk/guideline/unyoukijun/ryutsutorihiki.html）

ないこととしても、基本的には独占禁止法上問題となるものではない。しかし、事業者が単独で行う取引拒絶であっても、例外的に、独占禁止法上違法な行為の実効を確保するための手段として取引を拒絶する場合には違法となり、また、競争者を市場から排除するなどの独占禁止法上不当な目的を達成するための手段として取引を拒絶する場合には独占禁止法上問題となる」（同35頁）との考え方を示した上で、市場における有力な事業者が競争者を市場から排除するなどの独占禁止法上不当な目的を達成するための手段として取引を拒絶し、これによって取引を拒絶される事業者の通常の事業活動が困難となるおそれがある場合には独占禁止法上問題となるとしている。

（イ）検討

よって、真にサプライチェーン・リスク対策を目的として、取引先に一定のサイバーセキュリティ対策を求め、当該対策ができない場合に取引を拒絶することは、独占禁止法上違法な行為の実効を確保するための手段として取引を拒絶しているとはいえず、また、「競争者を市場から排除する」といった目的を達成するためとはいえないことから、基本的には独占禁止法上問題となる場合は想定し難いといえる。

イ　拘束条件付取引（一般指定12項）

（ア）基準

拘束条件付取引とは、独占禁止「法第2条第9項第4号又は前項[9]に該当する行為のほか、相手方とその取引の相手方との取引その他相手方の事業活動を不当に拘束する条件をつけて、当該相手方と取引すること」とされている。

考え方としては、前掲「流通・取引慣行ガイドライン」が「垂直的制限行為に係る適法・違法性判断基準」を示している。「垂直的制限行為」とは、事業者が取引先事業者の販売価格、取扱商品、販売地域、取引先等の制限を行う行為をいい、①再販売価格維持行為と、②取引先事業者の取扱商品、販売地域、取引先等の制限を行う行為（「非価格制限行為」という。）とに分類される。

上記基準に照らすと、まず、通常、取引先にサイバーセキュリティ対策を求めることが再販価格維持（上記①）につながることは考えられない。

次に、「非価格制限行為」（上記②）の考え方を見ると、「非価格制限行為は、一般的に、その行為類型及び個別具体的なケースごとに市場の競争に与える影響が異なる。すなわち、非価格制限行為の中には、[1]行為類型のみから違法と判断されるのではなく、個々のケースに応じて、当該行為を行う事業者の市場における地位等から、『市場閉鎖効果が生じる場合』や、『価格維持効果が生じる場合』といった公正な競争を阻害するおそれがある場合に当たるか否かが判断されるもの及び[2]通常、価格競争を阻害するおそれがあり、当該行為を行う事業者の市場における地位を問わず、原則として公正な競争を阻害するおそれがあると判断されるものがある」（同5頁）とのことである。ま

---

[9] 不当に、相手方が競争者と取引しないことを条件として当該相手方と取引し、競争者の取引の機会を減少させるおそれがあること（一般指定11項）。

た、「市場閉鎖効果が生じる場合」とは、「非価格制限行為により、新規参入者や既存の競争者にとって、代替的な取引先を容易に確保することができなくなり、事業活動に要する費用が引き上げられる、新規参入や新商品開発等の意欲が損なわれるといった、新規参入者や既存の競争者が排除される又はこれらの取引機会が減少するような状態をもたらすおそれが生じる場合をいう」（同5頁）とのことである。

（イ）検討

上記考え方に照らすと、取引先に一定のサイバーセキュリティ対策を求める場合、自社が当該対策を実施し得る代替的な取引先を容易に確保することができなくなる可能性はあっても、新規参入者や既存の競争者において代替的な取引先を容易に確保することができなくなることは想定し難いといえる。

よって、取引先に一定のサイバーセキュリティ対策を求めることが不公正な取引方法に該当し、独占禁止法上問題となる場合は想定し難いといえる。

ウ　優越的地位の濫用

（ア）基準

優越的地位の濫用とは、独占禁止法第2条第9項第5号に定義されるように、「自己の取引上の地位が相手方に優越していることを利用して、正常な商慣習に照らして不当に」、（イ）「継続して取引する相手方（新たに継続して取引しようとする相手方を含む。ロにおいて同じ。）に対して、当該取引に係る商品又は役務以外の商品又は役務を購入させること」、（ロ）「継続して取引する相手方に対して、自己のために金銭、役務その他の経済上の利益を提供させること」、又は（ハ）「取引の相手方からの取引に係る商品の受領を拒み、取引の相手方から取引に係る商品を受領した後当該商品を当該取引の相手方に引き取らせ、取引の相手方に対して取引の対価の支払を遅らせ、若しくはその額を減じ、その他取引の相手方に不利益となるように取引の条件を設定し、若しくは変更し、又は取引を実施すること」をいう。

「優越的地位濫用ガイドライン」[10]によれば、正常な商慣習に照らして不当である場合とは、「公正な競争を阻害するおそれ」（公正競争阻害性）がある場合をいう。この公正競争阻害性については、「問題となる不利益の程度、行為の広がり等を考慮して、個別の事案ごとに判断することになる。例えば、①行為者が多数の取引の相手方に対して組織的に不利益を与える場合、②特定の取引の相手方に対してしか不利益を与えていないときであっても、その不利益の程度が強い、又はその行為を放置すれば他に波及するおそれがある場合には、公正な競争を阻害するおそれがあると認められやすい」とのことである。

なお、現行の「優越的地位濫用ガイドライン」においては、想定例としてサプライチェーン・リスク対策は示されてはいないが、「ここに示されていないものを含め、具体

---

[10] 公取委「優越的地位の濫用に関する独占禁止法上の考え方」（https://www.jftc.go.jp/hourei_files/yuuetsutekichii.pdf）

的な行為が優越的地位の濫用として問題となるかどうかは、独占禁止法の規定に照らして個別の事案ごとに判断されるものであることはいうまでもない」とされる。

（イ）検討

よって、自社が優越的な地位にある場合には、取引先に対して一定のサイバーセキュリティ対策を求めることが、正常な商慣習に照らして不当に、継続して取引する相手方に、自己の指定する事業者が供給する商品又は役務、つまり、当該取引に係る商品又は役務以外の商品又は役務を購入させること（独占禁止法第2条第9項第5号イ参照）に該当しないか、又は、一方的に、取引の条件を設定し、若しくは変更し、又は取引を実施する場合に、当該取引の相手方に正常な商慣習に照らして不当に不利益を与えること（同号ハ参照）に該当しないかという点に留意する必要があるといえる。

エ　下請法（下請代金支払遅延等防止法（昭和31年法律第120号））

（ア）基準

下請法は、事業者の資本金規模と取引の内容により規制対象を画するものである[11]。取引の内容としては、①製造委託、②修理委託、③情報成果物作成委託、④役務提供委託の4種類が対象となる。

そして、資本金規模と取引の内容が下請法の定める要件に該当する場合には、下請法上の親事業者又は下請事業者に該当し、親事業者に対して、書面の交付義務等が課せられ、加えて、下請法第4条第1項各号及び第2項各号に規定される行為が禁止される。

親事業者の禁止行為としては、受領拒否、下請代金の支払遅延、下請代金の減額、返品、買いたたき、購入・利用強制、報復措置、有償支給原材料等の対価の早期決済、割引困難な手形の交付、不当な経済上の利益の提供要請、および、不当な給付内容の変更及び不当なやり直しの11種類がある。

このうち、「購入・利用強制」とは、「下請代金支払遅延等防止法に関する運用基準」[12]によれば、「下請事業者の給付の内容を均質にし、又はその改善を図るため必要がある場合その他正当な理由がある場合を除き、自己の指定する物を強制して購入させ、又は役務を強制して利用させること」により、下請事業者にその対価を負担させることをいう。

（イ）検討

よって、親事業者は、下請事業者に対して自己の指定するサイバーセキュリティ対策に関する物品の購入又は役務の利用を強制する場合には、「下請事業者の給付の内容を均質にし、又はその改善を図るため」の必要があるか、又はその他正当な理由がないと、「購入・利用強制の禁止」（下請法第4条第1項第6号）に抵触し得るため、留意する必要があるといえる。

---

[11] 公取委ウェブサイト「下請法の概要」（https://www.jftc.go.jp/shitauke/shitaukegaiyo/gaiyo.html）

[12] https://www.jftc.go.jp/shitauke/legislation/unyou.html

（4）参考：政府機関等におけるサプライチェーン・リスク対策

　国の行政機関・独立行政法人・サイバーセキュリティ基本法に定める指定法人（以下「政府機関等」という。）においては、平成30年12月に、各府省庁間で「IT調達に係る国等の物品等又は役務の調達方針及び調達手続に関する申合せ」[13]がなされ、これに基づきサプライチェーン・リスク対策が実施されている。同申合せは、政府の重要業務に係るIT調達（システムの開発、保守・運用、及び当該システムで扱われるデータの管理・処理の外部委託等を含む。）におけるサイバーセキュリティ上の深刻な悪影響を軽減するための新たな取組みが必要であるとの判断に基づき、サプライチェーン・リスク対策のより具体的な方策として平成30年12月に決定され、国の行政機関のみを対象として運用を開始したが、令和2年6月の改正により、独立行政法人・サイバーセキュリティ基本法に定める指定法人も対象に広げることとなった[14]。

　同申合せに基づき、政府機関等によるIT調達のうち、下記5つの重要性の観点から、より一層サプライチェーン・リスクに対応することが必要であると判断されるものを行う際には、価格面のみならず、総合評価落札方式等の総合的な評価を行う契約方式を採用し、原則として、NISC及びデジタル庁の助言を求めなければならない。

① 国家安全保障及び治安関係の業務を行うシステム
② 機密性の高い情報を取り扱うシステム並びに情報の漏えい及び情報の改ざんによる社会的・経済的混乱を招くおそれのある情報を取り扱うシステム
③ 番号制度関係の業務を行うシステム等、個人情報をきわめて大量に取り扱う業務を行うシステム
④ 機能停止等の場合、各省庁における業務遂行に著しい影響を及ぼす基幹業務システム、LAN等の基盤システム、
⑤ 運営経費がきわめて大きいシステム

　同申合せの決定から令和2年3月までの間に、NISCから各府省庁に対して1,952件の助言が行われており、そのうち、サプライチェーン・リスクの懸念が払しょくできない機器等が含まれているとの助言が行われた割合は、約4%（83件）であった。

3．参考資料（法令・ガイドラインなど）

本文中に記載のとおり

4．裁判例

特になし

---

[13] https://www.nisc.go.jp/pdf/policy/general/chotatsu_moshiawase.pdf
[14] その後、令和3年、令和5年にも改正が行われている。
https://www.nisc.go.jp/pdf/policy/kihon-2/IT_moushiawase.pdf

Q48 情報処理安全確保支援士

「情報処理安全確保支援士」とはどのような者か。サイバーセキュリティとどのような関係があるのか。

タグ：情促法、情報処理安全確保支援士、情報セキュリティサービス基準

1．概要

　情報処理安全確保支援士は、平成28年に創設されたサイバーセキュリティに関する専門人材の国家資格である。情報処理安全確保支援士になるためには、試験に合格するなどにより登録資格を得た上で、登録手続きをする必要があり、令和5年4月1日時点で2万人超が登録されている。情報処理安全確保支援士には、守秘義務等の義務が課されることとなるが、登録者は他の資格取得に当たって優遇を得られることがある。

2．解説

（1）意義、役割について

　平成28年に情促法が改正され、国家資格として情報処理安全確保支援士（以下「登録セキスペ」という。）[1]制度が創設された。登録セキスペは、サイバーセキュリティに関する相談に応じ、必要な情報の提供及び助言を行うとともに、必要に応じその取組みの実施の状況についての調査、分析及び評価を行い、その結果に基づき指導及び助言を行うことその他事業者その他の電子計算機を利用する者のサイバーセキュリティの確保を支援することを業務としている。また、セキュリティの専門家のみならず、IT及びセキュリティを専門としない人にも説明・連携するという役割が求められている。

　具体的には、企業の事業リスクのうち、情報セキュリティリスクについて、経営層、事業部門に対して平易な説明を行い、必要な支援、協力、連携を取り付けることや、セキュリティ事故が発生した際にも、必要な専門家と連携しながら、早期に回復できるように、経営層、事業部門、情シス部門相互間の橋渡しの推進を行うことなどが期待されている。

（2）登録セキスペとなるための要件について

　登録セキスペになるためには、毎年春期と秋期に実施される情報処理安全確保支援士試験に合格するなどにより登録資格を得た上で、登録手続を行う必要がある。令和5年4月時点で21,633名が登録されている。

---

[1] 通称として「登録セキスペ（登録情報セキュリティスペシャリスト）」、英語名として「RISS（Registered Information Security Specialist）」がある。

（3）法令上の義務等

ア　法令上の義務

① 信用失墜行為の禁止義務（情促法第 24 条）

登録セキスペは、その信用を傷つけるような行為をしてはならない。

② 秘密保持義務（情促法第 25 条）

登録セキスペは、正当な理由がなく、その業務に関して知り得た秘密を漏らし、又は盗用してはならない。登録セキスペでなくなった後においても同様である。

③ 講習の受講義務（情促法第 26 条）

登録セキスペは、オンライン講習を毎年 1 回、集合講習を 3 年に 1 回受講しなければならない。

これらの義務に違反した場合、登録の取消し、又は名称の使用停止処分の対象となり（情促法第 19 条第 2 項）、秘密保持義務に違反した場合は、これに加え刑事罰の対象となる（情促法第 59 条第 1 項）。なお、これは、告訴がなければ公訴を提起することができない親告罪である（同条第 2 項）。

イ　名称独占（情促法第 27 条）

登録セキスペでない者は、「情報処理安全確保支援士」という名称を用いてはならない。逆に言えば、登録セキスペのみが、「情報処理安全確保支援士」という資格名称を名刺や論文等に掲示することができる。これに違反した場合、30 万円の罰金が科される（情促法第 61 条第 2 号）。

ウ　登録の更新（情促法 15 条 2 項）

登録セキスペの有効期限は、登録日又は更新日から起算して 3 年であり、3 年ごとに、義務付けられた講習を全て修了した上で更新手続をしなければ効力を失う（令和 2 年情促法改正により導入）ため、その点留意が必要である。

（4）登録セキスペとなることのメリット

登録セキスペとなった者は、毎年の講習による知識の最新化や、集合講習などの場での登録セキスペ同士のつながりなどで、継続的に知識・スキルを習得することができる。

また、登録セキスペについては、関連資格取得についての優遇措置があり、現在、情報セキュリティ監査人の業務に携わるための資格取得の優遇制度[2]がある。

なお、2019 年 8 月には、登録セキスペの自己研鑽や相互共助によるスキル維持及びスキル向上の場の提供や、登録セキスペ同士のつながりを広げ深めるための交流活動などを目的とした情報処理安全確保支援士会（JP-RISSA）が任意団体として発足した。

---

[2] 特定非営利活動法人日本セキュリティ監査協会(JASA)「高度情報セキュリティ資格特例制度」

（5）登録セキスペを社内に持つことの意義

ア　ITベンダの場合

　ITベンダ企業の場合、登録セキスペが社員としていることで、顧客視点でのセキュリティ要求事項の理解が進むこととなる。

　また、情報セキュリティサービス（情報セキュリティ監査サービス、脆弱性診断サービス、デジタルフォレンジックサービス、セキュリティ監視・運用サービス、機器検証サービスのいずれか又は全てのサービス）に関する一定の基準を設けることで、国民が情報セキュリティサービスを安心して活用することができる環境を醸成することを目的として経産省が策定した「情報セキュリティサービス基準第3版」（令和5年3月30日）においては、情報セキュリティサービスの提供に辺り、専門性を有する者の在籍状況を技術要件としているところ、脆弱性診断サービス、デジタルフォレンジックサービス、セキュリティ監視・運用サービス、機器検証サービスの提供に必要な専門性を満たす資格者として、登録セキスペが挙げられている。

イ　ユーザ企業の場合

　ITを利活用する企業、組織においては、登録セキスペを社員として情報セキュリティ関連部門に配置することで、経営層と一体となったセキュリティ対策を推進することができ、例えば、セキュリティポリシーの策定、サイバーセキュリティリスクの把握及びこれに対応するために必要となる対策の検討など、自社において、対応が可能となる。

　加えて、登録セキスペはセキュリティの専門家であることから、システム調達先やセキュリティベンダと密に連携を取ることができ、サイバーセキュリティリスクを許容できる程度まで低減させる対策が可能となる。

3．参考資料（法令・ガイドラインなど）

・情促法第6条から第61条
・経産省「情報セキュリティサービス基準第3版」（令和5年3月30日）

4．裁判例

特になし

Q49 技術情報管理認証制度について

> 「技術情報管理認証制度」は、どのような制度か。

> タグ：産業競争力強化法、技術情報管理認証制度、技術等情報漏えい防止措置、重要技術マネジメント、現地審査を含む認証、情報セキュリティ、第三者認証

１．概要

　この制度は、事業者が保有する技術等情報（技術及びこれに関する研究開発の成果、生産方法その他の事業活動に有用な情報）について、事業者の適切な管理を担保するため、産業競争力強化法に基づき、技術等情報を適切に管理している事業者を国が認定した第三者が審査し、認証する制度（以下「本認証制度」という。）である。

２．解説

（１）背景・経緯

　事業者にとって重要な技術等情報の管理（守り方）については、専門家等による意見も踏まえて、経産省が「重要技術管理ガイドライン」（平成29年4月公表）[1]を作成したところ、事業者から、ガイドライン遵守についての認証制度創設の要望が聞かれた[2]。

　加えて、信頼できる取引先等との技術等情報の共有の円滑化がイノベーション促進の観点等から重要とされる中、日本経済の基盤を支え、国内企業数の99％を占める中小企業等における技術等情報の管理を適確に進めていくことが不可欠であるものの[3]、情報セキュリティの自己評価に関するアンケートを中小企業に対して実施したところ、情報セキュリティ体制を整えるだけのリソースがない、どの情報が重要なのか分からない、重要情報をどのように管理すればいいか分からない等の理由から、情報セキュリティの取組を全く行っていないと答えた企業が3割程度あった[3]。

（２）要旨

　本認証制度は、上記背景を踏まえ、技術等情報について、事業者の適切な管理を担保する

---

[1] 経産省製造産業局「製造産業における重要技術の情報の適切な管理に関する基準となる考え方の指針（ガイドライン）（初版）」（平成29年4月）
　　https://warp.da.ndl.go.jp/info:ndljp/pid/11554520/www.meti.go.jp/policy/mono_info_service/mono/technology_management/guideline0.pdf

[2] 株式会社三菱総合研究所「平成30年度中小企業等の技術情報管理状況等調査事業報告書」（平成31年3月29日）所収・技術等情報漏えい防止措置に係る検討会（仮称）資料1-4-1　技術等の情報の管理に係る認証機関の認定制度の創設　https://warp.da.ndl.go.jp/info:ndljp/pid/11663694/www.meti.go.jp/meti_lib/report/H30FY/000010.pdf

[3] 株式会社三菱総合研究所「平成30年度中小企業等の技術情報管理状況等調査事業報告書」（平成31年3月29日）5頁、22頁　https://warp.da.ndl.go.jp/info:ndljp/pid/11663694/www.meti.go.jp/meti_lib/report/H30FY/000010.pdf

ため、事業者の情報セキュリティ対策の取組が国で示した「守り方」に即していることを、国が認定した「認定技術等情報漏えい防止措置認証機関」（以下「認証機関」という。）の審査によって確認されれば、認証を受けられる制度である。

下記のとおり、国に認定された認証機関が事業者を認証するという仕組みとなっており、令和5年3月末時点で、8機関が認証機関として認定されている。

本認証制度による認証を取得することにより、自社が適切な情報セキュリティ対策の取組を行っていることを対外的に示すことができるとともに、取引先から実際の確認（監査）を行うことなく情報管理レベルを把握してもらうことができ、取引先との関係で一定の信頼性を確保することができる。

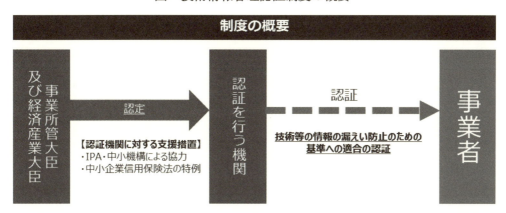

図　技術情報管理認証制度の概要[4]

また、「守り方」については、事業者、有識者の意見やパブリックコメントを踏まえて、「技術及びこれに関する研究開発の成果、生産方法その他の事業活動に有用な情報の漏えいを防止するために必要な措置に関する基準」（認証基準）が告示として制定され、示されている[5]。

なお、経産省は、認証基準をもとに自社の情報セキュリティ対策の状況確認に活用できる「技術情報管理　自己チェックリスト」[6]を公表しており参考になる。

（3）情報セキュリティマネジメントシステム（ISMS）認証との違い

本認証制度は、法律に基づく制度であるほか、自社のレベルに合わせて実際に導入する情報セキュリティ対策を選択できる制度として設計されており、また、認証機関による指導・

---

[4] 経産省技術情報管理認証制度ポータルサイト（https://www.meti.go.jp/policy/mono_info_service/mono/technology_management/index.html）【現在では、図が新しいものになっているが、内容に変更はない】
[5] https://www.meti.go.jp/policy/mono_info_service/mono/technology_management/pdf/08.pdf
[6] https://www.meti.go.jp/policy/mono_info_service/mono/technology_management/page03.html

助言が認められるなど、情報セキュリティ体制の構築が難しい比較的規模が小さい事業者でも認証を取得することができ、ISMS 認証[7]を取得するためのリソースが十分にない事業者でも活用することができる。

3．参考資料（法令・ガイドラインなど）

・産業競争力強化法第 2 条第 23 項、第 67 条
・技術及びこれに関する研究開発の成果、生産方法その他の事業活動に有用な情報の漏えいを防止するために必要な措置に関する基準（認証基準、関係省庁共同告示第 3 号）[8]
・技術等情報漏えい防止措置の実施の促進に関する指針（促進指針、関係省庁共同告示第 3 号）[9]
・「技術情報管理認証制度」ポータルサイト[10]

4．裁判例

特になし

---

[7] ISMS については Q51 を参照
[8] 平成 30 年 9 月 25 日内閣府、総務省、財務省、文部科学省、厚生労働省、農林水産省、経済産業省、国土交通省、環境省告示第 3 号
　https://www.meti.go.jp/policy/mono_info_service/mono/technology_management/pdf/08.pdf
[9] 令和 4 年 7 月 29 日内閣府、総務省、財務省、文部科学省、厚生労働省、農林水産省、経済産業省、国土交通省、環境省告示第 3 号
　https://www.meti.go.jp/policy/mono_info_service/mono/technology_management/pdf/02.pdf
[10] 「技術情報管理認証制度」ポータルサイト
　https://www.meti.go.jp/policy/mono_info_service/mono/technology_management/index.html

Q50 DX認定・DX銘柄とサイバーセキュリティ

デジタルガバナンス・コードに基づくDX認定、DX銘柄とは何か。認定に際してサイバーセキュリティはどのような位置づけになっているのか。

タグ：DX銘柄、DX認定、デジタルガバナンス・コード、プライバシーガバナンスガイドブック、情促法、IPA

1．概要

　DX認定制度とは、日本におけるDXの遅れを踏まえて、各事業者に、ただのデジタル化ではなく、経営戦略としてデジタル技術の活用を前提としてビジネスモデル等を抜本的に変革し、新たな成長・競争力強化につなげていく「デジタルトランスフォーメーション（DX）」に取り組み、新しい価値を創造するインセンティブを与えるため、令和2年5月15日に施行された改正情促法に基づく認定制度である。経産省が策定したデジタルガバナンス・コードの認定基準等を踏まえ、当該認定がなされる。

　また、DX銘柄とは、経産省及び東京証券取引所によって、「デジタルトランスフォーメーション（DX）」に取り組んでいると選定された企業のことであり、これも令和2年から始まった。「DX銘柄」の選定においては、DX認定制度やデジタルガバナンス・コードと有機的に連動するように評価基準が設けられている。

2．解説

（1）DXの現状

　DXとは、「企業がビジネス環境の激しい変化に対応し、データとデジタル技術を活用して、顧客や社会のニーズを基に、製品やサービス、ビジネスモデルを変革するとともに、業務そのものや、組織、プロセス、企業文化・風土を変革し、競争上の優位性を確立すること」をいうとされている[1]。これは、ただ情報・各種プロセスを電子化する、データを利活用する、人力作業をAIやRPA（Robotic Process Automation）で代替することで効率化・コストダウンを図るのみではなく、経営戦略として、データ・デジタル技術を利用し、情報・各種プロセス・人的物的リソース・サービスを有機的につなぎ、これまで効率化や人的物的リソースの投入だけでは実現できなかった、ビジネスモデルの刷新やユーザ視点での新しい価値の創造・質の向上、組織における変革を起こすことを指す。

　日本においては、デジタル化も遅れているが、経営陣も巻き込んだ経営戦略として、データ・デジタル技術を活用するDXはさらに遅れており、ユーザのニーズに応えられていない

---

[1] 経産省商務情報政策局情報技術利用促進課「DX認定制度の概要及び申請のポイントについて」（令和3年8月6日）
https://www.meti.go.jp/policy/it_policy/investment/dx-nintei/0806_dx-certification_point.pdf

だけでなく、海外企業との競争という観点からも苦境に立たされている。

（２）DX 認定

上記（１）のような状況を踏まえ、日本における DX を促進するため、DX 認定制度が創設された。

ア　具体的なプロセス

申請対象となるのは全ての事業者であり、これには、法人（会社のほか、公益法人等を含む。）及び個人が含まれる。これらの事業者が DX 認定を受けるに当たっては、概ね、以下のようなプロセスを経ることが想定されている。なお、申請は通年可能であり、令和 5 年 4 月現在、654 の事業者が DX 認定を受けている[2]。

①データ・デジタル技術の進展、世界のトレンドを踏まえた経営ビジョンの策定

②経営ビジョンに基づくビジネスモデルを実現するためのデータ・デジタル技術の活用を組み込んだ戦略、体制・組織案、IT システムの整備に向けた方策を盛り込んだ DX 戦略を策定

③取締役会等において、①及び②について承認の上、その内容を公表

④DX 戦略の達成度を測る指標（KPI）を設定し、戦略の推進状況を管理するための仕組み（DX 戦略推進管理体制）を策定し、内容を公表

⑤経営者による戦略推進状況等の情報発信、KPI の達成状況を踏まえた自己分析・PDCA サイクルの実行、DX 時代におけるセキュリティ監査報告書の作成等

上記プロセスを経た後、当該事業者は、IPA に対して認定の申請を行う。後述するデジタルガバナンス・コードを基準とした IPA の審査結果を踏まえ、経産省によって認定される。

イ　メリット

DX 認定を受けることより、以下のようなメリットが挙げられる。

まず、上記のような DX 認定のためのプロセスを通じ、当該事業者における事業の効率化等が図られることになる。

また、時限的な措置ではあるものの、デジタル環境の構築（クラウド化等）による企業変革に向けた投資について、税額控除（5%・3%）又は特別償却（30%）が可能な DX 投資推進税制の適用を受けることが可能となる[3]。なお、当該事業者が中小企業である場合には、日本政策金融公庫による融資の際に基準金利よりも低い利率での融資を受けることが可能であり、また、民間金融機関からの融資を受ける際の信用保証協会による信用保証について、追加補償や保証枠の拡大が受けることが可能となる。

---

[2] 詳細は、IPA ウェブサイト「DX 認定制度 認定事業者の一覧を参照 https://disclosure.dx-portal.ipa.go.jp/p/dxcp/top

[3] 当該税制の適用を受けるためには別途要件が定められているところ、詳細は財務省作成の右記ウェブサイト参照（「3 法人課税…令和 3 年度税制改正 令和 3 年 3 月」（https://www.mof.go.jp/tax_policy/publication/brochure/zeisei21/03.htm））

さらに、国から「DX 推進の先進的な取り組みを行う事業者である」とのお墨付きが与えられ、その旨が IPA のウェブサイトにも掲載されるとともに、DX 認定制度ロゴマークの利用が可能になる。DX 認定を受けた事業者は、これらを用いて自社のブランディングを図ることによって、人材の募集等にやく立てることができるほか、顧客や取引先の獲得にも繋がり得る。

（3）デジタルガバナンス・コード

経産省は、経営者に求められる企業価値向上に向けて実践すべき事柄をデジタルガバナンス・コード[4]として取りまとめた。当該コードは、以下の 4 つの柱から構成されており、概ね、各柱について、(i)基本的な事項、(ii)DX 認定のための認定基準、(iii)望ましい方向性、及び(iv)取組例を説明している。また、2 年に一度見直しに向けた議論を行うこととされていることから、令和 4 年には改訂版となる「デジタルガバナンス・コード 2.0」が公表された[5]。

①ビジョン・ビジネスモデル
②戦略（組織づくり・人材・企業文化に関する方策、IT システム・デジタル技術活用環境の整備に関する方策）
③成果と重要な成果指標
④ガバナンスシステム

特にサイバーセキュリティの関係では、④ガバナンスシステムにおいて、柱となる考え方として経営者が事業実施の前提となるサイバーセキュリティリスク等に対して適切に対応を行うべきであるとされ、DX 認定基準として、戦略の実施の前提となるサイバーセキュリティ対策を推進していることが挙げられている。この認定基準を満たすかどうかは、経営ガイドライン等に基づき対策を行い、セキュリティ監査（内部監査を含む）を行っていることの説明文書等の提出をもって確認するとされている。

関連して、経産省及び総務省は、Society5.0 の時代における企業の役割、プライバシーの考え方や企業のプライバシーガバナンスの重要性を前提に、令和 2 年 8 月に「DX 時代における企業のプライバシーガバナンスガイドブック ver1.0」を公開し、令和 4 年 2 月には、参考となる具体的な事例を更新した ver1.2 を公開しており[6]、DX を推し進める企業がプライバシーガバナンスを検討するうえで参考になると思われる。

（4）DX 銘柄

経産省は、企業の戦略的 IT 利活用の促進に向けた取組みの一環として、東京証券取引所と共同で、2015 年から、中長期的な企業価値の向上や競争力の強化のために、経営革新、

---

[4] 経産省「デジタルガバナンス・コード」（令和 2 年 11 月 9 日）
https://www.meti.go.jp/shingikai/mono_info_service/dgs5/pdf/20201109_01.pdf
[5] https://www.meti.go.jp/policy/it_policy/investment/dgc/dgc.html
[6] https://www.meti.go.jp/press/2021/02/20220218001/20220218001.html

収益水準・生産性の向上をもたらす積極的な IT 利活用に取り組んでいる企業を「攻めの IT 経営銘柄」として選定してきたが、令和 2 年からは、デジタル技術を前提として、ビジネスモデル等を抜本的に変革し、新たな成長・競争力強化につなげていく「デジタルトランスフォーメーション（DX)」に取り組む企業を「デジタルトランスフォーメーション銘柄（DX 銘柄)」として選定することとした[7]。

　令和 3 年の「DX 銘柄」の選定において、DX 認定制度やデジタルガバナンス・コードと有機的に連動するように評価基準の整理を実施。それ以降、当該企業の選定に当たっては、「企業価値貢献」及び「DX 実現能力」という観点での評価が実施され、これらが高い東京証券取引所に上場している企業が「DX 銘柄」として選定されている。

3．参考資料（法令・ガイドラインなど）
・情促法
・デジタルガバナンス・コード
・経営ガイドライン
・DX 時代における企業のプライバシーガバナンスガイドブック ver1.2

4．裁判例
特になし

---

[7] 詳細は、経産省作成の右記ウェブサイト参照（「DX 銘柄／攻めの IT 経営銘柄」（https://www.meti.go.jp/policy/it_policy/investment/keiei_meigara/dx_meigara.html））

Q51 サイバーセキュリティに関する規格等と NIST SP800 シリーズ

サイバーセキュリティに関する規格等としてどのようなものがあるか。また、米国国立標準技術研究所(NIST)が公開している SP800 シリーズとは何か。サイバーセキュリティ対策に関してどのようなものがあるのか。

タグ：ISO/IEC 27000、JIS Q 15001、プライバシーマーク、NIST、FISMA、FIPS、SP800 シリーズ、NIST CSF、NIST PF

1．概要

　サイバーセキュリティに関係する規格として、ISO/IEC27000 シリーズや、JIS Q 15001 等が挙げられる。後者については、一般財団法人日本情報経済社会推進協会(JIPDEC)がプライバシーマーク制度を運用している。

　米国 NIST は、サイバーセキュリティの関係でも、技術仕様やベスト・プラクティス等をまとめたレポートを数多く公表している。NIST が公表しているレポートのうち、実務上特に重要なものとして、例えば、SP800-53、SP800-171、NIST CSF 及び NIST PF が挙げられる。

2．解説

（1）ISO/IEC27000 シリーズ

　情報セキュリティに関する国際規格として、ISO/IEC27000 シリーズがある。これは、情報セキュリティマネジメントシステム（ISMS: Information Security Management System）に関する規格群であり、JIS としても、JIS Q 27000 シリーズとして制定されている。主なものとして以下の規格がある。

ISO/IEC27000 Information technology — Security techniques — Information security management systems — Overview and vocabulary	ISO/IEC27000 シリーズにおける用語の定義等
ISO/IEC27001 Information security, cybersecurity and privacy protection — Information security management systems — Requirements	ISMS の構築に対して組織が遵守すべき要求事項を定めたもの
ISO/IEC27002 Information security, cybersecurity and privacy protection — Information security controls	情報セキュリティマネジメントを実施するためのベストプラクティス

249

ISO/IEC27017 Information technology — Security techniques — Code of practice for information security controls based on ISO/IEC 27002 for cloud services	ISO/IEC27002 に基づき、クラウドサービスのための情報セキュリティ管理策の実践の規範を定める規格
ISO/IEC27701 Security techniques — Extension to ISO/IEC 27001 and ISO/IEC 27002 for privacy information management — Requirements and guidelines	ISO/IEC 27001 および ISO/IEC 27002 の拡張規格。プライバシー保護のための要求事項とガイドラインを規定。

　このうち、要求事項を定める ISO/IEC27001 は、組織が所有する情報資産を機密性・完全性・可用性の観点から適切管理するための包括的な枠組みを提供している。この要求事項に関する認証を取得することも可能であり、一般に、法人単位ではなく、法人内の部署において認証を取得することも可能である。

（2）プライバシーマーク

　JIS Q 15001 は、個人情報保護マネジメントシステム(PMS: Personal information protection Management System)の要求事項を定める JIS であり、事業者が所有する個人情報を特定し、その入手から廃棄に至る一連の個人情報の取扱いを適切管理するための包括的な枠組みを提供している。

　プライバシーマーク制度は、JIS Q 15001 をベースとした審査基準に適合した体制を整備しているかどうかという観点から事業者を評価し、その旨を示すプライバシーマークの使用を認めるという仕組みであり、JIPDEC が運営している。なお、プライバシーマークは法人単位で付与されることとなるため、ISMS 認証と異なり、法人の一部の部署のみで認証を受けることはできない。

　PMS、ISMS ともに、これらは、「マネジメント」のシステムであって、テクノロジーに関する要求事項を定めているわけではないことに留意が必要である。マネジメントシステムであるため、サイバーセキュリティに関する技術的な対策を一通りカバーするものではない。したがって、ISMS、PMS の要求事項を遵守していれば、それ以上のサイバーセキュリティ対策が一切不要になるとまではいえない。

（3）米国国立標準技術研究所(NIST)について

　米国国立標準技術研究所（NIST[1]）は、産業競争力のベースとなる計測技術基盤を強化するために、米国議会が 1901 年に設立した国立規格基準局（National Bureau of Standards）

---

[1] National Institute of Standards and Technology

を前身とし、現在は米国商務省の傘下で科学技術分野における研究を行う政府機関であり、情報セキュリティ分野においても、技術仕様やベスト・プラクティス等をまとめたレポートを数多く公表している。

米国では、平成13年9月11日の同時多発テロ事件を受け、連邦情報セキュリティマネジメント法（FISMA[2]）が制定された。FISMAは、NISTに対して、連邦政府機関の情報セキュリティ強化のための規格やガイドラインの開発を義務付けており、上記NISTが公表しているレポートの一部は、FISMAに基づくものである。

（4）NISTが公表しているレポート

NISTが公表しているレポートは、以下のように分類される。

ア FIPS

NISTがFISMAの規定に基づき策定した、情報セキュリティの規格に係るレポートが、連邦情報処理標準（FIPS[3]）である。代表的な規格として、連邦政府が扱う情報や情報システムのセキュリティレベル、及びセキュリティ脅威の影響度に関する分類規格であるFIPS199、連邦政府の情報や情報システムに対する最低限のセキュリティ要件を定めた規格であるFIPS200がある。

イ SPシリーズ

SP（Special Publications）シリーズは、FIPSの実践に役立つガイドライン、技術仕様、推奨策及び参照資料等をまとめたレポートである。

（ア）SP500シリーズ

SP500シリーズは、基本的な情報システムの取扱いについてのレポートである。

（イ）SP800シリーズ

SP800シリーズは、情報セキュリティ全般にわたるガイド、推奨、技術仕様、NIST活動報告に関するレポートである。

（ウ）SP1800シリーズ

SP1800シリーズは、実用的で使用可能なサイバーセキュリティソリューションに関するレポートである。ベストプラクティスが記載されている等、実践的な文書であり、SP 800-53やフレームワーク等との対応も記載される。

ウ NISTIR（NIST Interagency/Internal Report）

NISTIRは、FIPSやSPシリーズの策定に関する技術研究や仕様検討等の報告を行うレポートである。

エ フレームワーク

上記のほか、NISTは、より包括的・汎用的な枠組を示すドキュメントとしていくつかフレームワークを公開している。サイバーセキュリティに関係するフレームワークとし

---

[2] Federal Information Security Management Act of 2002
[3] Federal Information Processing Standards

て、NIST サイバーセキュリティ・フレームワーク（Framework for Improving Critical Infrastructure Cybersecurity Version 1.1。以下「NIST CSF」という。）及び NIST プライバシー・フレームワーク（NIST Privacy Framework: A Tool for Improving Privacy Through Enterprise Risk Management, Version 1.0。以下「NIST PF」という。）が挙げられる。

（5）NIST が公表しているレポートの概要の紹介

NIST が公表しているレポートのうち、実務上特に重要と考えられるものについて、以下のとおり概要を紹介する。

ア　SP800-53（Revision5）[4]

SP800-53（Revision5）は、脅威やリスクから資産、個人、組織及び国家を守ることを目的として、情報システムのセキュリティ及びプライバシーの対策についてまとめたものである。米国連邦政府機関の情報システムでは、FISMA 等により、SP800-53 の管理策を使用することが義務付けられている。

従前は政府機関のみを対象としていたが、Revision5 では民間組織も対象に追加し、20 のカテゴリー[5]において 1000 を越える多様な管理策が記載されている。

イ　SP800-171（Revision2）[6]

SP800-171（Revision2）は、非連邦政府組織及びシステムにおいて、管理すべき重要情報（CUI:Controlled Unclassified Information）について推奨されるセキュリティの要件を定めている。

ウ　NIST CSF[7]

NIST CSF は、標題は重要インフラをターゲットとしているものであるが、このドキュメントで言及されている対策は、重要インフラであるかどうかや業種を問わずに、汎用的かつ体系的なフレームワークとして参照されている。NIST CSF は、コア（Core）、ティア（Tier）及びプロファイル（Profile）から構成されている。コアは、組織の種類や規模を問わない共通のサイバーセキュリティ対策の一覧であり、ティアは、組織のサイバーセキュリティ対策がどの段階にあるのかを評価する基準であり、プロファイルは、組織のサイバーセキュリティ対策の現在の姿)と目指すべき姿をまとめたものである。そして、コアのサイバーセキュリティ対策は、サイバー攻撃を 100%未然に防ぐことは不可能である

---

[4] https://nvlpubs.nist.gov/nistpubs/SpecialPublications/NIST.SP.800-53r5.pdf
[5] 20 のカテゴリーとは、①アクセス制御、②意識向上及びトレーニング、③監査及び説明責任、④アセスメント、認可及び監視、⑤構成管理、⑥緊急時対応計画、⑦識別及び認証、⑧インシデント対応、⑨メンテナンス、⑩媒体保護、⑪物理的及び環境的保護、⑫計画、⑬プログラムマネジメント、⑭職員のセキュリティ、⑮個人情報の取扱い及び透明性、⑯リスクアセスメント、⑰システム及びサービスの取得、⑱システム及び通信の保護、⑲システム及び情報の完全性、⑳サプライチェーンのリスクマネジメント、である。
[6] https://nvlpubs.nist.gov/nistpubs/SpecialPublications/NIST.SP.800-171r2.pdf
[7] https://nvlpubs.nist.gov/nistpubs/CSWP/NIST.CSWP.04162018.pdf

との前提で、「特定」、「防御」、「検知」、「対応」及び「復旧」の5段階で構成されている。

エ　NIST PF[8]

　NIST PFは、サイバー攻撃に加えて、個人データの処理に関するプライバシーリスクへの対応についても解説を加えたドキュメントである。NIST PFも、NIST CSFと同様、コア、ティア及びプロファイルから構成されているが、コアは、コア（Core）を、「特定」、「統治」、「制御」、「通知」及び「防御」の5段階で構成されている。「統治」、「制御」、「通知」は、NIST CSFでは対応できないプライバシーリスクへの対処を補完するものであり、言及されていない「検知」、「対応」「復旧」は、NIST CSFにより対応することが想定されている。

オ　その他のレポート

　その他、実務上重要性が高いと考えられるレポートとその内容は、以下のとおりである。

文書名	内容
SP800-18	連邦情報システムのためのセキュリティ計画作成
SP800-30	リスクアセスメント
SP800-61	インシデントレスポンス
SP800-161	サプライチェーンマネジメント
SP800-70	IT機器
SP800-82	産業制御システム
SP800-144〜146、210	クラウドコンピューティング
SP800-207	ゼロトラストアーキテクチャ

3．参考資料（法令・ガイドラインなど）

本文中に記載のとおり

4．裁判例

特になし

---

[8] https://nvlpubs.nist.gov/nistpubs/CSWP/NIST.CSWP.01162020.pdf

Q52 ソフトウェアのリバースエンジニアリング

> マルウェア対策のために当該マルウェアを解析する場合やサイバーセキュリティ対策として不正行為に用いられるソフトウェアの構造等を解析する場合に、当該マルウェアや当該ソフトウェアの複製や一部改変を行うことは、著作権法上、問題ないのか。
> マルウェアに感染等したソフトウェア、又はマルウェアの感染等から守られるべきソフトウェアについて、サイバーセキュリティ対策の目的で当該ソフトウェアを解析する際にこれを複製することは、著作権法上、問題ないのか。

> タグ：著作権法、リバースエンジニアリング、マルウェア、柔軟な権利制限、複製権、翻案権、同一性保持権

1．概要

　たとえサイバーセキュリティを脅かす不正行為に供されるソフトウェアやマルウェア[1]であっても、プログラムの著作物として著作権による保護を否定することはできないと考えられる。このようなプログラムの著作物を調査解析目的で利用すること（いわゆるリバースエンジニアリング[2]）については、平成30年の著作権法改正以前は、一部の権利制限規定に該当しない限り、複製権や翻案権の侵害となる可能性が否定できなかった。

　しかし、平成30年に著作権法が改正され、サイバーセキュリティ対策の目的やプログラムの調査解析の目的で行われる当該プログラムの複製や改変等、いわゆるリバースエンジニアリングについては、同法第30条の4に規定される権利制限の対象として、著作権侵害にはならないと考えられる。

2．解説

（1）プログラムの著作物について

　マルウェアや不正行為に用いられるソフトウェア（以下「不正目的ソフトウェア」という。）であっても、通常は、著作権法上のプログラムの著作物（著作権法第2条第1項第10号の2、第10条第1項第9号）[3]に該当するものは多いと考えられる。このため、これらの不正

---

[1] malicious software の短縮された語。不正かつ有害な動作を行う、悪意を持ったソフトウェア（サイバーセキュリティ2021・358頁）。

[2] 文化庁著作権課「デジタル化・ネットワーク化の進展に対応した柔軟な権利制限規定に関する基本的な考え方（著作権法第30条の4、第47条の4及び第47条の5関係）」11頁参照

[3] 知財高判平成18年12月26日（平成18年（ネ）第10003号）最高裁ウェブサイトは、プログラムに著作物性があるといえるためには、「指令の表現自体、その指令の表現の組合せ、その表現順序からなるプログラムの全体に選択の幅が十分にあり、かつ、それがありふれた表現ではなく、作成者の個性が表れているものであることを要する」としており、「プログラムの表現に選択の余地がないか、あるいは、選択の幅が著しく狭い場合には、

目的ソフトウェアであっても、それを構成するプログラムについては著作権が発生し、著作権法上の保護が及ぶことになる。もちろん、マルウェアに感染等したソフトウェア、又はマルウェアの感染等から守られるべきソフトウェア（以下まとめて「対象ソフトウェア」という。）についても、著作権法上のプログラムの著作物に該当するものは多いと考えられる。

したがって、プログラムの著作物に関するリバースエンジニアリングについては、たとえマルウェア対策等の目的の解析を行う場合であっても、権利者に許諾なく複製や一部を改変する行為が生じている以上は、平成30年の著作権法改正前までは、同改正前著作権法第30条の4や第47条の3等の権利制限規定に該当しない限り、複製権や翻案権の侵害となる可能性を否定できなかった。

（2）著作権法第30条の4について

社会におけるデジタル化・ネットワーク化の進展等に伴う著作物の利用環境の変化等に対応するべく、著作物等の公正な利用を図るとともに著作権等の適切な保護に資するため、平成30年に著作権法が改正[4]され、改正内容の一つとして、柔軟な権利制限規定が新設された。

このうち、同法第30条の4は、「著作物に表現された思想又は感情の享受を目的としない行為については、著作物の表現の価値を享受して自己の知的又は精神的欲求を満たすという効用を得ようとする者からの対価回収の機会を損なうものではなく、著作権法が保護しようとしている著作権者の利益を通常害するものではないと考えられるため、当該行為については原則として権利制限の対象とすることが正当化できる」[5]ことを趣旨として設けられたものである。

同条は、通常権利者の利益を害しないと考えられる行為類型に該当するものとして、著作物に表現された思想又は感情を自ら享受し又は他人に享受させることを目的としない場合（以下「非享受目的」という。）には、その必要と認められる限度において利用できる旨を規定している。

同条にいう「『享受』とは、一般的には『精神的にすぐれたものや物質上の利益などを、受け入れ味わいたのしむこと』を意味することとされており、ある行為が本条に規定する『著作物に表現された思想又は感情』の『享受』を目的とする行為に該当するか否か」は、「立法趣旨及び『享受』の一般的な語義を踏まえ、著作物等」の利用を通じて、利用による「知的又は精神的欲求を満たすという効用を得ることに向けられた行為であるか否か[6]とい

作成者の個性の表れる余地もなくなり、著作物性を有しないことになる」と判示している。
[4]　「著作権法の一部を改正する法律（平成30年法律第30号）」による改正。同法は、一部を除き平成31年1月1日に施行された。
[5]　前掲注2・6頁参照。
[6]　前掲注2・39頁によれば、「本条では『享受』の目的がないことが要件とされているため、仮に主たる目的が『享受』のほかにあったとしても、同時に『享受』の目的もあるよ

う観点から判断」される[7]。

同条は、このような非享受目的の著作物利用を柱書において権利制限の対象[8]としつつ、同条各号において非享受目的として典型的に想定される場合を例示列挙している。

（3）プログラムの著作物の享受について

プログラムの著作物は、「表現と機能の複合的性格を有して」いることから、「プログラムの著作物に『表現された思想又は感情』とは、当該プログラムの機能を意味すると考えられるところ、その『表現された思想又は感情』の『享受』に該当するか否かは、当該プログラムを実行等することを通じて、その機能に関する効用を得ることに向けられた行為であるかという観点から判断されるものと考えられる。プログラムの著作物について対価回収の機会が保障されるべき利用は、プログラムの実行等を通じて、プログラムの機能に関する効用を得ることに向けられた利用行為であると考えられる[9]」としている。

したがって、プログラムの著作物に関しては、当該プログラムの実行等を通じて、プログラムの機能に関する効用を得ることを目的としていない場合は、非享受目的として著作権法第30条の4を適用することが同条の趣旨に合致すると考えられる。

（4）リバースエンジニアリングについて[10]

マルウェア対策やサイバーセキュリティ対策の目的で、いわゆるリバースエンジニアリングの一環として不正目的ソフトウェア又は対象ソフトウェアを解析に伴い複製する場合や、構造等を複製、改変して解析する場合、このような目的での利用は、不正目的ソフトウェア又は対象ソフトウェアの実行等を通じて、その機能を享受することに向けられた利用行為ではないと評価できる、すなわち、非享受目的による利用行為であるといえるため、著作権法第30条の4の規定に基づき、必要と認められる限度において方法を問わず不正目的ソフトウェア又は対象ソフトウェアを構成するプログラムの著作物を利用できることとなり、この場合には、著作権侵害の問題は生じないことになる。

その他具体的な利用方法として、以下のような行為が、非享受目的に該当すると考えられている[11]。

① プログラムのオブジェクトコードをソースコードに変換するだけでなく、それをま

うな場合には、本条の適用はないものと考えられる」とされている点については留意が必要である。

[7] 詳細は、前掲注2・6頁～8頁を参照。なお、当該資料は、文化庁としての基本的な考え方が示されたものであり、司法判断を拘束するものではなく、「享受」の意味や個別具体的な事案における著作権法第30条の4の権利制限規定への該当性については、最終的には司法の場で判断されるものである点に留意。

[8] なお、本権利制限規定は著作権を対象とするものであり、同一性保持権などの著作者人格権を対象としていない点については留意が必要である。

[9] 前掲注2・37～42頁参照。

[10] 前掲注2・11頁及び37～42頁参照。

[11] 前掲注2・11頁参照。

たオブジェクトコードに変換し直す場合

② プログラムの解析を困難にする機能が組み込まれているマルウェアプログラムの当該機能部分を除去する場合

③ プログラムの解析の訓練・研修のために調査解析を行う場合

④ プログラムを実行しつつ調査解析する場合や調査解析中の当該プログラムがアセンブリ言語に変換された画面を資料化（紙媒体への印刷、PDF 化）する場合であって、そのプログラムの実行や資料化がその機能を享受することに向けられていない場合

　実務的には、上記の行為がプログラムの機能の享受に向けられたことでないことを担保し、立証できるようにしておくことが望ましく、具体的な方策として、「例えば、調査解析専用のパソコンを用意してそれで実行したり、調査解析の過程や結果をレポートに記録したりする」[12]といったことが挙げられている。

（5）利用規約とリバースエンジニアリングの関係について[13]

　通常、ソフトウェアを利用する場合には、利用規約等においてディスアセンブル、デバッグ、リバースエンジニアリング等の解析行為を禁止する条項が規定されているが、以下のように、このような条項は、独占禁止法上の違法性が私法上の効力に影響を与える可能性がある。また、著作権法上権利制限規定がある部分について利用制限を課す契約条項の効力については様々な考え方があり得るため留意が必要である。

ア　独占禁止法上違法となる契約条項

　独占禁止法上違法となる契約条項については、民法第 90 条（公序良俗違反）に基づき、私法上の効力も無効となる場合があり、リバースエンジニアリングを禁止する条項は、市場における公正な競争を阻害するおそれがある場合においては、無効となる可能性がある[14]。

---

[12] 前掲注 2・11 頁参照。

[13] 電子商取引準則 253 頁参照。

[14] ソフトウェアと独占禁止法に関する研究会「ソフトウェアライセンス契約等に関する独占禁止法上の考え方」（平成 14 年 3 月）（http://warp.ndl.go.jp/info:ndljp/pid/247419/www.jftc.go.jp/pressrelease/02.march/020320.pdf）によれば、「プラットフォーム機能を持つソフトウェアのように，当該ソフトウェアとインターオペラビリティを持つソフトウェアやハードウェアを開発するために」「①当該ソフトウェアのインターフェース情報が必要であり，②ライセンサーがインターフェース情報を提供しておらず，③ライセンシーにとって，リバースエンジニアリングを行うことが，当該ソフトウェア向けにソフトウェアやハードウェアを開発するために必要不可欠な手段となっているような場合においては，リバースエンジニアリングを禁止することは，ソフトウェアにノウハウが含まれる場合があり，また，仮に外形上又は形式的には著作権法上の権利の行使とみられる行為であるとしても，著作権法上の権利の行使と認められる行為とは評価されず，独占禁止法が適用されるものと考えられる。」「このような場合において，ライセンサーがライセンシーに対して，リバースエンジニアリングを行うことを禁止することは，このような制限が課されることにより，ソフトウェアの製品市場又は技術市場におけるライセンシーの研究開発活動が阻害されるなど，当該ソフトウェアで利用可能な他のソフトウェア若しくはハードウェアの製品市場又はシステムインテグレーターなどが提供する当該ソフトウェアに関連した

イ　権利制限規定がある部分について利用制限を課すライセンス契約の条項

　著作権法で保護されている著作物であっても、同法の規定により著作権が制限されている部分（著作権法第 30 条から第 49 条まで）が存在する。この部分は著作権法によって著作権者の許諾なく著作物の利用が認められている部分である。この著作権が制限されている部分について利用制限を課す契約条項の効力については、有効・無効様々な考え方があり得るため、留意する必要がある[15]。

3．参考資料（法令・ガイドラインなど）
・著作権法第 2 条第 1 項第 10 号の 2、第 10 条第 1 項第 9 号、第 30 条の 4
・文化庁著作権課「著作権法の一部を改正する法律（平成 30 年改正）について（解説）」
http://www.bunka.go.jp/seisaku/chosakuken/hokaisei/h30_hokaisei/pdf/r1406693_11.pdf
・文化庁著作権課「デジタル化・ネットワーク化の進展に対応した柔軟な権利制限規定に関する基本的な考え方（著作権法第 30 条の 4、第 47 条の 4 及び第 47 条の 5 関係）」
http://www.bunka.go.jp/seisaku/chosakuken/hokaisei/h30_hokaisei/pdf/r1406693_17.pdf
・電子商取引準則 253 頁以下
・ソフトウェアと独占禁止法に関する研究会「ソフトウェアライセンス契約等に関する独占禁止法上の考え方」（平成 14 年 3 月）
http://warp.ndl.go.jp/info:ndljp/pid/247419/www.jftc.go.jp/pressrelease/02.march/020320.pdf

4．裁判例
本文中に記載のとおり

　サービス市場における公正な競争が阻害される場合には，不公正な取引方法に該当し，違法となると考えられる（一般指定第 13 項（※）〔拘束条件付取引〕に該当）。」とされている。（※）現行一般指定 12 項。
[15] 前掲注 13・251 頁参照。

Q53 暗号の利用と情報管理等

暗号の利用は情報の管理を求める法令等に関してどのような役割を果たすか。また、関連する法制度としてどのようなものがあるか。

タグ：個情法、不正競争防止法、著作権法、電波法、電子署名法、暗号、CRYPTREC、
　　　危殆化、技術的制限手段、技術的利用制限手段、技術的保護手段

１．概要

　暗号技術を利用することにより、情報の内容を第三者に秘匿することができる。このため、法律上情報の安全管理が求められている場合（個情法等）や情報の秘匿を行っていることにより法的な保護を受けることができる場合（不正競争防止法、著作権法等）には、暗号が利用される。また、暗号を応用した技術により電磁的記録の改ざんの検知や情報発信の否認を防止することができる。この技術を利用し、電磁的記録の作成の真正を技術的に担保することができる（電子署名法）。

　暗号を利用するに当たっては、適切な強度の暗号を選択すること、復号するための鍵について適切に管理すること、危殆化が生じている暗号を利用しないことが必要である。

２．解説

（１）サイバーセキュリティと暗号[1]

　暗号技術（暗号を応用した技術を含む。）を利用することにより、情報の内容を第三者に秘匿すること、情報の改ざんを発見すること、発信の否認を防止すること、正当な利用者のみアクセスさせることができる。そのため、保管データや通信の秘匿など情報の秘匿化、認証によるアクセスコントロール、改ざんの検知（電子署名）などにおいて広く利用されている。

　暗号を生成するアルゴリズムには、基礎理論の違い、解析の容易性・困難性、利用の際のハードウェアへの負荷の程度の軽重などに応じて種々のものがある。そのため、一定の目的を達成するために暗号を利用する場合には、その利用方法と達成する目的を勘案した上で、適切な強度の暗号を選択し、利用するよう留意しなければならない。

　また、一度暗号化された情報を再度意味内容が理解できるようにすることを復号というが、復号に当たっては、復号鍵が必要である。情報を暗号化したとしても、復号鍵が流出してしまうと、その流出した復号鍵を利用して第三者が復号することが可能になるなど、情報を暗号化した意味がなくなってしまう。そこで、復号鍵の適切な管理も重要であり、復号鍵

---

[1] 暗号については、例えば「暗号とは一定の規則に従って文章・数などを他の表現に変えて、その規則を知らない人には元が何かは判らなくするためのものです。」（IPA「暗号技術 Q&A」（https://www.ipa.go.jp/archive/security/crypto/qa.html））などとされている。暗号に関する技術の解説についても同ページが参考となる。

259

の適切な管理のためには、管理手順を定めることが有用である。

　さらに、暗号自体の問題として、暗号アルゴリズムが開発された時点では暗号理論上、十分な堅牢性を持っている場合であっても、計算速度の向上など日々の技術の進歩により、容易に破られるようになってしまう（暗号の危殆化）[2]。そこで、暗号の実装に当たっては、このように危殆化した暗号を排斥し、安全で信頼できる暗号を利用する必要があり、また、一度実装した暗号であっても時の経過により危殆化した場合には、新たな暗号アルゴリズムに置き換える、鍵長を長くするなどの対応が必要である。安全で信頼できる暗号アルゴリズムのリストとしては、CRYPTREC[3]の電子政府推奨暗号リスト[4]やISO/IEC18033シリーズがある。

　以上のとおり、暗号を利用する場合には、その利用方法と達成する目的を勘案した上で、適切な強度の暗号を選択し、また、技術の進歩による暗号の危殆化についても情報を継続的に入手したうえで、利用する暗号アルゴリズムを更新すること、復号鍵を適切に管理することが重要である[5]。

（２）暗号と法制度

　暗号は、法制度との関係では、情報の秘匿性が実現できるという観点から、①一定の情報について法律上、セキュリティ義務が課せられている場合の利用、②一定の情報については、セキュリティ確保が法的保護を受けるための条件となっているところ、当該セキュリティ確保のための利用がある。また、情報改ざん検知、発信の否認防止ができるという観点から、③一定の法制度の基礎技術としての利用がある。

ア　サイバーセキュリティに関する義務の履行としての利用

　事業者に一定の情報についてセキュリティ義務を課している法律は多く、そのセキュリティ義務の履行の方法として暗号が利用される。

　個人情報取扱事業者は、個人データに対して安全管理措置（個情法第23条）を講ずる必要があるが、個情法ガイドライン（通則編）においても、安全管理措置のうち、技術的安全管理措置として、個人データを含む通信の経路又は内容を暗号化することが手法

---

[2] 平成25年3月時点の電子政府推奨暗号リストにおいては、共通鍵暗号について64ビットブロック暗号の3-key Triple DESやストリーム暗号の128ビットRC4、ハッシュ関数について SHA1 などは、互換性維持以外の目的での利用が非推奨とされている。

[3] CRYPTREC は Cryptography Research and Evaluation Committees の略であり、電子政府推奨暗号の安全性を評価・監視し、暗号技術の適切な実装法・運用法を調査・検討するプロジェクトである。総務省及び経産省が共同で運営する暗号技術検討会と、NICT及びIPAが共同で運営する暗号技術評価委員会及び暗号技術活用委員会等で構成される。

[4] CRYPTREC は活動を通して電子政府で利用される暗号技術の評価を行っており、「電子政府における調達のために参照すべき暗号のリスト（CRYPTREC暗号リスト）」を策定している。そのリストの中で、安全性及び実装性能が確認され、市場における利用実績が十分であるか今後の普及が見込まれると判断されて利用を推奨する暗号技術のリストを「電子政府推奨暗号リスト」としてまとめている。

[5] 暗号の評価、導入、管理について、NISC「政府機関等の対策基準策定のためのガイドライン（平成30年度版）」192頁「6.1.5 暗号・電子署名」が参考になる。

の例示の一つとして挙げられている。同様に、行政機関の長等は、保有個人情報について安全管理措置を講ずる必要があり（個情法第66条第1項）、また、総務大臣等は、特定個人情報の提供システムについて秘密管理として適切な方法を取らなければならないが（番号利用法第24条）、これらの方法としても暗号化がその方法の一つとして利用される。

ただし、暗号化はあくまでも安全管理措置の一環として行われるものであり、個人情報（個情法第2条第1項）を暗号化しても、暗号化された情報は非個人情報となるわけでない[6]。

その他個情法との関係では、要配慮個人情報が含まれる個人データの漏えい等一部の類型の漏えい等事案（報告対象事態）が生じた場合、個情委への報告及び本人への通知が必要となる（個情法第26条、個情法施行規則第7条）ところ、漏えい等した個人データについて、高度な暗号化等の秘匿化がされている場合等、「高度な暗号化その他の個人の権利利益を保護するために必要な措置」が講じられている場合には、上記個情委への報告及び本人への通知を行う必要がないとされている[7]。

ここにいう「高度な暗号化等の秘匿化がされている場合」とは、漏えい等事案が生じた時点の技術水準に照らして、漏えい等した個人データについて、これを第三者が見読可能な状態にすることが困難となるような暗号化等の技術的措置が講じられるとともに、そのような暗号化等の技術的措置が講じられた情報を見読可能な状態にするための手段が適切に管理されている場合をいう。そして、第三者に見読可能な状態にすることが困難となるような暗号化等の技術的措置としては、電子政府推奨暗号リストやISO/IEC18033シリーズ等に掲載されている暗号技術が用いられ、それが適切に実装されていることをいい、また、暗号化等の技術的措置が講じられた情報を見読可能な状態にするための手段が適切に管理されているといえるためには、①暗号化した情報と復号鍵を分離した上で、復号鍵自体の漏えいを防止する適切な措置を講じていること、②遠隔操作により暗号化された情報若しくは復号鍵を削除する機能を備えていること、又は③第三者が復号鍵を行使できないように設計されていることのいずれかを満たすことが必要である[8]。

イ　法的保護の前提としてのセキュリティ確保のための利用

事業者が一定の情報についてセキュリティ等を確保している場合、当該情報が法的に保護を受け得ることがあるが、その方法として暗号が利用される。

一定の情報が不正競争防止法における営業秘密（不正競争防止法第2条第6項）や限定提供データ（同法第2条第7項）に該当する場合、民事上、刑事上の保護を受け得る[9]。この際、営業秘密や限定提供データと認められるためには、それぞれ秘密管理性や電

---

[6] 個情法ガイドライン（通則編）5頁
[7] 個情法施行規則第7条
[8] 個情法QA 6-16
[9] ただし、限定提供データについては、刑事上の保護は規定されていない。

磁的管理性などの要件を満たす必要があり、対象情報を暗号化し、特定の者のみがアクセスすることができるようにすることも、これらの要件を満たすための方法の一つである[10]。

　また、技術的制限手段（同法第2条第8項）として暗号が利用されており、技術的制限手段を回避する装置やプログラム等を譲渡等することは不正競争に該当し（同法第2条第1項第17号、第18号）、民事上、刑事上の保護を受けることができる。

　さらに、著作物についても、技術的利用制限手段（著作権法第2条第1項第21号）や技術的保護手段（同項第20号）として暗号が利用されている。技術的利用制限手段を回避する行為や、技術的保護手段の回避又は技術的制限手段を回避する装置やプログラム等を譲渡等する行為は、当該技術的利用制限手段にかかる著作物に係る著作権、出版権又は著作隣接権を侵害する行為とみなされる（同法第113条第3項）。また、著作物の利用については、私的使用のための複製（同法第30条第1項本文）について著作権の制限であるとされているが、その場合であっても、技術的保護手段によってコントロールされた著作物について、その技術的手段が回避されたことを知って複製を行う場合には、制限の例外とされている（同項第2号）[11]。

　最後に、電波法は、暗号通信という概念を設定しており、無線通信が暗号化されている場合には、その内容を漏えいし、又は窃用する目的で、無線通信を復号する行為が罰則の対象となる（電波法第109条の2第1項、第2項）。

ウ　一定の法制度の基礎技術としての利用

　電磁的記録に記録された情報について本人による電子署名が行われているときは、真正に成立したものと推定される（電子署名法第3条）。また、電子署名法上の電子署名に該当するためには、電磁的記録に記録することができる情報について行われる措置であって、①当該情報が当該措置を行った者の作成に係るものであることを示すためのものであること、②当該情報について改変が行われていないかどうかを確認することができるものであることの二つの要件を満たす必要がある（同法第2条第1項）。また、電子署名法上の特定認証業務による電子署名の要件を技術的に満たす方法として、暗号を応用した技術が使われている（同法施行規則第2条各号）[12]。

3．参考資料（法令・ガイドラインなど）
・電子政府における調達のために参照すべき暗号のリスト（CRYPTREC暗号リスト）
・個情法
・個情法施行規則
・番号利用法第24条

---

[10] Q20、Q23も参照。
[11] Q24も参照。
[12] Q43も参照。

・不正競争防止法第 2 条第 1 項第 17 号、第 18 号、第 8 項

・著作権法第 2 条第 1 項第 20 号、第 21 号

・電波法第 109 条の 2

・電子署名法第 2 条、同法施行規則第 2 条

4．裁判例

特になし

Q54 認証/本人確認に関する法令について

認証とはどのような概念か。これに関連して、本人確認を求める法制度としてどのようなものがあり、なりすましが起きた際の法的問題はどのようなものがあるか。

タグ：個情法、電子署名法、公的個人認証法、犯収法、出会い系サイト規制法、古物営業法、携帯電話不正利用防止法、認証、認可、アクセス制御、本人確認、顔認証、安全管理措置、eKYC、なりすまし

1．概要

インターネットにおける特定の機能の利用等の権限やアクセス権を付与する仕組みとして、認証、認可、アクセス制限といったものが挙げられる。また、法令上本人確認がもとめられていることがあるが、本人確認における脅威として、なりすましが挙げられ、民事上、刑事上問題となりうる。

2．解説

（1）認証(authentication)と認可(authorization)

まず、認証とは、インターネット上においては、利用者が本人であることを確認すること[1]、厳密に言うとアクセス主体を特定した上で、そのアクセス主体が正当な主体であることを検証すること[2]とされている[3]。認証の方法としては、知識（ID 及びパスワード等、利用者本人のみが知り得る情報）、所有（電子証明書を格納する IC カード、マイナンバーカード、ワンタイムパスワード生成器、利用者本人のみが所有する機器等）及び生体（指紋や静脈、顔等、本人の生体的な特徴）によるものがある[4]。

そして、認可とは、特定の条件の下、利用者に特定の機能の利用の権限（アクセス権限）

---

[1] 総務省 「国民のための情報セキュリティサイト」 https://www.soumu.go.jp/main_sosiki/joho_tsusin/security/basic/privacy/01-1.html 参照
[2] サイバーセキュリティ戦略本部 「政府機関等のサイバーセキュリティ対策のための統一基準（令和 3 年度版）」（令和 3 年 7 月 7 日）参照
　https://www.nisc.go.jp/active/general/pdf/kijyunr3.pdf
　統一基準は、令和 5 年度版が策定されているが、本脚注の部分については、変更は無い。
[3] 電子署名法第 2 条第 2 項は、「認証業務」について、「自らが行う電子署名についてその業務を利用する者（以下「利用者」という。）その他の者の求めに応じ、当該利用者が電子署名を行ったものであることを確認するために用いられる事項が当該利用者に係るものであることを証明する業務」と定義している。また、電子署名等に係る地方公共団体情報システム機構の認証業務に関する法律（公的個人認証法）においても「認証業務」のうち「署名認証業務」について同様の定義が置かれている（同法第 2 条第 3 項、第 4 項）。電子署名法について Q43、公的個人認証法について Q19 を参照。
[4] サイバーセキュリティ戦略本部 「政府機関等の対策基準策定のためのガイドライン（令和 3 年度版）」（令和 3 年 7 月 7 日）参照
　https://www.nisc.go.jp/pdf/policy/general/guider3_2.pdf

を付与することを指す。例えば、SNS において、利用者がログインした場合、当該利用者に、当該 SNS の利用者のアカウントでの投稿を許可する場合などを指す。

そして、認証と認可を組み合わせて、正当に承認されている人を認証した上でその人にだけ特定の情報やリソースについてのアクセス権を付与し、主体を制限することをアクセス制御という。

なお、いわゆる顔認証に関して、顔画像等から特定の個人を識別できれば個人情報に該当することから、特定の個人を識別可能なカメラ画像は個人情報に該当する。また、認証用に抽出した顔の特徴情報は、個人識別符号として個人情報に該当する。そのため、これらの情報の取扱いに当たっては、利用目的を特定した上で通知又は公表を行うなど、個情法に基づく取扱いが必要である[5]。

（２）認証の活用

上記のように、認証機能を利用することで、誰にどの情報やどのリソースにアクセスさせるのかを管理し、情報についての機密性を確保することができる。そのため、個情法ガイドライン（通則編）においても、安全管理措置（個情法第 23 条）のうち、技術的安全管理措置として、個人データを取り扱う情報システムを使用する従業員を認証し、アクセス制御することが手法の例示の一つとして挙げられている。また、情報についての機密性を確保することができることから、営業秘密の要件である秘密管理性の確保にも活用することができる。

（３）法令における本人確認

また、関連して、各種法令には、本人確認又は本人の属性の確認が義務とされているものがある。

まず、犯罪による収益の移転防止に関する法律（平成 19 年法律第 22 号。以下「犯収法」という。）第 4 条において、特定取引[6]を行う際に取引時確認を実施すべきことが義務づけられているところ、オンライン上だけで完結する確認方法も認められている（犯罪による収益の移転防止に関する法律施行規則（平成 20 年内閣府、総務省、法務省、財務省、厚生労働省、農林水産省、経済産業省、国土交通省令第 1 号）第 6 条第 1 項）。その具体的な方法と

---

[5] 個情委は、令和 5 年 3 月、「犯罪予防や安全確保のための顔識別機能付きカメラシステムの利用について」と題する文書を公表した。同文書では、顔識別機能付きカメラシステムを導入する際に、個人情報保護法の遵守や肖像権・プライバシー侵害を生じさせないための観点から少なくとも留意するべき点や、被撮影者や社会から理解を得るための自主的な取組について整理が行われている。https://www.ppc.go.jp/files/pdf/kaoshikibetsu_camera_system.pdf なお、個情委ウェブサイトにおいては、同文書に関連する資料がまとめられた「「犯罪予防や安全確保のための顔識別機能付きカメラシステムの利用について」資料一覧」というページが設けられている。https://www.ppc.go.jp/news/camera_related/

[6] 犯収法別表及び犯罪による収益の移転防止に関する法律施行令（平成 20 年政令第 20 号）第 7 条及び第 9 条を参照。例えば、銀行が行う預貯金契約の締結が一例である。

しては、同項の要件を充足するマイナンバーカード等の写真付き本人確認書類の画像と容貌の画像で確認することが考えられる。

このほかに、以下のような法令で本人確認又は本人の属性の確認が求められている。

①マッチングサイトなどの出会い系サイト事業者による、利用者が児童でないことを確認するための本人の年齢確認（出会い系サイト規制法[7]第11条）

②古物営業による、古物取引の相手方の本人確認（古物営業法第15条第1項）

③携帯電話の販売業者等による、携帯電話の悪用を防ぐための、携帯電話等の契約・譲渡時の取引相手方の本人確認（携帯電話不正利用防止法[8]第3条1項）

また、法令ではないが、決済事業者等とクレジットカードの連携に係る本人認証等についてのガイドライン[9]があり、決済事業者等がクレジットカードと連携させる場合は、当該ガイドラインに沿って本人確認のための認証等を実施する必要がある。

（4）なりすまし

上記のとおり、様々な場面で活用される認証に対する脅威として、本人になりすますことがあげられる。以下で、なりすましが起きた際の法的問題について紹介する。

ア　なりすましについての民事的論点

民事上の論点としては、本人になりすました者による意思表示の効果がなりすまされた本人に帰属するかという点がある。

まず、本人以外の者が本人になりすましておこなった意思表示の効果は本人に帰属しないのが原則である。ただし、例外的に、表見代理（民法第109条、第110条、第112条）の規定は、本人の帰責性等の一定の要件の下、代理行為の効果の本人への帰属を認めている。表見代理制度は、あくまでも、相手方に、代理権がある旨を誤認した場合の制度であり、なりすましの場合に直接適用されるものではないが、判例において、代理人が直接本人名義で権限外行為を行い、相手方が当該行為を本人自身の行為と信じたことに正当事由がある場合に、民法第110条の類推適用を認めたものがある（最判昭和44年12月19日民集23巻12号2539頁）。

一方で、一定の方式に基づく認証がなされた利用者による意思表示の効果が本人に帰属する旨の事前同意がある場合は、原則として、同意した方法で認証された利用者による意思表示を本人による意思表示とみなし、契約が成立すると考えうるが、以下のような考慮が必要である。

まず、対等な当事者間（例：事業者間取引）において、上記のような本人確認方式につ

7　正式名称は、「インターネット異性紹介事業を利用して児童を誘引する行為の規制等に関する法律」

8　正式名称は、「携帯音声通信事業者による契約者等の本人確認等及び携帯音声通信役務の不正な利用の防止に関する法律」

9　一般社団法人日本クレジット協会「資金決済業者等とクレジットカードとの連携に係る本人認証等セキュリティガイドライン」（令和3年3月24日制定）
https://www.j-credit.or.jp/download/news20210330c1.pdf

いて合意した場合は、契約自由の原則（民法第521条）の下、当該本人確認方式の効力が認められ、契約が成立すると考えられる。もっとも、定型約款（民法第548条の2第1項）の個別条項として事前合意される場合は、その内容如何によっては、民法第548条の2第2項により、定型約款の合意内容から排除されることがあるので留意が必要である。

次に、利用者が消費者であり、一方当事者が消費者ではない場合は、消費者契約法に基づく考慮も必要である。ID・パスワードを使ってログイン等した利用者を常に本人とみなし、事業者に帰責性がある場合でも利用者の行為が本人に効果が帰属する旨を本人との間で合意した場合、そのような合意は、消費者の利益を一方的に害するものとして無効となり得る（消費者契約法第10条）。例えば、インターネット通販におけるクレジットカードのなりすましによる利用については、本人ではない者がクレジットカード番号等を入力して商品を購入したとしても、現行の主なクレジットカード会員規約からすると、本人に帰責性がない限り、本人が支払義務を負わないとするケースが多い[10]。

イ　なりすましについての刑事的論点

例えばSNSで他の誰かになりすまして何らかの投稿をすると、著作権侵害や、名誉毀損で刑事罰を科される可能性がある。そして、なりすまして得た営業秘密を使用又は開示する行為については、営業秘密侵害罪に該当する可能性がある（不正競争防止法21条1項1号、2号）。また、なりすましに必要な、IDやパスワード等を販売、公開する行為は、不正アクセス禁止法第5条により、同法に規定する識別符号の不正な提供であるとして刑事罰を科される可能性がある。

３．参考資料（法令・ガイドラインなど）
本文中に記載のとおり

４．裁判例
・最判昭和44年12月19日民集23巻12号2539頁
・最判平成15年4月8日民集57巻4号337頁
・最判平成5年7月19日集民169号255頁

---

[10] 以上の詳細について電子商取引準則I-3-1「なりすましによる意思表示のなりすまされた本人への効果帰属」を参照

Q55 サイバーセキュリティと輸出管理

サイバーセキュリティに関する物の輸出や技術提供を行う場合において、輸出管理に関する法令上、どのような点に留意すべきか。

タグ：外為法、輸出貿易管理令、外国為替令、貨物等省令、貿易外省令、役務通達、輸出管理、ワッセナー・アレンジメント、侵入プログラム関連品目

1．概要

　輸出管理制度においては、規制リストに掲載されている貨物の輸出及び技術の提供を行う際には、原則として経済産業大臣の許可が必要となる。規制対象となる行為の範囲は広く、電子メールでデータを送付することも対象行為となり得る。

　サイバーセキュリティに関しては、サイバー攻撃に転用されるおそれがあるものについて、国際的な枠組み（輸出管理レジーム）の一つであるワッセナー・アレンジメントで検討され、侵入プログラム関連品目等が規制対象とされている。

　侵入プログラム関連品目の中には、それに関わる脆弱性関連情報や、マルウェアに関する情報が含まれうるが、セキュリティの脆弱性の開示に係るもの又はサイバー攻撃の対応に係るものは規制対象から除かれることが多く、サイバーセキュリティの実務への影響が低くなるよう配慮されている。

2．解説

（1）輸出管理制度

　安全保障上リスクのある貨物や技術が、我が国及び国際的な平和及び安全の維持を脅かす国家やテロリスト等に渡り、大量破壊兵器等や通常兵器の開発等に転用されることを未然に防ぐため、国際的な枠組み（輸出管理レジーム）により輸出管理が推進されている。

　我が国においては、外国為替及び外国貿易法（以下「外為法」という。）によって、輸出管理（貨物の輸出及び技術の提供の管理）を行っており、具体的には、規制対象となる貨物の輸出（外為法第48条第1項及び輸出貿易管理令）や技術の提供（外為法第25条第1項、第3項及び外国為替令）について経済産業大臣の事前の許可が必要である。

ア　規制対象について

　外為法に基づく規制対象については、政省令で定める品目（武器、機微な汎用品など）に該当する貨物の輸出又は技術の提供を規制する「リスト規制」と、「リスト規制」に該当しない貨物又は技術であっても、その用途や需要者に兵器の開発等に関する懸念がある場合などに貨物の輸出又は技術の提供を規制する「キャッチオール規制」がある。

イ　貨物の輸出と技術の提供

（ア）貨物の輸出

　どのような場合に貨物の「輸出」にあたるかについて、法令上の定義は置かれていないが、その範囲は広い。典型的には、商取引に基づいて海外へ商品を送付することが想起されるが、その他、例えば、輸入した商品の返品等のための返送や、海外子会社への装置や部品の送付、個人が業としてではなく手荷物で海外に持ち出す場合など、かなり広範な行為が外為法上の「輸出」に該当する。

（イ）技術の提供

　「技術」については、典型的には、リスト規制に該当する貨物の「設計」、「製造」、「使用」に必要な技術やプログラムが規制対象となる。

　技術の提供については、規制対象となる行為が外為法第 25 条第 1 項に規定されているところ、規制の対象となる外国為替令別表の中欄に掲げる技術（プログラムを含む。以下「特定技術」という。）を外国において提供することを目的とする取引（例えば、海外子会社において技術指導を行う場合や、電子データを外国へ送信する場合など）、居住者が非居住者に対して提供することを目的とする取引（例えば、日本居住者が外国から来た研修員に技術指導を行う場合）といった行為が規制対象とされている。

　また、令和 4 年 5 月 1 日からは、居住者への技術提供であっても、非居住者へ技術情報を提供する取引と事実上同一と考えられるほどに当該居住者が非居住者から強い影響を受けている場合には、当該技術提供を「みなし輸出」管理の対象であることを明確化した（「みなし輸出」管理の運用明確化）。

　ここにいう「取引」とは、経産省貿易経済協力局通達「外国為替及び外国貿易法第 25 条第 1 項及び外国為替令第 17 条第 2 項の規定に基づき許可を要する技術を提供する取引又は行為について」（以下「役務通達」という。）によれば、有償無償にかかわらず、取引当事者双方の合意に基づくものをいい、「提供することを目的とする取引」とは、特定の外国において又は特定国の非居住者に対して技術を提供することを内容とする取引をいう。例えば、サイバー攻撃などによって規制対象となる技術が漏えいした場合は、当事者双方の合意がないため「取引」に該当しないと考えられる。

　次に、ここにいう「提供」とは、役務通達によれば、「他者が利用できる状態に置くこと」と定義されているところ、いわゆるクラウドサービスの利用についても規制対象となりうる。例えば、役務通達別紙 1 － 2「いわゆるクラウドコンピューティングサービスの解釈」[1]によれば、クラウドストレージサービスなどの利用により、国外に設置

1　クラウドサービスに関しては、役務通達別紙 1 － 2 のほか、経産省安全保障貿易管理のウェブサイト「技術関係」の Q&A において、Q55 から Q62 にかけて詳細に解説されているためそちらも参照されたい。なお、「クラウドコンピューティングサービスについては、サービスの形態や使用技術が日々進歩し変化しているため、諸外国の規制の動向等も踏まえつつ、必要に応じて通達及び Q＆A を改正していく予定」（Q55）とされているため、その点留意が必要である。

されたサーバに情報が保管される場合に当該サーバに情報を保管する行為が技術の「提供」にあたるかどうかについて、ストレージサービスを利用するための契約は、サービス利用者が自ら使用するためにサービス提供者のサーバに情報を保管することのみを目的とする契約である限りにおいて、サービス利用者からサービス提供者に情報を提供することを目的とする取引に当たらないため、外国に設置されたサーバに特定技術が保管される場合であっても、原則として[2]外為法第 25 条第 1 項に規定する役務取引に該当しないとされている。

　また、サーバ上に存在するプログラム（アプリケーションソフトウェア等）を、インターネットを介して、他者がダウンロードすることなく利用できる状態にするサービス（SaaS 等）を提供することは、プログラムをサービス利用者にとって利用できる状態に置くことを目的とする取引であり、「提供」を目的とする取引に当たるため、当該プログラムが特定技術であれば、外為法第 25 条第 1 項に定める役務取引に該当する[3]とされている。

（2）サイバーセキュリティに関する輸出管理

　サイバーセキュリティの分野においては、サイバー攻撃に転用される懸念のあるツールについて、国家によるサイバー攻撃やテロリストに転用されることを防止する事を目的として、いくつかの品目が規制リストに追加されている。

　サイバーセキュリティに関して何を規制リストに加えるかについては、ワッセナー・アレンジメント[4]で議論されており、平成 25 年に外為法関連法令において、ワッセナー・アレンジメント合意内容を反映した侵入プログラム関連品目が規制リストに追加された。

　なお、侵入プログラム関連品目の中には、侵入プログラムを製造するための脆弱性情報、マルウェアによる動作、被害、ふるまい等の情報や、類似するマルウェアに関する対策情報等が含まれうるが、これらについては、「セキュリティの脆弱性の開示又はサイバー攻撃の対応に係るもの」として規制対象外となることが多いと考えられ、サイバーセキュリティに関する実務への影響が少ないよう配慮された規定となっている（詳細は後述する）[5]。

---

[2] サービス提供者が保管された情報を閲覧、取得、利用できることを知りながらサービス利用契約を締結する場合や、契約開始後、サービス提供者が保管された情報を閲覧、取得、利用していることが判明したにもかかわらず契約関係を継続している場合には、実質的にサービス利用者からサービス提供者等に特定技術を提供することを目的とする取引とみなすとされている。

[3] ただし、貿易関係貿易外取引等に関する省令第 9 条第 2 項第 14 号イ（いわゆる市販プログラム特例）の要件を満たすプログラムについては、役務取引許可は不要である。

[4] Wassenaar Arrangement (http://www.wassenaar.org)

[5] なお、他国から日本へ輸出されたものを日本からさらに他国へ再輸出する場合に、元の輸出国の規制が適用される場合がある。例えば、米国に関しては、米国輸出管理規則（EAR: Export Administration Regulations）により、米国から日本へ輸出されたものを他国へ輸出する場合、日本の外為法に加えて EAR が適用される。EAR においても、2022 年に、ワッセナーアレンジメントに基づき、侵入プログラム関連品目に関する規制が追加された

（3）侵入プログラム関連品目

「侵入プログラム」については、「役務通達」によれば、監視ツールによる検出を回避、又は防御手段を無効化するように設計又は改造されたプログラムであって、①データ又は情報の抽出を行う、又はシステムや利用者のデータを変更するもの、又は②外部からの命令の実行を可能とするため、プログラム又はプロセスの標準的な実行パスを改造するもの、と定義されている。

侵入プログラム関連の規制については、貨物の輸出及び技術の提供双方についてリスト規制が存在するが、侵入プログラムそのものを規制の対象としていない点に留意が必要である。

ア　規制対象となる貨物について

輸出貿易管理令別表第一の八の項において、「電子計算機若しくはその附属装置又はこれらの部分品…であつて、経済産業省令で定める仕様のもの」と規定されており、これに基づき、輸出貿易管理令別表第一及び外国為替令別表の規定に基づき貨物又は技術を定める省令（以下「貨物等省令」という。）第7条第5号において、「電子計算機若しくはその附属装置又はこれらの部分品であって、侵入プログラムの作成、指揮統制又は配信を行うように特に設計又は改造されたもの」が挙げられている。

典型的にはいわゆる C&C サーバ[6]や、侵入プログラムのビルダーがこれに該当するが、「特に設計又は改造されたもの」でなければならないため、一般的に使用されている PC やサーバは該当しない。

イ　規制対象となるプログラム及び技術について

外国為替令別表の八の項において、「（一）　輸出貿易管理令別表第一の八の項の中欄に掲げる貨物の設計、製造又は使用に係る技術であつて、経済産業省令で定めるもの（四の項の中欄に掲げるものを除く。）」、「（二）　電子計算機若しくはその附属装置又はこれらの部分品の設計、製造又は使用に係る技術であつて、経済産業省令で定めるもの（（一）及び四の項の中欄に掲げるものを除く。）」と規定されており、これに基づき、貨物等省令第20条第1項及び第2項において、規制対象となるプログラム及び技術（プログラムを除く。）が挙げられている。主たるものを抜粋すると以下のとおりである。

① 　プログラム関係

a　上記アの貨物を含む貨物等省令第7条各号に該当する貨物を設計し、又は製造するために設計したプログラム（貨物等省令第20条第1項第5号）

b　侵入プログラムの作成、指揮統制又は配信を行うように設計若しくは改造された

が、日本と同様、脆弱性の開示又はサイバー攻撃への対応を目的とする場合には規制の対象外である。

6 Command and Control（指揮統制）サーバの略称。C2（シーツー）サーバということもある。マルウェアに感染した PC をネットワーク経由で操作し、情報の収集や攻撃の命令を出すサーバのこと。

プログラム（貨物等省令第 20 条第 2 項第 6 号）

② 技術（プログラムを除く。以下 a から c において同じ。）関係

a 上記アの規制対象貨物等の設計又は製造に必要な技術（貨物等省令第 20 条第 1 項第 2 号）若しくは使用に必要な技術（同項第 6 号）

b 上記①a 又は b のプログラムの設計、製造又は使用に必要な技術（同項第 5 号、同条第 2 項第 6 号）

c 侵入プログラムの設計に必要な技術（同項第 7 号）

ウ セキュリティの脆弱性の開示又はサイバー攻撃の対応に係る例外

上記イの①、②、プログラムを除く技術については、セキュリティの脆弱性の開示に係るもの又はサイバー攻撃の対応に係るものは規制対象から除かれる。

役務通達別紙 1 「外為令別表中解釈を要する語」によれば、「セキュリティの脆弱性の開示に係るもの」とは、「脆弱性を解決する目的のプロセスであって、脆弱性を特定するもの、報告するもの、対策を行い、若しくは調整する責任がある個人若しくは組織に伝達するもの又はこれらの個人若しくは組織と分析するもの」をいい、脆弱性関連情報の取扱いプロセス（Q67 参照）を念頭に置いているものと考えられる。

また、「サイバー攻撃の対応に係るもの」とは、「サイバーセキュリティ攻撃に対処するための対策を行い、又は調整する責任がある個人又は組織とサイバーセキュリティ攻撃に関する情報を交換するプロセス」をいうとされている。

上記イの規制は、海外のサイバー攻撃者や組織に対し、攻撃に転用されるおそれがあるツールや技術情報が渡らないようにするための規制であるが、サイバーセキュリティ分野において迅速な防御活動を行うためには、日々複雑化・巧妙化する攻撃手法や新たなソフトウェアの脆弱性に対応するため、海外のセキュリティベンダ等との連携や情報収集が不可欠である一方で、形式的には、マルウェアを製造するための脆弱性関連情報や、マルウェアによる動作・被害・振舞い等の侵入プログラムのビルダーや C&C サーバに関わる情報などを電子メールで海外に送信することが「技術の提供」として規制の対象になるおそれがあった。海外との情報交換のために逐一経済産業大臣の許可を取得する必要があるとなると、許可を取得する間にサイバー攻撃の被害が拡大するおそれもあり、そのような事態を招くのは本末転倒となるため、上記のとおり、セキュリティの脆弱性の開示に係るもの又はサイバー攻撃の対応に係るものを例外としたものである。

3．参考資料（法令・ガイドラインなど）

・ワッセナー・アレンジメント概要（外務省ウェブサイト）

https://www.mofa.go.jp/mofaj/gaiko/arms/wa/index.html

・外為法

・輸出貿易管理令

・外国為替令

・貨物等省令

・役務通達

・経産省安全保障貿易管理ウェブサイトQ&A「技術関係」

　https://www.meti.go.jp/policy/anpo/qanda25.html

・経産省安全保障貿易管理ウェブサイト「みなし輸出管理の運用明確化」

　https://www.meti.go.jp/policy/anpo/anpo07.html

4．裁判例

特になし

Q56 サイバーセキュリティ事業者への投資

外国投資家が、サイバーセキュリティに関する事業を営む日本の上場会社の議決権を取得することについて何らかの法令上の制限があるのか。

タグ：外国為替及び外国貿易法、国家安全保障、対内直接投資、コア業種、CFIUS、FIRRMA

1．概要

　近時、サイバー攻撃が、国民の安全・安心、国家や民主主義の根幹を揺るがすような重大な事態を生じさせ、国家安全保障上の課題へと発展していくリスクは増大しており、サイバーセキュリティの強化は、安全保障等の観点から不可欠となっている。外国投資家が、サイバーセキュリティに関する事業を営む日本の上場会社の議決権を取得することについては、外為法により、一定の場合に事前届出並びに財務大臣及び事業所管大臣による審査を経る必要がある。

　諸外国においても、国家安全保障を目的とする対内直接投資の規制強化がなされており、例えば、日本から米国内のサイバーセキュリティに関する事業を営む企業への投資については、対米外国投資委員会（CFIUS）による審査の対象となる場合もあると考えられる。

2．解説
（1）安全保障等の観点におけるサイバーセキュリティの重要性

　サイバー空間が社会活動、経済活動、軍事活動等のあらゆる活動が依拠する場となり、サイバー空間と実空間の一体化が進展している一方で、重要インフラの機能停止、国民情報や知的財産の窃取、民主プロセスへの干渉など国家の関与が疑われるものをはじめとする組織化・洗練化されたサイバー攻撃の脅威が増大しており、サイバー攻撃が、国民の安全・安心、国家や民主主義の根幹を揺るがすような重大な事態を生じさせ、国家安全保障上の課題へと発展していくリスクも増大している。こうしたリスクに対処するため、サイバーセキュリティの強化は、安全保障等の観点から不可欠となっている。

　平成25年12月に閣議決定された「国家安全保障戦略」[1]において、我が国がとるべき国家安全保障上の戦略的アプローチの1つとして、サイバーセキュリティの強化が挙げられており、令和3年9月に閣議決定された「サイバーセキュリティ戦略」[2]においても、サイバー空間の安全・安定の確保のため、外交・安全保障上のサイバー分野の優先度をこれまで以上に高めるとともに、サイバー攻撃に対する防御力等の向上等を一層強化するとされている。

---

[1] https://www.cas.go.jp/jp/siryou/131217anzenhoshou/nss-j.pdf
[2] https://www.nisc.go.jp/active/kihon/pdf/cs-senryaku2021.pdf

（２）外国から日本への投資に対する規制

外国投資家[3]が、サイバーセキュリティに関する事業を営む日本の上場会社の議決権を取得することについては、外国為替及び外国貿易法（以下「外為法」という。）により一定の規制がなされている。

ア　外為法に基づく対内投資に関する規制の概要

外為法は、「外国為替、外国貿易その他の対外取引が自由に行われることを基本とし、対外取引に対し必要最小限の管理又は調整を行うことにより、対外取引の正常な発展並びに我が国又は国際社会の平和及び安全の維持を期し、もって国際収支の均衡及び通貨の安定を図るとともに我が国経済の健全な発展に寄与することを目的と」し（同法第1条）、外国為替、外国貿易その他の対外取引を総合的に対象としている法律であり、日本の対外取引の基本法となっている。同法による規制の1つに、対内直接投資規制がある。すなわち、同法は、対外取引の原則自由という基本的考え方に立ちつつ、経済協力開発機構（OECD）の資本移動自由化コード等の国際的な投資ルールの範囲内で、国の安全等の観点から対内直接投資規制を導入している。

具体的には、①外国投資家が行う国内の会社の株式又は議決権の取得等のうち一定の要件を満たすもの[4]を「対内直接投資等」（外為法第26条第2項、対内直接投資等に関する政令第2条第16項第1号〜第7号）として原則として事後報告を義務付ける（同法第55条の5第1項）。特に、②「国の安全」、「公の秩序」、「公衆の安全」、「我が国経済の円滑な運営」の観点から、一部の指定業種に係る対内直接投資等に限定して、事前届出並びに財務大臣及び事業所管大臣による審査を要求している（同法第27条第1項、同令第3条第2項）[5]。

イ　サイバーセキュリティ業に係る対内直接投資等に関する規制

以下に述べるとおり、サイバーセキュリティに関する事業は、令和元年5月に指定業種に追加されたため、②の規制の対象となった（後記（ア）参照）。なお、同年11月の同法改正では、事前届出免除制度（同法第27条の2）が新設されたものの、サイバーセキュリティに関する事業の一部は、この免除制度が利用できないコア業種となっているため、この免除制度のメリットを享受することはできない（後記（イ）参照）。

そのため、外国投資家が、サイバーセキュリティに関する事業を営む日本の上場会社の議決権を取得する場合、それが「対内直接投資」の要件を満たせば、原則として事前届出並びに財務大臣及び事業所管大臣による審査を経る必要がある。

---

[3] 外国投資家については、外為法第26条において定義されている。

[4] 上場企業の株式の1％（後記イ（イ）のとおり、従前は10％であったが、令和元年外為法改正により、1％に引き下げられた。）以上を取得する場合や、非上場企業の株式取得を取得する場合等が含まれる。

[5] なお、②の要件を満たし事前届出及び審査が要求される「対内直接投資等」については、①の事後報告は免除される（外為法第55条の5第1項ただし書）。

（ア）サイバーセキュリティ業の指定業種への追加

　サイバーセキュリティの確保の重要性等を踏まえ、安全保障上の重要な技術の流出や、日本の防衛生産・技術基盤の毀損等、日本の安全保障に重大な影響を及ぼす事態を生じることを適切に防止する観点から、令和元年 5 月の対内直接投資等に関する業種告示等の改正により、指定業種に情報処理関連機器等の製造業やソフトウェア開発業、IT 関連サービス業等が追加され[6]、サイバーセキュリティに関する事業も指定業種に含まれることになった。

（イ）令和元年外為法改正によるサイバーセキュリティ業のコア業種への指定

　近時、投資を通じた機微技術へのアクセスに対する関心の高まり等を背景に[7]、諸外国において、国家安全保障を目的とする対内直接投資の規制強化がなされている[8]。このような状況を踏まえ、経済の健全な発展につながる対内直接投資を一層促進するとともに、国の安全等を損なうおそれがある投資に適切に対応することにより、メリハリのある対内直接投資制度を目指す観点から、令和元年 11 月に外為法が改正され、事前届出免除制度の導入（同法第 27 条の 2、第 28 条の 2）、上場会社等の株式取得等の閾値の 10%から 1%への引下げ（同法第 26 条第 2 項第 3 号、同項第 4 号）等が行われた。

　事前届出免除制度については、国家の安全等の観点から、原則として免除制度を利用できない業種（＝コア業種）が指定されており（対内直接投資等に関する命令第 3 条の 2 第 3 項、対内直接投資等に関する命令第 3 条の 2 第 3 項の規定に基づき、財務大臣及び事業所管大臣が定める業種を定める件[9]）、サイバーセキュリティ業のうち、重要インフラのために特に設計されたプログラム等の提供に係るサービス業等が、コア業種

---

[6] 財務省ウェブサイト「対内直接投資等に係る事前届出対象業種の追加等を行います」（https://warp.ndl.go.jp/info:ndljp/pid/12654173/www.mof.go.jp/policy/international_policy/gaitame_kawase/gaitame/recent_revised/20190527.htm）参照。

[7] 平成 31 年 3 月に OECD が公表したレポート（Acquisition-and ownership-related policies to safeguard essential security interest）においては、安全保障上の利益を保護するため、会社の資産買収を管理する伝統的な領域から、投資を通じた会社への影響力の行使（技術やデータへのアクセス等）を管理する領域へと、投資管理の対象範囲が拡大していることが指摘されており、この中では、対内直接投資に関する新たな懸念領域として、①重要インフラ（鉄道、水道、電力等）の支配に対する懸念の増大、②デジタル化の進展による個人情報の安全保障上重要な資産への変容、③先進技術へのアクセスの増加、④サイバーセキュリティに関する懸念の増大、⑤サプライチェーン上の重要企業に対する支配の増大が挙げられている。

[8] 例えば、米国では、対米外国投資委員会（The Committee on Foreign Investment in the United States）の権限を拡大する外国投資リスク審査現代化法（the Foreign Investment Risk Review Modernization Act）が平成 30 年 8 月に成立し、EU では、平成 31 年 3 月に、欧州議会・理事会規則（Regulation (EU) 2019/452 of the European Parliament and of the Council of 19 March 2019 establishing a framework for the screening of foreign direct investments into the Union）によって、加盟国間及び欧州委員会の間の情報交換を含む対内直接投資審査に関する枠組みが新たに制定された。

[9] https://www.mof.go.jp/policy/international_policy/gaitame_kawase/fdi/publicnotice_core.pdf

に指定されている[10]。

（3）日本から米国への投資に対する規制

　米国では、日本を含む米国外から米国内への投資を、国家安全保障の確保の観点から審査する対米外国投資委員会（CFIUS[11]）の権限を、審査対象となる取引の拡充[12]、一部取引に対する事前申告の義務付け[13]等により拡大する外国投資リスク審査現代化法（FIRRMA[14]）が、平成30年（2018年）8月に成立し、令和2年（2020年）2月から施行されている。

　FIRRMAは、CFIUSの審査における考慮要素の1つとして「サイバーセキュリティへの影響」を挙げており（FIRRMA1702(c)）、例えば、日本企業が、サイバーセキュリティに関する事業を営む米国企業を中国企業[15]に売却する場合等には、CFIUSによる承認が得られず売却等を断念せざるを得ないケースも生じ得ると考えられる。

３．参考資料（法令・ガイドラインなど）
本文中に記載のとおり

４．裁判例
特になし

---

[10] 令和元年外為法改正にあわせて指定業種の見直しが行われ、コア業種に該当せず、かつ、①自らが営む指定業種に該当しない事業に付随してソフトウェア業、情報処理サービス業若しくはインターネット利用サポート業を行う場合又は②指定業種に該当しない業種を営むグループ会社のためにソフトウェア業、情報処理サービス業若しくはインターネット利用サポート業を行う場合が、指定業種の対象から除外されることとなった。詳細については、日本銀行「外為法Q&A（対内直接投資・特定取得編）」（https://www.boj.or.jp/about/services/tame/faq/data/tn-qa.pdf）Q78を参照されたい。
[11] The Committee on Foreign Investment in the United States
[12] 従前は、外国人が米国事業の支配を獲得することになる投資のみが審査対象となる取引であったが、重要技術・重要インフラ・機微個人データに関する米国事業に対する投資のうち一定のものについて、（非支配的な投資であっても）審査対象となる取引に含まれることとなった。
[13] 外国政府による相当程度の影響力がある者（国有企業等）による、重要インフラ・重要技術・機微個人データに関する米国事業に対する投資のうち一定のものが、事前申告の対象となっている。
[14] the Foreign Investment Risk Review Modernization Act
[15] FIRRMA1702(c)は、「重要な技術・重要インフラの獲得を戦略的な目標として掲げる特定懸念国による投資」も考慮要素として挙げているが、「特定懸念国」が具体的にどの国を想定しているのかは明らかにされていない。

Q57 サイバーセキュリティと情報共有・公表

サイバーセキュリティに関する情報共有体制へ参画し、情報共有を行おうとする場合に、法令上どのような点に留意すべきか。また、セキュリティインシデント発生時には、何を目的としてどのような情報を共有又は公表すべきか。

タグ：サイバーセキュリティ基本法、個情法、不正競争防止法、金融商品取引法、刑法、情報共有、サイバーセキュリティ協議会、CISTA、J-CSIP、JC3、セプター、サイバーセキュリティ対処調整センター、ISAC

1．概要

　サイバーセキュリティ対策は自組織で行うことが原則だが、サイバー攻撃の複雑化・巧妙化に伴い、情報共有の重要性が高まっており、現在、複数の情報共有体制が活動を行っている。サイバーセキュリティに関する情報を共有するに当たっては、他者に対して情報を提供することとなるため、情報の内容によって、個情法、不正競争防止法、金融商品取引法、刑法、独占禁止法といった法令や秘密保持契約など自社が締結している契約上の秘密保持義務に注意が必要であり、万が一これらの法令等に抵触した場合にはレピュテーションリスクが生じることにも留意する必要がある。

　また、セキュリティインシデント発生時には情報共有及び公表の要否及び適否について検討する必要がある。

2．解説

（1）情報共有の意義及び重要性

　サイバーセキュリティは、本来、各々の組織において取り組むべきものであるが、攻撃が複雑化し、脅威の変化が早い現状においては、一組織の対応では限界があり、また、被害を受けた組織等から迅速な情報共有が行われなければ、攻撃手口や対策手法等を他組織が知ることができず、同様の手口によるサイバー攻撃の被害がいたずらに拡大するおそれがある。そのため、情報を相互に共有することで自組織の取組みを一層高度化したいといった意識が高まり、サイバーセキュリティに関する情報を一定のコミュニティで共有する動きが一層活発化している。

　経営ガイドラインにおいても、サイバーセキュリティ対策を実施する上で、経営者が責任者に指示すべき10項目の一つとして「サイバーセキュリティに関する情報の収集、共有及び開示の促進」が挙げられている。

　前提として、「共有」と「公表」は峻別する必要がある。共有とは、一定の目的を果たすために、必要な情報を特定の相手方に提供することということができ、公表とは、同じく一定の目的を果たすために、ウェブサイト等を通じて不特定多数が閲覧できる状態に置くこ

とということができる。

このうち、「共有」については、さらに、法令や契約に基づいて相手方に報告する場合（Q7〜Q9など参照）と、必要に応じて情報共有体制に共有する場合という2つに分けることができるが、本項では、後者の情報共有を中心に述べることとする。

サイバーセキュリティに関する情報共有のための体制は、現時点においても複数存在しているところ、代表的なものをいくつか紹介する。

ア　サイバーセキュリティ協議会

平成30年のサイバーセキュリティ基本法の改正により組織された法定の情報共有体制であり、NISC及び政令指定法人JPCERT/CC[1]が事務局を務めている。情報共有を行う上で阻害要因となっていた事項について法律改正等により改善を図り、既存の情報共有体制の活動を補完し、これらと有機的に連携しつつ、従来の枠を超えた情報共有・連携体制を構築することを目標としている（詳細は後述）。

イ　早期警戒情報の提供システム「CISTA[2]」

JPCERT/CCは、国民の社会活動に大きな影響を与えるインフラ、サービス及びプロダクトなどを提供している組織におけるセキュリティ関連部署又は組織内CSIRTに向けて、セキュリティに関する脅威情報やそれらの分析・対策情報を早期警戒情報として提供している[3]。

ウ　重要インフラ行動計画に基づく情報共有体制

重要インフラ行動計画における5つの施策群の一つとして、「情報共有体制の強化」が挙げられており、NISCは、重要インフラ所管省庁、情報セキュリティ関係省庁等と相互にシステムの不具合等に関する情報の共有を行うこととされている。

エ　サイバー情報共有イニシアティブ「J-CSIP[4]」（ジェイシップ）

IPAは、平成23年、サイバー情報共有イニシアティブ「J-CSIP」を発足し、重工や重電等、重要インフラで利用される機器の製造業者を中心として、標的型メール攻撃に関する情報共有を実施している。

オ　日本サイバー犯罪対策センター（JC3[5]）による情報共有

平成26年に業務を開始した一般財団法人日本サイバー犯罪対策センター（JC3）においては、産学官（セキュリティ関係等の産業界、学術機関、警察庁等）の情報や知見を集

---

[1] サイバーセキュリティ戦略本部の事務として、サイバーセキュリティに関する事象が発生した場合における国内外の関係者との連絡調整に関する事務（基本法第26条第1項第4号）が規定され、当該事務の一部を政令で定める法人に委託することができる（同法第31条第1項第2号）とされているところ、当該政令で委託する法人として、JPCERT/CCが指定されている（サイバーセキュリティ基本法施行令第5条）。

[2] Collective Intelligence Station for Trusted Advocates の略

[3] https://www.jpcert.or.jp/wwinfo/

[4] Initiative for Cyber Security Information sharing Partnership of Japan の略

[5] Japan Cybercrime Control Center の略

約・分析し、その結果等を還元することで、脅威の大元を特定し、これを軽減及び無効化することにより、以後の事案発生の防止を図ることとしている。

カ　サイバーセキュリティ対処調整センター

　NISC は、サイバーセキュリティ戦略を踏まえ、2020 年東京オリンピック・パラリンピック競技大会（以下本項において「大会」という。）におけるサイバーセキュリティの確保に向け、脅威・事案情報の共有等を担う中核組織としてサイバーセキュリティ対処調整性センターを構築し、情報共有システム（JISP[6]）を構築、運用している。大会後も、今後の取組方針として、2025 年に開催が予定される大阪・関西万博におけるサイバーセキュリティの確保に向けた取組みの推進の一環として、JISP を提供することが予定されている[7]。

キ　セプター及びセプターカウンシル

　NISC は、重要インフラ事業者等の情報共有・分析機能を担う組織である「CEPTOAR（セプター)[8]」及び各セプターの代表で構成された協議体である「セプターカウンシル」の運営および活動を支援している。

ク　ISAC（アイザック）

　民間の各業界において、自主的な情報共有を行う組織である「ISAC[9]」が徐々に増加している。主要なものを挙げると、「ICT-ISAC」（通信事業者等）、「金融 ISAC」（金融事業者）、「電力 ISAC」（電力事業者）、「交通 ISAC」（交通・運輸事業者等）、「J-Auto-ISAC」（自動車関係事業者等)、「Software ISAC」（ソフトウェア産業等）などがある。

（2）情報共有において留意すべき法令等

　サイバーセキュリティを確保するために有用な情報の中には、攻撃手法に関する情報、マルウェアに関する情報など様々なものが含まれうるが、それを他者との間で共有する場合には、情報の性質等に応じて、以下の法令等に留意しなければならない。

ア　個情法

　共有しようとする情報の中に個人データ（個情法第 16 条第 3 項)[10]が含まれている場合には、原則として本人の同意なく第三者提供ができない（同法第 27 条第 1 項）。

　ただし、法令に基づく場合など、同法第 27 条第 1 項各号のいずれかに当たる場合は、本人の同意は不要である。

---

[6] Japan cyber security Information Sharing Platform の略

[7] NISC 東京 2020 グループ「東京大会におけるサイバーセキュリティ対策と今後の取組方針」（令和 4 年 1 月）
　https://www.nisc.go.jp/pdf/policy/2020/Tokyo2020houkoku.pdf　（44 頁）

[8] Capability for Engineering of Protection Technical Operation, Analysis and Response の略、令和 2 年 2 月現在、14 分野 19 セプターが存在している。

[9] Information Sharing and Analysis Center の略。

[10] 個人情報データベース等を構成する個人情報（詳細は Q10 参照）。

イ　不正競争防止法

　仮に共有しようとする情報の中に営業秘密や限定提供データが含まれている場合、当該情報を他者と共有することで、営業秘密にあっては「秘密として管理されている」（不正競争防止法第 2 条第 6 項）という要件、限定提供データにあっては「業として特定の者に提供する情報として」、又は「電磁的方法により…管理され」（同条第 7 項）という要件が失われ、当該情報が営業秘密、又は限定提供データとしての法的保護を受けられなくなるという事態を招かないよう留意しなければならない。

　営業秘密において適切な管理状況を保つための対応としては、提供に当たって営業秘密を特定した秘密保持契約を締結する等して自社の秘密管理意思を明らかにすることなどが考えられる。

ウ　金融商品取引法

　上場会社等における会社関係者が業務に関する重要事実を職務等に関して知りながら当該重要事実が公表される前に株式の売買等を行うことは、いわゆるインサイダー取引として禁止される（金融商品取引法第 166 条第 1 項）。これに違反した者は、個人については 5 年以下の懲役又は 500 万円以下の罰金（同法第 197 条の 2 第 13 号）、当該個人が代表者又は代理人、使用人、その他の従業者である法人に対しては、5 億円以下の罰金が科される（同法第 207 条第 1 項第 2 号）。

　例えば、サイバーセキュリティに関する情報共有を行うに当たっては、自社がサイバー攻撃を受け、情報漏えいが疑われているという事実を含めて情報を伝達することもあり得る。当該事実は、公表されれば会社の株価に影響を及ぼし得る情報として、上記にいう「重要事実」に該当し得る。

　また、ここにいう「会社関係者」には、上場会社等の役員、代理人、使用人その他の従業者（以下本項において「役員等」という。）のほか、当該上場会社等と契約を締結している者又は締結の交渉をしている者（法人の場合はその役員等）も含まれる（同法第 166 条第 1 項第 4 号、第 5 号）。

　サイバーセキュリティに関する情報共有体制は、当該体制が持つ規約といった内規を守る旨を合意することを前提に各々のメンバーが当該体制に加入し、当該内規に基づき情報を共有することとなる。また、メンバーには上場している会社も含むため、当該体制に加入しているメンバーが上場会社等と各々相互に情報共有の契約を締結していると評価することも可能である。この場合、当該体制に加入し、情報共有活動を行っているメンバー会社及び当該活動に従事している者が全て「会社関係者」に該当することとなる。

　なお、情報共有体制が上場会社等と契約を締結していると評価できない場合であっても、会社関係者から情報伝達を受けた者はインサイダー取引規制の対象となる（同法第 166 条第 3 項）[11]。

---

[11] 上場会社等から情報共有を受ける者が「会社関係者」と評価できない場合、当該情報共有

情報共有体制において情報共有活動を行うに当たっては、外形的な情報共有又は情報伝達行為のみをもってインサイダー取引を疑われないよう、当該情報をサイバーセキュリティの確保目的以外に利用してはならないといった利用目的の制限、情報共有体制に加入している上場会社がサイバー攻撃の被害に遭った場合には、加入メンバー会社及び当該活動に従事している者は、被害会社の株取引を禁止すること、このような取決めに違反した場合にはサンクションを課す等の対応を行うことが考えられる。

エ　刑法（不正指令電磁的記録に関する罪）[12]

サイバーセキュリティに関する情報共有を行うに当たっては、マルウェアの挙動の解析や対応策の発見など、対策のためにマルウェアそのものを共有することも考えられる。

このような場合、外形的には不正指令電磁的記録の提供（刑法第168条の2第1項）又は供用（同条第2項）に当たり得るため、他人の電子計算機の実行の用に供されることのないよう、情報の提供側と受領側でマルウェアの授受を行う旨を合意することを前提として、提供者・受領者ともに、外部に当該マルウェアが送られることがないよう、厳格に管理しながらやりとりするなどの対応を行うことが考えられる。

オ　独占禁止法

競合事業者同士の価格、供給数量等の重要な競争手段である取引条件に関する情報交換は独占禁止法上のカルテル規制（同法第3条）との関係で問題となる可能性がある。そのため、共有体制において情報共有活動を行うに当たってはこれらの情報が交換されないよう十分に留意する必要がある。

カ　秘密保持契約等の自社が締結している契約上の秘密保持義務

自社が締結している秘密保持契約その他の契約の秘密保持義務の対象となっている情報を契約の相手方の同意を得ることなく第三者に共有した場合、秘密保持義務に抵触する可能性がある。そのため、情報共有活動を行うに当たっては、共有する情報が自社の締結している契約における秘密保持義務の対象となっていないか確認する必要がある。

（3）サイバーセキュリティ協議会について

平成30年に改正されたサイバーセキュリティ基本法に基づき、平成31年4月、上記留意すべき法令に対応した法定の情報共有体制として、サイバーセキュリティ協議会が組織

を受けた者は、上場会社等から情報伝達を受けることになるが、情報伝達行為の一部も規制の対象である。会社関係者は、重要事実について、他人に対し、公表前に有価証券等に係る売買等により他人に利益を得させ、又は当該他人の損失の発生を回避させる目的をもって、当該重要事実を伝達し、又は当該売買等を推奨してはならない（同法第167条の2第1項）。これに違反し、情報の伝達を受けた者が当該重要事実の公表前に株式の売買等を行った場合には、上記インサイダー取引と同様の罰則が科される（同法第197条の2第14号、第207条第1項第2号）。サイバーセキュリティに関する情報共有を行うに当たっての情報伝達・取引推奨行為は、「他人に利益を得させ、又は当該他人の損失の発生を回避させる目的」にあたらないため、基本的にはインサイダー取引規制の対象ではないと考えられる。

[12] 構成要件などの詳細についてはQ76参照。

され、官民又は業界を超えた、全315者の多様な主体が参加（令和5年4月28日時点）している。本協議会では、他の情報共有体制では拾えていなかった情報など、真に有益で、他では得られない情報に絞りこんで共有を行っている。

本協議会では、情報共有を行う上での阻害要因を除去するため、協議会構成員に対する情報提供義務及び守秘義務を法定化しており、以下概説する。

ア　情報提供等協力の求めと応答義務

協議会は、構成員に対して必要に応じて情報の提供等の協力を求めることができ、当該求めを受けた構成員は、正当な理由がない限り、これに応じなければならない（サイバーセキュリティ基本法第17条第3項）。

これは、協議会の判断で必要な協力の求めを行い、それに対応して情報の提供等の協力を行うことに法的な裏付けを付与することを趣旨の一つとしており、例えば、本項に基づく情報提供の求めに応じて情報を提供する場合に、そこに個人データに当たるものが含まれているとしても、「法令に基づく場合」（個情法第27条第1項第1号）の提供として許容されうる[13]。ただし、個人のプライバシーに配慮し、サイバーセキュリティの確保のために必要のない余分な情報を提供しないよう留意が必要である。

なお、情報提供の求めが濫用されないよう、サイバーセキュリティ協議会規約においては、本項に基づき、以下の2つの場合に限って一般の構成員に対する情報提供等の協力の求めを行うこととしている。

① 大規模なサイバー攻撃が発生するなど、情報提供等の協力を求める特別の必要性が認められる場合又はこれに準ずる状況であると認められる場合
② 構成員が協議会による協力の求めを受けることについて同意している場合

イ　守秘義務

協議会の事務に従事する者又は従事していた者は、正当な理由がなく、当該事務に関して知り得た秘密を漏らし、又は盗用してはならない（サイバーセキュリティ基本法第17条第4項）。

ここで禁止されている行為は、秘密を「漏ら」すという第三者への提供行為のみならず、「盗用」、つまり、受領した情報を自らが不正に利用することも含まれているため、サイバーセキュリティ協議会において情報共有を行う者は、情報を受領する者に守秘義務がかかっており、提供した情報が不正に利用・提供されないことを前提として、安心して情報を提供できる仕組みとなっている。

（4）セキュリティインシデント発生時の情報共有と公表について

セキュリティインシデント発生時の情報共有については、何を目的に共有を行うかという観点から、どのような情報をどのタイミングで誰に共有するかを検討する必要がある。こ

---

13 本号に該当すると言えるためには、法令上明文の根拠が存在し、かつその根拠法令に基づいて適正な運用がなされていることが前提となる。

の点に関しては、JPCERT/CC が総務省サイバーセキュリティタスクフォース第33回資料として公表した「サイバー攻撃被害情報の共有と公表のあり方について(公開版)」が参考になる。

この文書においては、共有（及び報告）と公表を区別し、また、共有すべき情報として、「技術情報」と「コンテクスト情報」を区別している。技術情報とは、攻撃に使用されたマルウェアや不正通信先の情報など、必ずしも被害を受けた組織に固有の情報ではないものであり、コンテクスト情報とは、被害を受けた個別組織名や対応経緯、被害内容など、被害組織に固有の情報を指す。

以下では、目的別に、共有及び公表の是非及びそのタイミングについて概説する。

ア　攻撃の全容解明及び被害企業自身の二次被害防止目的

サイバー攻撃を受けた被害企業においては、自社がどういった攻撃を受けているのか、また、どのような対応を行えば脅威を除去できるのかがわからないケースも多く見られる。これに対処し、被害の原因調査及び根本的な原因への対象を行うためには、早期の段階での情報共有が重要となる。このとき、専門機関に対して技術情報を共有し、専門機関を含む他組織が保有する情報のフィードバックを受けることで、まずは、自組織が受けた攻撃を一定程度の確度をもって一次判定を行い、初期対応を行うことができる。また、攻撃の全容解明につなげるとともに、脅威を除去して被害企業自身の二次被害を防止する目的を果たすことができる。

この場合にコンテクスト情報を広く共有又は公開することは推奨されない。被害企業のネットワーク内に攻撃者が未だに潜伏している可能性があるため、コンテクスト情報を含めて広く公開を行うことは、攻撃者による被害企業への更なる攻撃を招くおそれがある。

イ　同種の攻撃による他の企業の被害拡大防止目的

同種の攻撃による他の企業の被害拡大防止を目的とする場合にも、公表等を行う前の早期の段階における情報共有が重要となり得る。専門機関や情報共有体制に対して技術情報を共有することで、専門機関や情報共有体制において当該技術情報のうち重要なエッセンスを抽出し、対策情報として展開することで被害拡大の防止という目的を果たすことができる。

この場合にコンテクスト情報を広く共有又は公開することは、自社が特定されることによる二次被害を生じる可能性がある一方で、被害拡大防止への寄与度が大きく変わるものではないため、その意義は乏しいと評価することができる。また、そのような情報を外部に出すためには、社内調整及び関係者との調整を経るためのハードルが高くなるところ、調整をしている間に、情報が陳腐化する、又は同種の攻撃による被害の拡大を招く結果となりかねない。

ウ　漏えいした情報の関係者の二次被害防止目的

　例えば個人データが漏えいした場合には、漏えいした個人データが悪用されるなどして本人に対する二次被害が発生する可能性がある。本人に対して直接連絡することができれば、一定程度二次被害の防止に資すると考えられるが、本人の連絡先が古いなどして直接の連絡ができない場合には、その代替措置としての公表を検討する必要が生じる。

　この場合、個人データの本人に対して説明責任を果たす、又は信頼関係を維持するために、一定程度コンテクスト情報を連絡内容又は公表内容の中に盛り込む必要が出てくると考えられる。

エ　レピュテーションリスク対策目的

　サイバー攻撃を受けた際には、自社以外の第三者からサイバー攻撃を受けたことが露呈する場合がある。例えば、ランサムウェア攻撃の場合は、攻撃者がリークサイトに情報を公開する、又は自らメディアを含めて広く情報を流すケースなどが挙げられる。また、一定の範囲で流通しているマルウェアの中に攻撃対象に関する情報が含まれていることで、当該攻撃対象に対するサイバー攻撃が行われた事実が推定されるケースもある。

　この場合に、何らの情報も公表しなければ、サイバー攻撃を受けたことを隠蔽しているのではないかという誤解を与え、企業のレピュテーションを毀損する可能性がある。そこで、レピュテーションリスク対策としての公表を検討する必要が生じる。

　この場合も、上記ウと同様、企業としての説明責任を果たしつつ、隠蔽という誤解を解くために、一定程度コンテクスト情報を公表内容の中に盛り込む必要が出てくると考えられる。

オ　法令に基づく義務を果たす目的

　サイバー攻撃を受けた際に、法令又はガイドライン等に基づき当局等への対応が必要となる場合がある（詳細については**Q7~Q9**を参照）。

　このとき、法令に基づく義務を果たさない場合には、違法行為として当局から法執行を受けるリスクがあるため、少なくとも、その義務を果たす為に必要な範囲で、情報共有又は公表を行う必要が生じる。

　サイバー攻撃被害組織等において、被害に係る情報のうち、どのような情報を、どのようなタイミングで、どのような主体と共有すればよいかの検討を行うにあたり、実務上参考となるガイダンス文書を策定するために、令和4年4月20日、サイバーセキュリティ協議会の運営委員会の下で、「サイバー攻撃被害に係る情報の共有・公表ガイダンス検討会」を開催することが決定され、令和5年3月8日に、「サイバー攻撃被害に係る情報の共有・公表ガイダンス」が公表されている[14]。

14　https://www.nisc.go.jp/council/cs/kyogikai/guidancekentoukai.html

３．参考資料（法令・ガイドラインなど）

- ・サイバーセキュリティ基本法第 17 条
- ・サイバーセキュリティ協議会「サイバーセキュリティ協議会規約」（令和 4 年 3 月 22 日
  一部改正）
- ・経営ガイドライン
- ・個情法ガイドライン（通則編）
- ・サイバー攻撃被害情報の共有と公表のあり方について（公開版）
- ・サイバー攻撃被害に係る情報の共有・公表ガイダンス

４．裁判例

特になし

Q58 脅威インテリジェンスサービス

脅威インテリジェンスサービス（特にダークウェブからの情報収集を行っているサービス）を提供するに当たって、どのような点に留意すべきか。

タグ：脅威インテリジェンス、ダークウェブ、個情法、不正競争防止法、刑法

1．概要

　DX の加速により、個人情報や営業秘密の漏えい、不正アクセス、サイバー攻撃など、デジタルにおける脅威・リスクが増している。そのような中、攻撃者からの脅威の検知・分析・対応・予防、サイバーセキュリティ向上のために活用するため、通常の方法ではアクセスが容易ではなく、アクセス自体に危険が伴うことがあるダークウェブやダークマーケットにおいて情報を収集し、加工・分析したうえで、攻撃者の脅威の兆候などの有用な情報等を提供するサービス、すなわち、脅威インテリジェンスサービスが脚光を浴び始めている。

　ダークウェブやダークマーケットでの情報収集は、それ自体の適法性も問題となる。そのため、違法行為を前提とする脅威インテリジェンスサービスの利用はコンプライアンスやレピュテーションに関して問題となり得る上、当該違法行為の幇助・教唆も問題となり得るので、適切な知識を持った上で、利用する必要がある。

2．解説

（1）脅威インテリジェンスサービスとは

　脅威インテリジェンスサービスとは、明確な定義があるわけではないが、サイバーセキュリティ上の脅威に関する情報（マルウェアや攻撃インフラに関する情報、いわゆる IoC（Indicator of Compromise）情報などを収集し、その情報を分析または集約し、分析結果等の付加価値を加えて顧客に提供するという形態をとるサービスが多い。

　情報の収集先は、一般公開されているニュースサイトや SNS などのいわゆるサーフェスウェブのみならず、通常の方法ではアクセスが容易ではなく、アクセス自体にも危険が伴うことがあるダークウェブやダークマーケットから情報を収集する脅威インテリジェンスサービスも近時増加しつつある。そうしたサービスでは、ダークウェブやダークマーケットにアクセスし、サイバー攻撃者のやりとりの内容、取引されている情報といった、サイバー攻撃の兆候となる情報を収集し、時には AI を駆使して専門家が加工・分析した上で、顧客との関連性が高い脅威情報を抽出して提供している。

　こうしたサービスが増加している背景には、デジタルリスクが高まっていることや、特定の事業者や組織を狙う「標的型攻撃」の脅威が高まっていること、サイバー攻撃の巧妙化に伴い、これまでとは違った予防策を実施する必要が高まっていることが挙げられる。加えて、サイバー攻撃が複雑化・巧妙化する中、日々刻々と様々なセキュリティ関連の企業や団体が

脅威に関する情報発信を行っているため、情報過多となり、事業者にとって必ずしも必要な脅威情報に効率的にアクセスできないケースもある。

　脅威インテリジェンスサービスを提供するための情報収集として、違法取引の温床となっているダークウェブやダークマーケットに潜入し、一定の活動や取引をすることが法令に違反しないかが問題となる。そのような状況を踏まえて、例えばアメリカでは、アメリカ司法省サイバーセキュリティユニットが、2020 年 3 月に、脅威インテリジェンスについてのガイダンスを発表している[1]。一方で、日本では、官公庁、団体によるガイダンス等は特段公開されていない。

（2）法的論点

　以下では、日本法の観点から、脅威インテリジェンスサービスに関連する法的論点を解説する。

ア　ダークウェブ上で流通する個人情報を閲覧又はダウンロードすることの適法性

　ダークウェブ上で流通する情報を収集するタイプの脅威インテリジェンスサービスにおいても、どのような情報を収集するかはさまざまなものがある。例えば、ダークウェブ上で、不正アクセスにより窃取されたと思われるユーザ ID・ユーザ名・パスワードのリスト等が取引されている場合に、どのようなデータなのかという抽象的な情報のみを取り扱うサービスもあれば、実際に取引されているデータをダウンロードして取り扱うサービスもある。

　とくに後者については、ダークウェブ上で取引されている個人情報を含むデータをダウンロード等することがありうるため、これが、偽りその他不正の手段による個人情報の取得を禁ずる個情法第 20 条第 1 項に反しないかが問題となる。

　個情法 GL（通則編）によれば、まず、「取得」について、個人情報を含む情報がインターネット等により公にされている場合であって、単にこれを閲覧するにすぎず、転記等を行わない場合は、個人情報の「取得」にあたらないとされている。一方で、個人情報に該当するデータをダウンロード含め転記等する行為は、個人情報の「取得」に当たると考えられる。

　そして、同 GL では、個情法第 20 条第 1 項違反に当たる事例として、同「法第 27 条第 1 項に規定する第三者提供制限違反がされようとしていることを知り、又は容易に知ることができるにもかかわらず、個人情報を取得する場合」や「不正の手段で個人情報が取得されたことを知り、又は容易に知ることができるにもかかわらず、当該個人情報を取得する場合」が示されている。

---

[1] Cybersecurity Unit Computer Crime & Intellectual Property Section Criminal Division U.S. Department of Justice "Legal Considerations when Gathering OnlineCyber Threat Intelligence and Purchasing Data from Illicit Sources"
https://www.justice.gov/criminal-ccips/page/file/1252341/download

ダークウェブ上で掲載・取引されている個人情報は、掲載した者が偽りその他不正の手段により取得した個人情報である蓋然性が高く、また、掲載した者が個情法第27条第1項に違反してこれをダークウェブ上で提供している蓋然性が高い。このため、個人情報取扱事業者が、ダークウェブ上で掲載・取引されている個人情報を当該ダークウェブからダウンロード等により取得することは、偽りその他不正の手段による個人情報の取得に該当するものとして、法第20条第1項に違反するおそれがあると考えられる。

ただし、個別の事案ごとに判断することとなるが、例えば、人（法人を含む）の生命、身体又は財産の保護のために個人情報をダークウェブから取得してこれを取り扱う必要がある場合、社会的に影響のあるサイバー攻撃の解析等のために研究機関等が必要最小限の範囲で個人情報をダークウェブから取得してこれを取り扱う必要がある場合には、法20条1項には違反しないものと考えられる（ただし、その取得したデータに上記の取扱いの必要性が認められない個人情報も含まれていた場合には、直ちにこれを削除する必要がある）。他方、みだりに個人情報を含むデータをダークウェブから取得する場合には、法第20条第1項に違反するおそれがあると考えられる[2]。

加えて、当該個人情報が特定個人情報に当たる場合は、マイナンバー法で認められていない目的での情報の取得は、同法に違反する可能性もあるので、注意が必要である。

イ　ダークウェブ上で流通する営業秘密及び限定提供データを閲覧又はダウンロードすることの適法性（不正競争防止法第21条）

営業秘密及び限定提供データのダウンロードは、窃取、詐欺、強迫その他の不正な手段による取得についての不正競争には当たらないと考えられる（不正競争防止法第2条1項4号・11号）。しかし、不正取得行為が介在したことを知って、取得している場合には、不正競争に当たる（同法第2条1項5号・12号）。ただし、営業上の利益の侵害等がなければ、同法上の差止請求及び損害賠償請求の対象にはならない（同法第3条・第4条）。なお、限定提供データに関しては刑事責任に関する規定がなく、営業秘密についても、「不正の利益を得る目的で、又はその営業秘密保有者に損害を加える目的」がなければ、営業秘密の取得についても、刑事責任を負うことはないと考えられる（同法第21条1項7号・8号）。

ウ　ダークウェブ上で流通するマルウェアをダウンロードすることの適法性

正当な理由がなく、人の電子計算機における実行の用に供する目的で、不正指令電磁的記録を取得又は保管する行為は、不正指令電磁的記録取得又は同保管罪（刑法第168条の3）が成立する場合がある（Q65参照）。マルウェアは、この不正指令電磁的記録に該

---

[2] 個情報QA4-5。このQA4-5は、令和5年3月31日の更新により追加されたものである。同日に更新された箇所の一覧については、下記参照。
https://www.ppc.go.jp/files/pdf/2304_APPI_QA_tsuikakoushin.pdf

当しうるため、マルウェアのダウンロードについては、同罪に注意する必要がある。ただし、例えば、脅威インテリジェンスサービスの提供目的であれば、「正当な理由がないのに」及び「人の電子計算機における実行の用に供する目的」という要件を欠くと思われるため、同罪は成立しないと考えられるが、ダウンロード及び保管する際には正当な理由及び目的があることを明らかにできるよう準備しておく必要がある。

エ　ダークウェブ上で流通する ID・パスワード等の識別符号をダウンロードすることの適法性

何人も、不正アクセス行為の用に供する目的で、アクセス制御機能に係る他人の識別符号を取得してはならず（不正アクセス禁止法第 4 条）、同目的でそれを保管してはならない（同法第 6 条）。

ダークウェブ上で流通している ID やパスワードは、同法に規定する識別符号に該当する可能性があるため、これをダウンロードし、保管する行為は、同法上問題となり得る。ただし、これらの罪が成立するのは、あくまで「不正アクセス行為の用意に供する目的」が肯定される場合である。そのため、脅威インテリジェンスサービスの提供のために他人の識別符号を取得・保管する行為について、「不正アクセス行為の用に供する目的」という要件を欠く場合には、同罪は成立しないが、ダウンロード及び保管する際には、正当な理由及び目的があることを明らかにできるよう準備しておく必要がある。

３．参考資料（法令・ガイドラインなど）
・個情法第 20 条第 1 項、同法 27 条第 1 項、同法第 30 条第 1 項及び第 3 項
・個情法 GL（通則編）
・個情報 QA
・不正競争防止法第 21 条
・刑法第 168 条の 3

４．裁判例
特になし

Q59 データの消去、データが記録された機器・電子媒体の廃棄

データを消去したり、データが記録された機器・電子媒体等を廃棄したりする場合に、どのような点に留意する必要があるか。

タグ：個情法、安全管理措置、秘密情報、消去、削除、廃棄、暗号化消去、秘密保持契約、
　　　ハードディスク

1．概要

　データの消去や、データが記録された機器・電子媒体等の廃棄に際しては、データを完全に消去せずに機器・媒体を廃棄した場合、データが復元される危険もあるため、このような不完全な消去等によって個人データや他社の秘密情報等のデータが漏えいしないように十分留意する必要がある。消去等の作業を行うに当たっては、複数のガイドライン・資料が公表されており参考になる。また、外部の事業者にデータ消去を委託する場合は、適切な委託先を選定し、情報の漏えいに関して規定した契約を締結したうえで情報が適正に抹消されたことを証明する資料の提出を求める、スタッフ等による立ち合いを行う等、委託先での履行状況を確認することが重要である。

2．解説

（1）総論

　データを消去したり、データが記録された機器・電子媒体等を廃棄したりする場合（以下あわせて「データの消去等」という。）には、不完全なデータの消去等によって個人データや他社の秘密情報等のデータの漏えいが生じないように十分留意する必要がある。

　個人データについては、個情法第 23 条に基づき安全管理措置義務を講じる必要があり、具体的な安全管理措置の内容及びその実践手法の例については個情法ガイドライン（通則編）の「10（別添）講ずべき安全管理措置の内容」に定められている。そのうち、安全管理措置の一環としての物理的安全管理措置としては、個人データを消去等する場合は、復元不可能な手段で行わなければならないこと、また、個人データを消去等した場合には、削除又は廃棄した記録を保存することや、それらの作業を委託する場合には、委託先が確実に削除又は廃棄したことについて証明書等により確認することも重要であるとされている。同ガイドラインでは、より具体的な措置の手法の例として、個人データが記載された書類等を廃棄する際に、焼却、溶解、適切なシュレッダー処理等の復元不可能な手段を採用すること、個人データの消去等に際して、情報システム（パソコン等の機器を含む。）において、個人データを削除する場合、容易に復元できない手段を採用すること、専用のデータ削除ソフトウェアの利用又は物理的な破壊等の手段を採用することが挙げられている。

　他社の秘密情報については、まず秘密保持契約の有無を確認し、そのような契約がある場

合には、契約上の義務に十分留意する必要がある。例えば、秘密保持契約に、データの消去義務や返却義務が規定されているケースが多く、消去の方法の指定や、消去したことの証明を提出しなければならないこと等が規定されているケースもある。このような条項がない場合であっても、データの消去等に際して、不完全なデータの消去等によって他社の秘密情報を漏えいさせた場合には、取引に関する契約に基づく責任や不法行為に基づく責任が生じる可能性があるため留意が必要である。

（2）データの消去等における留意点

データが記録されている機器・媒体を廃棄するに当たって、データを完全に消去せずに廃棄した場合、廃棄された機器・媒体からデータが復元され、情報が流出する危険がある。実際に、令和元年 11 月、神奈川県がリースを受けて使用していたハードディスクをリース会社に返却したところ、当該リース会社からデータ消去作業を受託した会社の従業員が、当該ハードディスクを消去の作業前に盗んでオークションサイトに出品し、全て落札され、県の内部情報ではないかという連絡を受けたことで事案が発覚したことがあった[1]。

データの消去に関しては、以下のような資料が参考になる。

ア　NIST SP800-88 Revision 1

アメリカ国立標準技術研究所（National Institute of Standards and Technology）が発表しているガイドラインである「NIST Special Publication 800-88 Revision 1」[2]は、記録媒体のサニタイズ（消去や破壊）に関する内容をまとめたもので、消去や破壊を行う機器やソフトウェアにて処理方法の基準となっており、主に大容量のハードディスクをソフトウェア消去（上書き方式）する場合の標準方式として参照されている。

イ　地方公共団体における情報セキュリティポリシーに関するガイドライン

総務省が令和 4 年 3 月に公表した「地方公共団体における情報セキュリティポリシーに関するガイドライン(令和 5 年 3 月版)」[3]は、各地方公共団体が情報セキュリティポリシーの策定や見直しを行う際の参考として、情報セキュリティポリシーの考え方及び内容について解説したものとなっている。同ガイドラインでは、「情報システム機器が不要になった場合やリース返却等を行う場合には、機器内部の記憶装置からの情報漏えいのリスクを軽減する観点から、情報を復元困難な状態にする措置を徹底する必要がある。この場合、一般的に入手可能な復元ツールの利用によっても復元が困難な状態とすることが重要であり、OS 及び記憶装置の初期化（フォーマット等）による方法は、ハードディスク等の記憶演算子にはデータの記憶が残った状態となるため、適当でないことに留意

---

[1] 本件では、当該従業員につき刑事事件となり、2020 年 6 月 9 日、東京地裁において懲役 2 年執行猶予 5 年の刑が言い渡されている。

[2] IPA が翻訳版を公表している。下記リンクを参照。なお、SP800 シリーズについては Q51 を参照。
https://www.ipa.go.jp/security/reports/oversea/nist/ug65p90000019cp4-att/000094547.pdf

[3] https://www.soumu.go.jp/main_content/000870997.pdf

が必要である。」という記載がある。また、記録されている情報の機密性に応じて、情報システム機器の廃棄等を行う際の「機器の廃棄等の方法」及び「確実な履行を担保する方法」を整理した表が掲載されており、参考になる（同ガイドラインiii-53頁）。

ウ　政府機関等統一基準群

政府機関等統一基準群の一つである NISC「政府機関等の対策基準策定のためのガイドライン（令和3年度版）」[4]では、「「ファイル削除」の操作ではファイル管理のリンクが切断されるだけであり、ファイルの情報自体は抹消されずに電磁的記録媒体に残留した状態となっているおそれがある。」として、電磁的記録媒体に記録されている情報を抹消するための方法を次のように列挙している。

- データ抹消ソフトウェア（もとのデータに異なるランダムなデータを 1 回以上上書きすることでデータを抹消するソフトウェア）によりファイルを抹消する方法
- 暗号化消去を行う方法
- ATA コマンドの「Enhanced SECURITY ERASE UNIT」コマンドを使用する方法
- ハードディスクを消磁装置に入れてディスク内の全てのデータを抹消する方法
- 媒体を物理的に破壊する方法

上記のうち、「暗号化消去」とは、情報を電磁的記録媒体に暗号化して記録しておき、情報の抹消が必要になった際に情報の復号に用いる鍵を抹消することで情報の復号を不可能にし、情報を利用不能にする論理的削除方法と定義されており、暗号化消去に用いられる暗号化機能の例としては、ソフトウェアによる暗号化（Windows の BitLocker 等）、ハードウェアによる暗号化（自己暗号化ドライブ（Self-Encrypting Drive）等）などが挙げられている。暗号化消去は、同ガイドラインの令和 3 年改正時に新たに加わったものであり、この方法による消去も積極的に検討されるべきである。

なお、前掲のハードディスクが盗まれオークションサイトに流出した事例では、ハードディスクのデータの消去に関して委託を受けた業者の従業員が一連の行為を行っている。企業のスタッフ自らが情報を抹消することが不可能な場合は、あらかじめ抹消の手段と抹消の措置を行う者を企業内で実施することや情報の抹消を外部の事業者等へ業務委託することは合理的であるが、外部事業者にデータの消去を委託する場合には、適切な事業者を選定し、情報の漏えいに関して規定した契約を締結したうえで、情報が適正に抹消されたことを証明する資料の提出を求める、スタッフ等による立ち合いを行う等、委託先での履行状況を確認することが重要である[5]。

---

[4] https://www.nisc.go.jp/active/general/pdf/guider3.pdf
同ガイドラインは、令和 5 年度版が策定されているので、そちらも参照。
https://www.nisc.go.jp/pdf/policy/general/guider5.pdf

[5] 本事例を踏まえて、2020 年 5 月 22 日、総務省自治行政局地域情報政策室長から自治体の情報セキュリティ担当部長宛に、「情報システム機器の廃棄等時におけるセキュリティの確保について」（総行情第 77 号）が出されている。なお、民間企業向けには、一般社団法人電子情報技術産業協会（JEITA）が、「パソコンの廃棄・譲渡時におけるハードディスク上

３．参考資料（法令・ガイドラインなど）

本文中に記載のとおり

４．裁判例

特になし

のデータ消去に関する留意事項」を公表している。
https://home.jeita.or.jp/page_file/20181025154114_OcyNEMuIAs.pdf

Q60 電子メールの誤送信

電子メールの誤送信や郵送送付先の誤り等、送信者側の過失により情報漏えいした場合、漏えい対策として、受信者に対して一定の要請（返却要請、削除要請、削除確認、現物確認等）を行うが、このような要請を受信者が拒否したため漏えい対策がとれずに二次被害が出た場合又はそのおそれがある場合、受信者に対して取り得る法的措置はあるか。

タグ：不正競争防止法、民法、営業秘密を示された者、電子メール、誤送信

1．概要

　初動対応として、まずは誤送信先に直ちに連絡し、送付した電子メールの削除等を求めることが重要である。誤送信した電子メールの受信者に対して、誤って送信された場合の「電子メール守秘文言」は、当事者間の合意ではなく一方的な条件等であるため、強制力を持たせることはできないことに留意が必要である。

　誤送信された情報が不正競争防止法上の営業秘密に該当するときは、当該情報について信義則上許されない使用や開示が行われた場合は、当該受信者に不法行為責任が発生する可能性があるほか、誤送信電子メールの文面や受信者の業務等を総合的に考慮する必要はあるものの、受信者が、当該情報が送信者の営業秘密であることを認識した上で、当該情報を自ら使用し若しくは第三者に開示した場合又はそのおそれがある場合には、送信者は、不正競争防止法に基づき、受信者に対して、差止請求や損害賠償請求等の措置を講じられる可能性がある。

2．解説

（1）電子メールの誤送信と個人データの漏えい等について

　一般論として、電子メールを誤送信してしまった場合の初動対応としては、誤送信先に直ちに連絡を行い、誤送信した電子メールの削除を求めるなどすることが重要である。

　特に個情法との関係では、電子メールの誤送信があり、そこに個人データが含まれていた場合[1]、誤送信した相手方から、メールに含まれる個人データを閲覧せずに削除した旨の申告を受けるなどして、相手方が当該メールを削除するまでの間に当該個人データを閲覧していないことを確認した場合は、そもそも「漏えい」に該当しないと解されている（個情法ガイドライン（通則編）3-5-1-1、個情法 QA6-1 参照）。したがって、誤送信先に対して直ちに連絡を行い、誤送信した電子メールの削除を求めるなどして漏えいの有無を確認することが重要といえる。

---

[1] 企業が保有する情報が漏えいした場合の対応については、**Q7**、**Q8** を参照。

（2）電子メール守秘文言

　電子メール守秘文言とは、電子メールの誤送信があった場合に備えて、送信する電子メールに以下のような文言を本文の末尾に追記することである。

> この電子メール（添付ファイル等を含む）は、宛先として意図した特定の相手に送信したものであり、秘匿特権の対象になる情報を含んでいます。もし、意図した相手以外の方が受信された場合は、このメールを破棄していただくとともに、このメールについて、一切の開示、複写、配布、その他の利用、又は記載内容に基づくいかなる行動もされないようにお願いします。

　契約は原則として当事者間の合意をもって成立するため、電子メールを一方的に送付し、末尾に追記した守秘文言に記載された内容に強制力を持たせることはできない。誤送信先の受信者が、その情報を保有する行為自体に違法性はないため、削除等の強制することはできず、任意の協力が得られない限り、誤送信した電子メールを削除することは困難である。ただし、誤送信された情報が営業秘密等に該当する情報であることを認識した場合には、後述するように信義則上の義務が生じると解する余地があるため、その限りにおいて有効であると考えられる。

（3）営業秘密侵害

　営業秘密を保有する事業者（以下「営業秘密保有者」という。）からその営業秘密を示された者が、不正の利益を得る目的又は損害を加える目的で、営業秘密を使用する又は第三者に開示する行為は、不正競争行為となる（不正競争防止法第2条第1項第7号）。ここで、「営業秘密を示された」とは、「その営業秘密を不正取得以外の態様で営業秘密保有者から取得する場合」をいうと解されており[2]、「具体的には、営業秘密保有者から営業秘密を口頭で開示された場合や手交された場合、営業秘密へのアクセス権限を与えられた場合、営業秘密を職務上使用している場合などをいう」とされている[3]。

　「営業秘密を示された」ことについて、上記具体例のほか広く解することにより、誤送信によって保有者から営業秘密の開示を受けた場合も「営業秘密を示された」にあたるとする余地はあると考えられるが、一方で、偶発的かつ一方的に誤送信メールを送信されたことにより、はじめて営業秘密であることを認識した者に対して営業秘密に関連する規律を課すことの妥当性も考慮する必要がある。

　したがって、誤送信電子メールの受信者が、当該メールに送信者の営業秘密が含まれていることを認識した上で、当該営業秘密を自ら使用し若しくは第三者に開示した場合又はそのおそれがある場合に、それを不正競争防止法における営業秘密侵害行為として法的措置をとることができるか否かについては、当該メールを受信した者が「営業秘密を示された者」にあたるかどうかを含め、当該メールの文面や受信者の業務等の各種事情を総合的に考慮

---

[2] 逐条不正競争防止法94頁以下参照。
[3] 逐条不正競争防止法94頁以下参照。

した上で個別具体的に判断する必要があるが、当該メールの送信者としては、不正競争防止法に基づき、受信者に対して、差止請求や損害賠償請求等の措置を講じることができる可能性がある。

　なお、誤送信電子メールの受信者が不正競争防止法における営業秘密の侵害行為に該当しない場合であっても、当該受信者が誤送信された情報を営業秘密であると認識した場合には、その情報を使用開示して送信者に損害を加えてはならないことについての信義則上の義務が発生すると解する余地がある。この場合、当該受信者が、企業に対して損害が及ぶことを認識しつつ、営業秘密を使用したり、第三者に開示したり、不特定多数の者が閲覧できるようにインターネット上に公開したりすれば、当該受信者に対して不法行為責任を問い得る。

　企業としては、営業秘密を誤送信してしまった場合に、受信者に対して当該企業に損害を加えてはならないとする信義則上の義務が発生するように、送信された情報が送信者の営業秘密であると認識できる状態にしておくことが重要であると考えられる。その上で、営業秘密が誤送信された事実が明らかになった段階で、受信者に対して速やかに削除要請をするとともに、当該情報は送信者の営業秘密であるから受信者は当該情報を使用し又は第三者に開示しないように申し入れる必要があろう。

（4）情報記録媒体物の返還請求
　誤配送された書類などの情報記録媒体については、送信者にその所有権がある場合には、送信者は受信者に対して、所有権に基づき情報記録媒体の返還を請求する権利を有する。

3．参考資料（法令・ガイドラインなど）
・不正競争防止法第 2 条第 1 項第 7 号
・民法第 709 条
・逐条不正競争防止法 94 頁以下

4．裁判例
特になし

Q61 データ漏えい時の損害賠償額の算定

重要なデータ等の漏えいが起こった場合の損害賠償額はどのように算出されるのか。

タグ：民法、不正競争防止法

1．概要

　個人情報漏えい事案の場合、漏えいした個人情報の主体たる本人から、個人情報の管理者に対して、プライバシー権侵害に基づく損害賠償請求が行われることが想定される。損害額の算定に当たっては、プライバシー侵害の程度、すなわち、①漏えいした個人情報の内容と、②漏えいの態様によって、金額が変動してくると考えられる。なお、もちろん、クレジットカード情報漏えい等に伴い、カード不正使用による実損害が生じた場合等においては、当該実損害も損害額となる。

　また、営業秘密等漏えい事案の場合、漏えいした営業秘密等の主体たる企業から、営業秘密等の漏えい者に対して、不正競争防止法に基づく損害賠償請求が行われることが想定されるが、漏えいによる損害の立証に困難が伴うことから、不正競争防止法第5条は、損害額の算定・推定に関して「侵害品の譲渡数量に被侵害品の単位数量当たりの利益額を乗じて得た額を損害額とする算定方法」、「侵害者の利益を被侵害者の損害額と推定する方法」、「使用料相当額を損害額とする方法」の3つを設けている。

　なお、委託先企業が情報漏えいを行った場合、委託元企業は、委託先企業に対して、契約違反を理由とした損害賠償責任の追及が可能である。その場合、損害賠償請求の内訳としては、①委託元企業が情報漏えいの被害者に対して支払った損害賠償額、②情報漏えいに関する事故対応費用、③委託元企業自体の信用毀損による損害、④その他、委託先企業の情報漏えい行為に起因する損害が考えられる。

2．解説

（1）問題の所在

　個人情報、営業秘密及び限定提供データ等の重要なデータの漏えいが起こった場合の損害賠償額がどのように算出されるのかが問題となる。

（2）個人情報漏えい事案

　個人情報漏えい事案の場合、漏えいした個人情報の主体たる本人から、個人情報の管理者に対して、プライバシー権侵害に基づく損害賠償請求が行われることが想定される。当該請求において想定される損害としては精神的損害が考えられるが、その損害額算定方法を検討するに当たっては、実際に精神的損害の金額評価が争われた以下の4つの事件についての裁判例が参考になる。

ア　大阪高判平成 13 年 12 月 25 日判自 265 号 11 頁
（原審：京都地判平成 13 年 2 月 23 日　判自 265 号 17 頁）

被告（京都府宇治市）が、その管理する住民基本台帳のデータを使用して乳幼児健診システムを開発することを企画し、その開発業務を民間業者に委託したところ、再々委託先のアルバイト従業員が住民約 22 万人の住民基本台帳データを不正にコピーしてこれを名簿販売業者に販売し、同名簿販売事業者がこれをさらに販売した事案である。漏えいデータは、住民番号、住所、氏名、性別、生年月日、転入日、転出先、世帯主名、世帯主との続柄等であり、これらの各データは個人ごとに整理されたものであった。宇治市の住民数名が、当該データの流出によって精神的苦痛を被ったと主張して、宇治市に対し、プライバシー権侵害を理由として損害賠償（慰謝料および弁護士費用）の支払を求めた。請求額は、1 人当たり、慰謝料 30 万円、弁護士費用 3 万円であった。

大阪高裁は、宇治市の損害賠償責任を認め、損害額は、1 人当たり 1 万 5000 円（慰謝料 1 万円、弁護士費用 5000 円）とされた。

イ　最判平成 15 年 9 月 12 日民集 57 巻 8 号 973 頁

大学主催の講演会の参加申込者が申込に際して事前登録した氏名、住所、および電話番号（学生は氏名と学籍番号）につき、大学側が警視庁から警備のために提出要請を受け、本人の同意なしに提出していた事実が発覚した事案である。学生が、大学に対し、プライバシー権侵害を理由に、損害賠償（慰謝料および弁護士費用）を求め提訴した。請求額は、1 人当たり、慰謝料 30 万円、弁護士費用 3 万円であった。

最高裁は大学の情報提供行為を違法と認定し、その差戻審で、損害額は、1 人当たり 5,000 円（慰謝料 5,000 円、弁護士費用は否定）とされた。

ウ　大阪高判平成 19 年 6 月 21 日（平成 18 年（ネ）1704 号）
（原審：大阪地判平成 18 年 5 月 19 日判タ 1230 号 227 頁）

インターネットポータルサイトの運営者とその業務委託先である被告らが、リモートメンテナンスサーバに顧客データベースを保管していたところ、業務委託先の元関係者が、外部から当該顧客データベースに不正アクセスし、約 1100 万件の会員の氏名、住所、電話番号、メールアドレス、ID 等の個人データを流出させた事案である。会員の一部が、被告らに対して損害賠償請求をした裁判で、大阪地裁は、被告らの責任を認め、損害額は、1 人当たり 6,000 円（慰謝料 5,000 円、弁護士費用 1,000 円）とされた。

エ　東京高判平成 19 年 8 月 28 日判タ 1264 号 299 頁
（原審：東京地判平成 19 年 2 月 8 日判時 1964 号 113 頁）

被告経営のエステティックサロンが、そのウェブサイトにおいて実施したアンケート等を通じて取得した氏名、住所、電話番号、メールアドレス等の個人情報が、インターネット上において第三者による閲覧が可能な状態に置かれ、実際に第三者がそれにアクセスして個人情報を流出させた事案である。なお、流出後、漏えいした個人情報の主体たる本人に対して迷惑メールが送信される等の 2 次被害が発生した。原告らは 1 人当たり

慰謝料 100 万円および弁護士費用 15 万円ならびに遅延損害金を請求した。

　　裁判所は、被告の責任を認め、2 次被害を受けた原告には 1 人当たり慰謝料 3 万円と弁護士費用 5,000 円を、2 次被害が認められずかつ被告から既に 3,000 円の支払いを受けたと認められた原告には慰謝料 1 万 7,000 円と弁護士費用 5,000 円を認めた。

オ　大阪高判令和元年 11 月 20 日判時 2448 号 28 頁
（最判平成 29 年 10 月 23 日の差戻審）

　　通信教育等を目的とする企業においてその管理していた年少者の個人情報等が業務委託先の従業員による不正の持ち出しによって流出したことについて、その親が、自らの個人情報が流出したものであるとして当該企業に対して不法行為に基づく損害賠償を求めた。

　　裁判所は当該企業の責任を認め、1 人当たり慰謝料 1,000 円を認めた。

　各裁判例を見る限り、個人情報漏えい事案において精神的損害の金額が争われる場合、被害者らのプライバシー侵害の程度、すなわち、a) 漏えいした個人情報の内容と b) 漏えいの態様によって、損害額が変動すると考えられる。

　まず、a) 漏えいした個人情報の内容については、例えばイ、ウの事案のように、氏名、住所、生年月日、性別といった情報が漏えいした場合、各情報は、既に公となっていることも多く、また、本人自ら各情報を公表する機会も多いため、プライバシー侵害の程度としては比較的低いと判断される傾向にある。他方、④の事案のように、エステを受けようとしていることやエステの施術コースといった、通常第三者に知り得ない情報まで漏えいした場合、プライバシー侵害の程度は高いと判断される傾向にある。犯罪歴や病歴などの要配慮個人情報が漏えいした場合には、プライバシー侵害の程度はさらに高いものと判断される可能性がある。

　また、b) 漏えいの態様については、情報入手者数が多いほど、また、漏えいの態様それ自体の悪質性が高いほど、当該情報漏えいによるプライバシー侵害の程度は高いと判断される傾向にあるものと考えられる。また、例えば、個人情報が保存された記録媒体が他人に売却されたが、当該個人情報が他の媒体に複製される前に当該記録媒体が回収された場合など、漏えいした個人情報を完全に回収できた場合には、プライバシー侵害の程度は低いと判断されるものと考えられるが、当該情報が複製され、メールや SNS、ウェブサイト上で頒布された場合には、もはや当該個人情報の回収自体不可能であることから、プライバシー侵害の程度は高いと判断されるものと考えられる。さらに漏えいした個人情報を利用した嫌がらせメールの送信などの 2 次被害が発生した場合にもプライバシー侵害の程度は高いと判断され、損害賠償額は高くなるものと考えられる。

　個人情報漏えい事案における損害賠償額は、これらの各要素を総合的に勘案のうえ、個々の事例ごとに具体的に決せられることになるものと考えられる。

　なお、特定非営利活動法人日本ネットワークセキュリティ協会（JNSA）の「インシデント損害額調査レポート　2021 年版」は、2016 年〜2018 年のデータに基づく個人情報漏え

い時における 1 人当たりの 3 か年平均想定損害賠償額につき 28,308 円としている。また、同じく JNSA の「2018 年情報セキュリティインシデントに関する調査結果〜個人情報漏えい編〜（速報版）」では、2018 年のデータに基づく個人情報漏えい時における一件当たり平均想定損害賠償額につき 6 億 3,767 万円との試算を公表している。かかる金額は、あくまで JNSA「情報セキュリティインシデントに関する調査報告書別紙第 1.0 版」において示されている算定モデルに従い試算された想定上の数字であり、現実に争われた結果として認められた損害賠償額を反映したものではない点には注意する必要がある。もっとも、同算定モデルは、前掲ア、ウ及びエの裁判例も参考に作成されたものであり、企業において、情報漏えい時に現実的に想定される損害額を検討するに当たってのひとつの目安として参考になる。

（3）営業秘密等の漏えい事案

　営業秘密等漏えい事案の場合、漏えいした営業秘密等の主体たる企業から、営業秘密等の漏えい者に対して、不正競争防止法第 4 条に基づく損害賠償請求が行われることが想定される[1]。当該請求において想定される損害としては逸失利益が考えられるところ、その損害賠償額算定に当たっては、営業秘密等の漏えいの事実と、漏えいした営業秘密等の主体たる企業における売上減少等との間の相当因果関係およびその損害額の立証が必要になる。しかしながら、損害額の立証責任はその請求を行う被害者の側にあるのが原則であり、かつ、営業秘密等の漏えいの事実と営業上の利益の侵害による損害との間の相当因果関係およびその損害額の立証は、一般的にかなり困難である。

　そこで、不正競争防止法第 5 条は、被害者の立証の負担を軽減するため、一定の不正競争行為類型に関する損害額について、その推定規定を設けている。営業秘密等の漏えいに関するものとしては、具体的には以下のとおりである。

① **侵害品の譲渡数量に被侵害品の単位数量当たりの利益額を乗じて得た額を損害額とする算定方法（不正競争防止法第 5 条第 1 項[2]）**

　　侵害者が営業秘密侵害行為に係る物を譲渡したときは、その譲渡した物の数量（以下「譲渡数量」という。）に、被侵害者がその侵害行為がなければ販売することができた物の単位数量当たりの利益の額を乗じて得た額を、被侵害者が受けた損害の額とすることができる（ただし、被侵害者の当該物に係る販売その他の行為を行う能力に応じた額を超えない限度）。

② **侵害者の利益を被侵害者の損害額と推定する算定方法（不正競争防止法第 5 条第 2 項**

1　なお、不正競争防止法第 4 条の規定は、民法第 709 条に基づく損害賠償請求を排除するものではないため、民法第 709 条に基づく損害賠償請求を行うことも許容される。

2　営業秘密に係る不正競争行為のうち技術上の秘密に関するもの（不正競争防止法第 2 条第 1 項第 4 号〜第 9 号及び第 10 号）が漏えいしたケース、又は、限定提供データに係る不正競争行為（不正競争防止法第 2 条第 1 項第 11 号〜第 16 号）により限定提供データが漏えいしたケース。

3)
　　　侵害者が当該侵害行為により利益を得ているときは、その利益の額は、被侵害者が受
　　　けた損害の額と推定する。

③　**使用料相当額を損害額とする算定方法（不正競争防止法第 5 条第 3 項[4]）**
　　　当該侵害に係る営業秘密又は限定提供データの使用に対して受けるべき金額に相当
　　　する金額（ライセンス料相当額）を、自己が受けた損害の額とする。

　また、経産省は、ウェブページ「営業秘密～営業秘密を守り活用する～」において営業秘密
に関係する基本資料を取りまとめている。その中の経産省知的財産政策室「営業秘密の保
護・活用について」（平成 29 年 6 月）において、営業秘密の漏えいにより数百億円規模の
訴訟が提起された事例が挙げられている。具体的には、日本の大手鉄鋼メーカーの元従業員
と、外国競合企業が共謀して、高級鋼板の製造技術といった営業秘密を、当該競合企業が不
正に取得したとして、当該鉄鋼メーカーが当該競合企業に対して約 1,000 億円の損害賠償
請求（300 億円の和解金で解決）を行ったケースや、大手電機メーカーの業務提携先の元技
術者が、無断複製したフラッシュメモリに関する営業秘密を、外国競合企業に対して提供し
たとして、当該電機メーカーが当該競合企業に対して約 1,100 億円の賠償請求（330 億円の
和解金で解決）したケースなどがある。ここからわかるように、営業秘密が漏えいした場合
には、巨額の損害を招くことが想定される。

（4）委託先に対する損害賠償請求

　委託先企業が情報漏えいを行った場合、委託元企業は、委託先企業に対して、契約違反を
理由とした損害賠償責任の追及が可能である。その場合、損害賠償請求の内訳としては以下
のものが考えられる。

①　委託元企業が、情報漏えいの被害者（営業秘密等の漏えい事案においては被害企業等）
　　対して支払った損害賠償額
②　①に関連して訴訟手続等が行われた場合の合理的な訴訟費用
③　情報漏えいインデント対応費用（プレスリリース、苦情対応、謝罪等）
④　委託元企業自体の信用毀損による損害
⑤　その他、委託先企業の情報漏えい行為に起因する損害

　委託元企業が、情報漏えいを行った委託先企業に対して損害賠償請求を行い、これが認め
られた事例として、東京地判平成 26 年 1 月 23 日判時 2221 号 71 頁が著名である（Q45 も
参照）。本件は、ウェブサイト上で通信販売を営んでいる原告（委託元企業）が、被告（委
託先企業）との間で、原告のウェブサイトにおける商品の受注システムの設計、保守等の委

3　営業秘密に係る不正競争行為及び限定提供データに係る不正競争行為による情報漏えい全
　て。
4　営業秘密に係る不正競争行為（不正競争防止法第 2 条第 1 項第 4 号～第 9 号）及び限定提
　供データに係る不正競争行為（不正競争防止法第 2 条第 1 項第 11 号～第 16 号）による情
　報漏えい全て。

託契約を締結したところ、被告が製作したアプリケーションが脆弱であったことにより、外部から「SQL インジェクション」というアプリケーションの不備を利用してデータベースを不正に操作する攻撃を受け、上記ウェブサイトで商品の注文をした顧客のクレジットカード情報が流失し、原告による顧客対応等が必要となったために損害を被ったとして、被告に対し損害の賠償を求めた事案である。判決は、その当時の技術水準に沿ったセキュリティ対策を施したプログラムを提供することが黙示的に合意されていたとし、被告は、当該個人情報の漏えいを防ぐために必要なセキュリティ対策を施したプログラムを提供すべき債務を負っていたところ、これを怠ったとして、被告の損害賠償責任を認めた。

　このような委託先に対する損害賠償請求事案においては、委託先企業は、特定のセキュリティ対策は債務の内容ではなかったという主張のほか、委託元企業自身による義務違反等もあったとして過失相殺（民法第 418 条）等を主張することが考えられる。また、①情報漏えいの被害者に対して払った損害賠償額の合理性、③情報漏えいインシデント対応費用の合理性や、④情報漏えいと委託元企業自体の信用毀損による損害との相当因果関係の有無等については争いになることも多い。

３．参考資料（法令・ガイドラインなど）
・民法第 416 条、第 709 条、第 710 条、第 715 条
・不正競争防止法第 4 条、第 5 条
・JNSA「2018 年情報セキュリティインシデントに関する調査結果～個人情報漏えい編～（速報版）」
・JNSA セキュリティ被害調査ワーキンググループ「情報セキュリティインシデントに関する調査報告書別紙第 1.0 版」（2017 年 5 月 17 日）
・JNSA セキュリティ被害調査ワーキンググループ「インシデント損害額調査レポート 2021 年版 Version1.02」（令和 3 年 9 月 10 日）

４．裁判例
本文中に記載のとおり

Q62　サイバー攻撃による情報喪失

Q62　サイバー攻撃による情報喪失

受託して管理していた情報がサイバー攻撃等により消失した場合、受託事業者はどのような法的責任を負うか。同様に、受託事業者が故意又は重過失による操作ミスにより消失した場合はどうか。

タグ：民法、消費者契約法、電気通信事業法、情報消失、寄託、免責規定、責任制限規定、過失相殺

1．概要

　データを受託して管理している事業者は、データの保管を受託された場合、依頼者に対し、当該データを損壊又は消滅させないように注意すべき義務を負う。そのため、その注意義務に反した場合には、債務不履行責任を負うことになる。これは、サイバー攻撃等によるか受託事業者の故意又は重過失による操作ミスによるかにかかわらず、上記注意義務に反したかどうかによって法的責任を負うかどうかが決まる。保管を委託したデータについてユーザ側にもバックアップをしておくべき注意義務がある場合には、ユーザがバックアップをしていないことについて過失相殺がなされる可能性がある。

　また、データを管理する事業者が電気通信事業者に該当する場合には、当該データが通信の秘密の保護対象であれば、消失したことは通信の秘密の漏えいと判断され得る。当該漏えいが過失により生じた場合には、電気通信事業法（以下、本項において「事業法」という。）第29条第1項第1号に基づき、データ管理事業者は総務大臣による業務改善命令の対象となることがある。また、当該漏えいに故意が認められるものであるならば、通信の秘密の侵害罪にあたり、刑事責任を負うことになる（同法第179条第2項、第190条第2号）。

　さらに、このようなサービスの利用規約（約款）には、データ消失による損害についての責任制限や免責が定められていることが通常であるが、ユーザが消費者の場合は、消費者契約法により、責任の完全な免除や故意又は重過失に対する責任の一部免除を定める条項は無効になる（同法第8条第1項）。他方、ユーザが事業者の場合は、同法の適用がなく、ユーザとデータ受託事業者との間で責任の完全な免除や責任の一部免除を定める条項は、基本的には有効であるが、データ受託事業者に故意がある場合は無効に、重過失がある場合は、無効又は制限的に解釈される可能性があると考えられる。ユーザとデータ受託事業者との間で SLA（Service Level Agreement）の契約条項が存在する場合には、その限度で受託事業者は責任を負う。

2．解説

（1）データを受託して管理している事業者の注意義務

　データを受託して管理している事業者は、「一般に、物の保管を依頼された者は、その依

頼者に対し、保管対象物に関する注意義務として、それを損壊又は消滅させないように注意すべき義務を負う。この理は、保管の対象が有体物ではなく電子情報から成るファイルである場合であっても、特段の事情のない限り、異ならない。確かに電子情報は容易に複製可能であるから、依頼者の側で保管対象と同一内容のファイルを保存する場合が少なくないとしても、そのことをもって一般的に保管者の上記注意義務を否定することは妥当でない」（東京地判平成13年9月28日（平成12年（ワ）第18753号・平成12年（ワ）第18468号））とされており、ユーザから保管を委託されたデータを損壊又は消滅させないように注意すべき義務を負っている。

　一方、データ管理事業者（クラウドサービス提供事業者）とユーザとの間に別の事業者が介在し、クラウドサービス提供事業者とユーザとの間に直接の契約関係がない場合について、東京地裁は、サーバに保存されたプログラムやデータの保管について寄託契約的性質があるとはいえず、契約関係にない第三者に対する関係で当然にはサーバに保管された記録について善管注意義務や記録の消失防止義務を負うことはできないとしている。また、クラウドサービス提供事業者は利用規約に責任制限規定や免責規定を設け、これを前提として料金を設定して契約者から料金の支払を受けて共用サーバホスティングサービスを提供している一方、ユーザはプログラムやデータの消失防止策を容易に講ずることができたのであるから、ユーザ及びクラウドサービス提供事業者双方の利益状況に照らせば、サーバを設置及び管理するクラウドサービス提供事業者に対し、ユーザの記録を保護するためにその消失防止義務まで負わせる理由も必要もないと判示した（東京地判平成21年5月20日判タ1308号260頁）。

（2）免責規定・責任制限規定

　データを保管するサービスの利用規約（約款）には、データ消失による損害についての責任制限や免責が定められている条項が付されていることが通常であるが、ユーザが消費者の場合には、消費者契約法第8条第1項により、責任の完全な免除や故意又は重過失に対する責任の一部免除を定める条項は無効になる。一方、ユーザが事業者の場合は、消費者契約法の適用がなく、ユーザとデータ受託事業者との間で責任の完全な免除や一部免除を定める条項は、原則として有効である。

　ただし、システム開発に関する裁判例（Q45参照）として、東京地裁は、一律に責任を免除する規定について、被告が「権利・法益侵害の結果について故意を有する場合や重過失がある場合（その結果についての予見が可能かつ容易であり、その結果の回避も可能かつ容易であるといった故意に準ずる場合）にまで同条項によって被告の損害賠償義務の範囲が制限されるとすることは、著しく衡平を害するものであって、当事者の通常の意思に合致しない」と判示しており（東京地判平成26年1月23日判時2221号71頁）、当該裁判例に照らすと、データ管理事業者に故意又は重過失がある場合でも一律に責任を免除する旨の免責規定は無効とされる可能性がある。

当該免責規定の有効性については、その他の裁判例[1]も踏まえると、当事者間の信義誠実の原則及び公平の原則に照らし、責任制限規定の趣旨や内容、契約に至る経緯等の個別的事情を総合的に考慮したうえで判断することとなると考えられる[2]。

なお、SLA（Service Level Agreement）が設定されている場合には、SLA が充足されなかった場合の責任規定があれば、その内容に従って補償される。このような SLA のデータ管理の規定には、通常、バックアップの方法、バックアップデータの保存期間といったデータ管理の項目が設定されている。なお、SLA を設定するには SLO（Service Level Objective）[3]を考慮して決定することになる。

（3）過失相殺

データを委託したユーザが、自身で容易にバックアップを取得できる場合には、バックアップをしなかったことによってデータ受託事業者の下でデータが消失した場合にデータを復元できなかったことについて、ユーザにも一定の過失が認められるため、過失相殺により損害賠償額が減額される可能性がある。

東京地裁は、「原告は、本件ファイルの内容につき容易にバックアップ等の措置をとることができ、それによって…（中略）…損害の発生を防止し、又は損害の発生をきわめて軽微なものにとどめることができたにもかかわらず、本件消滅事故当時、原告側で本件ファイルのデータ内容を何ら残していなかったものと認められる」とした上で、「本件においては、被告の損害賠償責任の負担額を決するに当たり、この点を斟酌して過失相殺の規定を適用することが、損害賠償法上の衡平の理念に適うというべきである」（前掲・東京地判平成 13 年 9 月 28 日）と判示した。

また、同裁判例では、ユーザ(原告)の予見可能性について、「過失相殺を適用するに当たっては、原告に本件ファイルの消滅という結果発生に対する予見可能性が認められれば十分であって、その結果に至る因果経過として、被告の本件注意義務違反により本件ファイルが消滅したことに対する予見可能性までは必要ないと解すべきである。…（中略）…原告代表者Bは、ホームページにハッカー等が侵入する危険について認識していたことが明らかであり、また、原告は、インターネット通信には情報の改変、破壊の危険があり、その危険は

---

[1] 損害賠償額の上限を定める責任制限規定について、信義誠実の原則及び公平の原則に照らし、当該規定を適用せず相当な損害賠償額を認定した裁判例（東京地判平成 16 年 4 月 26 日（平成 14 年（ワ）第 19457 号））などがある。

[2] また、受託者との間で約款を用いて契約を締結している場合には民法における定型約款の規定（同法第 548 条の 2 から第 548 条の 4 まで）の適用について留意する必要がある（Q46 参照）。

[3] SLO はサービス目標値ともいわれ、サービス提供事業者が設定した SLA を履行するために、サーバやネットワーク等の性能、セキュリティ、データ管理等の項目ごとにサービス目標値を表したものである。例えば、性能の項目として、SLA を月間稼働率 99％以上としていた場合、SLO も月間稼働率 99％以上の数値目標を設定していなければ意味がないことになる。セキュリティの項目の SLO としては、公的認証取得や脆弱性対応などが挙げられる。

予見可能であったことを認めているのであるから、原告は、インターネット通信固有の原因により本件ファイルが消滅する危険は予見していたと判断され、本件ファイルの消滅という結果発生に対する予見可能性が十分に肯定され、過失相殺の適用を肯定する上での支障は到底認められない」と判断している。その上で、「原告の過失…（中略）…の内容及び程度に、被告の過失の内容及びその程度、原告の損害の額、その他本件に表れた諸般の事情を斟酌すれば、過失相殺として原告の損害…（中略）…の2分の1を減額するのが相当である」と判示した。

（4）行政規律、罰則等

データ管理事業者が電気通信事業者に該当する場合、当該データは事業法第4条第1項に規定する通信の秘密の保護対象となり得、その消失については通信の秘密の漏えいと判断され得る。漏えいが発生した際、データ管理事業者の業務の方法に関して、通信の秘密の保護に支障がある等の過失が認められる場合には、同法第29条第1項第1号の規定に基づき、当該データ管理事業者は、業務の方法の改善その他の措置をとるべきことを命じられることがある。この命令に従わない場合には、200万円以下の罰金に処せられる（同法第186条第3号、第190条第2号）。

また、この漏えいが、電気通信事業者たるデータ管理事業者の従業員等が故意に行ったと認められる場合には、事業法第179条第2項の規定に基づき、3年以下の懲役又は200万円以下の罰金に処せられ、当該事業者も200万円以下の罰金に処せられる（同法第190条第2号）。なお、故意による漏えいは、未遂も処罰の対象である（同法第179条第3項）。

3．参考資料（法令・ガイドラインなど）
本文中に記載したもののほか、
・民法第400条、第665条、第648条第1項、第709条
・商法第512条、第593条
・経産省「SaaS向けSLAガイドライン」平成20年
・電子商取引準則317頁以下

4．裁判例
本文中に記載のとおり

Q63 データを紛失・消失した場合における損害額

他者のデータを紛失・消失した場合、損害賠償額はどのように算出されるのか。

タグ：民法、データ、紛失、消失、滅失、損害賠償額

1．概要

情報媒体に関する保守契約などに損害額を制限する旨の定めがある場合でも、データを紛失・消失した者に故意・重過失があれば、当該定めは適用されない可能性があるので注意が必要である。裁判例には、データ修復に要する費用を算出して損害額を算定したものがある。

2．解説

情報媒体が債務不履行・不法行為等によって滅失・損傷した場合に、責任が成立すると認められると、「通常生ずべき損害」及び、「特別の事情によって生じた損害であって…当事者がその事情を予見すべきであった」損害について損害賠償責任を負担することになる（民法第416条）。これらの「損害」を考える上では、情報媒体の価値をどのようにして算定するかが問題になる。

なお、情報媒体に関する保守契約などには損害額を制限する旨の定めが置かれていることが多いが、データを紛失・消失した者に故意・重過失があれば、損害額は制限されないと判断されうること(Q45、Q62参照)、また、当該情報についてバックアップを取っていなかったことを理由として過失相殺がなされうること（Q62参照）に留意が必要である。

理論的に考えると、認められるべき損害賠償額は、①媒体の価値であるという考え方と、②①に加えて情報の価値を考慮する考え方があり得る。

裁判例には、運送人が情報媒体を滅失した場合の損害賠償責任に関して、データ修復作業の経済的価値を損害額として認めたものがある。これは、②の考え方に立つことを前提として、情報の価値はそれ自体としては算定できないため、失われた情報を復元する作業のためのコストによって算定したものと思われる。そして、当該コストは「通常生ずべき損害」として認められている。

このような裁判例は、一般論として、①の考え方を排除するものではないであろう。例えば、滅失・損傷したデータが媒体に収納された状態で取引の対象となるような場合（例えば、汎用ソフトウェアのCD-ROMによる販売）は、その取引価格を鑑定等の方法によって認定し、損害額とすることもあり得ると思われる。

なお、フロッピーディスクが運送中に紛失したという事案で、データ修復作業のコストが損害賠償額と認められた結果、かえって、フロッピーディスクが高価品とされ、運送人が明告を欠いていたこと（商法第575条、第576条、第577条、国際海上物品運送法第8条参

照）を理由として責任を免れることになったという裁判例がある。

３．参考資料（法令・ガイドラインなど）

本文中に記載したもののほか、

・民法第 415 条、第 709 条

４．裁判例

・神戸地判平成 2 年 7 月 24 日判時 1381 号 81 頁・判タ 743 号 204 頁

・広島地判平成 11 年 2 月 24 日判タ 1023 号 212 頁

・東京地判平成 13 年 9 月 28 日（平成 12 年（ワ）第 18753 号・平成 12 年（ワ）第 18468 号）

・岡山地判平成 14 年 11 月 12 日（平成 13 年（ワ）第 967 号）

・東京地判平成 21 年 5 月 20 日判タ 1308 号 260 頁

・東京地判平成 26 年 1 月 23 日判時 2221 号 71 頁

Q64 ランサムウェア対応

ランサムウェア攻撃を受けた場合、どのような法律に留意すべきか。

タグ：ランサムウェア、会社法、善管注意義務、経営判断原則、個情法、適時開示、テロ
　　　資金提供処罰法

1．概要

　近時、ランサムウェア攻撃の手口は大きく変化しており、いわゆる標的型ランサムが増加するとともに、「二重の脅迫」を行うケースが多くの割合を占めるようになっている。

　ランサムウェア攻撃によって個人データの漏えい等又はそのおそれが発生した場合、対象となる個人データの内容や件数に関係なく、個情法上、原則として当局への報告対象である点に留意が必要である。ランサムウェア攻撃により身代金を要求された場合においては、支払いの是非を慎重に判断することが求められ、取締役などの役員が安易な身代金の支払いを決定すると、善管注意義務違反を構成し得ると考えられる。その他、適時開示も問題となり得る。

2．解説

（1）ランサムウェア攻撃とは

　サイバー攻撃の一類型として、ランサムウェアと呼ばれるウイルスを使用し、攻撃先の端末上のデータを暗号化する等して、その復元と引き換えに（身代金[1]として）金銭を脅し取ろうとする類型（以下「ランサムウェア攻撃」という。）がある[2]。

　ランサムウェアとは、パソコン等の端末及びネットワーク接続された共有フォルダ等に保管されたファイルを、利用者の意図に沿わず暗号化して使用を不可能にし又は画面ロック等により操作を不可能にするマルウェアの総称である[3]。

　近時、ランサムウェア攻撃の手口は大きく変化しており、いわゆる標的型ランサム[4]が増

1　なお、「身代金」とは、人質などと引き換えに渡す金銭のことであり、ランサムウェアの場合には、人間ではなく、データが問題となっているため、「身代金」という表現は必ずしも適切ではないものの、ランサムウェアの場合でも「身代金」と表現することが一般的であるため、本稿ではそのように表現する。

2　近時、ランサムウェア攻撃による被害は拡大しており、IPA が公開している「情報セキュリティ 10 大脅威 2022」では、ランサムウェアによる被害が、2021 年に引き続き組織向け脅威の第 1 位となっている。

3　復旧と引き換えに身代金を支払うよう促す脅迫メッセージを表示するソフトウェアであることから、「ransom」（身代金）と「software」（ソフトウェア）を組み合わせた造語で、ランサムウェアと呼ばれている。

4　ウイルスを添付したメールを機械的にばらまく手口ではなく、標的型サイバー攻撃と同様の方法、つまり、①攻撃者自身が様々な攻撃手法を駆使して、企業・組織のネットワークへひそかに侵入し、侵入後の侵害範囲拡大等を行ったうえで、②事業継続に関わるシステ

加するとともに、暗号化前にデータを窃取し、ランサムウェアにより暗号化したデータの復元に対する身代金に加えて、窃取したデータを公開しないことに対する身代金を要求する「二重の脅迫」を行うケースが多くの割合を占めるようになってきている。

（2）ランサムウェア攻撃と個人データの「漏えい等」

令和2年個情法改正により、個人データの漏えい等に関する報告等を義務付ける規制が新たに導入された（同法第26条。詳細についてQ7参照）ため、ランサムウェア攻撃を受けた場合には、報告等の要否を検討する必要がある。

「漏えい等」とは、「漏えい、滅失若しくは毀損」を指すところ、ランサムウェアによって個人データが暗号化され復元できなくなった場合には、個人データの「毀損」に該当するとともに、ランサムウェアによる暗号化に際して個人データが窃取されている場合には、「漏えい」にも該当する。

そして、ランサムウェア攻撃による個人データの漏えい等は、報告対象事態の1類型である「不正の目的をもって行われたおそれがある」個人データの漏えい等（個情法施行規則第7条第3号）に該当するため、漏えい等した個人データの内容や件数に関係なく、個情委への報告及び本人への通知が必要となる点に留意が必要である。

（3）身代金の支払いと関連法令

ランサムウェア攻撃を受けた場合の対応において、実務上重要な論点は、要求された身代金を支払うことの是非である。以下のとおり、ランサムウェア攻撃で要求された身代金を支払うことを直接禁止する法令はないが、身代金の支払いには様々な問題が生じうる。

ア　善管注意義務違反（会社法など）

身代金の支払いは、企業に身代金相当額の損失を発生させるものであるため、支払いを決定した取締役などの役員が、善管注意義務（会社法第330条、民法第644条）違反に基づく損害賠償責任（会社法第423条第1項、第429条第1項）を負わないかが問題となる。

ランサムウェア攻撃において要求された身代金を支払うかどうかは、多くの要素[5]を複

ムや、機微情報等が保存されている端末やサーバを探し出してランサムウェアに感染させたり、管理サーバを乗っ取って、一斉に組織内の端末やサーバをランサムウェアに感染させたりする攻撃方法である。

5　①身代金を支払わずに復旧可能か、②（復旧可能な場合）復旧にかかるコスト、③身代金の金額と支払いによって得られると期待される効果のバランス、④身代金を支払ったとしても、攻撃者がデータの暗号化を解除し又は公表を中止する保証はないこと、⑤支払った身代金が攻撃者（犯罪者）の資金源となり、支払いの事実がランサムウェア攻撃が思惑どおりに機能していることを実証すること、⑥身代金の支払いは、間接的ではあるが攻撃者（犯罪者）に協力することを意味するため、当局等からそのような評価を受ける可能性があること、⑦身代金を支払った場合、攻撃者の「カモリスト」入りし、更なるランサムウェア攻撃を受ける可能性があること等が考えられる。

合的に考慮したうえでの判断が必要となる。こうした判断は、一義的な回答があるわけではなく、一般的には、経営上の専門判断になじむ事項と考えられるところ、そうした経営判断は、判例上、「その決定の過程、内容に著しく不合理な点がない限り、取締役としての善管注意義務に違反するものではない」とされている（最判平成 22 年 7 月 15 日判タ 1332 号 50 頁参照）。他方で、取締役が、反社会的勢力等である株主からの株主の地位を濫用した不当な要求に応じて金銭的利益の供与を行った事案において、取締役は「暴力団関係者等会社にとって好ましくないと判断される者…（中略）…から、株主の地位を濫用した不当な要求がされた場合には、法令に従った適切な対応をすべき義務を有する」と判示した判例も存在する（最判平成 18 年 4 月 10 日民集 60 巻 4 号 1273 頁）。

近時、コンプライアンスや犯罪組織への資金供給の防止に係る企業への要請がより一層高まっていること等に照らせば、株主の地位を濫用した不当な要求がされた場合と同様、ランサムウェア攻撃により身代金を要求された場合においても、支払いの是非を慎重に判断することが求められ、安易な身代金の支払いは善管注意義務違反を構成し得ると考えられる。

経産省が令和 2 年 12 月に公表した「最近のサイバー攻撃の状況を踏まえた経営者への注意喚起」[6]においても、身代金への対応が「経営者が判断すべき経営問題そのものであるということを強く認識する必要がある」と、対応が経営問題であることを強調しつつ、身代金の支払いは、「犯罪組織に対して支援を行っていることと同義であり、また、金銭を支払うことでデータ公開が止められたり、暗号化されたデータが復号されたりすることが保証されるわけではない。さらに、国によっては、こうした金銭の支払い行為がテロ等の犯罪組織への資金提供であるとみなされ、金銭の支払いを行った企業に対して制裁が課される可能性もある。こうしたランサムウェア攻撃を助長しないようにするためにも、金銭の支払いは厳に慎むべきものである。」とされている。

イ　適時開示

要求された身代金の金額次第では、身代金を支払うこと又は支払わないことを決定した事実は、「投資者の投資判断に著しい影響を及ぼすもの」（有価証券上場規程（東京証券取引所）第 402 条第 1 項 ar）として適時開示が必要となり得る[7]。また、身代金の支払に伴う損害の規模や内容等によって当該事象が「提出会社の財政状態、経営成績及びキャッシュ・フローの状況に著しい影響を与える事象」（企業内容等の開示に関する内閣府令第 19 条第 2 項第 12 号）に該当するとき、臨時報告書（金融商品取引法第 24 条の 5）の提出が必要となる。これらの点については、Q6 を参照されたい。

---

[6] https://warp.ndl.go.jp/info:ndljp/pid/13345036/www.meti.go.jp/press/2020/12/20201218008/20201218008.html
[7] 加えて、ランサムウェア攻撃の被害を受けた事実自体も、これによって暗号化又は窃取・公表されたデータの量・内容等の事情次第で、適時開示が必要となり得る。

ウ　OFAC 規制

　米国財務省外国資産管理局（the U.S. Department of the Treasury's Office of Foreign Assets Control。以下「OFAC」という。）が実施・執行する、いわゆる OFAC 規制[8]には、米国企業等と制裁対象者である特定のサイバー犯罪グループ等との直接的又は間接的な取引を禁じる規制等が含まれる。そして、ランサムウェア攻撃の攻撃者が制裁対象者の場合等には、ランサムウェア攻撃を受けた者による身代金の支払いが上記規制に違反し、規制違反となることを知らなくとも、厳格責任に基づく制裁金の対象となり得ると考えられる[9] [10]。OFAC 規制については、**Q85** も参照されたい。

（4）参考ウェブサイトなど

　実際にランサムウェア攻撃を受けてしまった場合には、上記のような法的な考慮以外にも様々な対応が必要となるところ、例えば以下のウェブサイトが参考になる。

①NISC　ランサムウェア特設ページ　STOP! RANSOMWARE

　　https://www.nisc.go.jp/tokusetsu/stopransomware/index.html

　　各セキュリティ機関におけるランサムウェア攻撃に関するウェブページへのリンク集

②JPCERT/CC　侵入型ランサムウェア攻撃を受けたら読む FAQ

　　https://www.jpcert.or.jp/magazine/security/ransom-faq.html

　　ランサムウェア攻撃の被害に遭った場合の対応ポイントや留意点を FAQ 形式で記載

3．参考資料（法令・ガイドラインなど）

本文中に記載のとおり

4．裁判例

本文中に記載のとおり

---

[8] 一般的に、OFAC が、米国の外交政策・安全保障上の目的から講じている、一定の国・地域や特定の個人・団体等を対象とする取引制限や資産凍結等の経済制裁を、OFAC 規制という。

[9] OFAC が 2021 年 9 月 21 に公表した、ランサムウェアの支払いの促進についての潜在的制裁リスクについてのアップデート版の勧告（Updated Advisory on Potential Sanctions Risks for Faciliating Ransomware Payments）（https://home.treasury.gov/system/files/126/ofac_ransomware_advisory.pdf）を参照。

[10] なお、企業に法令違反行為をさせることに役員の裁量は認められず、役員が、企業に法令違反行為をさせることとなる行為をした場合は、直ちに「任務を怠ったとき」に該当すると解され（最判平成 12 年 7 月 7 日民集 54 巻 6 号 1767 号参照）、当該役員は、法令違反について善意無重過失でない限り会社法第 423 条 1 項第 1 項に基づく損害賠償責任を負い、法令違反について悪意又は重過失の場合には同法 429 条 1 項に基づく損害賠償責任を負うと考えられる。したがって、身代金の支払いが OFAC 規制に違反し、かつ役員がそのことを認識していたにもかかわらず、当該役員が身代金の支払いを決定した場合には、当該役員は上記損害賠償責任を免れられないと考えられる。

Q65 インシデント対応における費用負担及びサイバー保険

サイバー攻撃を受けた場合、どのような損害や費用が発生するか。また、サイバー保険ではどのような費用がカバーされるか。

タグ：ランサムウェア、サイバー保険、保険業法

1. 概要

サイバー攻撃を受けた場合、主に以下のような損害・費用が発生する。

損害：①工場等の停止に伴う逸失利益、②個人情報の漏えいに伴う損害賠償、③情報管理義務又は秘密保持義務違反等を理由とする取引先等からの損害賠償

費用：④被害原因の調査（デジタル・フォレンジック等）のための専門家費用、⑤情報流出に関する説明・対応等（広報、コールセンター設置等）に関する費用、⑥当局対応その他の訴訟のための専門家（弁護士等）費用、⑦再発防止策の策定・実行に係る費用

これらの損害・費用等をカバーする保険として、保険会社から「サイバー保険」と呼ばれる保険商品が提供されているところ、その補償項目は、概ね以下のとおりである。

・損害賠償補償（第三者からの賠償請求を補償）

・費用損害補償（被保険者に生じた費用を補償）

・利益損害補償（事故がなければ被保険者が得ていたであろう利益（逸失利益）の補償）

2. 解説

（1）サイバー攻撃を受けた場合の損害

サイバー攻撃のインシデント発生時には、主に、以下のような損害の発生が想定される。

まず、サイバー攻撃を原因とする当該企業における逸失利益が挙げられる。例えば、サイバー攻撃によって工場等の操業が停止した場合、製品等を製造し、販売することによって得られたであろう利益を得ることができなくなる。工場等の操業の停止のほか、倉庫・配送システム・その他の事業に関するシステム等の停止等によって事業活動に係る機能が停止した場合において、その機能が停止していなければ得られたはずである利益も同様であり、これらは逸失利益に該当する。

次に、サイバー攻撃により、攻撃を受けた企業が保有する個人情報が漏えいした場合、漏えいした個人情報の本人等から当該会社に対する損害賠償請求が行われる可能性がある。サイバー攻撃を受けた企業は、本来被害者の立場ではあるものの、個人情報の管理等について過失があり、それが原因で情報漏えいが発生してしまったという場合は、賠償責任を負うことになる。個人情報を含むデータ漏えい時の損害賠償額に関しては **Q61** を参照されたい。

（２）サイバー攻撃を受けた場合の費用

一般的に、サイバー攻撃等のインシデントの発生時には、以下のような費用が生じうる。

まず、Q9 のとおり、サイバー攻撃の原因調査等のためには、デジタル・フォレンジックによる調査が必要となることが多く、専門性・迅速性等の観点からも、外部の専門業者にその対応を依頼することも多いため、これらの費用が生じる。

次に、サイバー攻撃によって個人情報等が漏えいした場合においては、Q7 のとおり、漏えいした個人情報の本人への連絡や、具体的な態様等によっては当該内容の公表が必要となる場合もある。これらの情報流出に関する説明・対応等に係る費用（広報、コールセンター設置等）も生じうる。

さらに、個人情報の漏えいが生じた場合には、Q7 や Q8 のとおり、個情委をはじめとする当局等に対する報告や、その後の対応等について協議等を行う必要が生じる。なお、一般的には、このような対応の要否やその内容の検討に当たっては、弁護士等の専門家に相談することが多いと考えられる。また、上記で述べたような、逸失利益の考え方、個人情報の漏えいに伴う損害賠償請求及び取引先等からの損害賠償請求への対応についても、弁護士等の専門家に助力を求めることが通常と思われ、これらの対応のための専門家に対する委託費用・相談費用等も発生する。

上記のほか、Q9 のとおり、インシデントへの対応の一環として、同様の事態の発生を防ぐ観点から、再発防止策を策定し、実施する必要があるところ、当該再発防止策の策定・実施に際しては、専門家の関与のほか、各種システム等の購入改修・交換等が必要となる場合も多いため、その費用も発生する。

（３）サイバー保険について

上記（１）、（２）において述べた損害や費用に備えることを目的に、多くの保険会社から、いわゆる「サイバー保険」と呼称される保険商品が提供されている。それぞれの保険商品における補償範囲、補償額及び補償条件は、各商品に係る約款等によって異なるものの、その補償の対象となる項目は、主に以下の 3 つに分類が可能である。

一つ目は「損害賠償補償」である。これは、被保険者（補償の対象者）が法律上負担する損害賠償金を補償する保険である。（１）の漏えいした個人情報の本人等に対する損害賠償、取引先等との契約関係にある法人に対する損害賠償等の賠償額を填補するものである。

二つ目は、「費用損害補償」である。これは、サイバー攻撃等のインシデントに起因して生じた費用のうち、一定期間内に生じた費用を補償することをその内容とする。具体的には、（２）の原因調査等のための専門家費用や情報流出に関する説明・対応等に係る費用がこれに該当する。なお、個別の保険商品の設計によるものの、弁護士費用（訴訟費用）を、損害賠償補償として填補するものもある。

三つ目は、「利益損害補償」である。これは、当該事故が無ければ被保険者が得ていたであろう利益（逸失利益）を補償するものである。具体的には、（１）の工場が停止して製造・

販売できなくなったことで生じた損害や、倉庫や冷蔵庫の機能が停止し、生鮮食品等が売り物にならなくなった場合の損害がカバーされることになる。

なお、インシデント発生時には外部のデジタル・フォレンジック事業者や弁護士といった専門家によるインシデント対応支援が重要となるところ、各社が提供するサイバー保険の中には、これらの外部事業者の紹介サービスが付帯しているものもあり、こうした要素もサイバー保険選択のポイントとなり得る。

（4）サイバー保険とランサムウェアとの関係

ランサムウェア攻撃については、近時、暗号化の前に企業が保有する様々なデータを窃取しておき、その後データの暗号化を行い、データの復号及び窃取したデータの公開取りやめと引き換えに身代金を要求する、いわゆる「二重の脅迫」のパターンが増加している（詳細は Q64 を参照）。この場合、特定の大企業がターゲットとして攻撃され、身代金も数千万円から数億円と高額に設定される傾向があるところ、それをサイバー保険で補填することができるかどうかが問題となりうる。

少なくとも日本の保険会社が提供するサイバー保険においては、ランサムウェアの被害に遭い、データの復旧のために身代金を支払った場合において、その金銭はサイバー保険の補償対象にならないとされている[11]。一般社団法人損害保険協会が公開する Q&A では、「ランサムウェアの被害に遭い、データの復旧のために身代金を支払った場合もサイバー保険の補償対象になりますか？」という質問に対し、「ランサムウェアの被害によって支払った身代金はサイバー保険の補償対象になりません」との回答がある。

3．参考資料（法令・ガイドラインなど）
本文中に記載のとおり

4．裁判例
本文中に記載のとおり

---

[11] https://www.sonpo.or.jp/cyber-hoken/about/

Q66 デジタル・フォレンジック

> デジタル・フォレンジックとは何か。どのような場面で使われるのか。また、デジタル・フォレンジックを活用する上で留意すべき法的な問題点としてどのようなものがあげられるか。

> タグ：刑法、不正競争防止法、著作権法、児童ポルノ禁止法、金融商品取引法、デジタル・フォレンジック、証拠保全、個情法

1．概要

　デジタル・フォレンジックについては、明確な定義があるものではないが、例えば、サイバーセキュリティ 2023・363 頁においては、「不正アクセスや機密情報漏えい等、コンピュータ等に関する犯罪や法的紛争が生じた際に、原因究明や捜査に必要な機器やデータ、電子的記録を収集・分析し、その法的な証拠性を明らかにする手段や技術の総称」と定義されている。その他、特定非営利活動法人デジタル・フォレンジック研究会（以下単に「デジタル・フォレンジック研究会」という。）の定義では、「インシデントレスポンス（コンピュータやネットワーク等の資源及び環境の不正使用、サービス妨害行為、データの破壊、意図しない情報の開示等、並びにそれらへ至るための行為（事象）等への対応等を言う。）や法的紛争・訴訟に際し、電磁的記録の証拠保全及び調査・分析を行うとともに、電磁的記録の改ざん・毀損等についての分析・情報収集等を行う一連の科学的調査手法・技術」とされ、警察庁の定義では、「犯罪の立証のための電磁的記録の解析技術及びその手続」とされている（警察庁「令和 4 年警察白書」83 頁参照）。

　デジタル・フォレンジックは様々な場面での活用が期待されている。例えば、民事訴訟において、証拠として提出されたデータについて成立の真正を証明するために活用されることや、刑事事件において、被疑事件を解明し、被疑者を特定し、公判の証拠として提出するために活用されることもある。他にも、企業の不祥事が発覚した場合に、第三者委員会が構成され、調査過程において削除されたメールやファイル等のデータを抽出又は復元することや、e-Discovery において Litigation Hold（訴訟に関連する情報・証拠を保全するための手続）を適切に実施するためにも活用されている。

2．解説

（1）デジタル・フォレンジック

　デジタル・フォレンジックの定義は、前述したとおりであるが、サイバーセキュリティ戦略本部、デジタル・フォレンジック研究会、警察庁とでその定義が異なっているのは、次の理由によるものである。警察庁の場合は、デジタル・フォレンジックは、犯罪の立証のために実施するものであるため、刑事事件を念頭に置いた定義になっている。一方、サイバーセ

317

キュリティ戦略本部及びデジタル・フォレンジック研究会の場合は、民事訴訟も念頭に、インシデントレスポンスの対応も視野に入れた定義になっているためにやや広くなっている。

デジタル・フォレンジックの大きな流れとしては、電磁的記録が保存されている電子計算機等の端末の収集又は特定、当該端末に対する電磁的記録の保全、電磁的記録の解析、解析結果報告書の作成[1]がある。

ア　端末の収集又は特定

収集又は特定は、被害端末又は攻撃端末を特定する作業、すなわち、収集した様々なアクセスログや端末を解析し、被害に遭った端末はどれか、攻撃に用いられた端末はどれかというように、電磁的記録が保存されている電磁的記録媒体を特定する作業である。

イ　端末に対する電磁的記録の保全

保全は、特定したデジタル・フォレンジックの対象となる HDD や SSD、USB メモリ、SD カード等の電磁的記録媒体に保存されている電磁的記録をコピーする作業であるが、これらの電磁的記録を物理的に全てコピーすること（完全（物理）複製）が通常である。ただし、削除されたデータや破損されたデータ等の復元までは不要であれば、ファイルシステムによって管理されているファイルごとにコピーする論理コピーを実施する。

電磁的記録媒体の完全（物理）複製において、不良セクター等により読み込みができない部分については、代替セクターが使用されるため、この代替セクターがコピーされることになる。しかし、読み込みができない部分に過去の重要なデータが含まれている可能性があるため、この読み込みができない部分も保全することが有益であると考えられる。また、コピーによって保全した場合は、コピー元、コピー先のハッシュ値を取得して同一になっているかを確認することが重要である。コピー元のハッシュ値とコピー先のハッシュ値が同一であれば、両者の電磁的記録の同一性も担保されるからである。なお、ハッシュ値とは、ファイルやイメージデータから一定の計算手順により求められた、規則性のない固定長の値のことをいう。MD5 は 128 ビットであり、全てのファイルやイメージデータは 16 進数表記 32 文字で表され、SHA1 は 160 ビットであり、16 進数表記 40 文字で表される。

このようなハッシュ値の活用は、HDD を丸ごと複写して保全した場合にも活用でき、HDD 全体が改ざんされていないことを立証する手法としても役立つ。

もっとも、前述した保全は電源を停止させるか電磁的記録が変更されないことを前提に行われることになるが、昨今のシステムでは停止できないものも存在するため、ある瞬間においての電磁的記録を保全することになる。この場合は、取得したコピー先のハッシュ値しか取得することができないため、写真や動画撮影、保全現場の立会等による適正な保全手続を実施することによって同一性を担保することになる。

---

[1] 詳細については、デジタル・フォレンジック研究会「証拠保全ガイドライン　第8版」（令和元年）等を参照。

ウ　電磁的記録の解析

　解析は、保全作業により保全したデータから必要なデータを抽出し、可視化又は可読化する作業である。具体的には、削除されたデータの復元、暗号化されたファイルやフォルダの復号、仮想マシンのイメージファイルなどからの抽出、キャッシュファイルからのキャッシュデータの抽出、ブラウザによる閲覧履歴、メールの送受信履歴、時刻とプログラムが動作したタイムラインによる挙動の抽出等を行う。

　このような解析は、手続の正当性、解析の正確性、第三者検証性を重視して実施する必要がある。手続の正当性とは、厳格な管理下で、電磁的記録が保存された電磁的記録媒体が取り扱われ、第三者によって内容が改変等されることなく同一性が保たれていることである。原則としてハッシュ値の同一性によって内容の同一性も担保されるが、前述したようにエラー等によって読み込みができたりできなかったりする場合は、ハッシュ値が異なる可能性がある。このような場合には、ハッシュ値の同一性だけでは内容の同一性を担保できないため、手続の正当性によって内容の同一性を担保することになる。解析の正確性とは、論理的にも技術的にも正確な方法を用いた解析を実施し、電磁的記録から得られた情報を抽出して、可視化又は可読化することである。一部の解析から得られた結果だけではなく、できる限り広範囲に解析した結果を照合し、複数の解析から同一の解析結果が得られることが望ましいといえる。第三者検証性とは、検証した結果が別の第三者が実施したとしても同一の解析結果が得られる再現性のことである。解析を担当した者の解析方法が正確であるかを確認することができるように、同一の解析結果となる業界内で標準的に使用されている解析ツール等を用いることが望ましいといえる。

エ　解析結果報告書の作成

　作成は、解析した結果を正確かつ平易で分かりやすく記載し、認識した事実を客観的に記載すべきである。

　ハッシュ値に関しては、以下の 2 つの参考となる裁判例がある。

（ア）東京地判平成 29 年 4 月 27 日（平成 26 年特（わ）第 927 号等）

　　不正アクセス禁止法違反等被告事件において東京地裁は「パソコンが感染した『Xfile.exe』のファイルと、…(中略)…パソコンから発見された『syouhingazou7.exe』のファイルのハッシュ値…(中略)…が、SHA-1 と MD5 という 2 種類の計算方法で一致した。ハッシュ値が同一であるのにファイルが異なる確率は、比較的重複する可能性がある MD5 という計算方法でも、約 1800 京分の 1 の確率である。そうすると、…(中略)…発見されたファイルと…(中略)…送信されたファイルは、同一のファイルであると認められる」と判示しており、ハッシュ値が一致することの信頼性を認めている。

（イ）大分地判平成 27 年 2 月 23 日（平成 21 年（行ウ）第 3 号等）

　　同一と考えられたファイルのハッシュ値が異なったとしても実際に内容を確認した上で判断するため、問題がない場合もあり得る。教員採用決定取消処分取消請求等事件において大分地裁は「解析に用いることが予定されていない…(中略)…ハードディスク

へのアクセスがあり、ファイルの最終アクセス日時が変動しているからといって、…(中略)…ハードディスク内に保存されていたデータを改変した事実をにわかに推認することはできない。

　また、被告が復元したファイルと鑑定人が復元したファイルとの間に…同一名称のファイルでありながらハッシュ値が異なるとしても、鑑定嘱託の結果は、被告が特定したファイルの内容と一致しており、被告の特定したファイルの信用性を左右するものではない。なおファイルのハッシュ値は、ファイルのバイナリデータの僅か1ビットの変動でも異なってくるものであるから、ハッシュ値の違いのみから、被告の解析結果の信用性を判断するのは全く相当でないと思慮する。」と判示しており、ハッシュ値が異なったとしてもファイルの内容を実質的に判断していることから、単にハッシュ値が異なるからといって、ファイルの内容の同一性まで一律に否定されるわけではないことを述べている。

（2）デジタル・フォレンジックの民事的活用

　民事訴訟において電磁的記録を証拠として提出する場合、当事者は、当該記録が作成者の意思に基づき真正に成立したものであることを証明しなければならない。

　電磁的記録が、例えば電子商取引でやりとりされたものであれば、電子署名の方法が法定されており、これにより成立の真正を証明することが考えられる[2]。ところが損害賠償請求訴訟では、このようなデータ等が整っていることは少なく、訴訟の相手方が争った場合に、成立の真正を証明する方法が問題となる。そこで、電磁的記録の意味内容を証拠資料とするためには、その電磁的記録としてのファイルがいつできたのか、最後に修正を加えられたのがいつかを明らかにするためのタイムスタンプや、修正履歴を記録しておくことが考えられる。また、こうした電磁的記録を特定し、成立の真正を証明するためには、デジタル・フォレンジック技術の活用が有用である。

　具体的には、電磁的記録が作成された電子計算機等において当該電磁的記録としてのファイルが作成、変更等がされたのか、クラウド上に保存された痕跡が存在するか、あるいは、電磁的記録内に保存されるメタデータの整合性や同ファイルが他にコピーされた場合のハッシュ値の比較などが考えられる。

（3）デジタル・フォレンジックの刑事的活用

　サイバーセキュリティの侵害が行われた場合、犯罪の立証に電磁的記録は不可欠な状況になってきている。デジタル・フォレンジックの大きな流れは前述したとおりであるが、留意すべき点としては保全と解析である。保全と解析が適切でないときは、電磁的記録、あるいはその解析結果の証明力が否定され得るからである。

---

[2] 電子署名については、Q43を参照されたい。

（4）調査委員会による不正調査におけるデジタル・フォレンジックの活用

企業において不正や不祥事が発覚すると、その調査を実施する調査委員会が設置されることが多い。調査委員会には、社内調査委員会、外部調査委員会、第三者委員会などがある。これらの調査委員会で全容解明や類似不正の有無の確認等を目的として、電子計算機内に保存された電磁的記録や電子メール等が調査対象になることがあり、これらの調査にデジタル・フォレンジックが用いられる。

このような調査において重要な電磁的記録は、作成されたファイルや電子メールである。ファイルや電子メールによって、不正の動機や手口、期間、関与者の範囲、隠語、俗語、対象物品、金額等を把握し、その後に関係者に対して聞き取り調査を行う。さらに、昨今解析対象として重要になってきているのはコミュニケーションツールである。コミュニケーションツールには、LINE や Twitter、Facebook、WeChat、Slack や Teams 等があり、やり取りされた過去の履歴等がパソコンやスマートフォン等に保存されていることがあるため、解析対象となる。

大量のファイルや電子メールを全て網羅的に調査対象にすることは、不要なファイルや電子メールが数多く含まれていることから非常に非効率となる。そのため、実務上は、特定のキーワードによってヒットした検索結果のみの調査や AI を用いた調査を行い、効率化を図ることが多い。

（5）e-Discovery におけるデジタル・フォレンジックの活用

米国の民事訴訟においては、電子保存情報（Electronically Stored Information）を対象とするディスカバリー[3]である e-Discovery が、平成 18 年 12 月に施行された連邦民事訴訟規則（FRCP）改正により導入された。e-Discovery の対象である電子保存情報には、保存されたあらゆる種類のデータ及びコンテンツが含まれる。e-Discovery に関する規定やルールに違反した場合には、事実の推定、訴えの全部又は一部の却下、法廷侮辱罪に基づく制裁金又は拘禁等、幅広い内容の制裁が科される。e-Discovery の違反に対する制裁例は多数存在しており、違反をした当事者の請求を棄却したものや、違反をした当事者に対して高額な金銭的制裁（2500 万ドルの支払い）を加えたもの等が存在する[4]。

e-Discovery を含むディスカバリーに関連して、当事者は、（訴訟係属前であったとしても）訴訟を合理的に予期できるに至った時点から[5]、情報保全義務（Duty To Preserve Information）を負い、当該時点で存在する訴訟に関連する情報、証拠を保全し、かつそれ

---

[3] ディスカバリーとは、連邦民事訴訟において、当事者の要請等に基づき、訴訟に関連する情報を当事者及び第三者から強制的に開示させる手続きをいう。

[4] なお、e-Discovery の違反に対する制裁は、訴訟当事者だけでなく、代理人弁護士や社内弁護士に対しても課せられることがあるため、留意が必要である。

[5] いつの時点から「合理的に予期」できるかは、具体的な事情によるため一義的に確定することはできないが、例えば、被告側であれば警告状を受領した時点、原告側であれば警告状の送付準備を開始した時点で「合理的に予期」できると評価される場合も少なくないと考えられる。

以降に作成された訴訟に関連する情報、証拠を保全しなければならない。そして、情報保全義務を履行する手段として、Litigation Hold と呼ばれる、訴訟に関連する情報・証拠を保全するための手続を実施することが一般的である。Litigation Hold を実施するに際しては、少なくとも、①関連する情報、証拠の廃棄を止めるよう求める社内通達の交付、②キープレイヤーとなる従業員の特定、③電子データや紙媒体の資料の保全、④電子メール自動消去プログラムの停止、⑤元従業員の資料の保全、⑥（必要に応じて）バックアップデータの保全を検討することが必要となる。

　Litigation Hold のうち、上記③の電子データの保全を適切に実施するためには、デジタル・フォレンジック技術の活用が有用である。

（6）デジタル・フォレンジックを行う際の法的課題
　以下のとおり、デジタル・フォレンジックを行うに際しては、種々の法的課題が生じ得るため、注意する必要がある。
ア　著作権
　デジタル・フォレンジックの保全作業には、電磁的記録媒体を全て物理コピーする場合がある。しかし、この場合、対象となる電磁的記録媒体にインストールされた OS やプログラム等も丸ごとコピーすることになる。この際、著作権との関係が問題になるが、マルウェア等の被害に遭った電磁的記録媒体の OS やプログラム等について、被害当時の状況を保全するためにコピーし、第三者に調査解析を行わせるなどの場合、プログラムの実行等によってその機能を享受することに向けられた利用行為ではないと評価できれば、著作権法第 30 条の 4（著作物に表現された思想又は感情の享受を目的としない利用）に該当し、著作権侵害には該当しないと解される可能性がある(Q52 参照)。また、裁判手続のために必要と認められる場合であれば、その必要と認められる限度において OS やプログラム等を複製したとしても著作権侵害には該当しない（同法第 42 条第 1 項）。ただし、いずれの場合も著作権との関係とは別に、当該 OS やプログラム等における利用規約との関係については注意する必要がある。
イ　プライバシー権
　企業が内部不正者に対するデジタル・フォレンジックを実施する際、対象者のプライバシーを著しく侵害しないように留意すべきである。企業が、企業防衛という名目で、対象者らを監視、調査等を行うため、対象者の尾行やロッカー内の私物の写真撮影等を行った事件について、最高裁は、「上告人は、被上告人らにおいて…企業秩序を破壊し混乱させるなどのおそれがあるとは認められないにもかかわらず、…退社後同人らを尾行したりし、…ロッカーを無断で開けて私物…を写真に撮影したりした」ことに対して、このような行為は、「プライバシーを侵害するものでもあって、同人らの人格的利益を侵害する」とし、これら一連の行為は不法行為を構成すると判断した（最判平成 7 年 9 月 5 日労働判例 680 号、関西電力事件。なお Q27 も参照）。

ウ　個人情報

　デジタル・フォレンジックの対象となるデータに個人情報が含まれる場合には、個情法も問題となる。

　電子メール等の電磁的記録は、その量が膨大となりやすいため、デジタル・フォレンジックを外部事業者に委託する場合も多い。このような外部委託に関連して、例えば、デジタル・フォレンジックを委託した日本の外部事業者が、外国に所在するサーバを用いたクラウドサービスで電子メールの分析等を行う場合は、個人データの安全管理措置（同法第23条）の一環として外的環境の把握が必要になると考えられる。また、外国に所在する事業者にデジタル・フォレンジックを委託することに伴い個人データを含む電磁的記録を提供する場合は、越境移転規制（同法第28条）も問題となる[6]。この点、提供先の事業者がEU・英国に所在する場合、又は、提供先の事業者が基準適合体制を整備している場合には、個人データの取扱いの委託（同法第27条第5項第1号）を法的根拠とすることが考えられるが、これらに該当しない場合には、個人データの取扱いの委託を法的根拠とすることはできない。他方、電子メール等の電磁的記録はその関係者が膨大であり、また、不正調査においては、本人が同意することが期待できない場合もあるところ、同条第1項第2号といった例外事由に該当する場合には、これを法的根拠として本人の事前同意を得ることなく提供することが可能である

エ　違法な電磁的記録

　デジタル・フォレンジックを依頼された第三者が解析した結果、違法な電磁的記録を抽出した場合も問題が生じ得る。例えば、児童ポルノは、所持、提供等が児童買春、児童ポルノに係る行為等の規制及び処罰並びに児童の保護等に関する法律（平成11年法律第52号）により犯罪とされており（同法第7条第1項・第2項等）、デジタル・フォレンジック事業者等の第三者が児童ポルノに該当する電磁的記録を抽出した場合、その後の所持や提供には留意が必要である。また、マルウェアを抽出した場合、正当な理由なくその後も保管し続け、他人のパソコン等の使用者の意図とは無関係に勝手に実行されるようにする目的を満たせば不正指令電磁的記録保管罪（刑法第168条の3）に該当し得る。また、デジタル・フォレンジック事業者等の第三者が他社の営業秘密に該当する電磁的記録を抽出した場合、不正に取得されたものであることを知る等すれば、当該営業秘密に関するデータを使用、又は開示することができない（不正競争防止法第2条第1項第9号）ことになる。そのため、デジタル・フォレンジックの結果、得られた違法な電磁的記録をそのまま委託者に提出するのか、提供せずに削除するのかは契約関係や信義則に基づいて慎重に検討すべきであろう。また、デジタル・フォレンジック事業者等の第三者は、解析の正確性を検証することや再度の解析のため、バックアップを保存しておくことも考えられるが、このような違法な電磁的記録が含まれている可能性もあるため、早期に削除すること及びこれを契約内容として盛り込んでおくことが望ましい。

---

[6]　外的環境の把握及び越境移転規制については、Q12も参照されたい。

オ インサイダー取引

　デジタル・フォレンジック事業者がサイバー攻撃の被害に遭った上場企業からデジタル・フォレンジックを依頼された場合、当該依頼に基づいてサイバー攻撃の被害事実を知ることになるため、この被害事実が当該上場企業の投資者の投資判断に著しい影響を及ぼす場合には、当該事実の公表前に、当該事業者の役員等が当該上場企業の株取引を行えば、インサイダー取引規制に該当するおそれがある点に留意すべきである（金融商品取引法第166条第1項第4号、第5号等）。

（6）情報セキュリティサービス基準

　経産省は、情報セキュリティサービスに関する一定の技術要件及び品質管理要件を示し、品質の維持・向上に努めている情報セキュリティサービスを明らかにするための基準を設けている。そして、デジタルフォレンジックサービスを提供しようとする者は、技術要件として、専門性を有する者の在籍状況やサービス仕様を明らかにしていること、品質管理要件として、品質管理者の割当状況や品質管理マニュアル等の整備、品質の維持・向上に関する手続等の導入状況を明らかにしていることを充足しているかを確認し、これを満たしているサービス名がリスト化[7]されて公開されている。

　デジタル・フォレンジックを第三者に依頼する必要が生じた場合には、このリストを参考にすることも選択肢の一つとして挙げられる。

3．参考資料（法令・ガイドラインなど）
・刑法第168条の3
・不正競争防止法第2条第1項第9号
・児童買春、児童ポルノに係る行為等の規制及び処罰並びに児童の保護等に関する法律第3条の2
・金融商品取引法第166条第1項第4号、第5号等
・デジタル・フォレンジック研究会「証拠保全ガイドライン第9版」
　https://digitalforensic.jp/wp-content/uploads/2023/02/shokohoznGL9.pdf
・経産省「情報セキュリティサービス基準第3版」

4．裁判例
本文中に記載のとおり

---

[7] https://www.ipa.go.jp/security/service_list.html
リストについては情報セキュリティサービス基準審査登録委員会ウェブサイトも参照
https://sss-erc.org/digital

Q67　脆弱性情報の取扱いについて

利用しているソフトウェア製品等に脆弱性が発見された場合、どのような対応を行う必要があるか。

タグ：情促法、脆弱性、脆弱性情報ハンドリング、JVN

1．概要

　脆弱性が発見された場合、対応を求めるべくそれを公開することが必要だが、どのように対策すればよいかという対策情報とセットで公開しなければ、悪意ある者のサイバー攻撃を誘発するおそれがあるため、脆弱性情報の取扱いには慎重な対応が必要である。

　そこで、脆弱性の取扱いについては、法令及び経産省告示において、推奨される行動が定められている。具体的には、脆弱性を発見した場合には、IPA に脆弱性関連情報を届け出るといった対応が推奨される。

　関係者との調整が終わるなど所定の手続を経た脆弱性対策情報については、ポータルサイト（JVN[1]）において公開される。

2．解説

（1）はじめに

　ソフトウェア製品又はソフトウェアが組み込まれたハードウェアの中には、脆弱性が存在することがある。脆弱性とは、「コンピュータウイルス、コンピュータ不正アクセス等の攻撃によりその機能や性能を損なう原因となりうる安全性上の問題箇所」[2]をいい、特に、汎用品として様々な企業等で広く利用されているソフトウェア等に脆弱性が発見された場合、それを放置すれば、当該ソフトウェア等を利用する不特定多数の者に対して大きな被害が発生するおそれがある。

　一方で、脆弱性に対処するには、ソフトウェアのアップデートやその他回避策を取る等の対応が必要となるところ、そのような対策なく脆弱性に関する情報を公開すると、攻撃者が当該脆弱性を用いてサイバー攻撃等を行うおそれがあるため、脆弱性の情報の取扱いには慎重な対応が必要である。

　そこで、脆弱性に関連する情報の取扱いについては、「ソフトウエア製品等の脆弱性関連情報に関する取扱規程」（平成 29 年経済産業省告示第 19 号。以下「本規程」という。）が、ソフトウェア製品（ソフトウェア又はそれを組み込んだハードウェアであって、汎用性を有する製品）及びウェブアプリケーション（インターネット上のウェブサイトで稼働する固有

---

[1] Japan Vulnerability Notes の略。
[2] ソフトウエア製品等の脆弱性関連情報に関する取扱規程（平成 29 年経済産業省告示第 19 号）第 1 の 3(3)

のシステム）に係る脆弱性関連情報等を取り扱う際に推奨される行為等を定めている。

　なお、本規程は、日本国内で利用されているソフトウェア製品又は日本国内からのアクセスが想定されているウェブサイトで稼働するウェブアプリケーションに係る脆弱性であって、その脆弱性に起因する影響が不特定又は多数の者におよぶおそれがあるものを適用範囲としているため、汎用性を有しないソフトウェア製品、例えば、システム開発契約等に基づきオーダーメードで作成されるソフトウェア等に脆弱性が発見された場合については、同規程は適用されず契約等に基づく対応が必要となる（Q45 参照）。

（2）本規程の制定経緯

　平成 28 年の情促法改正により、IPA の業務に、サイバーセキュリティに関する調査を行った場合、必要に応じて、その結果に基づき、事業者等のサイバーセキュリティの確保のため講ずべき措置の内容を公表するものとする業務が追加されるとともに、その公表の手続及び方法は経産省令で定めることとされた（情促法第 51 条第 1 項第 7 号、同条第 3 項、同条第 4 項）。これに基づき、経産省令においては、公表の方法として、インターネットの利用その他適切な手段により一般的に公表する方法とされ、その他の公表の方法及び手続に必要な事項は、経済産業大臣が定めることとされた（情促法施行規則第 47 条、第 48 条）。

　そして、情促法施行規則第 48 条の規定に基づき、及び情促法を実施するため、ソフトウェア等脆弱性関連情報取扱基準（平成 26 年経済産業省告示第 110 号）を廃止するとともに本規程が新たに制定された。本規程における脆弱性関連情報の届出を受け付ける機関として IPA、脆弱性の発見者やソフトウェア製品の開発者等と協力しながら脆弱性対策情報の公表日の決定等の調整を担う機関として JPCERT/CC が指定されている（平成 31 年経済産業省告示第 19 号）。

（3）本規程に基づく制度の概要

　本規程は、ソフトウェア製品に係る脆弱性関連情報の取扱い及びウェブアプリケーションに係る脆弱性関連情報の取扱いに関する手続を定めている。各々概要は以下のとおりである。

　ア　ソフトウェア製品について

① 脆弱性情報を発見又は取得した発見者（開発者を除く）は、IPA に対して脆弱性関連情報を届け出る。

② JPCERT/CC は、IPA が受理した脆弱性関連情報の通知を受け、当該情報を製品開発者に対して通知するとともに、当該製品開発者に対し脆弱性検証の結果の報告を求める。

③ JPCERT/CC は、脆弱性情報を公表する日（以下「脆弱性情報公表日」という。）を定める。

④ 製品開発者は、脆弱性情報公表日までに、対策方法を講じる。

⑤　IPA 及び JPCERT/CC は、脆弱性情報公表日に、脆弱性情報、脆弱性検証の結果、対策方法及び対応状況について、インターネット等を通じて公表する。

⑥　⑤にかかわらず、IPA 又は JPCERT/CC は、製品開発者から自ら開発等を行ったソフトウェア製品に係る脆弱性関連情報及び対策方法の通知を受けたときは、脆弱性情報公表日を定め、脆弱性情報及び当該対策方法について、インターネット等を通じて公表する。公表に先立って、JPCERT/CC は、製品開発者から脆弱性情報公表日に係る意見を聴取する。

なお、JPCERT/CC は、この業務を「脆弱性情報ハンドリング」と呼び[3]、脆弱性関連情報は必ずその対策方法とともに公表されなければならず、また、複数製品が影響を受ける脆弱性の場合には、情報の公表に当たって、関係者間で一定の足並みをそろえることが重要であるという「公表日一致の原則」を掲げ、関係者との調整を行っている。

調整がなされた脆弱性に関しては、IPA と JPCERT/CC が共同で運営する脆弱性対策情報ポータルサイト「JVN」[4]において公開されている。

イ　ウェブアプリケーションについて

①　発見者（対象ウェブサイトの運営者を除く。）は、IPA に脆弱性関連情報を届け出る。

②　IPA は、届出を受理したときは、ウェブサイト運営者に脆弱性関連情報を速やかに通知するとともに、当該ウェブサイト運営者に脆弱性検証の結果の報告を求める。

③　ウェブサイト運営者は、受付機関から脆弱性関連情報の通知を受けたときは、脆弱性を修正する。

３．参考資料（法令・ガイドラインなど）

・情促法第 51 条第 1 項第 7 号、第 3 項、第 4 項
・情促法施行規則第 47 条、第 48 条
・ソフトウェア製品等の脆弱性関連情報に関する取扱規程（平成 29 年経済産業省告示第 19 号）
・平成 31 年経済産業省告示第 19 号（調整機関、受付機関を定める告示）
・IPA など「情報セキュリティ早期警戒パートナーシップガイドライン」（令和元年 5 月）

４．裁判例

特になし

---

[3]　https://www.jpcert.or.jp/vh/index.html
[4]　https://jvn.jp/index.html

Q68 ドメイン名の不正使用への対抗措置

第三者に、自社の商標やブランド名を含むドメイン名を勝手に使用されている場合などにおいて、企業が取り得る措置はあるか。

タグ：不正競争防止法、サイバースクワッティング、統一ドメイン名紛争処理方針（UDRP）、JP ドメイン名紛争処理方針(JP-DRP)

1．概要

　第三者が自社の商標やブランド名を含むドメイン名を勝手に使用する行為は、一般的にサイバースクワッティングと呼ばれる。これは、不正競争防止法第 2 条第 1 項第 19 号に定めるドメイン名に関する不正競争行為に該当し、同法に基づく当該行為の差止請求、行為者に対する損害賠償請求、信用回復措置請求が可能である。しかしながら、不正競争防止法上の解決手段は、ドメイン名の自己への移転請求は認めていないこと、裁判手続による必要があり時間と費用がかかること、行為者が海外所在の場合の執行困難性があることといった問題がある。

　そこで、裁判外紛争処理手続として、例えば、UDRP（Uniform Domain Name Dispute Resolution Policy；統一ドメイン名紛争処理方針）や、JP-DRP（JP- Domain Name Dispute Resolution Policy ；JP ドメイン名紛争処理方針）に基づく仲裁手続での解決を図ることが考えられる。また、裁判手続における仮処分にあたる手続である、URS（Uniform Rapid Suspension；統一早期凍結）を活用することも考えられる。

2．解説

（1）問題の所在

　自社のロゴマーク・商品名・サービス名などの商標と同様、自社の商標やブランド名を含むドメイン名は企業の重要財産であり、その管理は、ブランド保護戦略上、商標の管理と同様の重要性を持つ。特に、ドメイン名登録は、先願主義・無審査で行われることから、これを悪用して、後で高く売りつけるために他人の商標や名称と同一又は類似のドメイン名を取得するサイバースクワッティングと呼ばれる行為が行われることがある。これにより、正当な権利者のブランドの評判、顧客からの信頼や収益性は危険にさらされ、多額のマーケティング・ブランディング投資の効果が大きく弱体化される結果となり得る。このような、第三者に、自社の商標やブランド名を含むドメイン名を勝手に使用されている場合などにおいて、企業が取り得る手続の種類・内容が問題となる。

（2）不正競争防止法

　サイバースクワッティングに対しては、国内法上、不正競争防止法の規定が抑止力になり

得る。具体的には、同法第2条第1項第19号が、「不正の利益を得る目的で、又は他人に損害を加える目的で、他人の特定商品等表示（人の業務に係る氏名、商号、商標、標章その他の商品又は役務を表示するものをいう。）と同一若しくは類似のドメイン名を使用する権利を取得し、若しくは保有し、又はそのドメイン名を使用する行為」を禁止している。

不正競争防止法は、「不正の利益を得る目的」又は「他人に損害を加える目的」（いわゆる図利加害目的）を主観的要件として要求するが、前者は、公序良俗、信義則に反する形で自己又は他人の利益を不当に図る目的を、後者は、他者に対して財産上の損害、信用の失墜といった有形無形の損害を加える目的を、それぞれ指すものと考えられている。いかなる場合に図利加害目的が認められるかについては、個別具体的な事例における裁判所の判断に委ねられることとなるものの、当該目的が認められる行為の例としては、①ある特定商品等表示の正当な権利者に対して、不当な高額で買い取らせることを目的として、当該表示と同一又は類似のドメイン名を先に取得・保有する行為や、②他人の特定商品等表示を希釈化・汚染する目的で当該表示と同一又は類似のドメイン名のもとアダルトサイト等を開設する行為などが当たると考えられる。

また、不正競争防止法は、「他人の特定商品等表示」と「同一若しくは類似」のドメイン名であることを客観的要件として要求するが、この「同一若しくは類似」性の判断についても、個別具体的な事例における過去の裁判例が参考になる。例えば、富山地判平成12年12月6日判時1734号3頁（名古屋高金沢支判平13年9月10日（平成12年（ネ）第244号・平成13年（ネ）第130号）でも判断維持）では、「『JACCS』と『jaccs』とを対比すると、アルファベットが大文字か小文字かの違いがあるほかは、同一である。そして、実際上、小文字のアルファベットで構成されているドメイン名がほとんどであることに照らせば、大文字か小文字かの違いは重要ではないというべきである」と判示された。また、東京地判平成13年4月24日判時1755号43頁（東京高判平13年10月25日でも判断維持）では、「被告が本件ウェブサイト上に表示した本件表示は、『J-PHONE』、『ジェイフォン』、『J-フォン』を横書きにしたものであって、本件ウェブサイト上の前記の『J-PHONE』と同一ないし類似するものである」と判示された。

以上の要件を満たす「ドメイン名を使用する権利を取得し、若しくは保有し、又はそのドメイン名を使用する行為」に対しては、不正競争防止法第3条に基づくドメイン名の使用差止請求、同法第4条に基づく損害賠償請求、同法第14条に基づく信用回復措置請求等が可能である。

しかしながら、不正競争防止法に基づく請求においては、差止めの内容としてドメイン名の登録抹消も求め得ると考えられるものの、ドメイン名の自己への移転請求は認められていない。また、一般的に、裁判手続は時間と費用を要し、特に、被告たるドメイン名登録者が海外に所在する場合等には判決を取得してもその執行が困難なケースもあり、必ずしも有効ではない場合があることには留意が必要である。

（3） UDRP 及び JP-DRP

そこで、裁判手続の代替手段として、裁判外紛争処理制度の利用、例えば、UDRP（Uniform Domain Name Dispute Resolution Policy；統一ドメイン名紛争処理方針）や、JP-DRP（JP-Domain Name Dispute Resolution Policy ；JP ドメイン名紛争処理方針）に基づく仲裁手続での解決が考えられる[1]。

UDRP は、ICANN（The Internet Corporation for Assigned Names and Numbers）が採択した統一ドメイン名紛争処理方針であり、「.com、.net、.org、.biz、.info、.name」等の gTLD（generic TLD；分野別トップレベルドメイン）及び「.jp .kr .cn .us .uk .fr .ca .au」等の ccTLD（country code TLD；国別トップレベルドメイン）に適用される紛争処理方針である。仲裁機関としては、WIPO（World Intellectual Property Organization；世界知的所有権機関）の仲裁調停センターや、NAF（The National Arbitration Forum；全米仲裁協会）、ADNDRC（Asian Domain Name Dispute Resolution Center；アジアドメイン名紛争解決センター）などがある。

他方、JP-DRP は、JPNIC（一般社団法人日本ネットワークインフォメーションセンター）が採択した JP ドメイン名紛争処理方針であり、「.jp」ドメインに適用される、UDRP 処理方針を日本にローカライズして作成された紛争処理方針である。仲裁機関としては、日本知的財産仲裁センターがある。

以下、UDRP 手続の中でも、WIPO 仲裁調停センターにおける UDRP 手続につき、内容を解説する[2]。なお、JP-DRP の内容も非常に類似している[3]。

ア　UDRP 手続の特徴

UDRP 手続の特徴としては、簡易・迅速・低費用・非拘束という点があげられる。UDRP 手続においては、審理は全て提出書類のみに基づいて行われ、当事者の出席を要する審問等は原則として行われない。また、手続期間としては、WIPO 仲裁調停センターが申立書を受領した日から起算して、通常、3 か月程度で裁定が下される。そして、申立費用についても、例えば、1 つのドメイン名に関して 1 名のパネルでの審理を求める場合には、令和 2 年 2 月現在、1,500 米ドルである。ただし、パネルによる裁定結果に不服の場合には、別途裁判所への提訴が可能となっている点には留意が必要である。

イ　UDRP の流れ

UDRP における紛争処理手続の流れは、概要、次のとおりである。なお、申立書や答

---

[1] 沿革としては、当初、ICANN や JPNIC による裁判外紛争処理制度が整備され、紛争の処理が行われていたところ、実体法の整備が必要との意見が各方面から出されたため、平成 13 年の不正競争防止法の改正により、ドメイン名の不正取得等を不正競争の一類型として新たに規制することとなったものである（逐条不正競争防止法 136〜138 頁参照）。

[2] なお、WIPO は日本語で情報提供をしているので、参考にされたい（「トップレベル・ドメイン名（ｇTLDｓ）のための紛争処理手続」（https://www.wipo.int/amc/ja/domains/gtld/udrp/index.html））。

[3] JP-DRP の内容は、日本知的財産仲裁センターの「JP ドメイン名紛争処理」（https://www.ip-adr.gr.jp/business/domain/）を参照されたい。

弁書の提出、その他 WIPO 仲裁調停センターとの各種連絡はメールを通じて行うことが可能である。

（ア）申立書の提出

申立書には、請求内容、当事者名、申立対象たるドメイン名、当該ドメイン名のレジストラ[4]、希望するパネリストの数、申立の根拠などを記載する必要がある。申立人は、申立の根拠として、特に、次の 3 点を主張することが必須であり、かつ、これらの各点を立証する証拠を別途送付する必要がある。

① 申立対象のドメイン名が、申立人の有する商標と同一又は混同を引き起こすほど類似していること。

② 登録者が、そのドメイン名登録について権利又は正当な理由がないこと。

③ 登録者のドメイン名が悪意で登録かつ使用されていること。

どのような場合に「③登録者のドメイン名が悪意で登録かつ使用されている」と認定されるかについては、UDRP 処理方針において、次の事項が例示列挙されている。

① 正当な権利者に対して登録実費金額を越える対価で転売等することを目的として当該ドメイン名を登録しているとき

② 正当な権利者による当該ドメイン名の使用を妨害するために登録し、そのような妨害行為が複数回行われているとき

③ 正当な権利者の事業を混乱させることを主たる目的として、当該ドメイン名を登録しているとき

④ ユーザによる正当な権利者と登録者との誤認混同をねらって、当該ドメイン名を登録・使用しているとき。

WIPO 仲裁センターは申立書のひな形や UDRP の過去の裁定結果を公表しているため、申立書の作成・提出に当たっては、事案に応じた各論点の要件立証のための要素を検討する上で、これらの資料を十分に分析することが重要である。なお、UDRP の手続言語は、原則として、登録者とレジストラとの間の登録合意書の言語となる。

申立書は、WIPO 仲裁調停センターと、登録者たる被申立人及びそのレジストラに対して提出される必要がある。

（イ）手数料納付

申立書提出後、10 日以内に、銀行振込・クレジットカード又は WIPO アカウントからの引落しの方法により料金を支払う。なお、料金の詳細は WIPO のウェブサイトを参照されたいが、前述のとおり、ドメイン名 1 つにつきパネリスト 1 名での実施を求める場合、本稿作成日現在は 1,500 米ドルとされる。

（ウ）登録者たる被申立人への申立通知

申立書が提出されると、WIPO が申立書等の方式審査を実施し、申立書に不備がないこと及び手数料納付が完了していることを確認する。仮に申立書に不備がある場合に

---

[4] レジストラとは、ドメイン名登録機関のことである。

は 5 日以内に補正する必要があるが、特段問題がない場合には、WIPO から登録者た
る被申立人に対して正式に申立通知が行われる。

（エ）答弁書の提出

申立通知から 20 日以内に、登録者たる被申立人は、自らによるドメイン名登録が不
正の目的で行われたものではないこと等、申立書に対する見解を主張した答弁書を
WIPO 仲裁センターに対して提出するとともに、申立人に対しても送付する必要があ
る。仮に登録者からの答弁書が提出されない場合、このことを前提に判断がなされる。

（オ）パネリストの指名

UDRP 手続における審理・裁定は、WIPO 仲裁調停センターによって指名されたパ
ネリストで構成されるパネルにより行われる。パネリスト候補者は、世界各国の弁護
士・弁理士・ 大学教授等の有識者から構成され、その一覧は、WIPO 仲裁調停センタ
ーのウェブサイトで公表されている。パネリストの人数は 1 名又は 3 名であり、両当
事者によりその人数が決定されるが、1 名構成のパネルで審理される事案が多数である。

（カ）パネルによる審理・裁定

パネリスト指名から 14 日以内に、パネルによる審理の結果として、ドメイン名の移
転・取消・登録維持の裁定が下される。UDRP 手続における救済内容はドメイン名登
録の移転・取消に限定されており損害賠償請求は認められていないため、金銭賠償を求
めたい場合には、別途、訴訟提起を検討する必要がある。

（キ）裁定結果の通知と裁定実施

パネルによる裁定結果はドメイン名のレジストラへ通知され、当該レジストラによ
って裁定実施がなされる。ただし、裁定結果の通知から 10 日間は、裁定実施は保留さ
れる。この保留期間内に、登録者たる被申立人から裁判所への提訴が行われなければ裁
定を実施し、提訴の連絡があれば裁定実施を見送る運用である。

ウ　UDRP 手続のポイント

UDRP 手続の利用に当たっては、申立書作成に先立って、対象ドメイン名情報（対象
ドメイン名、レジストラ、登録者、登録日、適用される紛争処理方針）と UDRP 手続に
よる移転・取消請求認容の見込みを検討する必要がある。これに当たっては、WHOIS 検
索の活用、ならびに WIPO における申立書雛形[5]及び過去の裁定例検索[6]の活用が望まれ
る。

（4）URS

また、裁判手続における仮処分にあたる手続である、URS（Uniform Rapid Suspension;
統一早期凍結）を活用することも考えられる。URS とは、UDRP 同様、ICANN が採択し

---

[5] WIPO 申立書雛形（http://www.wipo.int/amc/en/domains/complainant/）
[6] Search WIPO Cases and WIPO Panel Decisions（https://www.wipo.int/amc/en/domains/search/）

た手続であり[7]、2013年に追加された新 gTLD（New Generic Top-Level Domain）と呼ばれるドメイン名について、これを保護するために活用が可能である。URS は、明確な侵害に対して、従来の UDRP と比較してもさらに安価に、かつ迅速に解決できる正当権利者にとっての救済措置とされる。

　URS 申立ての要件は、UDRP と同様であり、ドメインの不正目的による登録・使用が行われていることの主張立証が必要になる。

　URS と UDRP の違いは、UDRP はドメイン名の移転・取消を求めることができるが、URS はドメイン名の一定期間の凍結のみを求めることができる点である。ドメイン名の移転や取消を求めることができない代わりに、URS では、申立受領後の事務的なチェックが済み次第、迅速にドメイン名の登録内容がロックされ、ドメイン名の移転やレジストラ変更等ができない状態になり、かつ、その後迅速に裁定が行われ、申立人の主張が認められれば、ドメイン名の使用の差止が実現できる（具体的には、当該ドメイン名を持つウェブサイトなどにアクセスしても差止中である旨表示する紛争処理機関のウェブサイトにリダイレクトされるようになる）。

　仲裁機関としては、本稿作成日現在、前述の NAF（全米仲裁協議会）と ADNDRC（アジアドメイン名仲裁センター）に加え、MFSD srl（イタリアの知的財産紛争解決機関）がある。

3．参考資料（法令・ガイドラインなど）
・不正競争防止法第 2 条第 1 項第 19 号、第 3 条、第 4 条、第 14 条
・Uniform Domain Name Dispute Resolution Policy
・JP ドメイン名紛争処理方針
・Uniform Rapid Suspension

4．裁判例
・富山地判平成 12 年 12 月 6 日判時 1734 号 3 頁
・名古屋高金沢支判平成 13 年 9 月 10 日（平成 12 年（ネ）第 244 号・平成 13 年（ネ）第 130 号）最高裁ウェブサイト
・東京地判平成 13 年 4 月 24 日判時 1755 号 43 頁
・東京高判平成 13 年 10 月 25 日（平成 13 年（ネ）第 2931 号）最高裁ウェブサイト
・東京高判平成 14 年 10 月 17 日（平成 14 年（ネ）第 3024 号）最高裁ウェブサイト
・知財高判平成 29 年 9 月 27 日（平成 29 年（ネ）第 10051 号）最高裁ウェブサイト
・知財高裁中間判決令和元年 5 月 30 日（平成 30 年（ネ）第 10081 号・平成 30 年（ネ）第 10091 号）最高裁ウェブサイト

---

[7] https://newgtlds.icann.org/en/applicants/urs/

Q69 発信者情報開示

営業秘密などの企業が保有する情報がインターネット上で公開されてしまった場合、どのような対処を行うことができるか。

タグ：プロバイダ責任制限法、不正競争防止法、発信者情報開示請求、削除請求

1．概要

公開された情報が不正競争防止法上の営業秘密に該当するときは、当該企業は、当該情報をインターネット上に公開した者（以下「発信者」という。）に対して、不正競争防止法に基づき差止めを請求し得る。また、この場合には、発信者の当該情報の開示行為により損害を被った場合は、損害賠償を請求し得る。

ただし、インターネットの匿名性から発信者が不明な場合は、まず、発信者を特定するための情報の開示請求をした上で、発信者を特定することにより、発信者に対する上記各請求をすることが可能となる。

また、発信者に対する差止請求又は発信者の特定を待っては、損害が拡大する場合には、一次的に当該情報が公開されているウェブサイト等を提供するプロバイダ等に対して、当該情報の送信防止措置を講ずるよう依頼のうえ、インターネット上に公開された情報を非公開にすることが有効となる。

2．解説

（1）営業秘密侵害

営業秘密を保有する事業者（以下「営業秘密保有者」という。）からその営業秘密を示された者が、不正の利益を得る目的又は損害を加える目的で、営業秘密を使用する又は第三者に開示する行為は、不正競争行為となる（不正競争防止法第2条第1項第7号）。

したがって、インターネット上で公開されてしまった営業秘密保有者の情報が秘密管理性、有用性、非公知性の要件（Q20参照）を満たしている場合には、その発信者が、不正の利益を得る目的又は損害を加える目的で当該情報を開示する行為は、不正競争防止法第2条第1項第7号の不正競争行為に該当し、営業秘密保有者は発信者に対して損害賠償請求や差止請求等の請求をすることが考えられる。

なお、発信者の開示行為に不正の利益を得る目的や損害を加える目的が認められるかという点については、インターネット上に公開した情報が営業秘密保有者の営業秘密であることを認識した上で、当該情報を営業秘密保有者に無断で開示した場合には、少なくとも発信者には損害を加える目的が存在すると認められることが多いと考えられる。

（2）発信者情報開示請求

　発信者が不明である場合は、営業秘密保有者が損害賠償請求や差止請求等の請求をする相手方自体が不明であることから、まず、その発信者を特定する必要がある。

　インターネット上のウェブサイト等に掲載されることにより自己の権利を侵害された者は、①「当該開示の請求に係る侵害情報の流通によって当該開示の請求をする者の権利が侵害されたことが明らかであるとき」であって、②「当該発信者情報が当該開示の請求をする者の損害賠償請求権の行使のために必要である場合その他発信者情報の開示を受けるべき正当な理由があるとき」は、その情報を流通させた電気通信の役務提供者に対して、当該権利の侵害に係る発信者情報（氏名、住所その他の侵害情報の発信者の特定に資する情報であって総務省令で定めるもの[8]をいう（プロバイダ責任制限法第2条第6号）。ただし、特定発信者情報の開示を請求する場合には、脚注2のとおり、更に補充的な要件を満たす必要がある。）の開示を請求することができる（プロバイダ責任制限法第5条第1項）[9]。なお、プロバイダ責任制限法における「権利の侵害」とは、不特定の権利侵害を対象とするものではなく、個人法益の侵害として、民事上の不法行為等の要件としての権利侵害に該当するものとされており[10]、裁判例の存在は確認されていないが、営業秘密の開示による不正競争行為についても、その対象となると考えられる。したがって、営業秘密保有者は、営業秘密が掲載されたウェブサイトを提供するプロバイダ等に対して、発信者情報の開示請求をすることができると考えられる。

　①の「明らか」とは、権利の侵害がなされたことが明白であるという趣旨であり、不法行為等の成立を阻却する事由の存在をうかがわせるような事情が存在しないことまでを意味する[11]。もっとも、名誉毀損、プライバシー侵害、著作権等侵害、商標権侵害については、プロバイダ責任制限法に関連するプロバイダ等の行動基準を明確化するためのガイドラインが公表されているが、不正競争行為については同様のガイドライン等が存在しないため、プロバイダ等における権利侵害の判断が困難となる可能性があることに留意が必要である。

　②の「発信者情報の開示を受けるべき正当な理由があるとき」とは、開示請求者が発信者

---

[8]　令和3年4月のプロバイダ責任制限法改正（令和3年法律第27号）が、令和4年10月1日から施行されたことに伴い、従前の省令である「特定電気通信役務提供者の損害賠償責任の制限及び発信者情報の開示に関する法律第四条第一項の発信者情報を定める省令」が廃止され、「特定電気通信役務提供者の損害賠償責任の制限及び発信者情報の開示に関する法律施行規則」が施行されている。

[9]　前掲注1で述べた、令和3年4月のプロバイダ責任制限法改正により、特定発信者情報以外の発信者情報の開示に加えて、特定発信者情報の開示も一定の補充的な要件を満たしたときには認められるようになっている（プロバイダ責任制限法第5条第1項後段）。「特定発信者情報」とは、発信者情報であって専ら侵害関連通信に係るものとして総務省令で定めるものをいい（プロバイダ責任制限法第5条第1項柱書き）、SNSサービス等にログインした際のIPアドレス等が念頭に置かれている。総務省「プロバイダ責任制限法Q&A」問9参照。
https://www.soumu.go.jp/main_sosiki/joho_tsusin/d_syohi/ihoyugai_04.html

[10]　総務省総合通信基盤局消費者行政第二課『プロバイダ責任制限法』（第一法規、第3版、令和4年）24頁

[11]　同104頁

情報を入手することの合理的な必要性が認められることを意味し、この必要性の判断には、開示請求を認めることにより制約される発信者の利益（プライバシー等）に考慮した「相当性」の判断をも含むものである[12]が、発信者に対して損害賠償請求や差止請求等の請求を行う予定であるときは、正当な理由があると認められるものと考えられる。

　脚注1でも述べたとおり、令和3年4月にプロバイダ責任制限法の改正が行われたところ、従来の裁判手続とは別に新たな裁判手続として「発信者情報開示命令事件に関する裁判手続」が創設された。SNS等を運営する情報・サービス提供事業者（以下「コンテンツプロバイダ」という。）は、権利侵害を行った発信者の氏名・住所等の情報を有していないことが多いため、従来、裁判外で開示がなされない場合には、①発信者が権利侵害の投稿等の発信をした際のIPアドレス及びタイムスタンプ等の開示請求（仮処分の手続によることが多い。）を行い、②その結果判明した、ユーザに対してインターネット接続サービスを提供する事業者（以下「アクセスプロバイダ」という。）に対して、発信者の氏名、住所等の開示請求（訴訟手続による）を行うというように、多くの場合、発信者を特定するために2段階の裁判手続を経る必要があった。令和3年の法改正では、上記一連の手続を1つの裁判手続で完結させることができるようになった[13]。具体的な手続として、以下の流れが想定されている。

①：申立人からコンテンツプロバイダに対して開示命令（プロバイダ責任制限法第8条。申立人に対する発信者情報の開示の命令）・提供命令（同法第15条。(a)申立人に対してアクセスプロバイダの名称等の情報を提供すること、(b)申立人が③の申立てを行ったことをコンテンツプロバイダに通知した場合（④）に、コンテンツプロバイダが保有する発信者情報をアクセスプロバイダに対して提供することの命令）を申立て

②：①(a)の提供命令により申立人に対してアクセスプロバイダの情報の提供（同法第15条第1項第1号イ）

③：申立人からアクセスプロバイダに対する開示命令（同法第8条。申立人に対する発信者情報の開示の命令）・消去禁止命令（同法第16条。発信者情報開示命令申立事件が終了するまでの間、保有する発信者情報を消去してはならないことの命令）を申立て

④：申立人が③の申立てを行ったことをコンテンツプロバイダに対して通知（同法第15条第1項第2号）

⑤：①(b)の提供命令により、コンテンツプロバイダが保有する発信者情報がアクセスプロバイダに提供され、①の開示命令により、当該発信者情報が申立人に開示

　なお、法改正によって創設された新たな裁判手続は、従来の訴訟手続とは異なって、非訟手続であることから、迅速な審理が行われることが期待される。また、これらの発信者情報

---

[12] 同107頁

[13] 発信者情報開示請求によってコンテンツプロバイダから発信者の電話番号の開示を受けることが可能であることから、発信者の電話番号の開示を受けた後、弁護士会照会制度（弁護士法23条の2）を用いることによって、当該電話番号を基に電話会社に対して発信者の氏名及び住所の回答を求めることも可能である。

開示命令事件に関する決定について不服がある場合、不服がある当事者は 1 か月の不変期間内に異議の訴えを提起することができ（同法第 14 条第 1 項）、この期間内に異議の訴えが提起されない場合には当該決定は確定判決と同一の効力を有するものとされている（同法第 14 条第 5 項）。

令和 3 年 4 月の改正法の内容も含め、総務省ウェブサイト「インターネット上の違法・有害情報に対する対応（プロバイダ責任制限法）」[14]も参照。

（3）削除請求

さらに、営業秘密保有者は、営業秘密が掲載されたウェブサイトを提供するプロバイダ等に対して、当該情報の送信を防止するための措置を講ずるよう依頼をすることが考えられる。

特に、発信者に対する差止請求又はプロバイダ等による発信者情報の開示を待っては、損害が拡大するような場合には、プロバイダ等に対して一次的に送信防止措置を依頼することにより公開された情報を非公開にすることが有効となる。

なお、かかる依頼を受けたプロバイダ等は、送信防止措置を講じなかったことについて、当該情報の流通により権利を侵害されたとする営業秘密保有者との関係で損害賠償責任（不法行為責任）が生じる場合があり得る。プロバイダ責任制限法第 3 条第 1 項は、損害賠償責任を負い得る場合の要件として、①当該情報の流通によって他人の権利が侵害されていることを知っていたとき、又は、②当該情報が流通していることを知っていた場合であって当該情報の流通によって他人の権利が侵害されていることを知ることができたと認めるに足りる相当な理由があるときと規定している。

他方、プロバイダ責任制限法第 3 条第 2 項は、プロバイダ等が送信防止措置を講じた場合において、当該措置の対象情報の発信者に損害が生じた場合であっても、当該措置が当該情報の不特定の者に対する送信を防止するために必要な限度において行われたものである場合で、①当該情報の流通によって他人の権利が侵害されていると信じるに足りる相当の理由があったとき、又は、②当該情報の発信者に対し当該送信防止措置を講ずることに同意するかどうかを照会し、当該発信者が当該照会を受けた日から 7 日を経過しても当該発信者から同意しない旨の申出がなかったときは、プロバイダ等の発信者に対する損害賠償責任が制限される旨を規定している。

3．参考資料（法令・ガイドラインなど）

- 不正競争防止法第 2 条第 1 項第 7 号
- プロバイダ責任制限法第 5 条第 1 項
- プロバイダ責任制限法第 3 条第 1 項・第 2 項

---

[14] https://www.soumu.go.jp/main_sosiki/joho_tsusin/d_syohi/ihoyugai.html

・特定電気通信役務提供者の損害賠償責任の制限及び発信者情報の開示に関する法律施行規則

４．裁判例

特になし

Q70 デジタルデータの証拠利用について

IT 関連の損害賠償等に関する民事訴訟において証拠を保全・提出するために留意すべき点にはどのようなものがあるか。

タグ：民事訴訟法、証拠能力、デジタル・フォレンジック

1．概要

　民事訴訟法上は、原則としてどのようなものでも証拠とすることができるが、裁判官が書証として証拠調べをするためには、その文書が外観上見読可能なものでなければならない。また、証拠が要証事実を立証するに足る実質的な証拠価値を有すると評価されるためには、その前提として、当該文書が、挙証者が作成者であると主張する者（以下、単に「作成者」という。）の意思に基づいて作成され、他の者により偽造又は改ざんされたものではないことを示す必要がある。

　文書ファイルが、プリントアウトするなどして見読可能な状態で証拠として提出される場合、相手方が当該ファイルに収録された情報内容とプリントアウトされた文書の記載内容が異なるなどとして争う場合に備えて、プリントアウトされた文書ともとの文書ファイルの記載内容が合致していること、元の文書ファイルが偽造又は改ざんされたものではないことを証明するため、オリジナルデータのコピーなどを保全しておくことが必要である。

2．解説

（1）問題の所在

　IT 関連の損害賠償請求訴訟では、事件の性質上、紙媒体の文書や証人など従来型の証拠のほかに、デジタルデータの収録された磁気ディスク等を証拠として提出することが想定される。そのような場合に、従来型の証拠と違ってコピーや改ざんが容易だという特性があり、またデジタルデータそのままでは読む及び見るということができない（見読性がない）。そこで、どうすれば裁判の証拠とできるかが問題となる。

（2）民事訴訟で提出できる証拠について

　民事訴訟においては、原則として証拠能力に制限がないとされている。すなわち、原則としてどのようなものであっても証拠とすることができる。したがって、コンピュータに内蔵されたデータであっても、その意味内容を証拠化することは可能である。

　しかし、一般的にデジタルデータを文書ないし準文書（民事訴訟法第 231 条）として証拠化することが可能であるとしても、訴訟上の証拠資料として事実認定の用に供するためには、裁判官がその証拠の内容を理解するに足る見読可能性を備えなければならず、さらに、要証事実を裁判官が認定するに十分な証明力を当該証拠が有することが必要である。デジ

タルデータの意味内容を証拠資料とする場合は、そのいずれについても注意が必要である。

（3）デジタルデータを取り調べる方法

デジタルデータは、そのままでは見読性がなく、情報内容を証拠資料とするためには、何らかの形で裁判官が認識できるようにしなければならない。いわゆる文書ファイルであれば、デジタル情報として記録されている文書の内容をエディタソフトやワープロソフト、表計算ソフト、プレゼンテーションソフトなど、いわゆるビューア・ソフトにより見読可能にして、モニターやプリンタ等に出力する。裁判官は、デジタルデータの収録された磁気ディスク等の情報記録媒体自体が証拠として提出された場合には、モニターに表示された情報を取り調べることになり、プリントアウトされた紙媒体が証拠として提出された場合には、これを取り調べる。

前者の情報記録媒体自体が証拠として提出された場合、当事者は情報記録媒体を準文書（民事訴訟法第231条参照）として提出することになる。この場合、裁判所や相手方の求めがあるときは、情報内容を説明した書面を提出しなければならない（民事訴訟規則第149条参照）。後者のプリントアウトされた紙媒体が証拠として提出された場合、当事者はプリントアウトされた紙媒体を文書として提出することになり、相手方が情報記録媒体の複製物の交付を求めたときは、複製物を相手方に交付しなければならない（民事訴訟規則第144条参照）。

なお、情報記録媒体の内容が言語により表現されている文書ファイルであれば、これを表示し又はプリントアウトすることにより取り調べることが可能だが、ソフトウェアやメタデータのような場合は、プリントアウト等したとしても、それだけで裁判官が理解できるものとはならない。この場合、証拠を提出する当事者は、証拠説明書を裁判所に提出するとともに、証拠の内容及びその意味を説明した書面、場合によっては陳述書などの書証を提出することが考えられる。

（4）デジタルデータの成立の真正を証明するための留意点

デジタルデータを証拠として提出する場合、当事者は、当該データが作成者の意思に基づき真正に成立したものであることを証明しなければならない。

デジタルデータが、例えば電子商取引でやりとりされたものであれば、電子署名法に基づき電子署名の方法が法定されており、これにより成立の真正を証明することが考えられる（Q43参照）。

しかし、民事訴訟の局面において、提出されるデジタルデータの全てに電子署名が付されていることは少なく、訴訟の相手方が争った場合に、成立の真正を証明する方法が問題となる。

そのような場合に備えて、オリジナルデータのコピーなどを保全しておくことが必要であることはもちろん、当該データの意味内容を証拠資料とするためには、そのデータファイ

ルがいつできたのか、最後に修正を加えられたのがいつかを明らかにするためのタイムスタンプや、修正履歴を記録しておくことが考えられる。

また、上記データが改ざんされていないことを証明し、成立の真正を証明するためには、デジタル・フォレンジック技術[1]を活用することも有用である。

（5）参考：民事裁判の IT 化について

令和 4 年 5 月 18 日、民事訴訟法等の一部を改正する法律が可決成立した（令和 4 年法律第 48 号）。これは、民事訴訟手続を全面的に IT 化すること等を内容とするものであり、法制審議会民事訴訟法（IT 化関係）部会において同年 1 月 28 日にとりまとめられた「民事訴訟法（IT 化関係）等の改正に関する要綱案」（同年 2 月 14 日の法制審議会において原案のとおり採択）に基づくものである。

同法には、「電磁的記録に記録された情報の内容に係る証拠調べ」の規律が含まれており、これが施行されれば、デジタルデータの情報内容を証拠とするための方法として、（3）に記載のほか、インターネットを使用する提出方法が認められることになる。

3．参考資料（法令・ガイドラインなど）
・民事訴訟法第 231 条
・民事訴訟規則第 144 条、第 149 条

4．裁判例
デジタルデータ又はそれにより作成された紙媒体の証拠調べが問題となった例として、
・大阪高決昭和 53 年 3 月 6 日高民集 31 巻 1 号 38 頁
・最判平成 19 年 8 月 23 日判時 1985 号 63 頁

---

[1] 安冨潔・上原哲太郎編著、特定非営利活動法人デジタル・フォレンジック研究会著『基礎から学ぶデジタル・フォレンジック』（日科技連、2019 年）。デジタル・フォレンジックについては、Q66 を参照。

Q71 営業秘密の不正使用行為の立証

被疑侵害者（被告）が特定でき、営業秘密侵害訴訟を提起しようとする場合、原告は、被疑侵害者が営業秘密を使用した事実をどのように立証すればよいのか。特に、技術上の情報の場合はどうか。

タグ：不正競争防止法、民事訴訟法、営業秘密、技術上の秘密、不正使用行為により生じた物、推定規定、営業秘密侵害訴訟

1．概要

技術上の秘密を使用する行為等の推定規定、具体的態様の明示義務、訴訟記録の閲覧等制限の申立て、文書提出命令、文書提出命令制度におけるインカメラ手続、秘密保持命令、尋問の公開停止等を活用した立証活動をすることが考えられる。

2．解説

（1）営業秘密侵害訴訟とは

営業秘密侵害訴訟とは、営業秘密を保有する事業者、すなわち営業秘密保有者（不正競争防止法第2条第1項第7号）が、営業秘密に関する不正競争（同条第1項第4号～第10号）をした、又はしようとすることが疑われる相手方（以下、本項において「被疑侵害者」という。）に対して、不正取得・不正使用・不正開示の差止めを求める訴訟（不正競争防止法第3条）、又は不正取得・不正使用・不正開示により生じた損害の賠償を求める訴訟（不正競争防止法第4条）をいう。本案訴訟のみならず、本案に先んじて、又は本案の訴訟提起と同時に、当該差止めについての仮処分命令を得るべく、又は当該損害賠償請求権を保全すべく、民事保全手続を選択する場合もある（民事保全法第2章第2節第3款「仮処分命令」）。

（2）不正競争の立証について

営業秘密侵害訴訟においては、他の民事訴訟同様、原告となる営業秘密保有者において、被告を特定し、訴訟を提起して、不正競争の各要件に該当する事実を主張・立証する必要がある。

たとえば、不正取得・不正開示の立証に向けて、営業秘密を管理・保管していたサーバへのアクセスログの解析や、営業秘密にアクセスし得る端末のイベントログの解析、営業秘密が保管されている鍵付きキャビネットの鍵の保管状況の調査等を行うことが考えられる。また、不正競争の要件として、主観的要件が要求されている類型（不正競争防止法第2条第1項第5号～第9号）[2]については、たとえば、周囲にインタビューをして被疑侵害者の言

---

2 「不正競争の要件として、主観的要件が要求されている類型（不正競争防止法第2条第1

動に関する証言を集めたり、被疑侵害者のメールのやり取りをフォレンジックによって解析したりする等して、客観的な証拠を集めて被疑侵害者の主観の立証を試みる（デジタル・フォレンジックの詳細については、**Q66**参照。なお、被疑侵害者が従業員である場合のモニタリングに関する留意点等については、**Q27**参照。）。

なお、営業秘密侵害訴訟において証拠を提出するときの留意点については、**Q70**及び**Q74**を参照されたい。

他方、不正使用については、不正取得・不正開示と異なり、「使用」は相手方の支配領域内で行われることから、営業秘密保有者にとっては、相手方が使用したか否かの証拠を収集し難い類型であるといえる。

（3）不正使用に関する推定規定について

そこで、不正競争防止法の平成 27 年改正により、営業秘密の不正使用等の推定に関する規定（第 5 条の 2）（以下、本項において「本推定規定」という。）が新しく設けられた。

ア　趣旨

本推定規定は、上記（2）のとおり、不正使用の証拠を収集し難いことに加え、「技術上の営業秘密」を不正に取得した者については、当該営業秘密を使用することが通常であるとの経験則に基づくものである[3]。

イ　内容

営業秘密保有者（原告）が下記前提事実（①〜③の 3 つ全て）の立証に成功した場合、被疑侵害者（被告）による営業秘密の不正使用行為が推定されることによって、立証責任が被告に転換され、被告において当該営業秘密を使用していないことを立証しない限り、不正使用についての責任を負うこととなる。

① 　対象となる情報が営業秘密保有者（原告）の営業秘密であり、生産方法等の技術上の情報であること

② 　被疑侵害者（被告）による第 2 条第 1 項第 4 号、第 5 号又は第 8 号に該当する不正取得行為があったこと

③ 　被疑侵害者（被告）が営業秘密保有者（原告）の営業秘密を用いて生産することのできる物を生産等していること

これを模式図で表すと、下記図 1 のとおりである。

項第 5 号〜第 9 号）」として、第 10 号（営業秘密侵害品の譲渡等行為）を除いているのは、同号の「その譲り受けた時に当該物が不正使用行為により生じた物であることを知らず、かつ、知らないことにつき重大な過失がない者に限る。」という要件が、請求原因事実であるのか、それとも抗弁事実であるのかについて判示した裁判例が見当たらないためである。

[3] 「逐条不正競争防止法」175 頁

図1 推定規定の構造[4]

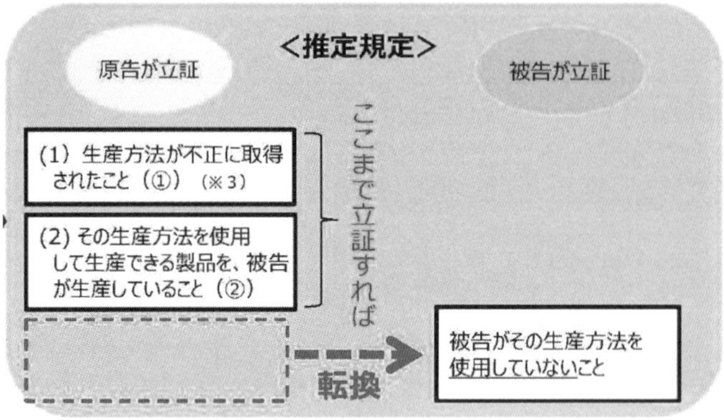

図中：
＜推定規定＞
原告が立証 ／ 被告が立証

(1) 生産方法が不正に取得されたこと（①）（※3）
(2) その生産方法を使用して生産できる製品を、被告が生産していること（②）

ここまで立証すれば → 転換 → 被告がその生産方法を使用していないこと

ウ　対象となる営業秘密及び使用行為の内容について

　不正競争防止法第5条の2は、「生産方法」について上記①〜③を立証すると「生産」行為が推定される旨を規定する。加えて、同条は、「その他政令で定める情報」については「その他技術上の秘密を使用したことが明らかな行為として政令で定める行為」が推定されると規定し、政令に委ねている。

　当該政令（不正競争防止法施行令）は、「情報の評価又は分析の方法（生産方法に該当するものを除く。）」について上記①〜③を立証すると、「技術上の秘密（情報の評価又は分析の方法（生産方法に該当するものを含む。）に係るものに限る。）を使用して評価し、又は分析する役務の提供」行為が推定されると規定する（同施行令第1条及び第2条[5]）。

エ　注意点

　本推定規定は、全ての営業秘密に関する不正競争の立証に用いることができるものではなく、上記のとおり、不正使用類型のうちの不正競争防止法第2条第4号、第5号及び第8号の3類型に限定されている。

　また、「技術上の秘密」であるため、顧客名簿といった営業上の情報については、本推定規定を用いることはできず、技術上の秘密であっても全てが対象とされているものではなく、上記ウのとおり一定の情報に限られる[6]。

---

[4] 経産省知的財産政策室「不正競争防止法テキスト」60頁（https://www.meti.go.jp/policy/economy/chizai/chiteki/pdf/unfaircompetition_textbook.pdf ）

[5] 上記施行令は、平成30年11月1日から施行された（平成30年9月4日付経産省ニュースリリース「「不正競争防止法第十八条第二項第三号の外国公務員等で政令で定める者を定める政令の一部を改正する政令」が閣議決定されました」（https://warp.ndl.go.jp/info:ndljp/pid/12166597/www.meti.go.jp/press/2018/09/20180904001/20180904001.html））。

[6] ちなみに、大阪地判令和2年10月1日（平成28年（ワ）第4029号）最高裁ウェブサイトは、住宅のリフォームのパッケージ商品に関連する「標準構成明細」という情報及びシステムに関する情報が「技術上の秘密」に該当するか否かが争われ、大阪地裁はいずれも該当性を否定したが、当該裁判例は、損害額の推定規定（不正競争防止法第5条第1項〜第3項）に関するものであり、第5条の2の推定規定における「技術上の秘密」とは異なることに留意を要する。

（4）具体的態様の明示義務について

ア　内容

　不正競争防止法第 6 条は、被疑侵害者に対して、営業秘密保有者が「侵害の行為を組成したものとして主張する物又は方法の具体的態様を否認するとき」は、「自己の行為の具体的態様を明らかにしなければならない」という具体的態様の明示義務を課す。

　具体的態様の明示義務は、上記（3）の推定規定が設けられるよりも前の平成 15 年改正で導入されたものである。

イ　趣旨

　第 6 条の趣旨は、不正競争防止法においても、特許法第 104 条の 2 と同様の規定を設けることにより、営業秘密保有者（原告）のみならず、被疑侵害者（被告）にも侵害行為の特定に積極的に関与させ、訴訟審理の促進・争点の明確化を図るためである[7]。

ウ　具体的態様の明示を拒否できる場合

　被疑侵害者（被告）としては、侵害行為に関する物又は方法の具体的態様を「明らかにすることができない相当の理由がある」ときは、具体的態様の明示を拒むことができる（第 6 条但書）。「相当の理由」としては、たとえば、自己の具体的態様の内容に営業秘密が含まれている場合が考えらえる[8]。

（5）その他

　訴訟記録の閲覧等制限の申立て（民事訴訟法第 92 条）、文書提出命令制度（不正競争防止法第 7 条第 1 項）、文書提出命令制度におけるインカメラ手続（民事訴訟法第 223 条第 6 項、不正競争防止法第 7 条第 2 項〜第 4 項）、秘密保持命令（不正競争防止法第 10 条）、尋問の公開停止（不正競争防止法第 13 条）等を活用した立証活動をすることが考えられる。

　たとえば、文書提出命令制度については、営業秘密侵害訴訟に基づく文書提出命令申立事件（東京地決平成 27 年 7 月 27 日判タ 1419 号 367 頁）において、東京地裁が以下のとおり判示し、原告が提出を求めた文書について裁判所に提出すべき旨の命令を決定した事例が参考になる。

> 不正競争防止法 7 条 1 項は、不正競争による営業上の利益の侵害に係る訴訟において、裁判所が，当事者の申立てにより，当事者に対し，侵害行為について立証するため必要な書類の提出を命ずることができる旨規定するところ、当事者間の衡平の観点から模索的な文書提出命令の申立ては許されるべきではないことや、当事者が文書提出命令に従わない場合の制裁の存在（民事訴訟法 224 条）等を考慮すると，そこにおける証拠調べの必要性があるというためには，その前提として、侵害行為があったことについての合理的疑いが一応認められることが必要であると解すべきである。

7　「逐条不正競争防止法」182 頁
8　「逐条不正競争防止法」182 頁

また、証拠収集手続きの強化を図るべく、平成30年改正不正競争防止法によって文書提出命令制度におけるインカメラ手続が改正された。これにより、従前は書類の提出を拒む正当な理由があるかどうかの判断をするために限られていたインカメラ手続が書類提出の必要性の判断にも利用できるようになり、また、インカメラ手続への専門員の関与も可能となった。

3．参考資料（法令・ガイドラインなど）

・不正競争防止法第2条第1項第4号～第10号、第2条第6項、第2条第11項、第3条、第4条、第5条の2、第6条、第7条、第10条、第13条
・不正競争防止法施行令第1条、第2条
・民事訴訟法第92条、第223条第6項

4．裁判例

本文中に記載のとおり

Q72　営業秘密等の漏えい事実の立証と情報管理体制

Q72 営業秘密等の漏えい事実の立証と情報管理体制

> 情報漏えいが営業秘密侵害や限定提供データ侵害に該当すると裁判で認められるために
> は、営業秘密や限定提供データを不正に取得されたことや、情報の取得者が当該情報を使用
> したこと、第三者へ開示したことなどを立証する必要がある。しかし、取得対象が情報とい
> う無体物であるがゆえに、その証拠を確保することは容易ではない。そこで、情報漏えいが
> 発生した場合に、事後的に、営業秘密や限定提供データの漏えいの事実を立証することを容
> 易にするために、どのような方法により情報を管理しておくべきか。

> タグ：不正競争防止法、営業秘密、限定提供データ

1．概要

　まず、情報漏えいの事実を把握するために、営業秘密や限定提供データを物理的・技術的
に隔離して管理し、当該情報の複製や外部への持ち出しを、客観的に把握できる手段を確保
しておくことが必要である。

　また、漏えいした情報が営業秘密や限定提供データであることを立証するために、あらか
じめ、営業秘密や限定提供データの要件該当性を立証できる資料を用意しておくことが必
要である。

2．解説

（1）総論

　営業秘密や限定提供データ（以下「営業秘密等」という。）の情報漏えいに関する証拠を
保全することは、情報を漏えいさせた者や漏えいした営業秘密等を使用した第三者に対し
て民事上の請求をするために必要となる。

（2）情報漏えいの事実立証のための管理体制

　まず、情報漏えいの兆候を把握し、漏えいの疑いを速やかに確認できる体制を整備・実施
した上で、情報漏えいの事実そのものに関する証拠を確保する必要がある。そのためには、
営業秘密等を物理的・技術的に隔離して管理しておき、情報漏えいの事実を把握しやすくし
ておく必要がある。このような物理的・技術的管理は、下記（3）の営業秘密の秘密管理性
（詳細は Q20）の要件、又は限定提供データの限定提供性及び電磁的管理性を満たすため
にも必要な措置である。

　具体的な管理方法としては、保管場所の隔離・施錠、アクセス権者の制限、電子データの
複製の制限、不正アクセスの防御措置、外部ネットワークからの遮断、保管媒体の持出禁止
等の営業秘密に関する裁判例において示された管理方法が挙げられる。

　また、不正競争防止法によって差止め等の法的保護を受けるために必要となる最低限の

347

水準の対策ではなく漏えい防止ないし漏えい時に推奨される（高度なものも含めた）包括的対策を示した経産省の秘密情報保護ハンドブックにおいて掲げられているものが参考となる（秘密情報保護ハンドブックの概要については、**Q20**も参照）。

例えば、秘密情報保護ハンドブックにおいては、①ルールに基づく適切なアクセス権の付与・管理（社内規程等において、秘密情報の分類ごとに、アクセス権の設定に関するルール（どのような手続きで誰が設定するのかなど）を明確にした上で、当該ルールに基づき、適切にアクセス権の範囲を設定）、②情報システムにおけるアクセス権者の ID 登録（①で決定されたアクセス権者だけが、利用することが許可された電子データ等にアクセスできるように、あらかじめ、従業員等に対して情報システム上の ID を付与し、その ID を認証する（ID を使用する者が本人であることを確認する）ためのパスワード等を設定）、③分離保管による秘密情報へのアクセスの制限（秘密情報が記録された書類・ファイルや記録媒体については、保管する書棚や区域（倉庫、部屋など）を分離し、電子データについては格納するサーバやフォルダを分離した上で、アクセス権を有しない者が、その秘密情報を保管する領域にアクセスできないようにする）といった方法が、主として、情報漏えいを防止するための「接近の防御」に資する対策として紹介されており、これら対策を実施することにより、情報漏えいが生じた際の原因の特定が容易になるので、かかる対策は、事後的に情報漏えいの事実を立証するうえでも有用な管理策であると考えられる。

その他、営業秘密の不正取得等を立証するために有効な資料例として以下のものが紹介されている。これらを参考に、平時から、情報漏えい事案発生時に備えた記録を行っておくことが望ましい。

① 漏えいが疑われる者の立場（アクセス権の保有者であったか、会議等で資料を配付された者であったか、外部者であるか）に関する社内記録

② 漏えいが疑われる者が自社従業員である場合には、どのような秘密保持に係る任務を負っていたかが分かる就業規則、秘密保持誓約書

③ 漏えいが疑われる者が委託先である場合、委任契約書、秘密保持契約書

④ 情報持出しの具体的行為態様が分かるアクセスログ、メールログ、入退室記録、複製のログ（なお、従業員に対するモニタリング等に関する留意点等については、**Q27**参照）

⑤ 漏えいが疑われる者の行為目的が窺える他社とのメールや金銭のやりとりに関する書面

⑥ 情報漏えいの発覚の経緯を、社内調査等に基づき時系列的にまとめた文書

また、このような予防措置に加え、情報が外部に流出した場合に備え、情報漏えいの兆候を把握できる手段、すなわち秘密情報の複製や外部への持ち出しを、客観的に把握できる手段を確保しておくことが必要である。例えば、管理場所における監視カメラの設置、電子データの複製履歴の保存、電子メールのモニタリングや過去の送受信メールの保存等の情報漏えい時に流通経路を特定することが可能なシステムの設置などを行うことが考えられる。

さらに、秘密情報保護ハンドブックにおいては、①コピー機やプリンタ等における利用者記録・枚数管理機能の導入、②印刷者の氏名等の「透かし」が印字される設定の導入、③秘密情報の保管区域等への入退室の記録・保存とその周知、④不自然なデータアクセス状況の通知（深夜帯や休日に、複数分野の業務にわたる様々なデータにアクセスし、大量のダウンロードがなされているなど、不自然な時間帯・アクセス数・ダウンロード量を検知した場合に上司等に通知）、⑤PC やネットワーク等の情報システムにおけるログの記録・保存とその周知、⑥秘密情報の管理の実施状況や情報漏えい行為の有無等に関する定期・不定期での監査が、「視認性の確保」のうち、「事後的に検知されやすい状況を作り出す対策」として紹介されており、参考になる。

その他、秘密情報保護ハンドブックの第 2 章及び第 3 章にも、保有する情報の把握・評価、秘密情報の決定、秘密情報の分類、対策の選択及びそのルール化について紹介されているので参照されたい。

（3）営業秘密や限定提供データの要件該当性立証のための管理体制

あわせて、情報漏えいした情報が営業秘密や限定提供データに該当することに関する証拠を確保する必要がある。この点、前述のとおり、営業秘密等を物理的・技術的に隔離する管理方法は、営業秘密の秘密管理性の要件を満たすためにも必要な措置である。また、限定提供データの限定提供性（たとえば、特定の法人・個人へのアカウントの付与等）及び電磁的管理性（アクセス制限）の要件も、かかる管理方法により確保されることになると考えられる。

その他、秘密情報保護ハンドブックにおいては、営業秘密の要件該当性（特に秘密管理性）の証明に有効な資料例として以下のものを挙げている。これらを参考に、平時から、情報漏えい事案発生時に備えた記録を行っておくことが望ましい。

① 情報の管理水準が分かる資料（就業規則、情報管理規程、管理状況に関する社内文書等）
② 漏えいが疑われる者と自社との間で交わされた秘密保持誓約書
③ 情報の取扱いに関する社内研修等の実施状況に関する社内記録
④ 特定の情報に対するマル秘マークの付記、アクセス制限、施錠等の情報の管理状況に関する社内記録（教育マニュアル等）
⑤ 漏えいが疑われる者が、漏えいに係る情報が秘密であることを認識できたことを裏付ける陳述書（社内における実際の管理状況、口頭での情報管理に係る注意喚起の状況、示談文書等）

（4）事後的な立証方法

また、不正アクセスなどに対しては、コンピュータを解析して証拠を収集するデジタル・フォレンジックを行うことにより証拠を確保することも可能である（詳細については、Q66

参照）。さらに、情報を漏えいさせている者が特定できている場合には、捜査当局の協力を得て具体的な流出経路を特定して証拠を確保することも考えられる。

３．参考資料（法令・ガイドラインなど）
・不正競争防止法第 2 条第 6 項、第 2 条第 7 項、第 21 条第 1 項
・秘密情報保護ハンドブック
・限定提供データ指針

４．裁判例
特になし

Q73 民事訴訟等における情報提供

民事訴訟等において、訴訟の当事者から、自社が保有する情報の提供を求められることはあるか。

タグ：民事訴訟法、特許法、著作権法、不正競争防止法、会社法、弁護士法、弁護士会照会、証拠保全

1．概要

民事訴訟の当事者が相手方や第三者の保有する情報の提供を求める手段としては、文書提出命令、検証物提示命令、証人尋問・本人尋問、訴訟前又は訴訟中の当事者照会、証拠保全、訴えの提起前の証拠収集処分、その他裁判外で弁護士会照会がある。特別法上の提出義務としては、会社法において計算書類等の提出義務が定められ、また特許法や著作権法など知的財産関係法にも書類の提出義務が規定されている。

以上のほか、裁判所を通じて釈明を求める、又は、文書送付嘱託や調査嘱託を求めることも、相手方や第三者が保有する情報の提供を求める手段の一つと位置付けられる。

2．解説

（1）裁判所の命令等による証拠の提出

民事訴訟において、相手方が保有する文書その他の情報媒体は、それを訴訟に提出するかどうかの選択を保有者が持っている。しかし文書提出命令によりその文書等の提出を命じられた場合には、当該文書を提出しなければならない。文書提出義務は、平成8年の民事訴訟法改正により一般義務化された。この結果、裁判所は、文書提出命令の申立て（民事訴訟法第221条）がされた場合、証拠とすべき必要性が認められ、同法第220条第4号が掲げる提出義務除外事由に該当しない限り、文書提出命令を発し、当該文書の所持者はその提出義務を負うことになる。文書提出命令の対象には、紙媒体そのもののみならず、録音テープやビデオテープ、デジタルデータの記録された記録媒体なども含まれる。

こうした文書提出義務と類似の規定は、他の法令にもみられる。例えば、知的財産権の侵害訴訟においては、侵害行為を立証するため、又は侵害行為による損害の計算をするため、必要な書類の提出命令が規定されている（特許法第105条、著作権法第114条の3、不正競争防止法第7条等[1]）[2]。また、会社法においては、計算書類等（同法第443条、第619条）、会計帳簿（同法第434条、第616条）、貸借対照表等（同法第498条）、財産目録等

---

[1]　Q74も参照。
[2]　なお、平成31年特許法改正により導入され、令和2年4月1日に施行された査証制度（裁判所が指定する中立的な技術専門家（査証人）が、被侵害者の工場等に立ち入り、特許権の侵害立証に必要な調査を行い、裁判所に報告書を提出することができる制度）については、Q74（民事訴訟における営業秘密、プライバシー情報の非公開の可否）を参照。

（同法第 493 条、第 659 条）の提出命令が規定されている。当事者が文書提出命令に従わない場合、裁判所は、相手方の当該文書の記載に関する主張を真実と認めることができ、また、相手方が、当該文書の記載に関して具体的な主張をすること及び当該文書により証明すべき事実を他の証拠により証明することが著しく困難な場合には、その文書によって証明しようとした事実に関する主張を真実と認めることができる（民事訴訟法第 224 条）。また、訴訟の当事者ではない第三者が文書提出命令に従わない場合には、過料の制裁を課されることがある。文書の内容ではなく物の形状や性質などを証拠資料とする検証についても、文書と同様に検証物提示命令の規定（同法第 232 条による第 223 条の準用）がある。なお文書であっても、その形状や改ざんの有無などを明らかにするための証拠調べは検証によることになる。

　裁判所は、原則として誰でも証人として尋問することができ、また、当事者本人を尋問することができる。当事者は、自己に協力的な証人や自分自身の尋問を申し出ることも、いわゆる敵性証人の尋問を求める、あるいは、相手方当事者の尋問を申し出ることも可能である。証人が正当な理由なく出頭せず、又は証言拒絶権や宣誓拒絶事由がないにもかかわらず証言や宣誓を拒んだ場合には、過料や罰金の制裁が課されることがある（同法第 192 条、第 193 条、第 200 条、第 201 条第 5 項）。また、宣誓の上で虚偽の事実を述べれば、偽証罪（刑法第 169 条）の制裁が課されることがある。当事者尋問の場合、偽証罪の適用はないが、正当な理由のない不出頭や陳述拒絶、宣誓拒絶があった場合には、裁判所は、尋問事項に関する相手方当事者の主張を真実と認めることができ（民事訴訟法第 208 条）、また虚偽の陳述があった場合には過料の制裁を課すことがある（同法第 209 条）。

（２）その他の場合

　上記（１）と異なり、制裁を伴わない制度としては、当事者照会（民事訴訟法第 163 条）があり、照会を受けた相手方は照会に対して回答する義務があると解されているが、制裁規定を欠くため、ほとんど利用はされていないとの指摘がある。また、裁判長は、訴訟関係を明瞭にするため、事実上及び法律上の事項に関し、当事者に対して問いを発し、又は立証を促すことができ（釈明権　同法第 149 条第 1 項）、実務上活用されている。当事者が相手方に対して主張や立証を求める場合、裁判長に発問を求めるという形がとられる（同条第 3 項）。これを実務上は求釈明という。このほか、裁判所は、必要な調査を官庁等の団体に対して嘱託することができ（同法第 186 条）、また、当事者は、文書の所持者にその文書の送付を嘱託することを裁判所に申し立てることができ（同法第 226 条）、これらも実務上活用されている。

（３）訴えの提起前における証拠収集

　訴えの提起の前後にかかわらず、証拠調べの対象となる物が滅失するおそれがあるなど、あらかじめ証拠調べをしておかなければその証拠を使用することが困難となる事情がある

と認められる場合、裁判所は証拠調べをすることができ（証拠保全　民事訴訟法第 234 条以下）、医療事故紛争における患者側が医療側の保有する医療記録について改ざんのおそれを理由として証拠保全を申し立てることは実務上よくある。また、訴えを提起しようとする者が訴えの被告となるべき者に対し訴えの提起を予告する通知を書面ですることなどを要件として、訴えの提起前における当事者照会及び証拠収集処分（文書送付嘱託等）がある（同法第 132 条の 2）。

（4）弁護士会照会

　民事訴訟法上の制度とは別に、民事には限られないが、弁護士会照会（弁護士法第 23 条の 2）が行われている。弁護士会照会により、弁護士は、受任している事件について、所属弁護士会に対し、公務所又は公私の団体に照会して必要な事項の報告を求めることを申し出ることができ、弁護士会は、その申出に基づき、公務所又は公私の団体に照会して必要な事項の報告を求めることができる。

3．参考資料（法令・ガイドラインなど）

本文中に記載したもののほか、
・民事訴訟法第 132 条の 3、第 132 条の 4、第 190 条、第 211 条、第 225、第 232 条
・弁護士法第 30 条の 21
・外国弁護士による法律事務の取扱いに関する特別措置法第 50 条
・沖縄の弁護士資格等に対する本邦の弁護士資格等の付与に関する特別措置法第 7 条
・沖縄弁護士に関する政令第 10 条

4．裁判例

文書提出命令に対する提出拒絶が問題となった事例につき、Q74 参照。

Q74 民事訴訟における営業秘密やプライバシーに関する情報の非公開の可否

民事訴訟において、営業秘密やプライバシーに関する情報を公開しないことができるか。

タグ：民事訴訟法、特許法、不正競争防止法、著作権法、証言拒絶、文書提出命令、イン カメラ手続、閲覧等制限、査証制度、財産開示手続

1．概要

　証人尋問・当事者尋問には不出頭や証言拒否等に一定の制裁が設けられており、また、文書の所持者は、文書提出命令が発せられた場合には、文書提出義務を負う。そして、民事訴訟手続は公開が原則であり、何人も訴訟記録の閲覧を請求することができる。

　しかし、秘密として保護されるべき情報等は、証言義務や文書提出義務等を免れることができる場合があり、訴訟記録中の営業秘密等が記載された部分は閲覧等制限の対象となることがある。加えて、営業秘密の侵害訴訟などにおいては、秘密保持命令制度と当事者尋問等の公開停止の措置が導入されており、裁判の公開と秘密保護との両立が図られている。また令和元年の特許法改正により、新たに創設された証拠収集手続である査証制度においても、秘密保護の仕組みが導入されている。

　なお、民事訴訟等を経て具体的な権利関係が一定程度明確となる執行の段階では、裁判所が債務者を呼び出し、宣誓の上で債務者に自己の財産について陳述させる財産開示手続がある。

2．解説

（1）証言や文書提出の拒絶事由等

　民事訴訟において、営業秘密若しくはプライバシーに関する情報について証言を求められた場合、又はそのような情報を含む文書の提出を求められた場合、①証言については、民事訴訟法第 197 条第 1 項第 3 号の技術又は職業の秘密に関する事項についての証言拒絶権の要件に該当すれば、証言を拒むことができ、②文書の提出については、同号の職業の秘密に関する民事訴訟法第 220 条第 4 号ハの文書提出義務の除外事由[1]又は同号ニの自己使用文

---

[1] 民事訴訟法第 220 条第 4 号は文書提出義務を一般義務化し、提出義務が認められるか否かは、同号イ〜ホに規定される除外事由の有無によって決せられる。
　同号ハは、「第百九十七条第一項第二号に規定する事実又は同項第三号に規定する事項で、黙秘の義務が免除されていないものが記載されている文書」と規定する。なお、同法第 197 条第 1 項第 2 号は、「医師、歯科医師（中略）の職にある者又はこれらの職にあった者が職務上知り得た事実で黙秘すべきものについて尋問を受ける場合」と規定し、同項第 3 号は、「技術又は職業の秘密に関する事項について尋問を受ける場合」と規定する。

書の提出義務除外事由[2]に該当すれば、提出を拒むことができる。

　上記①に関し、営業秘密やプライバシーに関する情報を「職業の秘密」として保有する場合、職業の秘密に関する証言拒絶については、判例によれば、その事項が公開されると当該職業に深刻な影響を与え、その遂行が困難になるもののうち、保護に値する秘密についてのみ証言拒絶が認められ、保護に値する秘密かどうかは、秘密の公表によって生ずる不利益と証言の拒絶によって犠牲になる真実発見及び裁判の公正との比較衡量により決せられるとされている。

　上記②に関し、自己使用文書として文書提出義務の除外事由に該当する（民事訴訟法第220条第4号ニの提出義務除外事由に該当する）ためには、判例によれば、ある文書の作成目的・記載内容・現在の所持者が所持するに至るまでの経緯・その他の事情から判断して、専ら内部の利用に供する目的で作成され、外部に開示されることが予定されておらず、開示によって所持者に看過し難い不利益が生ずるおそれがあり、自己使用文書に該当することを否定すべき特段の事情がないことを要するとされている（最決平成11年11月12日民集53巻8号1787頁等を参照）。

　また、営業秘密の不正取得等によって営業上の利益を侵害されたことを訴える訴訟や特許権侵害訴訟や専用実施権侵害訴訟（以下、まとめて「営業秘密侵害訴訟等」という。）などにおいては、侵害行為の立証又は侵害行為による損害額の立証に必要な文書の提出を求めることができるものの、文書の所持者には「正当な理由」による提出拒絶が認められている（不正競争防止法第7条第1項、特許法第105条第1項、著作権法114条の3第1項など）。

（2）インカメラ審理

　訴訟当事者に対する営業秘密やプライバシーに関する情報を含む文書について文書提出命令の申立てがなされ、当該訴訟当事者が当該文書の提出を拒む場合は、同報第220条第4号（ただし、同号ホは除く。）に該当するか否かを判断するため、裁判官だけが文書を見るいわゆるインカメラ審理がなされ得る（民事訴訟法第223条第6項）。

　これは、民事訴訟法第220条第4号が除外事由を認めて、文書所持者の秘密等を保護しようとするものであることから、秘密等が漏えいすることを防止しつつ、文書の記載内容を裁判所が確認して除外事由の判断を迅速かつ適正に行うことができるようにする手続である[3]。インカメラ審理においては、裁判所に対象となる文書を提示し裁判所だけに閲読してもらい、当該文書に対する文書提出命令申立ての適否を判断してもらうこととなる。

　また、営業秘密侵害訴訟等においては、侵害訴訟におけるインカメラ手続の拡充が図られている（不正競争防止法第7条第2項～第4項、特許法第105条第2項～第4項、著作権

---

[2] 民事訴訟法第220条第4号ニは、「専ら文書の所持者の利用に供するための文書（国又は地方公共団体が所持する文書にあっては、公務員が組織的に用いるものを除く。）」と規定する。

[3] 菊井維大＝村松俊夫原著「コンメンタール民事訴訟法4［第2版］」493・494頁（日本評論社）

法第114条の3第2項～第4項など[4])

（3）閲覧等制限

　閲覧等制限は、訴訟記録中に当事者の私生活上の重大な秘密、当事者が保有する営業秘密等が記載又は記録されている場合に、当該部分の閲覧若しくは謄写、その正本、謄本若しくは抄本の交付又はその複製の請求をすることができる者を、訴訟の当事者だけに限ることを認める裁判所の決定をいう（民事訴訟法第92条第1項）。

　閲覧等制限の効果は、これを認める裁判所の決定があった場合のほか、閲覧等制限の申立てがあってからその裁判が確定するまでの間においても暫定的に発生する（同条第2項）。

（4）秘密保持命令

　営業秘密侵害訴訟等では、秘密保持命令が導入されている（不正競争防止法第10条、特許法第105条の4）。営業秘密侵害訴訟等では、営業秘密に属する事項を主張立証の中で開示せざるを得ないことが多いため、公開を恐れて十分な訴訟活動ができないことのないよう、適正な裁判のために訴訟における営業秘密の保護を図るものである。

　具体的には、当事者の申立てにより、訴訟において提出された準備書面や証拠書類に営業秘密が含まれている等の事由について疎明があった場合には、裁判所が、当該準備書面等を訴訟追行以外の目的で使用することや、秘密保持命令を受けた者以外に開示することを禁止する内容の秘密保持命令を発することができ、同命令に違反した場合は刑事罰が科される。

　なお、上記（2）のとおり、営業秘密侵害訴訟等では、通常の民事訴訟と異なり、文書提出命令申立手続において行われるインカメラ審理を拡充し、申立人やその代理人の立会いを認めているため（不正競争防止法第7条第3項、特許法第105条第3項）、立ち会った申立人等も秘密保持命令の対象となる[5]。

（5）当事者尋問等の公開停止

　営業秘密侵害訴訟等では、当事者尋問等の公開停止があり得る（不正競争防止法第13条

4　従来は、いずれの法律においても、書類の提出を拒むための「正当な理由」の判断のためにのみインカメラ審理が認められていたが、平成30年の不正競争防止法及び特許法の改正により、これらの法律については、そもそも「必要な書類」といえるかどうかについてもインカメラ審理が認められることとなった。なお、著作権法においては、「正当な理由」の有無についてのみインカメラ審理が認められている（著作権法114条の3第2項）が、この点については、文化審議会著作権分科会「文化審議会著作権分科会報告書」（平成31年2月）98頁・99頁において、特許法等と同様の改正を行うことが適当である旨の報告がなされており、今後特許法等と同様の法改正が行われる見込みである。
5　なお、秘密保持命令は、不正競争防止法及び特許法のほか、著作権法、商標法、意匠法、実用新案法及び種苗法においても規定されている。

など[6]）。そもそも裁判の公開は憲法上の要請であり、従来は少なくとも訴訟事件について非公開審理を認めることにきわめて慎重であった。しかし、秘密保護やプライバシー保護の要請が強くなり、訴訟記録の閲覧制限だけでは秘密保護が不十分であり、他方で、審理の充実も必要であり、秘密保護のための証言拒絶、文書提出拒絶を一方的に拡張することは適当ではないため、平成16年の改正により、例外的に非公開審理の可能性を認め、裁判の公開と秘密保護とを両立させたものである。

　具体的には、営業秘密侵害訴訟等で当事者本人、法定代理人、証人が当事者の保有する営業秘密について尋問を受ける場合に、公開の法廷で陳述することにより当事者の事業活動に著しい支障を生ずることが明らかな営業秘密が含まれているために営業上の利益の侵害の有無についての判断の基礎となる事項について十分な陳述ができず、かつ他の証拠のみによっては当該侵害の有無について適正な裁判ができないと認められるときに、裁判官全員一致の決定によって、尋問が非公開となる。

（6）査証制度

　令和元年の特許法改正により、特許権の侵害に係る訴訟における当事者の証拠収集手続を強化するため、新たに第105条の2等が新設され、特許権の侵害の可能性がある場合、裁判所が指定する中立的な技術専門家（査証人）が、被疑侵害者の工場等に立ち入り、特許権の侵害立証に必要な調査を行い、裁判所に報告書を提出することができる制度（査証制度）が設けられた。査証命令の発令要件は、侵害行為の立証への必要性、特許権侵害の蓋然性、他の手段では証拠が十分に集まらないという補充性、及び相手方の負担が不相当なものにならないという相当性である。このような新たな証拠収集制度においては、査証人の選定に係る忌避申立て、報告書中の秘密情報の黒塗り、及び査証人の秘密漏えいに対する刑事罰を設けることによって秘密保護の仕組みが導入されている。

（7）訴訟当事者ではない場合

　訴訟の当事者ではない第三者に対しても、文書提出命令の発令がなされることがある。この場合、手続保障のため、裁判所が口頭又は書面による審尋を行うため（民事訴訟法第223条第2項）、当該第三者（被申立人）としては、申立ての対象となった文書に秘密情報やプライバシーに関する情報が記載されている旨を主張することができる。

　また、文書送付嘱託の決定（民事訴訟法第226条）により、所持する文書の送付を嘱託されることがあるが、文書を所持する企業は正当な理由がある場合は、嘱託を拒絶することを妨げないため、当該文書に秘密情報やプライシーに関する情報が記載されているときは、提出しないことができる。

6　なお、当事者尋問等の公開停止は、不正競争防止法のほか、特許法、実用新案法及び種苗法においても規定されている。

（8）参考：財産開示手続及び第三者からの情報取得手続

　民事裁判手続におけるプライバシー情報という観点では、令和元年の民事執行法改正により、(i)債務者の財産開示手続の改正、(ii)第三者からの債務者財産に関する情報取得制度の創設等が行われた。

　(i)について、改正前は仮執行付宣言付判決等に基づく財産開示手続の利用ができなかったところ、法改正により、金銭債権についての強制執行の申立てをするのに必要な債務名義に基づく財産開示手続の申立てが可能となった（民事執行法第197条第1項）。

　(ii)について、執行裁判所が、債務名義を有する債権者からの申立てにより、①登記所に対して債務者が所有権の登記名義人である土地又は建物等に関する情報の提供をすべき旨を、②市町村や日本年金機構等に対して給与や賞与に係る債権への強制執行をするのに必要となる情報の提供をすべき旨を、③銀行等に対して預貯金債権に対する強制執行をするのに必要となる情報の提供をすべき旨を、それぞれ命じることができること等が新たに規定された（民事執行法第205条〜207条）。

3．参考資料（法令・ガイドラインなど）

・民事訴訟法第92条、第197条、第220条、第223条第1項・第6項、第226条など
・不正競争防止法第7条、特に同条第3項、第10条〜第13条
・特許法第105条、特に同条第3項、第105条の2〜第105条の2の10、第105条の4〜第105条の7、第200条の2（ただし、査証制度施行後の条文番号）
・著作権法第114条の3
・民事執行法第197条〜第199条、第205条〜207条、第213条

4．裁判例

・最決平成11年11月12日民集53巻8号1787頁
・最決平成12年3月10日民集54巻3号1073頁
・最決平成13年12月7日民集55巻7号1411頁
・最決平成16年11月26日民集58巻8号2393頁
・最決平成18年2月17日民集60巻2号496頁
・最決平成18年10月3日民集60巻8号2647頁
・最決平成19年8月23日判時1985号63頁・判タ1252号163頁
・最決平成19年11月30日民集61巻8号3186頁
・最決平成19年12月11日民集61巻9号3364頁
・最決平成20年11月25日民集62巻10号2507頁
・最決平成21年1月27日民集63巻1号271頁
・最決平成31年1月22日民集73巻1号39頁

Q75 自社に不利な証拠となり得る社内文書の破棄について

自社に不利な証拠となり得る情報が記載された社内文書を破棄した場合、破棄したことで訴訟上の不都合を招くことはあるか。

タグ：民事訴訟法、文書提出命令、証明妨害、e-Discovery

1．概要

文書提出命令の対象となる文書を破棄すれば、裁判所がその文書の記載に関する相手方の主張を真実と認めることができるという規定があり、提出義務がないとしても、不利な内容の文書が破棄された事実が明るみに出れば、裁判所が不利益に考慮する可能性がある。

2．解説

（1）証明妨害

文書提出命令に従わない場合について、民事訴訟法第224条第1項は「裁判所は、当該文書の記載に関する相手方の主張を真実と認めることができる」と定め、文書提出義務を負う文書について、同条第2項は「当事者が相手方の使用を妨げる目的で提出の義務がある文書を滅失させ、その他これを使用することができないようにしたときも、前項と同様とする」と定め、同条第3項ではさらに「相手方が、当該文書の記載に関して具体的な主張をすること及び当該文書により証明すべき事実を他の証拠により証明することが著しく困難であるときは、裁判所は、その事実に関する相手方の主張を真実と認めることができる」と定めている。

これは講学上「証明妨害」と呼ばれる。民事訴訟法第224条第2項にいう「提出の義務がある文書」とは、同法第220条の提出義務があると定められている文書であって、実際の文書提出命令の有無とは関係がなく、文書の破棄等の行為は、裁判所が提出命令を発する以前に行われても同法第224条第3項に当たると解される。

（2）実務上の取扱い

例えばカルテの改ざんのケースのように、証拠となることが当然予想できる文書や、法令上作成・保管が要求されている文書、事業の性質上、通常あるはずの文書について滅失、毀損、又は改ざんを施せば、裁判所が不利益に考慮する可能性があるため、証明妨害とならないように不用意に文書を破棄することは避けるべきである。

裁判例に現れた例では、当事者が文書を破棄したことを理由に当該文書の記載に係る相手方の主張や当事者尋問における供述を真実と認めた事例として、本庄簡判平成19年6月14日判タ1254号199頁及び東京地判平成6年3月30日タ878号253頁がある。また、破棄の事例に限らなければ、裁判所の文書提出命令に従わなかったとして当該文書の記載

に係る相手方の主張を真実と認めた事例は複数あり、特許権侵害訴訟において民事訴訟法第 224 条第 3 項を適用して、被告による侵害物件の販売台数に係る原告の主張を真実と認めた知財高判平成 21 年 1 月 28 日判タ 1300 号 287 頁がある。

（3）アメリカの e-Discovery 対策

なお、この関連でアメリカ連邦民訴規則における e-Discovery のための証拠保存義務も、渉外取引を行う企業にとってはきわめて重要である。本来存在するはずの文書や電子データを破棄したことが明らかになれば、不利な事実認定のほか、懲罰賠償を含む金銭的制裁及び刑事上の司法妨害罪の対象となりかねないため、注意が必要である。

（4）その他

デジタル・フォレンジックによる削除されたメールやファイル等のデータの抽出又は復元については、Q66 を参照されたい。

3．参考資料（法令・ガイドラインなど）
・民事訴訟法第224条

4．裁判例
本文中に記載したもののほか、
・東京地判平成 22 年 2 月 24 日（平成 21 年（ワ）第 12668 号）
・東京高判平成 24 年 6 月 4 日判タ 1386 号 212 頁
・東京地判平成 27 年 8 月 13 日（平成 25 年（ワ）第 8002 号）

Q76　不正プログラムと刑事罰

> いわゆるコンピュータ・ウイルスによって企業活動を阻害する行為は、どのような場合に、刑法上、処罰の対象となり得るか。

> タグ：刑法、不正指令電磁的記録に関する罪、電子計算機損壊等業務妨害罪、コンピュータ・ウイルス、不正プログラム、不正指令電磁的記録、マルウェア

1．概要

　いわゆるコンピュータ・ウイルスなどの不正なプログラムによって企業活動を阻害する行為は、不正指令電磁的記録に関する罪、電子計算機損壊等業務妨害罪、電磁的記録毀棄罪等の構成要件に該当する場合には、これらの罪により処罰の対象となり得る。

2．解説

（1）企業活動を阻害する行為

　企業活動を阻害する目的で、コンピュータ・ウイルス[1]などの不正なプログラムを作成したり、他人のコンピュータの実行の用に供したりする等の行為が、不正指令電磁的記録に関する罪（刑法168条の2、168条の3）の構成要件に該当する場合には、これらにより処罰され得る。また、他にも、企業活動が阻害されるおそれのある行為が、電子計算機損壊等業務妨害罪（同法234条の2）や電磁的記録毀棄罪（同法259条）等の罪の構成要件に該当する場合には、これらの罪により処罰され得る。

（2）不正指令電磁的記録に関する罪が新設された背景

　電子計算機（典型的にはパーソナルコンピュータや携帯電話、スマートフォン等のことを指す。以下本項において「コンピュータ」という。）は、広く社会に普及、浸透し、人々の社会生活に欠かせない存在になってきており、重要な社会的機能を有している。このような社会生活に必要不可欠なコンピュータに対し、不正な指令を与えるプログラムが実行されれば、コンピュータによる情報処理のために実行すべきプログラムに対する信頼が損なわれ、ひいては、社会的基盤となっているコンピュータによる情報処理が円滑に機能しないこ

1　「コンピュータウイルス対策基準」（通商産業省告示第952号）によると、コンピュータウイルスとは、「第三者のプログラムやデータベースに対して意図的に何らかの被害を及ぼすように作られたプログラムであり」、①自己伝染機能（自らの機能によって他のプログラムに自らをコピーし又はシステム機能を利用して自らを他のシステムにコピーすることにより、他のシステムに伝染する機能）、②潜伏機能（発病するための特定時刻、一定時間、処理回数等の条件を記憶させて、発病するまで症状を出さない機能）、③発病機能（プログラム、データ等のファイルの破壊を行う、設計者の意図しない動作をする等の機能）のうち、一つ以上の機能を有するものをいう。

ととなる。そこで、平成 23 年の刑法改正によって、正当な理由がないのに、他人のコンピュータにおける実行の用に供する目的で、他人がコンピュータを使用するに際してその意図に沿うべき動作をさせず、又はその意図に反する動作をさせるべき不正なプログラム（不正指令電磁的記録）を作成、提供、供用、取得又は保管する行為を処罰できるようにするため、不正指令電磁的記録に関する罪が新設された。

このように、不正指令電磁的記録に関する罪の保護法益は、コンピュータのプログラムに対する社会一般の者の信頼という社会的法益であるとされている[2]。

（3）不正指令電磁的記録に関する罪

不正指令電磁的記録に関する罪（刑法 168 条の 2、168 条の 3）は、コンピュータ・ウイルス等のコンピュータに不正な指令を与えるプログラムが、刑法第 168 条の 2 第 1 項各号に定める「不正指令電磁的記録」（以下本項において「不正プログラム」という。）に該当する場合に、正当な理由がないのに、他人のコンピュータにおける実行の用に供する目的で当該不正プログラムを作成又は提供する行為、他人のコンピュータにおいて当該不正プログラムを実行の用に供する行為[3]、他人のコンピュータにおける実行の用に供する目的で当該不正プログラムの取得又は保管する行為を処罰対象としている。

いわゆるコンピュータ・ウイルスには、他のプログラムに寄生して自己の複製を作成し感染する従来の形態のものに限らず、トロイの木馬[4]、ワーム[5]、スパイウェア[6]と呼ばれるものなど様々な種類のものがあるが、いずれについても、不正プログラムに該当すれば、刑法第 168 条の 2 又は第 168 条の 3 による処罰の対象となり得る。

刑法第 168 条の 2 第 1 項

1号　人が電子計算機を使用するに際してその意図に沿うべき動作をさせず、又はその意図に反する動作をさせるべき不正な指令を与える電磁的記録
2号　前号に掲げるもののほか、同号の不正な指令を記述した電磁的記録その他の記録

不正プログラムの定義は、刑法第 168 条の 2 第 1 項第 1 号及び第 2 号に規定されている

---

[2] 以上について、前田雅英ら編『条解刑法（第四版）』（弘文堂、2020）490 頁以下。

[3] なお、実行の用に供する行為（供用行為）については、刑法第 168 条の 2 第 1 項第 1 号に該当する不正プログラムの供用のみが処罰対象とされている（第 168 条の 2 第 2 項）。

[4] 無害プログラム等であるかのように見せかけてコンピュータの使用者が気付かないうちに侵入し、データ消去やファイルの外部流出、他のコンピュータの攻撃等の破壊活動やデータの流出等を行うプログラムのことをいう。

[5] 他のプログラムに寄生せず、単体で自身を複製して他のコンピュータに拡散する自己増殖機能を持ったプログラムのことをいう。

[6] コンピュータの使用者が気付かないうちにインストールされ、情報を収集するプログラムのことをいう。

7。同項 1 号は、「意図に沿うべき動作をさせず、又はその意図に反する動作をさせる」（反意図性）べき「不正な指令を与える」（不正性）電磁的記録が不正プログラムに該当することを定めている。

反意図性は、コンピュータのプログラムに対する社会一般の信頼を害するものであるか否かという観点から規範的に判断され、不正性は、反意図性が認められるプログラムであっても、社会的に許容し得るものが例外的に含まれ得ることから、このようなプログラムを処罰対象から除外するために付された要件であるとされている8。

反意図性が否定される具体例として、例えば、市販されているソフトウェアについては、使用者が、そのプログラムの指令によってコンピュータが行う基本的な動作については認識している上、それ以外の詳細な機能についても、通常は使用説明書等によって認識し得るのであるから、仮に使用者がその機能を現実には認識していなくても、当該ソフトウェアには反意図性が認められないであろうとされている。

不正性が否定される具体例として、例えば、ソフトウェアの製作会社が不具合を修正するプログラムをユーザのコンピュータに無断でインストールした場合が挙げられるであろう9。

反意図性と不正性の要件については、近時、最高裁判所による判断が示されたところであり、この点については後記（4）で解説する。前記（2）のとおり、刑法上、不正プログラムを作成、提供、供用、取得又は保管する行為について処罰の対象とされているところ、本問においては、関係する不正指令電磁的記録作成罪、同提供罪及び同供用罪（いずれも刑法第 168 条の 2）について解説する。

ア　不正指令電磁的記録作成罪及び同提供罪（刑法第 168 条の 2 第 1 項）

不正指令電磁的記録作成罪又は同提供罪が成立するためには、正当な理由がないのに他人のコンピュータにおける実行の用に供する目的で不正プログラムを作成又は提供することが必要であるところ、ここにいう「実行の用に供する目的」とは、不正プログラムを、コンピュータの使用者にはこれを実行しようとする意思がないのに実行され得る状態に置く目的のことをいい、不正プログラムを作成又は提供した時点でこの目的がなければ各罪は成立しない。

7　なお、2 号にいう、「同号（1 号）の不正な指令を記述した電磁的記録その他の記録」とは、内容的には不正な指令を与えるものとして実質的に完成しているものの、そのままでは電子計算機において動作させ得る状態にないものをいう。本号の電磁的記録としては、例えば、そのような不正な指令を与えるプログラムのソースコードを記録した電磁的記録等がこれに当たり、その他の記録としては、そのようなソースコードを紙媒体に印刷したもの等がこれに当たる。以上について、前掲注 2・前田ら編 493 頁。

8　前掲注 2・前田ら編 492 頁。
　　法務省「いわゆるコンピュータ・ウイルスに関する罪について」
　　http://www.moj.go.jp/content/001267498.pdf　（平成 23 年）3・4 頁
　　なお、後述の最判令和 4 年 1 月 20 日刑集 76 巻 1 号 1 頁も参照。

9　以上について、前掲注 2・前田ら編 492 頁。

プログラムを作成した者がいる場合に、その者について不正指令電磁的記録作成罪が成立するか否かは、その者が人のコンピュータにおける「実行の用に供する目的」でこのプログラムを作成したか否か等によって判断するため、ある者が正当な目的で作成したプログラムが他人に悪用されて不正プログラムとして用いられたとしても、プログラムの作成者に不正指令電磁的記録作成罪は成立しない。

「正当な理由がないのに」とは、「違法に」という意味である。

例えば、専ら自己のコンピュータで、あるいは、他人の承諾を得てそのコンピュータで作動させるものとして不正プログラムの作成を行ったとしても、このような場合には他人のコンピュータにおいて実行の用に供する目的が欠けることとなるが、さらに、このような場合に不正指令電磁的記録に関する罪が成立しないことを一層明確にする趣旨で、「正当な理由がないのに」との要件が規定されたものである。

本罪の法定刑は、3年以下の懲役又は50万円以下の罰金である。

イ　不正指令電磁的記録供用罪（刑法第168条の2第2項）

不正指令電磁的記録供用罪が成立するためには、正当な理由がないのに不正プログラムを他人のコンピュータにおける実行の用に供することが必要である。例えば、不正プログラムの実行ファイルを電子メールに添付して送付し、そのファイルを、事情を知らず、かつ、そのようなファイルを実行する意思のない使用者のコンピュータ上でいつでも実行できる状態に置く行為や、不正プログラムの実行ファイルをウェブサイト上でダウンロード可能な状態に置き、事情を知らない第三者にそのファイルをダウンロードさせるなどして、そのようなファイルを実行する意思のない者のコンピュータ上でいつでも実行できる状態に置く行為等がこれに当たり得る[10]。

なお、不正指令電磁的記録供用罪において供用行為が処罰の対象となるプログラムは、他人のコンピュータにおける実行の用に供する目的で作成されたプログラムに限定されていないため、不正プログラム[11]の作成者が、当該不正プログラムの作成時にはこうした目的ではなかったとしても、正当な理由がないのに、当該不正プログラムを他人のコンピュータにおける実行の用に供した場合には、本罪が成立し得る。

本罪の法定刑は、3年以下の懲役又は50万円以下の罰金であり、未遂犯も処罰される（同条第3項）。

（4）近時の判例

不正指令電磁的記録に関する罪については、前記のとおり、最判令和4年1月20日にお

---

[10] 前掲注2・前田ら編491頁。
　　前掲注8・法務省「いわゆるコンピュータ・ウイルスに関する罪について」10頁
[11] 不正指令電磁的記録強要罪において供用行為が処罰の対象となるプログラムは、刑法168条の2第1項1号に該当する不正プログラムに限られる。

いて、最高裁判所が判断を示したところである[12]。

本件の事案は、ウェブサイトX（以下「X」という。）の運営者が、Xの閲覧者のコンピュータにおいて仮想通貨（暗号資産）の取引履歴の承認作業等を行わせてそれによる報酬を取得しようと考え、Xの閲覧者の同意を得ることなく、閲覧者のコンピュータを使用して前記承認作業等を行わせるプログラムコード（以下「本件プログラムコード」という。）を、サーバコンピュータ内のXに係るファイル内に蔵置して保管したというものである。

最高裁判所は、本件プログラムコードが不正プログラムに該当するかどうかを判断するに当たって、反意図性の要件について、「当該プログラムについて一般の使用者が認識すべき動作と実際の動作が異なる場合に肯定されるものと解するのが相当であり、一般の使用者が認識すべき動作の認定に当たっては、当該プログラムの動作の内容に加え、プログラムに付された名称、動作に関する説明の内容、想定される当該プログラムの利用方法等を考慮する必要がある」と判示した上で、本件プログラムコードについて、閲覧者から前記承認作業等について同意を得る仕様になっておらず、前記承認作業等に関する説明やこれが行われていることの表示もなかったことなどの事情を踏まえて、反意図性を認めた。

一方で、最高裁判所は、不正性の要件について、「電子計算機による情報処理に対する社会一般の信頼を保護し、電子計算機の社会的機能を保護するという観点から、社会的に許容し得ないプログラムについて肯定されるものと解するのが相当であり、その判断に当たっては、当該プログラムの動作の内容に加え、その動作が電子計算機の機能や電子計算機による情報処理に与える影響の有無・程度、当該プログラムの利用方法等を考慮する必要がある」と判示した上で、本件プログラムコードについて、

- X閲覧中に閲覧者のコンピュータの消費電力が若干増加したり中央処理装置の処理速度が遅くなったりするものの、閲覧者がその変化に気付くほどのものではなかったこと
- 本件プログラムコードは、ウェブサイトの運営者が閲覧を通じて利益を得る仕組みとして社会的に受容されている広告表示プログラムと比較しても、閲覧者の電子計算機に与える影響において有意な差異は認められず、事前の同意を得ることなく実行され、閲覧中に閲覧者の電子計算機を一定程度使用するという利用方法等も同様であって、これらの点は社会的に許容し得る範囲内といえるものであること
- 仮想通貨の承認手続を行わせるなどの本件プログラムコードの動作の内容は、仮想通貨の信頼性を確保するための仕組みであり、社会的に許容し得ないものとはいい難いこと

を踏まえて、不正性を認めなかった。

その上で、最高裁判所は、本件プログラムコードが不正プログラムに該当しないと結論

---

[12] 最判令和4年1月20日刑集76巻1号1頁（コインハイブ事件）
https://www.courts.go.jp/app/files/hanrei_jp/869/090869_hanrei.pdf
本件に関する調査官解説として、池田知史・L&T97号（2022）84頁がある。

付けたが、この判断は飽くまでも最高裁判所が判示した反意図性と不正性についての判断の枠組みを前提として、具体的な事実関係に即した事例判断であり、必ずしも同種の動作を行うプログラムコード一般について、その動作が電子計算機の機能や電子計算機による情報処理に与える影響の有無・程度、当該プログラムの利用方法等のいかんを問わず不正プログラムに該当しないことまで述べたものではないことに留意する必要がある。

（5）その他

不正指令電磁的記録に関する罪以外にも、コンピュータ・ウイルスなどの不正なプログラムの使用等が、以下の各罪が定める構成要件を満たす場合には処罰の対象となり得るところである。

罪名	法定刑
私電磁的記録不正作出罪（刑法第 161 条の 2 第 1 項）	5 年以下の懲役又は 50 万円以下の罰金
公電磁的記録不正作出罪（刑法第 161 条の 2 第 2 項）	10 年以下の懲役又は 100 万円以下の罰金
不正作出電磁的記録供用罪（刑法第 161 条の 2 第 3 項）	対象となる電磁的記録が私電磁的記録の場合には 5 年以下の懲役又は 50 万円以下の罰金、公電磁的記録の場合には 10 年以下の懲役又は 100 万円以下の罰金
電子計算機損壊等業務妨害罪（刑法第 234 条の 2）	5 年以下の懲役又は 100 万円以下の罰金
電子計算機使用詐欺罪（刑法第 246 条の 2）	10 年以下の懲役
私電磁的記録毀棄罪（刑法第 259 条）	5 年以下の懲役
公電磁的記録毀棄罪（刑法第 258 条）	3 月以上 7 年以下の懲役

3．参考資料（法令・ガイドラインなど）

・刑法第 161 条の 2、第 168 条の 2、第 168 条の 3、第 234 条の 2、第 246 条の 2、第 258 条、第 259 条
・法務省ホームページ「いわゆるコンピュータ・ウイルスに関する罪について」
　http://www.moj.go.jp/content/001267498.pdf
・大塚仁・河上和雄・中山善房・古田佑紀編『大コンメンタール刑法第三版第 8 巻』（青林書院、第三版、平成 26 年）
・杉山徳明・吉田雅之「『情報処理の高度化等に対処するための刑法等の一部を改正する法律』について　上」法曹時報 64 巻 4 号
・前田雅英ら編『条解刑法（第 4 版）』（弘文堂、2020）

4．裁判例

本文中に掲げたもの

Q77 電磁的記録不正作出罪

ウェブサイトに登録されたユーザデータを権限なく変更するなど不正にデータを改ざんする行為について、刑法上どのような罰則があるか。

タグ：刑法、私電磁的記録不正作出罪、公電磁的記録不正作出罪

1．概要

　ウェブサイトに登録されたユーザデータ等の電磁的記録を変更するなどして不正にデータを改ざんする行為が、刑法第 161 条の 2 の構成要件に該当する場合には、電磁的記録不正作出罪が成立し得る。同罪の客体は、人の事務処理の用に供する権利、義務又は事実証明に関する電磁的記録である。ここで、「電磁的記録」とは、刑法第 7 条の 2 において「電子的方式、磁気的方式その他人の知覚によっては認識することができない方式で作られる記録であって、電子計算機による情報処理の用に供されるものをいう。」と定義されており、ハードディスクや USB メモリ、DVD-R などに保存された記録が電磁的記録に該当する。

　「人の事務処理」とは、財産上、身分上その他の人の社会生活に影響を及ぼし得ると認められる事柄の処理をいうとされている。また、権利、義務に関する電磁的記録とは、権利、義務の発生、存続、変更、消滅の要件となる電磁的記録のみならず、その原因となる事実について証明力のある電磁的記録を含むと考えられており、事実証明に関する電磁的記録とは、実社会生活に交渉を有する事項を証明するに足りる電磁的記録をいうとされている。例えば、サーバコンピュータ内に保存されている顧客に関する情報などがこれに該当し得る。

2．解説

（1）私電磁的記録不正作出罪

刑法第 161 条の 2 第 1 項

人の事務処理を誤らせる目的で、その事務処理の用に供する権利、義務又は事実証明に関する電磁的記録を不正に作った者は、5 年以下の懲役又は 50 万円以下の罰金に処する。

　本罪は、刑法等の一部を改正する法律（昭和 62 年法律第 52 号）によって刑法に新設された。本罪は、文書偽造の罪（刑法第 2 編第 17 章）の一つとして規定され、電子計算機によって収集、処理、記録された情報が、文書に代わり、社会的に重要なものとなってきたことを踏まえ、電磁的記録を勝手に作り出したり、勝手に作り出した電磁的記録を事務処理の用に供したりするような、その当罰性等において文書偽変造、同行使罪に匹敵する反社会的行為を処罰するため本条を新設し、電磁的記録にふさわしい刑法上の保護を図ることとしたものである。人の事務処理とは、他人の財産上、身分上その他の人の社会生活に影響を及ぼし得ると認められる事柄の処理を意味し、業務性を有するか、法律的事務か、財産上の事

務かという点は問わないとされている。

　権利、義務に関する電磁的記録とは、前記1のとおり、権利、義務の発生、存続、変更、消滅の要件となる電磁的記録等をいい、例えば、オンライン化された銀行の元帳ファイルの記録、乗車券の磁気ストライプ部分等が当たり得る。

　事実証明に関する電磁的記録とは、前記1のとおり、実社会生活に交渉を有する事項を証明するに足りる電磁的記録をいい、裁判例では、パソコン通信のホストコンピュータ内の顧客データベースファイル（京都地判平成9年5月9日判時1613号157頁）、ネットオークション運営会社が管理するサーバコンピュータ内の会員情報に関する記録（大阪高判平成19年3月27日判タ1252号174頁）がこれに当たるとされている。

　「不正に作」るとは、事務処理の用に供する権利、義務又は事実証明に関する電磁的記録を権限なく又は権限を濫用して[1]作り出す場合のほか、既存の記録を部分的に改変、抹消することによって新たな電磁的記録を存在するに至らしめる場合も含むとされている。

（2）公電磁的記録不正作出罪

刑法第161条の2第2項

> 前項の罪が公務所又は公務員により作られるべき電磁的記録に係るときは、10年以下の懲役又は100万円以下の罰金に処する。

　刑法第161条の2第2項は、同条第1項よりも重い処罰が規定されている。これは、公電磁的記録は私電磁的記録よりもその信用性が高く、社会的に重要な機能を果たしているためにこれを厚く保護する必要があるからである。同項の客体は、「公務所又は公務員により作られるべき」電磁的記録であり、公務所又は公務員の職務遂行として作出されることとされているものをいう。具体例として、自動車登録ファイルや運転者管理ファイルの記録、住民基本台帳ファイルの記録、航空運送貨物の税関手続の特例等に関する法律に基づく電子情報処理組織における申告の記録等が当たり得る。

（3）裁判例

　前記の各裁判例のほか、例えば、A社が開発した衛星放送を視聴するためのAカードに記録されたデータを改変する行為につき本罪が成立するかどうかが争われた事案において、「Aカードに記録された電磁的記録は、衛星放送事業者から送信される事業者ごとの視聴契約情報に基づき、…一般視聴者の衛星放送受信権限について、衛星放送ごとに受信権限の有無及びその期限を記録することによって、受信権限のある者による受信を可

---

[1] 本罪は、「不正に作」ることを処罰するものであって、内容虚偽の電磁的記録を作出することを一般的に処罰の対象とするものではない。例えば、記録の内容を自由に決定できる者の記録の作出にあっては、内容に虚偽があっても、本罪には該当しない。

能に…するものであるから、視聴契約に基づく受信権限の有無により個別の受信機による当該衛星放送受信の可否、ひいてはその視聴の可否を管理するという、衛星放送事業者の財産上又は社会的責務上の事務処理の用に供する電磁的記録であるとともに、衛星放送事業者との視聴契約に基づく受信権限に関する電磁的記録である」「被告人が本件各Aカードに記録された電磁的記録を改変した行為は、…あたかも被告人に当該受信権限があるかのように当該衛星放送事業者の許諾を得ることなく書き換えるものであるから、同事業者の上記事務処理を誤らせる目的で、同事業者の上記事務処理の用に供している、同事業者との視聴契約に基づく受信権限に関する電磁的記録の不正作出に当たるということができる」として本罪の成立を認めたものがある（大阪高判平成26年5月22日（平成26年（う）第121号））。

3．参考資料（法令・ガイドラインなど）
・刑法第7条の2、第161条の2
・大塚仁・河上和雄・中山善房・古田佑紀編「大コンメンタール刑法第三版第8巻」（青林書院、第三版、平成26年）234頁以下

4．裁判例
本文中に記載のとおり

Q78 電算機使用詐欺

例えばインターネットバンキングなどにおいて他人になりすまし、別の銀行口座へ送金するような行為について、刑法上どのような罰則があるか。

タグ：刑法、電子計算機使用詐欺罪

1．概要

インターネットバンキングにおいてIDやパスワードを不正入手して他人になりすましてログイン[1]し、別の銀行口座に送金するなどの行為が、「人の事務処理に使用する電子計算機に虚偽の情報若しくは不正な指令を与えて財産権の得喪若しくは変更に係る不実の電磁的記録を作り、又は財産権の得喪若しくは変更に係る虚偽の電磁的記録を人の事務処理の用に供して、財産上不法の利益を得、又は他人にこれを得させた」と認められる場合には、電子計算機使用詐欺罪が成立し得る。

2．解説

刑法第246条の2

前条に規定するもののほか、人の事務処理に使用する電子計算機に虚偽の情報若しくは不正な指令を与えて財産権の得喪若しくは変更に係る不実の電磁的記録を作り、又は財産権の得喪若しくは変更に係る虚偽の電磁的記録を人の事務処理の用に供して、財産上不法の利益を得、又は他人にこれを得させた者は、10年以下の懲役に処する。

（1）「前条に規定するもののほか」

電子計算機使用詐欺罪は、電子計算機の発展により、事務処理に電子計算機が利用されるようになり、財産権の得喪、変更の事務が、人を介さず電磁的記録に基づいて自動的に処理されるようになってきたことに鑑み、人を介した取引であれば詐欺罪に当たるような不正な行為であって電子計算機によって機械的に行われるものについて、その処罰を可能にするために創設された規定である。

本条は「前条に規定するもののほか」と規定し、本罪が詐欺罪を補充する規定である旨が明示され、本罪に外観上該当する行為であっても、事務処理の過程に人に対する欺く行為が存在し、前条の詐欺罪が成立すると認められる場合には同罪が適用される。

（2）「人の事務処理」

「人の事務処理」とは、一般的には、他人の財産上、身分上その他の人の生活関係に影響を及ぼし得る事柄の処理をいうとされ、（4）に後述するとおり、本罪の場合には、事柄の

---

[1] なお、IDやパスワードを不正に入手してログインする行為については、不正アクセス禁止法における不正アクセス行為に該当しうる。詳細についてはQ81を参照。

性質上、財産権の得喪、変更に係る事務に限定される。

（3）「虚偽の情報若しくは不正な指令を与えて」

　「虚偽の情報」とは、電子計算機を使用する当該事務処理システムにおいて予定されている事務処理の目的に照らし、その内容が真実に反する情報をいう（東京高判平成5年6月29日高刑集46巻2号189頁）。

　この点に関して、窃取したクレジットカードを利用して、インターネットを介し電子マネーを購入した事案について、「本件クレジットカード名義人による電子マネーの購入申込みがないにもかかわらず、本件電子計算機に同カードに係る番号等を入力送信して名義人本人が電子マネーの購入を申し込んだとする」情報が「虚偽の情報」に当たるとした最高裁判例がある（最決平成18年2月14日刑集60巻2号165頁）。クレジットカードの名義人でない者が名義人になりすまして同カードの使用権限があるかのように装い、加盟店の店員を欺き、物品を購入する行為が詐欺罪に該当する（最決平成16年2月9日刑集58巻2号89頁）とされており、人ではなく、電子計算機を介してのクレジットカード決済を経た行為について電子計算機使用詐欺罪が成立するとした前掲・最決平成18年2月14日は、本罪の立法趣旨に適うといえるとされている。

　他にも、銀行のオンラインシステムの端末を操作して、振替入金の事実がないのに、同システムの電子計算機に対して、自己の預金口座等に振替入金があったとする虚偽の情報を与えて同計算機に接続されている記憶装置の磁気ディスクに記録された同口座の預金残高を書き換えた事例（大阪地判昭和63年10月7日判時1296号151頁）などがある。

　また、「不正な指令」とは、当該事務処理の場面において与えられるべきではない指令のことをいう。

（4）「財産権の得喪若しくは変更に係る不実の電磁的記録」

　「財産権の得喪若しくは変更に係る」電磁的記録とは、財産権の得喪、変更の事実又はその得喪、変更を生じさせるべき事実を記録した電磁的記録であって、一定の取引場面において、その作出、更新により事実上当該財産権の得喪、変更が生じることとなるようなものをいう。

　本罪は、電磁的記録不正作出等罪（刑法第161条の2・詳細はQ77（電磁的記録不正作出）を参照。）の条文の文言と異なり、「〜関する電磁的記録」ではなく、「〜係る電磁的記録」と規定されており、記録の作出等と事実上の財産権の得喪、変更との間に直接的あるいは必然的な関連性を要するとされている[2]。裁判例では、金融機関のオンラインシステムにあって事務センターのコンピュータに接続された磁気ディスク等（元帳ファイル）に記憶、蓄積された預金残高の記録（前掲・大阪地判昭和63年10月7日、東京地八王子支判平成2年4月23日判時1351号158頁等）がこのような電磁的記録に当たるとされ、売掛金等

---

[2] 米澤慶治編『刑法等一部改正法の解説』（立花書房、1988）118頁を参照。

の請求や、買掛金、給与の支払の事務処理の目的で作成される企業内のファイルのうちで自動引落し用に作成された記録、自動改札に用いられる切符の磁気面の日付、金額、発車駅コード等の記録などがこれに当たり得るものとされている。なお、一定の資格を証明するための記録は、財産権の得喪、変更に「関する」記録ではあるが、財産権の得喪、変更に「係る」電磁的記録には該当しない[3]。

「不実の電磁的記録」とは、真実に反する内容の電磁的記録のことをいう。前記最高裁決定は、「虚偽の情報を与え、名義人本人がこれを購入したとする財産権の得喪に係る不実の電磁的記録を作」ったと判示した（前掲・最決平成 18 年 2 月 14 日）。

（5）「財産権の得喪若しくは変更に係る虚偽の電磁的記録を人の事務処理の用に供して」

「財産権の得喪若しくは変更に係る虚偽の電磁的記録を人の事務処理の用に供して」とは、行為者が真実に反する財産権の得喪、変更に係る電磁的記録を他人の事務処理に使用される電子計算機において用い得る状態に置くことをいうとされている。

（6）「財産上不法の利益を得、又は他人にこれを得させた」

本罪は、「財産上不法の利益を得」たか「他人にこれを得させた」場合に既遂に達する。本罪の対象は、電子計算機の不正利用による不法利得行為の全てではなく、財産上の得喪、変更の事務が電磁的記録に基づいて自動的に処理される場面での不法利得行為のみを対象としている。また、財物は本罪の客体には該当しない。

「財産上不法の利益を得」るとは、財物以外の財産上の利益を不法な手段、方法で得ることをいい、事実上財産を自由に処分できるという利益を得ること、機械的に料金の計算及び請求が行われることとなる課金ファイルの記録を改変して料金の請求を免れることなどがある。「他人にこれを得させ」るとは、他人にこのような財産上の利益を不法に得させることをいう。

（7）電子計算機使用詐欺罪の犯罪地

刑法は、「日本国内において罪を犯したすべての者」（国内犯）に適用される（同法第 1 条第 1 項）[4]。そして、構成要件該当事実の一部が日本国内で発生した場合には、国内犯として処罰の対象となると解されている。すなわち、行為が国内で行われれば結果が国外で発生しても（大判明治 44 年 6 月 16 日刑録 17 輯 1202 頁）、また、行為が国外で行われても結果が国内で発生すれば、国内犯であると解されている。この点について、裁判例では、特定の暗号資産について、当該暗号資産の得喪又は変更は、サーバによる承認を経て、ブロックチェーンに組み込まれた情報が各サーバに共有されることによってその権利関係が確定す

---

[3] 前掲注 2・米澤編 121 頁を参照。
[4] 電子計算機使用詐欺罪を含む一定の罪は、日本国籍を有する行為者が日本国外で罪を犯した場合にも適用される（同法第 3 条）。

るものであるため、サーバのうち少なくとも 1 台が日本に所在しているなどの事実関係の下では、日本国内において「財産権の得喪若しくは変更に係る不実の電磁的記録を作」ったといえ、日本で構成要件の一部である結果が発生したと認定したものがある（前掲・東京地判令和 3 年 3 月 24 日、前掲・東京地判令和 3 年 7 月 8 日）。

3．参考資料（法令・ガイドラインなど）

本文中に記載したもののほか、

- 大塚仁・河上和雄・中山善房・古田佑紀編「大コンメンタール刑法第三版第 8 巻」（青林書院、第三版、平成 26 年）
- 前田雅英ら編『条解刑法（第 4 版）』（弘文堂、2020）802 頁
- 米澤慶治編『刑法等一部改正法の解説』（立花書房、1988）

4．裁判例

本文中に記載のとおり

Q79 スキミング

Q79 スキミング

スキミングとはどのような手口なのか。刑法上どのような罰則があるか。

タグ：刑法、割賦販売法、スキミング、デビットカード、偽造、IC 化

1．概要

　スキミング（skimming）とは、キャッシュカードやクレジットカードの磁気情報を瞬時にコピーする手口のことである。犯人は、不正にコピーした情報を元に偽造カードを作成し、本人に成りすまして、銀行預金を下ろしたり、買い物をしたりする。情報だけがコピーされるので、本人が偽造カードを作成されたことに気付きにくく、被害が大きくなりやすい。

　例えば、不正にクレジットカードを作成したり、それで買い物をしたりするといったような行為やキャッシュカードやクレジットカードの磁気情報を不正にコピーする行為等については、罰則規定に該当すれば、処罰され得る。

　スキミングを防ぐには、日頃から危機意識を持つことや不要なカードを作らないこと、残高確認を定期的に行うことなど、自衛的な手段も大切である。

2．解説

（1）スキミングの手口及び対策について

　カード犯罪といえば、かつては、紛失したカードや盗難カードをそのまま不正に使用するケースが中心だったが、2000 年代になり、「スキマー」と呼ばれる機械を使ってカードの磁気情報を不正にコピーし、その情報を元に大量偽造するスキミング（skimming、吸い取り）と呼ばれる手法が使われるようになった。なお、フィッシング詐欺によるクレジットカード等の不正使用については、Q82 を参照されたい。

　カードを利用する場合は、通常、加盟店の方で当該カードが事故カード等でないかを確認するため、CAT 端末（与信照会端末）や POS 端末（販売情報管理端末）から磁気情報がカード会社に送信され、カード会社の承認が返信される。磁気情報としては、会員氏名、会員番号、有効期限などが記録されており、さらに偽造を防止するための偽造防止コード（暗号）が記録されている。

　しかし、磁気情報の暗号化は、磁気情報を丸ごとコピーして偽造カードに貼り付けてしまうスキミングの前ではほとんど意味がない。カードの外観上から本物であることを証明する、カード会社の虹色のロゴホログラムも偽造可能である。デジタル情報はオリジナルとコピーの判別が原理的に不可能であるから、このような方法で偽造されたカードは、視覚によるチェックをくぐり抜けて、完全に本物のカードとして通用する。

　このような偽造カードによる不正利用を防止するため、平成 28 年に割賦販売法が改正され、令和 2 年 3 月末までに、クレジットカードの IC 化 100％とともに、加盟店の店頭に設

375

置するクレジット決済端末の IC 対応を完了することが目指されてきた（詳細については Q16 を参照）[1]。

また、平成 12 年からデビットカード[2]のサービスも開始している。これは金融機関のキャッシュカードでそのまま店舗などでの支払を可能とするものである。店舗のカードリーダーにカードを通し、キャッシュカードと同じ暗証番号を入力すると、即座に利用者の口座から店舗に代金が支払われる。現在、非接触型のデビットカードも多く普及しているが、非接触型についてもスキミングが行われ得るため、デビットカードについても、IC 化が図られてきている。

（2）処罰対象行為について

スキミングにより偽造されたクレジットカードを使って買い物などする場合は、詐欺罪（刑法第 246 条）や電子計算機使用詐欺罪（同法第 246 条の 2）などの規定に該当すれば、処罰され得る。

また、平成 13 年に刑法の一部改正が行われ、支払用カード電磁的記録に関する罪（第 2 編第 18 章の 2）が新設された。キャッシュカードやクレジットカードの磁気情報を不正にコピーする行為等は、これらの規定に該当すれば、処罰され得る。すなわち、支払用カードを構成する電磁的記録の不正作出（同法第 163 条の 2 第 1 項）、不正作出に係る支払用カードを構成する電磁的記録の供用（同条第 2 項）、同電磁的記録をその構成部分とするカードの譲渡し・貸渡し・輸入（同条第 3 項）は、10 年以下の懲役又は 100 万円以下の罰金に、同電磁的記録をその構成部分とするカードの所持（同法第 163 条の 3）は、5 年以下の懲役又は 50 万円以下の罰金に、同法第 163 条の 2 第 1 項の罪の準備罪としての支払用カードを構成する電磁的記録の情報の取得・提供（同法第 163 条の 4 第 1 項）、保管（同条第 2 項）、器械・原料の準備（同条第 3 項）は、3 年以下の懲役又は 50 万円以下の罰金に、それぞれ処することとされた。

このうち、同法第 163 条の 2 及び第 163 条の 4 第 1 項の罪については、未遂犯も処罰の対象である（同法第 163 条の 5）。

なお、電磁的記録の不正作出については Q77（電磁的記録不正作出）を、また、なりすましによるクレジットカード等の不正使用に関連して、電子計算機使用詐欺罪の詳細については Q78（電算機使用詐欺）を参照されたい。

（3）クレジット決済端末の 100%IC 対応化について

カード犯罪対策は技術との闘いである。技術的なセキュリティを常に高めることが必要である。そこで、上記（1）のとおり、カードそのものに小型のコンピュータである IC チ

---

[1] 経産省ウェブサイト・割賦販売法（https://www.meti.go.jp/policy/economy/consumer/credit/11kappuhanbaihou.html）

[2] デビットカードとは、金融機関発行のキャッシュカードを加盟店店頭での支払い時に利用できるサービスのことである。

ップを組み込んだ IC カードに対応するクレジット決済端末への完全移行が進められてきた。IC カードは独自の演算機能をもち、磁気カードに比べ記憶容量が飛躍的に増すため、きわめて高度で複雑なセキュリティ・システムを実現することができ、現在の技術では偽造が不可能と言われているが、今後の偽造被害等の状況を注視していく必要はある。

３．参考資料（法令・ガイドラインなど）

本文中に記載のとおり

４．裁判例

特になし

Q80　情報の不正入手・漏えい

> 情報の不正入手及び漏えいに関して、どのような罰則があるか。

> タグ：刑法、著作権法、個情法、番号利用法、不正競争防止法、国家公務員法、地方公務員法、電気通信事業法、有線電気通信法、電波法、不正アクセス禁止法、割賦販売法、情報の不正入手、漏えい

１．概要

　情報の不正入手や漏えいについては、情報一般を対象として処罰する規定はなく、様々な法律の中に情報の侵害の態様に応じて個別的な処罰規定が置かれているにすぎない。

　情報の不正入手については、営業秘密侵害罪などがある。また、著作権法上侵害コンテンツのダウンロードが一定の要件の下で違法とされ、有償著作物の侵害コンテンツを継続的に又は反復してダウンロードを行う場合は刑罰が科される。

　また、情報の漏えいについては、個人情報データベース等提供罪や秘密漏示罪などがある。情報の不正入手及び漏えいの双方を処罰対象として含むものとしては、通信の秘密侵害罪がある。その他、情報の不正入手や漏えいに付随する行為に罰則が設けられていることも多い。

２．解説

（１）情報の不正入手や漏えいについての一般的な保護と罰則

　コンピュータによる情報処理が一般的に行われるようになったことを受け、昭和 62 年に「電磁的記録」の定義規定（刑法第 7 条の 2）、電磁的公正証書原本不実記録罪関係（刑法第 157 条、第 158 条）、電磁的記録不正作出罪関係（刑法第 161 条の 2）、電子計算機損壊等業務妨害罪関係（刑法第 234 条の 2）、電子計算機使用詐欺罪関係（刑法第 246 条の 2）、電磁的記録毀棄罪関係（刑法第 258 条、第 259 条）などの処罰規定が整備された。その際、情報の不正入手についても一般的な処罰規定を設けることが議論されたが、保護すべき情報の範囲や保護の程度などについて議論が分かれ、将来の課題とされた。情報は、同じ内容であっても人によって価値が異なり、時間の経過によってもその価値が変動する。このような客体に対して、一律に刑罰による保護を設定することには無理があり、個別的に保護せざるを得ないためである。

　このように、情報の不正入手や漏えいについては、一律に保護されているわけではなく、個別的な保護がなされている。

（２）個人情報データベース等提供罪等

　個人情報取扱事業者若しくはその従業者又はこれらであったものが、業務で取り扱って

いる個人情報データベース等を自己若しくは第三者の不正な利益を図る目的で提供し、又は盗用した場合には罰則が科される（個情法第179条）。現に役員や従業員である者のみならず、役員や従業員であった者についても処罰対象とされる。行為者のみならず、当該行為者を使用人その他の従業者とする法人等についても罰則の対象となる（同法第184条）。

また、個人情報取扱事業者は、個人情報の適正な取得（同法第20条）等が義務づけられており、違法行為に関する個情委による命令に違反した場合には、罰則の対象（同法第178条）となる。なお、行政機関の職員等についても個情法第179条と類似の罰則がある（同法第180条、また、個人の秘密が記録された個人情報ファイルの提供について第176条）。

その他個情法以外の個人情報の適正な取扱いに関する主な法令においては、例えば、番号利用法第49条、第57条にも個情法第179条と類似の罰則が設けられている。

（3）営業秘密侵害罪

不正競争防止法は、営業秘密の不正取得・使用・開示行為（不正競争行為）のうち、特に違法性が高い行為について、営業秘密侵害罪として10年以下の懲役又は2,000万円以下の罰金（又はその併科）を科すこととしており（不正競争防止法第21条第1項第1号ないし第5号）、正当に示された営業秘密を不正に使用等する行為以外については、行為者を使用人、従業者とする法人についても5億円以下の罰金という高額の罰金を科すこととしている（同法第22条第1項第2号）。営業秘密侵害罪については、退職者や従業者、転得者への処罰範囲の拡大が行われ、また、法定刑の引き上げも行われるなど、段階的に改正されており、平成27年改正では、非親告罪化及び海外重罰規定の導入がなされた（後者の詳細については、Q34参照）。

いずれの行為も、「不正の利益を得る目的」又は「営業秘密保有者に損害を加える目的」（図利加害目的）で行う行為が刑事罰の対象であり、公益の実現を図る目的で不正情報を内部告発する行為は図利加害目的で行う行為に当たらない。また、日本国内において事業を行う営業秘密保有者の営業秘密については、日本国外で不正に取得・使用・開示した場合についても処罰の対象となる。

（4）侵害コンテンツの違法ダウンロードに対する刑事罰

著作権法は、音楽・映像だけでなく、漫画・書籍・論文・コンピュータプログラムなど著作物全般について、違法にアップロードされた著作物をダウンロードすることを私的使用目的であっても違法とし（同法第30条第1項第4号）、さらに、このうち正規版が有償で提供されている著作物を反復・継続してダウンロードする場合に2年以下の懲役又は200万円以下の罰金（又はその併科）を科すこととしている（同法第119条第3項第2号）。

（5）秘密漏示罪

情報を扱う一定の者に守秘義務を課し、漏えいがあった場合に、その義務違反という形で

刑事責任が問われる。典型的なものとしては、公務員に対して職務上知り得た秘密を漏らす行為を処罰する、国家公務員法や地方公務員法に基づく守秘義務違反の罪（国家公務員法第100条第1項、同法第109条第12号、地方公務員法第34条第1項、同法第60条）や、医師や弁護士などによる秘密漏示罪（刑法第134条）が挙げられる。他にも、様々な職種において守秘義務違反の罪が規定されている。

（6）通信の秘密侵害罪

「電気通信事業者の取扱中にかかる通信」（電気通信事業法第2条第1項）、「有線電気通信」（有線電気通信法第9条）、「特定の相手方に対して行われる無線通信」（電波法第59条）については何人であってもその秘密を侵害する行為は処罰される（電気通信事業法第179条第1項、有線電気通信法第14条第1項、電波法第109条第1項）。電気通信事業者、有線電気通信の業務に従事する者、無線通信の業務に従事する者が、それぞれ通信の秘密を侵害した場合には、重く処罰される（通信の秘密についてQ36参照）。

（7）識別符号の不正取得・漏えい

ログインID・パスワードなどの他人の識別符号の不正取得及び不正アクセスを助長する当該識別符号の提供行為については刑事罰が科される（不正アクセス禁止法第4条、第5条。Q81も参照）。

（8）クレジットカード番号の不正取得・漏えい

不正アクセス行為によってクレジットカード番号を取得すること（割賦販売法第49条の2第2項第2号）及び正当な理由なく有償でクレジットカード番号の提供を受ける行為（同条第3項）については刑事罰が科される。

（9）その他付随する行為に対する刑事罰

情報の不正入手の付随行為が、現実空間で発生した場合には、その付随行為について刑法における窃盗罪や住居侵入罪等で処罰される場合がある。また、情報の不正入手がネットワークに接続したサイバー空間で発生し、不正アクセス行為が行われたなどの場合は、不正アクセス禁止法により処罰され得る。

いわゆるスタンドアロンのコンピュータの場合は不正アクセス禁止法の適用が困難だが（Q81参照）、例えばコンピュータを一時的に外に持ち出すなどして、いったん自己の支配下に置いた上で、中の情報をコピーし、そのコンピュータを元の場所に戻すような場合は、そのコンピュータに関する窃盗罪や横領罪が成立し得る。

3．参考資料（法令・ガイドラインなど）
・著作権法第30条第1項第4号、第119条第3項第2号

- 個情法第 20 条、第 174 条、第 179 条
- 番号利用法第 49 条、第 51 条、第 57 条
- 不正競争防止法第 21 条第 1 項第 1 号～第 5 号
- 電気通信事業法第 179 条
- 有線電気通信法第 14 条
- 電波法第 109 条、第 109 条の 2
- 不正アクセス禁止法第 4 条、第 5 条
- 割賦販売法第 49 条の 2

4．裁判例

- 最判昭和 55 年 11 月 29 日最高裁判所判例解説刑事篇（昭和 55 年度）315 頁
- 最判平成 30 年 12 月 3 日判時 2407 号 106 頁

Q81 不正アクセス

いわゆる不正アクセスに関して、不正アクセス禁止法上どのような行為が禁止されているか。

タグ：不正アクセス禁止法、アクセス制御機能、識別符号

1．概要

不正アクセス禁止法は、ネットワーク（電気通信回線）を通じて他人の識別符号を入力することにより、アクセス制御機能により制限されている特定利用（ネットワークに接続している電子計算機（以下「特定電子計算機」という。）の利用）をし得る状態にさせる行為を不正アクセス行為としてとらえ、これを禁止及び処罰している。

「不正アクセス行為」というためには、特定電子計算機に対して、アクセス管理者がアクセス制御機能（特定電子計算機にアクセスをしようとするユーザをID・パスワード等の識別符号により自動的に識別、認証するため、アクセス管理者によって付加される機能）を付加し、当該特定電子計算機に対してネットワークを通じて別のユーザがアクセスする際に、アクセス制御機能により制限することが必要である。

不正アクセス禁止法では、上述の不正アクセス行為を禁止しているほか、不正アクセス行為の予備的行為を禁止している。

なお、一般的に、識別符号を入力してもしなくとも同じ特定利用ができ、アクセス管理者が特定利用を誰にでも認めている場合には、アクセス制御機能による制限はないものと解されることとなり、同法は適用されない。

2．解説
（1）不正アクセス禁止法

不正アクセス禁止法は、不正アクセス行為等を禁止するとともに、これについての罰則及び再発防止のための都道府県公安委員会による援助措置等を定めることにより、ネットワークを通じて行われる特定電子計算機に係る犯罪の防止及びアクセス制御機能により実現される電気通信に関する秩序の維持を図り、もって高度情報通信社会の健全な発展に寄与することを目的としている（不正アクセス禁止法第1条）。不正アクセス禁止法は、特定電子計算機に対して、アクセス管理者が「アクセス制御機能」を付加している場合に、ネットワークを通じて他人の識別符号を入力したりすることや、アクセス制御機能による制限を回避できる情報(識別符号であるものを除く。)又は指令を入力したりすることで、当該アクセス制御機能により制限されている特定利用をし得る状態にさせる行為を不正アクセス行為としてとらえ、これを禁止及び処罰している。

（2）アクセス制御機能

アクセス制御機能（不正アクセス禁止法第2条第3項）とは、特定利用を正規の利用権者やアクセス管理者以外の者ができないように制限するために、アクセス管理者が特定電子計算機や特定電子計算機とネットワークで接続されている他の特定電子計算機に付加している機能のことをいう。具体的には、特定電子計算機の特定利用をしようとする者にネットワークを経由して識別符号の入力を求め、入力された情報が識別符号に当たる場合にのみ特定利用の制限を自動的に解除し、識別符号に当たらない場合には利用を拒否する機能をいう。

（3）アクセス管理者

アクセス管理者とは、特定電子計算機の特定利用につき当該特定電子計算機の動作を管理する者（不正アクセス禁止法第2条第1項）、すなわち、特定電子計算機を誰に利用させるか、特定利用をさせる場合にはどの範囲とするかを決定する権限を有する者をいう。

（4）識別符号

識別符号（不正アクセス禁止法第2条第2項）とは、特定電子計算機の特定利用をすることについてアクセス管理者の許諾を得た利用権者及びアクセス管理者ごとに定められ、アクセス管理者が他の利用権者及びアクセス管理者と区別して識別することができるよう付される符号であって、次のいずれかに該当するもの又は次のいずれかに該当する符号とその他の符号を組み合わせたものをいう。

> 1号　当該アクセス管理者によってその内容をみだりに第三者に知らせてはならないものとされている符号

ウェブサイト等にログインする際によく用いられるID・パスワードのうちパスワードがこの代表例である。IDとパスワードの両方が使用される場合、パスワードのみでは識別符号として使用できず、IDと「組み合わせた」（同法第2条第2項柱書）識別符号となる。この場合、IDは、本号の符号に該当する符号（パスワード）と組み合わせて用いられる「その他の符号」にあたる[1]。

> 2号　当該利用権者等の身体の全部若しくは一部の影像又は音声を用いて当該アクセス管理者が定める方法により作成される符号

「身体の全部若しくは一部の影像」としては、指紋、虹彩、網膜等が挙げられる[2]。

本号の場合も、単体で識別符号となるものもあれば、他の符号（IDなど）を組み合わせて識別符号となるものもある。

> 3号　当該利用権者等の署名を用いて当該アクセス管理者が定める方法により作成される

---

[1] 不正アクセス対策法制研究会「逐条不正アクセス行為の禁止等に関する法律」（立花書房、第2版、平成24年）46頁参照。

[2] 前掲・45頁参照。

```
符号
```

署名の形状やその筆圧、動態等から特徴を取り出して数値化し符号化したようなものを指す。

　本号の場合も、単体で識別符号となるものもあれば、他の符号（ID など）を組み合わせて識別符号となるものもある。

（5）不正アクセス行為

　不正アクセス行為は、ネットワークを通じて他人の ID・パスワード等の識別符号を入力することや、アクセス制御機能による制限を回避できる情報（識別符号であるものを除く。）又は指令を入力することで、特定利用の制限を解除する行為である（不正アクセス禁止法第2条第4項各号）。

　同法第3条により不正アクセス行為が禁止されており、これに違反した場合、3年以下の懲役又は100万円以下の罰金が科される（同法第11条）。

　したがって、不正アクセスがあった場合に不正アクセス禁止法違反を問えるかどうかは、アクセス制御機能により制限された状態にあったか否かという点が重要な要素となる。

　なお、不正アクセス行為の定義（同法第2条第4項）に「電気通信回線を通じて」とあるとおり、不正アクセス行為はネットワークを通じて行われる必要があるため、いわゆるスタンドアロンのコンピュータに関して同法違反を問うことはできない。

（6）その他不正アクセス行為の予備的行為について[3]

　不正アクセス禁止法は、不正アクセス行為のほか、同行為の予備的行為のうち、「識別符号」に関する次の行為を禁止している。

　①　不正アクセス行為の用に供する目的でアクセス制御機能に係る他人の識別符号を取得すること（同法第4条）

　②　業務その他の正当な理由による場合を除き、アクセス制御機能に係る他人の識別符号を第三者に提供すること（同法第5条）

　③　不正アクセスの用に供する目的で不正に取得されたアクセス制御機能に係る他人の識別符号を保管すること（同法第6条）

（7）裁判例（東京地判平成17年3月25日判時1899号155頁・判タ1213号314頁）

　ネットワークコンピュータのファイル格納領域に保存されている秘密ファイル F にアクセスする方法として、アクセス制御機能による制限がある x という通信方法のほかに、（プログラムの瑕疵や設定の不備により、アクセス制御機能による制限がない）y という通信方法も存在しており、y を経由して、F にアクセスすることが「不正アクセス行為」となるのかが問題となった事案について、東京地裁（後掲）は、アクセス制御機能の有無については、

---

[3]　これらの他、いわゆるフィッシング行為の禁止等については Q82 を参照。

(個々の通信プロトコル[4]ごとに判断するのではなく）特定電子計算機ごとに判断するのが相当であり、管理者が特定電子計算機の特定利用を誰にでも認めている場合を除き、特定利用のうち一部がアクセス制御機能によって制限されている場合であっても、その特定電子計算機にはアクセス制御機能があると解すべきであるとした。

さらに、識別符号を入力してもしなくても同じ特定利用ができ、アクセス管理者が当該特定利用を誰にでも認めている場合には、アクセス制御機能による特定利用の制限はないと解すべきであるが、プログラムの瑕疵や設定上の不備があるため、識別符号を入力する以外の方法によってもこれを入力したときと同じ特定利用ができることをもって、直ちに識別符号の入力により特定利用の制限を解除する機能がアクセス制御機能に該当しなくなるわけではないと解すべきであるとした。

3．参考資料（法令・ガイドラインなど）
・不正アクセス禁止法第1条、第2条第3項、第2条第2項各号、第2条第4項各号、第3条～第6条、第11条～第13条
・NISC「クラウドを利用したシステム運用に関するガイダンス（詳細版）」（令和4年4月5日）

4．裁判例
本文中に記載したもののほか、
・東京地判平成29年4月27日（平成26年特（わ）第927号・平成27年刑（わ）第2373号等）

---

4 ネットワーク上で通信するための手順や規約。

Q82 フィッシング

Q82 フィッシング

フィッシングとはどのような手口か。法令上どのような行為が禁止されているか。

タグ：不正アクセス禁止法、割賦販売法、フィッシング、識別符号、クレジットカード、
　　　フィッシング対策協議会

1．概要

　一般に、フィッシング（Phishing）とは、実在する金融機関、ショッピングサイトなどを装った電子メールを送付し、これらのウェブサイトとそっくりの偽サイトに誘導して、銀行口座番号、クレジットカード番号やパスワード、暗証番号などの重要な情報を入力させて詐取する行為を指す[1]。

　一般にフィッシングと呼ばれる上述のような行為のうち、不正アクセス禁止法で禁止されている処罰対象の行為は、同法第7条各号で規定されている行為である。具体的には、正規のアクセス管理者であると誤認させ、ID・パスワード等の識別符号を取得するためのウェブサイトの公開や、HTMLで作成された電子メール等により識別符号を入力させようとする行為を処罰の対象としている。

　クレジットカード番号等の情報を入力させる行為は、同条各号で禁止する行為ではなく割賦販売法第49条の2第2項本文において規制されている不正取得に該当し得る。ただし、そのような種類の情報の入力を求めるサイトの公開や当該サイトへ誘導する電子メールの送信などの準備行為の段階では処罰対象ではなく、そのような種類の情報を実際に不正に取得した場合に処罰対象となる。

2．解説
（1）不正アクセス禁止法第7条各号が禁止する行為
不正アクセス禁止法第7条

何人も、アクセス制御機能を特定電子計算機に付加したアクセス管理者になりすまし、その他当該アクセス管理者であると誤認させて、次に掲げる行為をしてはならない。ただし、当該アクセス管理者の承諾を得てする場合は、この限りでない。
　1号　当該アクセス管理者が当該アクセス制御機能に係る識別符号を付された利用権者に対し当該識別符号を特定電子計算機に入力することを求める旨の情報を、電気通信回線に接続して行う自動公衆送信（公衆によって直接受信されることを目的として公衆からの求めに応じ自動的に送信を行うことをいい、放送又は有線放送に該当するものを除く。）を利用して公衆が閲覧することができる状態に置く行為
　2号　当該アクセス管理者が当該アクセス制御機能に係る識別符号を付された利用権者

---

[1] サイバーセキュリティ2021・357頁

に対し当該識別符号を特定電子計算機に入力することを求める旨の情報を、電子メール（特定電子メールの送信の適正化等に関する法律（平成 14 年法律第 26 号）第2 条第 1 号に規定する電子メールをいう。）により当該利用権者に送信する行為

　一般にフィッシングと呼ばれる行為のうち、不正アクセス禁止法第 7 条及び第 12 条第 4号に基づき処罰の対象となっているのは、アクセス管理者（同法第 2 条第 1 項）が公開したウェブサイト又はアクセス管理者が送信した電子メールであると利用権者に誤認させて、アクセス管理者が ID・パスワード等の識別符号（識別符号については Q81 参照）の入力を求める旨の情報を閲覧させようとすることである。

　このように、同法は、不正アクセス行為の前提となる ID・パスワード等の識別符号を入手するための行為を禁止している。

ア　サイト構築型

　不正アクセス禁止法第 7 条第 1 号は、識別符号を入力することを求める旨の情報を表示させたサイトを公開することを手口とする行為を禁止している。正規のアクセス管理者が公開したと誤認させるものであり、アクセス管理者の名称やロゴを使用して公開されたウェブサイトなどが該当し得る。また、他人の ID・パスワード等の識別符号の入力を求める旨の情報が必要になるため、ウェブサイト上に ID・パスワード等の識別符号を入力するよう求める文章、入力欄及び送信用ボタンが表示されている場合などが該当する。

イ　メール送信型

　不正アクセス禁止法第 7 条第 2 号は、電子メールによって ID・パスワード等の識別符号を入力させて詐取しようとする行為を禁止している。正規のアクセス管理者が送信したと誤認させるものであり、アクセス管理者の名称やロゴを使用して送信された電子メールなどが該当し得る。また、他人の ID・パスワード等の識別符号の入力を求める旨の情報が必要になるため、HTML を用いて電子メールの本文欄に ID・パスワード等の識別符号を入力するよう求める文章、入力欄及び送信ボタンが表示されている場合などが該当する。

（2）クレジットカード番号等のカード情報の不正取得

　インターネット上でクレジットカード情報を利用するための本人認証サービス（3D セキュア[2]）として入力されるパスワードは識別符号に該当する場合があるため、これを不正取得するウェブサイトの構築・公開は不正アクセス禁止法第 7 条第 1 号（サイト構築型）に

---

[2] 「3D セキュア」とは、カード会員のみが知るカード会社（イシュアー）に事前に登録したパスワード等を、カード利用時に当該カード会社（イシュアー）が照合することにより、本人が取引を行っていることを確認するものであり、国際ブランドが推奨する本人確認手法である（クレジット取引セキュリティ対策協議会「クレジットカード取引におけるセキュリティ対策の強化に向けた実行計画 2019」39 頁　https://www.j-credit.or.jp/security/pdf/plan_2019.pdf）。

該当する場合がある。しかし、クレジットカード番号、有効期限、セキュリティコードなどの券面情報は識別符号ではないため、当該情報を不正に取得するためにウェブサイトを構築・公開し、当該情報を取得した場合には、割賦販売法違反によって処罰され得る（割賦販売法第49条の2第2項本文）。

割賦販売法第49条の2

1項　クレジットカード番号等取扱業者若しくはクレジットカード番号等取扱受託業者又はこれらの役員若しくは職員若しくはこれらの職にあつた者が、その業務に関して知り得たクレジットカード番号等を自己若しくは第三者の不正な利益を図る目的で、提供し、又は盗用したときは、3年以下の懲役又は50万円以下の罰金に処する。

2項　人を欺いてクレジットカード番号等を提供させた者も、前項と同様とする。クレジットカード番号等を次の各号のいずれかに掲げる方法で取得した者も、同様とする。

　　1号　クレジットカード番号等が記載され、又は記録された人の管理に係る書面又は記録媒体の記載又は記録について、その承諾を得ずにその複製を作成すること。

　　2号　不正アクセス行為（不正アクセス禁止法第2条第4項に規定する不正アクセス行為をいう。）を行うこと。

3項　正当な理由がないのに、有償で、クレジットカード番号等を提供し、又はその提供を受けた者も、第一項と同様とする。正当な理由がないのに、有償で提供する目的で、クレジットカード番号等を保管した者も、同様とする。人を欺いてクレジットカード番号等を提供させた者も、前項と同様とする。

4項　前三項の規定は、刑法その他の罰則の適用を妨げない。

（3）フィッシング行為の処罰

　これまで解説したように、ID・パスワード等の識別符号を入力させて詐取するためにフィッシングサイトを公開するなどした場合は不正アクセス禁止法第7条及び第12条第4号により、また、クレジットカード番号等の情報を窃取した場合は割賦販売法49条の2第2項本文により処罰され得る。

（4）フィッシング対策の取組み

　以上のとおり、一般にいうフィッシング行為の一部は処罰の対象となっているが、一方で、フィッシングの手口は年々高度化、巧妙化しており、フィッシングサイトの数も増加傾向にある[3]。フィッシングサイトを放置すればそれだけ被害が拡大することとなるため、社名やサービス名などブランドを不正に騙られることにより被害を受けるおそれがある事業者としては、フィッシングへの対策を行うことが肝要である。

　平成17年に設立されたフィッシング対策協議会は、フィッシング被害が発生する前に心

---

[3] フィッシング対策協議会　技術・制度検討ワーキンググループ「フィッシングレポート2021」（令和3年6月）　https://www.antiphishing.jp/report/phishing_report_2021.pdf

がけておくべき事業者の対策を「フィッシング対策ガイドライン 2021 年度版」[4]としてとりまとめており、ウェブサイトの運営者がフィッシング被害の発生を抑制するための対策として、以下の 7 つの項目を挙げ、合計 34 の要件を設けている。

① 利用者が正規メールとフィッシングメールを判別可能とする対策

② 利用者が正規サイトを判別可能とする対策

③ フィッシング詐欺被害を拡大させないための対策

④ ドメイン名に関する配慮事項

⑤ 組織的な対応体制の整備

⑥ 利用者への啓発活動

⑦ フィッシング詐欺被害の発生を迅速に検知するための対策

このうち⑤の組織的な対応体制の整備としては、フィッシング詐欺発生時の行動計画の策定、フィッシングサイト閉鎖体制の整備が重要である。

フィッシングサイトの閉鎖（テイクダウン）は自社で対応することも可能だが、海外でホストされているケース等においては、専門機関に対する対応要請を行うとともに、フィッシング対策協議会への相談が推奨されている。なお、フィッシング対策協議会は、JPCERT/CC に対してフィッシングサイトをテイクダウンするための調整依頼を行っている。

3．参考資料（法令・ガイドラインなど）

本文中に記載したもののほか、

・「不正アクセス禁止法改正 Q&A」

https://www.npa.go.jp/bureau/cyber/pdf/6_QA.pdf

・サイバーセキュリティ 2021・357 頁

・フィッシング対策協議会 技術・制度検討ワーキンググループ「フィッシングレポート 2021」（令和 3 年 6 月）

https://www.antiphishing.jp/report/phishing_report_2021.pdf

4．裁判例

・東京地判平成 29 年 4 月 27 日（平成 26 年特（わ）第 927 号・刑（わ）第 2373 号等）

---

[4] https://www.antiphishing.jp/report/antiphishing_guideline_2021.pdf

Q83 越境リモートアクセス

> リモートアクセス、越境リモートアクセスとは何か。これらに関する我が国の現状はどのようなものか。

> タグ：刑事訴訟法、リモートアクセス、記録命令付差押え、サイバー犯罪条約

1．概要

　リモートアクセスとは、コンピュータを用いてこれと電気通信回線で接続している記録媒体(サーバ)にアクセスすることをいい、差押えに伴うリモートアクセスについては、平成23年の刑事訴訟法改正により、捜査機関は、電磁的記録に係る証拠を収集する際に、リモートアクセスを行い、記録媒体に保管されている電磁的記録をコンピュータ等に複写した上で、当該コンピュータ等を差し押さえることができることとされた(同法第99条2項、第218条第2項)。

　このうち、越境リモートアクセスとは、リモートアクセスの対象となる記録媒体が国外に所在する場合のリモートアクセスをいうところ、外国に所在する記録媒体に保管されているデータに当該外国の同意を得ることなくアクセスするに当たっては、当該外国の主権との関係を考慮する必要があり、この点に関連して、令和3年に最高裁判所が判断を示したところである。

2．解説

（1）リモートアクセスについて

　リモートアクセスとは、コンピュータを用いてこれと電気通信回線で接続している記録媒体(サーバ)にアクセスすることをいう。

　コンピュータ・ネットワークが高度に発展した現代において、コンピュータの利用はネットワークに接続した形態が一般的となり、コンピュータによる情報処理の用に供されるデータは、当該コンピュータ自体への保管にとどまらず、これと電気通信回線で接続している記録媒体に保管されることが、一般化している。

　そのため、捜査に当たっては、必要なデータが保管されている記録媒体を特定することが困難な場合も多い上、仮にこれを特定することができたとしても、データが様々な場所にある多数の記録媒体に分散して保管されている場合もある。

　こうした状況に鑑み、平成23年の刑事訴訟法改正により、捜査機関は、差押え対象物がコンピュータであるときは、当該コンピュータに電気通信回線で接続している記録媒体に保管されているデータを当該コンピュータ又は他の記録媒体に複写した上、これを差し押さえることができることとされ、リモートアクセスを行うための規定が整備された(同法第99条第2項、第218条第2項)。(以上の内容について、杉山徳明＝吉田雅之

「『情報処理の高度化等に対処するための刑法等の一部を改正する法律』について　下」
法曹時報 64 巻 5 号 95 ないし 96 頁参照。）

（２）越境リモートアクセスについて

　越境リモートアクセスとは、リモートアクセスの対象となる記録媒体が国外に所在する
場合のリモートアクセスをいい、捜査機関が、当該記録媒体が所在する国の同意を得ること
なく当該記録媒体にアクセスするに当たっては、当該外国の主権との関係を考慮する必要
がある。

　この点に関し、関係する国際約束であるサイバー犯罪に関する条約と、諸外国における越
境リモートアクセスの取扱いを紹介した上で、我が国における現状について解説する。

ア　サイバー犯罪に関する条約等

　サイバー犯罪に関する条約（平成 24 年条約第 7 号）（以下「サイバー犯罪条約」とい
う。）は、世界初のサイバー犯罪対策条約であり、サイバー犯罪と効果的に戦うため、締
約国に対し、刑事に関する実体法及び手続法の整備並びに国際協力のための措置を義務
付けており、平成 24 年 11 月に我が国について効力が発生した。令和 5 年 2 月時点で、
同条約の締約国は 68 か国（全ての G7 諸国を含む。）、署名済み未締結国 2 か国である[1]。

　サイバー犯罪条約 32 条は、一定の場合におけるリモートアクセスに関する規定を設け
ているところ、締約国は、他の締約国の許可なしに、

①　公に利用可能な蔵置されたコンピュータ・データにアクセスすること（当該データ
　　が地理的に所在する場所のいかんを問わない。）

②　自国の領域内にあるコンピュータ・システムを通じて、他の締約国に所在する蔵置
　　されたコンピュータ・データにアクセスし又はこれを受領すること（ただし、コンピ
　　ュータ・システムを通じて当該データを自国に開示する正当な権限を有する者の合
　　法的なかつ任意の同意が得られる場合に限る。）

ができるとされている。

　越境リモートアクセスに係る諸外国の対応は様々であるが、国内法を制定するなど
して対処している国も複数存在する。

---

[1] https://www.mofa.go.jp/mofaj/gaiko/soshiki/cyber/index.html
　なお、サイバー犯罪に関する条約の第二追加議定書が、ストラスブールで署名されている（令
和 4 年 5 月 12 日）
https://www.mofa.go.jp/mofaj/ila/st/page24_002143.html
この中には、「インターネット・サービス・プロバイダが保有する情報の開示」の項目もある
が、外務省サイトでは「加入者情報の開示に関し、インターネット・サービス・プロバイダと
の直接協力を規定する一部の規定は、個人情報や通信の秘密の保護等の観点から現行国内法と
整合性を保つため、議定書が定める留保規定に基づき留保する予定。」とされている。
https://www.mofa.go.jp/mofaj/files/100476214.pdf

イ　我が国における現状

　我が国においては、前記のとおり、平成23年の刑事訴訟法改正により新設された同法第99条第2項及び第218条第2項において、コンピュータの差押えに際してリモートアクセスを行うことができる旨定められたものであるが、越境リモートアクセスが許されるか否かについては、刑事訴訟法の条文上明示されていない。

　この点に関し、近年、最高裁判所による判断が示され（最決令和3年2月1日刑集75巻2号123頁[2]）、最高裁判所は、「刑訴法99条2項、218条2項の文言や、これらの規定がサイバー犯罪に関する条約（平成24年条約第7号）を締結するための手続法の整備の一環として制定されたことなどの立法の経緯、同条約32条の規定内容等に照らすと、刑訴法が、上記各規定に基づく日本国内にある記録媒体を対象とするリモートアクセス等のみを想定しているとは解されず、電磁的記録を保管した記録媒体が同条約の締約国に所在し、同記録を開示する正当な権限を有する者の合法的かつ任意の同意がある場合に、国際捜査共助によることなく同記録媒体へのリモートアクセス及び同記録の複写を行うことは許されると解すべきである」として、刑事訴訟法上、越境リモートアクセスが許容され得ることを明らかにするとともに、越境リモートアクセスを行うことができる一場面についても判示した[3]。

3．参考資料（法令・ガイドラインなど）

・刑事訴訟法第99条の2、第218条第1項、第2項
・サイバー犯罪条約第32条
・杉山徳明＝吉田雅之「『情報処理の高度化等に対処するための刑法等の一部を改正する法律』について　下」法曹時報64巻5号

---

[2]　本件に関する調査官解説として、吉戒純一・ジュリスト1562号（2021）98頁がある。

[3]　同決定に関し、三浦守裁判官の補足意見は以下のとおりである。
「リモートアクセスをして記録媒体から電磁的記録を複写するなどして収集した証拠の証拠能力について補足する。

　電磁的記録を保管した記録媒体が外国に所在する場合に、同記録媒体へのリモートアクセス及び同記録の複写を行うことは、当該外国の主権との関係で問題が生じ得るが、法廷意見が説示するとおり、その記録媒体がサイバー犯罪に関する条約の締約国に所在し、同記録を開示する正当な権限を有する者の合法的かつ任意の同意がある場合に、国際捜査共助によることなく同記録媒体へのリモートアクセス及び同記録の複写を行うことは許されると解される。

　本件においては、（略）リモートアクセスの対象である記録媒体は、日本国外にあるか、その蓋然性が否定できないものであって、同条約の締約国に所在するか否かが明らかではないが、このような場合、その手続により収集した証拠の証拠能力については、上記の説示をも踏まえ、権限を有する者の任意の承諾の有無、その他当該手続に関して認められる諸般の事情を考慮して、これを判断すべきものと解される。」

4．裁判例

本文中に記載のとおり

Q84 海外における主な個人データ保護関係法令

海外における主な個人データ保護関係法令としてどのようなものがあるか。その際に日本企業が留意すべき個人データのセキュリティに関するポイントとしてどのようなものがあげられるか。

タグ：欧州一般データ保護規則、GDPR、データ侵害通知、データ保護オフィサー（DPO）、データ保護影響評価（DPIA）、CCPA、CRPA、データ侵害通知法、SHIELD Act、データ安全法、ネットワーク安全法、中国民法典

1．概要

まず、欧州においては、欧州一般データ保護規則（GDPR）に注意が必要である。日本企業であっても、個人データの取扱い実態によっては、GDPR の適用を受け得る。このため、適用範囲（第 2 条、第 3 条）を精査し、同法の要請に応じた措置を講ずる必要がある。このとき、安全管理に関連して、詳細な規制があることに注意を要する。

次に、米国においては、連邦法レベルでは包括的な個人データ保護に関する法律は制定されていないものの、分野ごとに個別に法律が存在する。州法では、複数の州において、包括的な法律が存在しており、例えば、カリフォルニア州では、カリフォルニア州消費者プライバシー法（the California Consumer Privacy Act。以下「CCPA」という。）及びその改正法であるカリフォルニア州プライバシー権法（the California Privacy Rights Act。以下「CPRA」という。）が存在するとともに、各州において侵害通知法が制定されている。

そして、中国においては、個人情報保護規制として、「個人情報保護法」（原文「个人信息保护法」、以下「中国個人情報保護法」という）、「ネットワーク安全法（サイバーセキュリティ法）」（原文「网络安全法」）、「データ安全法」（原文「数据安全法」）のデータ三法、「民法典」（以下「中国民法典」という）、「刑法」、「輸出管理規制法」（原文「出口管制法」）、「消費者権益保護法」等が存在する。また、現在も意見募集稿段階の法令や、改正や制定について議論段階の法令も多数存在する。様々な法令・ガイドラインにまたがって個人情報の保護がなされており、改正・制定も順次なされている。

2．解説
2−1．欧州
（1）はじめに

欧州一般データ保護規則（General Data Protection Regulation。以下「GDPR」という。）は、個人データの取扱いと関連する自然人の保護に関する規定及び個人データの自由な移動に関する規定を定めるものである（GDPR 第 1 条第 1 項）。個情法等、わが国の個人情報保護法制に相当するものということができる。

Q84　海外における主な個人データ保護関係法令

　以下の通り、日本企業であっても GDPR の適用を受けることがあるため、日本企業のグローバル展開と、グローバル・コンプライアンス体制の構築に伴い、GDPR を課題とする企業は少なくないと考えられる。そこで、本項においては、GDPR の適用範囲、そしてセキュリティ対策に関連する主な規定について概要を紹介する。

（2）適用範囲

　GDPR は、個人データの取扱いが EU[1] 域内で行われるものであるか否かを問わず、EU 域内の管理者又は処理者の拠点における活動の過程における個人データの取扱いに[2]ついて適用される（GDPR 第 3 条第 1 項）。また、EU 域内に拠点が認められない場合であっても①有償無償を問わず、EU 域内のデータ主体に対する物品又はサービスの提供、又は②EU 域内におけるデータ主体の行動の監視を行う場合には、GDPR の適用があるとされる（同条 2 項）。

　このため、日本企業であっても、EU 域内で安定的な仕組みを通じて行われる実効的かつ現実的な活動（GDPR 前文第

22 項。「拠点」の意義をこのように説明する）を行っている場合であって、この活動の過程でなされる個人データの取扱いについては、GDPR の適用を受ける。また、EU 域内にそのような拠点がないとしても、①又は②に該当すれば GDPR の適用を受け、一定の場合を除き、EU 域内における代理人を指名しなければならない（GDPR 第 27 条第 1 項）。

（3）安全管理に関する主な規定

　GDPR 第 5 条は、個人データの取扱いと関連する基本原則を定めている。この中では、「無権限による取扱い若しくは違法な取扱いに対して、並びに、偶発的な喪失、破壊又は損壊に対して、適切な技術上又は組織上の措置を用いて行われる保護を含め、個人データの適切な安全性を確保する態様により、取扱われる。（「完全性及び機密性」）」（同条第 1 項(f)号）と定められている。これを受けて、様々な義務が設けられているところ、適切な技術上・組織上の措置を明示するものとしては、次のアのほか、管理者の責任（同第 24 条）、データ保護バイデザイン及びデータ保護バイデフォルト（同第 25 条）、処理者（同第 28 条）、データ主体に対する個人データ侵害の連絡（同第 34 条）がある。その他、完全性・機密性に関連すると考えられる規定を含め、主なものの概要を紹介する。

1　欧州連合加盟国及び欧州経済領域（EEA: European Economic Area）協定に基づきアイスランド、リヒテンシュタイン及びノルウェーを含む、欧州連合（European Union）
2　本文中では地理的適用範囲について記載しているところ、その他「本規則は、その全部又は一部が自動的な手段による個人データの取扱いに対し、並びに、自動的な手段以外の方法による個人データの取扱いであって、ファイリングシステムの一部を構成するもの、又は、ファイリングシステムの一部として構成することが予定されているものに対し、適用される。」等、実体的適用範囲についても定められている（GDPR 第 2 条）。

395

ア　適切な技術的・組織的措置の実施

GDPR 第 32 条第 1 項は「最新技術、実装費用、取扱いの性質、範囲、過程及び目的並びに自然人の権利及び自由に対する様々な蓋然性と深刻度のリスクを考慮に入れた上で、管理者及び処理者は、リスクに適切に対応する一定のレベルの安全性を確保するために、特に、以下のものを含め、適切な技術上及び組織上の措置をしかるべく実装する。」として安全管理措置の実施を求める。注意喚起しつつ例示列挙された「以下のもの」とは、①個人データの仮名化又は暗号化、②取扱システム及び取扱サービスの現在の機密性、完全性、可用性及び回復性を確保する能力、③物的又は技術的なインシデントが発生した際、適時な態様で、個人データの可用性及びそれに対するアクセスを復旧する能力、④取扱いの安全性を確保するための技術上及び組織上の措置の有効性の定期的なテスト、評価及び評定のための手順である。

各企業が実際にこれへの対応を実施するに際しては、実態に即することが求められるところ、データマッピングの結果に基づくことが肝要である。また、フランスのデータ保護機関である情報処理及び自由に関する国家委員会（CNIL[3]）が公表する「THE CNIL'S GUIDES-2018 EDITION SECURITY OF PERSONAL DATA」や、欧州ネットワーク・情報セキュリティ機関（ENISA[4]）が公表する「Handbook on Security of Personal Data Processing」が参考となる。

イ　個人データ侵害への対応

「個人データ侵害が発生した場合、管理者は、その個人データ侵害が自然人の権利及び自由に対するリスクを発生させるおそれがない場合を除き、不当な遅滞なく、かつ、それが実施可能なときは、その侵害に気づいた時から遅くとも 72 時間以内に、第 55 条に従って所轄監督機関に対し、その個人データ侵害を通知しなければならない。」とし、また、「処理者は、個人データ侵害に気づいた後、不当な遅滞なく、管理者に対して通知しなければならない。」とされている（GDPR 第 33 条）。特に、処理者に個人データの取扱いを委託している場合、処理者から適切な情報共有がなされるようにすることが求められることに注意が必要である。

所轄監督機関への通知およびデータ主体への連絡については、2021 年 1 月に公表されたデータ侵害時の通知に関するガイドラインが、具体的な事例を挙げてその要否の判断基準や 72 時間の時間制限の開始時点等に関する検討を行っており、また、これを補完するものとして「データ侵害通知の例に関するガイドライン」も策定・公表されており参考になる。

---

[3] Commission nationale de l'informatique et des libertes の略。
[4] European Union Agency for Network and Information Security の略。

ウ DPO の選任等

（ア）データ保護オフィサー（DPO）の選任

　管理者及び処理者は、一定の場合にデータ保護オフィサー（DPO[5]）を選任しなければならない（GDPR 第 37 条）。一定の場合とは、①公的機関又は公的組織によって個人データの取扱いが行われる場合、②管理者又は処理者の中心的業務が、その取扱いの性質、範囲及び又は目的のゆえに、データ主体の定期的かつ系統的な監視を大規模に要する取扱業務によって構成される場合、③管理者又は処理者の中心的業務が、第 9 条による特別な種類のデータ及び第 10 条で定める有罪判決及び犯罪行為と関連する個人データの大規模な取扱いによって構成される場合をいう[6]。

　企業にとって問題となる要件は②又は③であるところ「データ保護オフィサー（DPO）に関するガイドライン」では、具体例を含めた検討がなされている。例えば、大規模であるか否かについては、データ主体の数、個人データの量・種類、処理の期間・永続性、処理の地理的範囲を考慮して総合判断するとされ、定期的であるか否かは、現在継続し又は一定期間内に一定の間隔で発生するか、定期的に繰り返されるか、常時又は周期的に発生するか否かいずれかに該当するかによって判断するとされる。

　DPO は、必ずしも EU 域内において選任する必要はなく、日本国内で自社の従業員や外部の専門家を選任することも差し支えない。また、企業グループは、DPO が各拠点から容易にアクセス可能な場合に限り、1 名の DPO を選任することができる（GDPR 第 37 条第 2 項）。企業ごとに監査の方法も異なることなどコンプライアンスの体制もそれぞれであるところ、選任に際して GDPR に係る専門的、実務的な知見の有無を判断するとともに、企業内部等関係主体との意思疎通が容易であるか等の要素から、機能する体制を構築することが望ましい。

（イ）DPO の業務

　DPO は、少なくとも①管理者又は処理者及び取扱いを行う従業者に対し、本規則及びそれ以外の EU 若しくは加盟国のデータ保護条項による義務を通知し、かつ、助言すること、②取扱業務に関与する職員の責任の割当て、意識向上及び訓練、並びに、関連する監査を含め、本規則の遵守、それ以外の EU 又は加盟国の個人データ保護条項遵守、並びに、個人データ保護と関連する管理者又は処理者の保護方針の遵守を監視すること、③要請があった場合、第 35 条によるデータ保護影響評価に関して助言を提供し、その遂行を監視すること、④監督機関と協力すること、⑤取扱いと関連する問題に関し、監督機関の連絡先として行動すること（第 36 条に規定する事前協議、適切な場合、それ以外の関連事項について協議することを含む。）をその職務として行わなければならない。なお、DPO に関しては、GDPR 第 38 条第 3 項において、管理者及び処理者は、

---

[5] Data Protection Officer の略。
[6] ただし、加盟国が内国施行法において独自の要件を設定している場合があるため、各国の法令を確認する必要がある（例：ドイツ）。

DPO が、上記職務の遂行に関し、いかなる指示も受けないように確実を期すことが義務付けられているということにも留意が必要である。

エ　データ保護影響評価（DPIA）の実施

取扱いの性質、範囲、過程及び目的を考慮に入れた上で、特に新たな技術を用いるような種類の取扱いが、自然人の権利及び自由に対する高いリスクを発生させるおそれがある場合、管理者は、その取扱いの開始前に、予定している取扱業務の個人データの保護に対する影響についての評価を行わなければならないとされる（GDPR 第 35 条 1 項）。この評価をデータ保護影響評価（DPIA[7]）という。

高いリスクを発生させる恐れがあり（「データ保護影響評価（DPIA）及び取扱いが 2016/679 規則の適用上、『高いリスクをもたらすことが予想される』か否かの判断に関するガイドライン」[8]III. B. a）に掲げられる 9 つの基準）、かつ適用除外事由に（同ガイドライン III. B. b）に掲げられる 5 つの類型）に該当しない場合は DPIA の実施をしなければならず、実施によって高いリスクがあることが示され、リスク軽減措置を講ずることができない場合、データ保護監督機関との事前協議を要する（GDPR 第 36 条 1 項）。

（4）事例

2019 年に入って、安全管理措置を問題とした事例であって、巨額の制裁金を課すことを検討するケースが見られるようになった。英国[9]のデータ保護機関である英国情報コミッショナーズオフィス（ICO[10]）に関して、以下の 2 件が事例として挙げられる。

① ICO がブリティッシュ・エアウェイズに対し 2,000 万ポンドの制裁金を課した事例
顧客 40 万人の個人データが漏えいした事例（クレジットカード情報含む）であり、セキュリティ対策の不備が指摘された[11]。

② ICO がマリオット・インターナショナルに対し 1,840 万ポンドの制裁金を課した事例
顧客に関する 3 億 3900 万件の個人データが漏えいした事例（EEA 域内の人間のものはその一部）であり、セキュリティ対策の不備が指摘された[12]。

---

[7] Data Protection Impact Assessment の略

[8] 原題は Guidelines on Data Protection Impact Assessment (DPIA) and determing whether processing is "likely to result in a high risk" for the purposes of Regulation 2016/679。

[9] 英国は、2020 年 1 月 31 日に EU を離脱したことに伴い、現在は、GDPR の対象外である。もっとも、英国は EU 離脱に伴い、GDPR と同様の法制度を自国内で整備している。

[10] Information Commissioner's Office の略。

[11] https://ico.org.uk/about-the-ico/news-and-events/news-and-blogs/2020/10/ico-fines-british-airways-20m-for-data-breach-affecting-more-than-400-000-customers/【現在は削除】

[12] https://ico.org.uk/about-the-ico/news-and-events/news-and-blogs/2020/10/ico-fines-marriott-international-inc-184million-for-failing-to-keep-customers-personal-data-secure/　【現在は削除】

２－２．米国

（１）連邦法と州法の関係等

米国では、連邦政府及び州政府それぞれに立法権が認められている。そして、連邦政府が制定した連邦法は、全ての州に適用され、また、州法に優先する（米国合衆国憲法第6章第2項）。サイバーセキュリティについては、連邦法及び州法のいずれのレベルにおいても、包括的な法律は制定されていなかったが、2022年3月、重要インフラのサイバーインシデントについて CISA（サイバーセキュリティ及びインフラストラクチャーセキュリティ庁（the Cybersecurity and Infrastracure Security Agency））への報告を義務付ける法律が制定される[13]といった動きがあるところである。

データ保護については、連邦レベルでは、CCPA の制定以降包括的な連邦データ保護法制定の機運は高まっているものの、現在のところ、データ保護に関する包括的な法律は制定されていない。一方で、州法レベルでは、カリフォルニア州等、包括的な個人情報保護法が制定している州が複数存在する。

なお、連邦レベルにおいても、銀行等の金融機関に適用されるグラム・リーチ・ブライリー法（Gramm-Leach-Bliley Act）（以下「GLBA」という。）や医療関係についての医療保険の相互運用性と説明責任に関する法律（Health Insurance Portability and Accountability Act）（以下「HIPAA」という。）等、分野ごとに個別のデータ保護に関する連邦法が存在する。

（２）データ保護に関する州法

ア　CCPA 及び CRPA

CCPA は、2018年6月28日に制定されたカリフォルニア州における包括的な個人情報保護法であり、同州の自然人である住民（消費者）の個人情報を保護することを目的とするものであり、2020年1月1日から施行されている。日本企業でカリフォルニア州に拠点を有しない場合であっても、カリフォルニア州において事業を行っており[14]、総売上が2,500万ドル以上であるなど、その他の要件を満たす場合には、CCPA が適用される。CCPA に違反した場合、州司法長官より違反行為の差止め又は制裁金（最大2,500ドル（故意の違反については最大7,500ドル））を求めた提訴（CCPA 1798.155(b)）を受ける可能性がある。さらに、合理的セキュリティ措置を取る義務の違反により、暗号化されていない、特定の情報が流出等した場合には、消費者には1件あたり100ドル以上750ド

---

[13] Cyber Incident Reporting for Critical Infrastructure Act of 2022(CIRCIA)
https://www.congress.gov/bill/117th-congress/house-bill/2471/text
CISA による概要は以下。
https://www.cisa.gov/topics/cyber-threats-and-advisories/information-sharing/cyber-incident-reporting-critical-infrastructure-act-2022-circia

[14] なお、「カリフォルニア州において事業を行っている」（does business in the State of California）については、CCPA 上定義は存在せず、どのような場合に「カリフォルニア州において事業を行っている」と判断されるかは明らかではない。

ル以下の法定損害賠償又は実損額のいずれか大きいほうの金額について私人提訴権（ク
ラスアクションも可能）（1798.150(a)(1)）が認められており、実際にクラスアクションが
提起されている事例も存在する（例：Benjamin Karter v. Epiq Systems, Inc.）

また、カリフォルニア州においては、2020 年 11 月 3 日に CCPA の改正法である CRPA
が制定され、その大部分の規定は、2023 年 1 月 1 日から施行される予定である。CRPA
においては、違反した場合の制裁金の上限が、故意の有無にかかわらず、16 歳未満であ
ると認識している個人情報の違反又は未成年の個人情報の違反を伴う場合には 7,500 ド
ルへと増額されている。また、私人提訴権の対象となる情報が、CCPA においては、氏名
等を含む一定の個人情報に限られていたが、CRPA においては、新たに E メールアドレ
スと組み合わされた、アカウントへのアクセスを可能とするパスワード又はセキュリ
ティ質問及びその回答の情報も対象として追加されている。

イ　データ侵害通知法及び SHIELD Act

データ侵害通知法は、個人情報の漏えいが発生した場合に、事業者に対し、漏えいの対
象となった個人に対して漏えいの通知を義務付けるとともに、一定の場合に州当局への
報告も義務付けるものであり、米国の各州において制定されている。

例えば、カリフォルニア州のデータ侵害通知法（Cal. Civ. 1798.82）においては、事業
者は、システムセキュリティの侵害が発生した場合には、個人情報が漏えい等の対象とな
ったカリフォルニア州の住民に対する通知を行わなければならず（Cal. Civ. 1798.82(a)）、
さらに、500 名以上のカリフォルニア州の住民に対し当該通知を行う場合には、州司法長
官に対し住民に対する通知書のサンプルを提出しなければならない（Cal. Civ. 1798.82
(f)）。

2019 年 7 月にニューヨーク州で制定されたハッキング禁止及び電子データセキュリ
ティ改善に関する法律（Stop Hacks and Improve Electronic Data Security Act）（以下
「SHIELD Act」という。）は、同州のデータ侵害通知法の個人情報の範囲を拡大する等
の改正を定めている（N.Y. Gen. Bus. Law §899-aa 1 (b)(i)(ii)）。さらに、SHIELD Act
は、ニューヨーク州の住民の個人情報を含む電子化データを保有等している事業者等に
対し、当該個人情報を保護するための合理的セキュリティ措置を取るよう求めている
（N.Y. Gen. Bus. Law §899-bb 2 (a)）。

（3）データ保護に関する連邦法

連邦レベルでは、現在のところ、データ保護に関する包括的な法律は制定されていない
が分野ごとに個別の連邦法は存在する。例えば、HIPAA は、電子化された医療情報を扱
う病院や医療保険会社等を対象とし、保護健康情報（protected health information）に
ついて、会社の規模、技術的インフラ、コスト及びリスクの大きさ等に応じて、合理的か
つ適切なセキュリティ措置（管理的措置、物理的措置、技術的措置及び組織的措置）を取

ることを求めている[15]。また、GLBA は、金融機関に対し、顧客の非公開個人情報
（nonpublic personal information.）の保護について、特定の要素を含むセキュリティプ
ログラムの実施を義務付けている[16]。

２－３．中国

（１）各法令の関係性

まず、2017 年、ネットワーク空間管理の基本法といえるネットワーク安全法（「サイバ
ーセキュリティ法」ということもある）が、2021 年にはデータ安全法と中国個人情報保護
法が施行され、これらの三法（以下「データ三法」ということがある）を主要法律とし
て、横断的にネットワーク・データ（個人情報含む。）の保護が図られている。なお、現
時点では、法律上は詳細まで定められていない定義や要件が含まれているが、現状、下位
法令等の整備は遅れている。そのため、下位法令等で定められていない事項については、
国家推奨標準である「情報安全技術個人情報安全規範」等の法的拘束力のない標準・ガイ
ドライン等を参照する必要がある。また、2021 年 1 月 1 日に施行された中国民法典にお
いても、個人情報、プライバシー権が明記され、一定の義務等が規定されている。

ネットワーク安全法は、Q85 で紹介するとおり、ネットワークの安全管理に関連する事
項を全般的に規定したサイバーセキュリティの基本法となっている。中国国内においてイ
ンターネットを建設・運営・維持・使用する場合、及びインターネットの安全を監督管理
する場合に適用されるため、中国以外に所在する企業であっても中国国内で事業を行う場
合には適用される可能性がある。適用対象主体は「ネットワーク運営者」で、特に「重要
情報インフラ運営者」に当たる場合は、個人情報・重要データの国内保存義務・国外移転
規制が課されることとなる。ネットワーク安全法においても個人情報保護の関する規定が
存在するが、原則的・概括的な規定に止まる。中国個人情報保護法の施行前は、ネットワ
ーク安全法における個人情報保護に関する規定の重要性は高かったが、中国個人情報保護
法の施行とともに、その規定の意義は薄れたといえる。

次に、データ安全法は、データセキュリティに関する責任主体、データセキュリティ保
護義務等について規定した基本法となっている。中国国内における個人データに限られな
い「データ」[17]の「取扱行為」[18]に適用される。また、同法の域外適用についても規定され
ている（同法第 2 条第 2 項）。

そして、中国個人情報保護法は、GDPR に類似する内容を規定しており、包括的な個人
情報の保護についての基本法となっている。個人情報を取り扱う個人情報取扱者の、中国

---

[15] 42 U.S.C. §1302(a)および 45 C.F.R. § 164.306, 308, 310, 312, 314
[16] 15 U.S.C. §6801(b)および 16 C.F.R. §314.3, 314.4
[17] いずれかの電子的又はその他の方式によって情報を記録したもの（データ安全法第 3 条第
1 項）
[18] データの収集、保存、使用、加工、伝送、提供、公開等が含まれる（データ安全法第 3 条
第 2 項）

国内における自然人の個人情報の取扱行為のみならず、中国国外における中国国内の自然人の個人情報の取扱行為についても、①国内の自然人に対する製品又は役務の提供を目的とする場合、②国内の自然人の行為を分析し、評価する場合、③法律、行政法規に定めるその他の事由のいずれかに該当する場合は適用対象となる（同法第3条第2項）。また、後述する機微な個人情報についても規定がなされている。

上記のとおり、データ三法は、保護法益・適用対象について、重複する部分はあるものの法目的などの大枠は異なっているといえる。

また、中国個人情報保護法における個人情報の定義[19]と、ネットワーク安全法及び中国民法典における個人情報の定義[20]は書きぶりは異なるものの、自然人の識別可能性を基準に個人情報の範囲を画するという点については同様と考えられる。

なお、今後も、後発の法令によって、適用対象、義務・規制が上乗せされることがありうるため、法令の制定の動向に注意が必要である。以上を踏まえ、以下では、主に中国個人情報保護法のうち、サイバーセキュリティにかかわる部分の概要を紹介する。

（2）機微な個人情報

上記のとおり、中国個人情報保護法では、機微な個人情報について規定がなされている。機微な個人情報とは、「一旦漏洩され、又は不法に使用されると、自然人の人格の尊厳が侵害を受け、又は人身、財産の安全が害されやすい個人情報であり、生体認証、宗教信仰、特定の身分、医療健康、金融口座、行動履歴等の情報や、14歳未満の未成年者の個人情報が含まれる」とされている（同法第28条第1項）。

機微な個人情報を取得する場合、同法で規定されている個人情報の取扱行為前の本人の同意に加え、別途の本人同意を取得する必要がある（同法第29条）。また、一般的な事前告知事項に加え、機微な個人情報の取扱いの必要性及び個人の権益への影響を告知しなければならない（同法第30条）。その他、機微な個人情報を取り扱う場合は、後述する個人情報影響評価を実施しなければならない（同法第55条）。

（3）安全管理に関する主な規定

中国個人情報保護法では、個人情報の安全管理に関わる個人情報取扱者の一般的な義務として、以下の①〜⑥の措置義務が規定されている（同法第51条）。なお、ネットワーク

---

[19] 電子的又は他の方式により記録され、既に識別された又は識別可能な、自然人と関連する各種の情報であり、匿名化処理された情報は含まない（中国個人情報保護法第4条第1項）。

[20] 「電子的方式又はその他の方式によって記録され、単独で又はその他の情報と組み合わせて、特定の自然人を識別することができる各種情報をいい、自然人の氏名、生年月日、身分証明書番号、生体認証情報、住所、電話番号、電子メール、健康情報、行動履歴情報等を含む。」（ネットワーク安全法第76条第5号、中国民法典第1034条第2項）

安全法第 42 条第 2 項においても、個人情報の安全管理措置として、技術的管理措置等を実施しなければならない旨の規定がある[21]。

① 内部の管理制度及び操作規程の制定義務

② 個人情報に対する分類管理の実施義務

③ 適切な暗号化、非識別化等の然るべき安全技術の措置義務

④ 個人情報取扱の操作権限を合理的に確定し、かつ定期的に従業員に対して安全教育及び研修を実施する義務

⑤ 個人情報の安全に関わる事象に対する緊急対応策の制定・実施義務

⑥ 法律、行政法規に定めるその他義務

また、同法は、取り扱う個人情報が国のネットワーク情報部門の定める数量に達している個人情報取扱者に対して、個人情報保護責任者の指定を要求している（第 52 条）。「国のネットワーク情報部門の定める数量」の具体的な基準は定められていないが、ネットワーク安全審査弁法や、ネットワークデータ安全管理条例（意見募集稿）を参考にすると、100 万人以上分の個人情報が目安となると考えられる。

さらに、個人情報取扱者は、以下のいずれかに該当する場合、個人情報影響評価[22]を行わなければならない（同法第 55 条）。

① 機微な個人情報を取り扱う場合

② 個人情報を利用した自動化された意思決定を行う場合

③ 個人情報の取扱の委託、その他の個人情報取扱者への個人情報の提供及び個人情報の公開を行う場合

④ 個人情報の国外提供を行う場合

⑤ その他個人の権益に重大な影響を与える個人情報取扱行為を行う場合

また、個人情報取扱者が、個人情報の取扱いについて委託する場合は、取扱委託の目的、期間、取扱方法、個人情報の種類、保護措置、双方の権利及び義務等について約定した上で、委託者は受託者を監督しなければならないと規定されているため、注意が必要である（同法第 21 条第 1 項）。

---

[21] なお、電気通信事業及びインターネット情報サービス提供者については、電気通信及びインターネット利用者の個人情報の保護に関する規定（原文「電信和互联网用户个人信息保护规定」）第 13 条により、個人情報の安全管理措置として必要な措置を実施しなければならない旨の規定がある。この規定は、「国務院部門規章」であり、狭義の「法律」ではないが、法的拘束力を有する「法令」に位置づけられる。

[22] 個人情報影響評価には、①個人情報の取扱目的、取扱方法等が合法的、正当かつ必要なものであるか、②個人の権益に対する影響及び安全リスク、③講じる保護措置が合法的かつ有効であるか、かつリスクの程度に見合ったものであるかといった内容を含めなければならず、個人情報保護影響評価報告及び取扱状況の記録を少なくとも 3 年間保存しなければならないとされているが、具体的にどのように個人情報影響評価を実施しなければならないか等の細則について、本法には規定されていない（同法第 56 条）。

Q84 海外における主な個人データ保護関係法令

加えて、個人情報取扱者が、合併、分割、解散、破産宣告等の原因により個人情報を移転する必要がある場合、本人に受領者の名称又は氏名及び連絡先情報を告知しなければならないとされている点も注意が必要である（同法第22条）。

（4）個人情報の漏えい等

中国個人情報保護法の制定前は、個人情報漏えい等のインシデントが発生した又は発生する可能性が生じた際の義務については、ネットワーク安全法第42条第2項で、救済措置、本人への通知及び関係所管機関に対する報告について抽象的な義務が定められていたが、包括的な個人情報取扱者に関する具体的な法律上の義務はなかった[23]。

中国個人情報保護法では、個人情報漏えい等のインシデントが発生した又は発生する可能性が生じた際の、個人情報取扱者における、改善措置の実施、監督機関や本人に対する特定事項[24]の通知に関する義務が規定された（同法第57条第1項）。また、一定の場合、本人への通知が不要になる旨の抽象的規定も設けられた（同条第2項）[25]。

3．参考資料（法令・ガイドラインなど）

・個人データの取扱いと関連する自然人の保護に関する、及び、そのデータの自由な移転に関する、並びに、指令95/46/ECを廃止する欧州議会及び理事会の2016年4月27日の規則(EU) 2016/679 （一般データ保護規則）

　前文の参考仮訳　https://www.ppc.go.jp/files/pdf/gdpr-preface-ja.pdf

　条文の参考仮訳　https://www.ppc.go.jp/files/pdf/gdpr-provisions-ja.pdf

・GDPRの地理的適用範囲（第3条）に関するガイドライン　バージョン2.1の参考仮訳

　https://www.ppc.go.jp/files/pdf/chiritekitekiyouhanni_guideline2.1.pdf

・データ保護オフィサー（DPO）に関するガイドラインの参考仮訳

　https://www.ppc.go.jp/files/pdf/dpo_guideline.pdf

・データ保護影響評価（DPIA）及び取扱いが2016/679規則の適用上、「高いリスクをもたらすことが予想される」か否かの判断に関するガイドラインの参考仮訳

　https://www.ppc.go.jp/files/pdf/dpia_guideline.pdf

・Handbook on Security of Personal Data Processing

---

[23] その他、電気通信及びインターネット利用者の個人情報の保護に関する規定第14条においては、電気通信事業及びインターネット情報サービス提供者について、是正措置、報告に関する具体的な義務が定められていた。

[24] ①個人情報の漏えい、改ざん、又は損失の種類、理由、及び考えられる危害が発生したこと、又は発生する可能性があること、②個人情報取扱者が講じた是正措置、および個人が危害を軽減するために講じることができる措置、③個人情報取扱者の連絡先

[25] 情報漏えい、改ざん、紛失による危害を効果的に回避するための措置を講じた場合は本人への通知が不要とされているが、監督機関が害を及ぼす可能性があると判断した場合は、本人への通知を要求される。なお、具体的な措置の内容については現時点では不明である。

https://www.enisa.europa.eu/publications/handbook-on-security-of-personal-data-processing

・THE CNIL'S GUIDES-2018 EDITION SECURITY OF PERSONAL DATA

https://www.cnil.fr/sites/default/files/atoms/files/guide_security-personal-data_en.pdf

・中国ネットワーク安全法
・中国データ安全法
・中国個人情報保護法
・中国民法典
・電気通信及びインターネット利用者の個人情報の保護に関する規定
・情報安全技術個人情報安全規範

4．裁判例

特になし

Q85 海外における主なサイバーセキュリティ法令

海外における主なサイバーセキュリティ関連法令としてどのようなものがあるか。その際に日本企業が留意すべきポイントとしてどのようなものがあげられるか。

タグ：NIS 指令、NIS2 指令案、基幹サービス運営者、デジタルサービス提供者、EU サイバーセキュリティ法、ランサムウェア、OFAC、FinCEN、中国個人情報保護法、データ安全法、ネットワーク安全法、民法典、ネットワーク安全審査規則

1. 概要

　ネットワーク・情報システムの安全に関する指令[1]（以下「NIS 指令」という。）は、欧州連合（EU）加盟国が遵守すべきセキュリティ対策規範を定めるものである[2]。また、EU は、EU 域内における統一的なサイバーセキュリティ認証制度の整備を目指し、EU サイバーセキュリティ法（EU Cybersecurity Act[3]）を制定している。

　米国においては、連邦法及び州法のいずれのレベルにおいてもサイバーセキュリティに係る包括的な法律は制定されていない。なお、近年、米国においてランサムウェア攻撃による被害が急増していることから、米国財務省外国資産管理局（the U.S. Department of the Treasury's Office of Foreign Assets Control）（以下「OFAC」という。）や金融犯罪取締網（Financial Crimes Enforcement Network）（以下「FinCEN」という。）が勧告を公表する等、規制を強化している。

　中国においては、ネットワーク安全法、中国個人情報保護法、データ安全法のいわゆるデータ三法に着目する必要がある。このうち、サイバーセキュリティに関するものとしては、ネットワーク安全法、データ安全法があげられ、事業者に対する様々な義務を規定している。さらに、2022 年 2 月 15 日に施行された「ネットワーク安全審査規則」においても、所定の場合における安全審査義務が規定されている。

---

[1] Directive (EU) 2016/1148 of the European Parliament and of the Council of 6 July 2016 concerning measures for a high common level of security of network and information systems across the Union

[2] なお、欧州委員会は、2020 年 12 月に NIS 指令の改正案（Proposal for a European Parliament and of the Council on measures for a high common level of cybersecurity across the Union, repealing Directive (EU) 2016/1148。以下「NIS2 指令案」という）を提案している。

[3] Regulation (EU) 2019/881 of the European Parliament and of the Council of 17 April 2019 on ENISA (the European Union Agency for Cybersecurity) and on information and communications technology cybersecurity certification and repealing Regulation (EU) No 526/2013

２．解説

２－１．欧州

（１）NIS 指令の概要

　NIS 指令は、欧州連合（EU）加盟国が遵守すべきセキュリティ対策規範を定めるものであり、EU 加盟国は、NIS 指令が定める要求事項を各国法において定める必要があるところ、既に EU の現加盟国 27 か国の NIS 指令の国内法化（transposition）は完了している。NIS 指令は、欧州連合運営条約（Treaties of the European Union）第 114 条を立法上の根拠として、2016 年 7 月 6 日に成立し、同年 8 月 8 日に施行された。なお、欧州委員会は、2020 年 12 月に指令の適用対象を拡大すること等を盛り込んだ NIS2 指令案を提案していたところ、2022 年 11 月 28 日に可決されている[4]。

（２）NIS 指令の目的

　NIS 指令の目的は大きく以下のとおりに分類される。

①各国はサイバーセキュリティ国家戦略策定や、Computer Security Incident Response Team 設置を含めたサイバーセキュリティインシデント対応の国家的枠組みを構築すること

②各国はサイバーセキュリティ関連の情報共有等の国家的枠組みを構築すること

③各国は基幹サービス運営者（operator of essential services）やデジタルサービス提供者（digital service provider）に対するインシデント届出義務等を課すセキュリティ法制を定めること

（３）NIS 指令の適用対象となる民間事業者[5]

　NIS 指令の適用対象となる民間事業者は、基幹サービス運営者（operator of essential services）及びデジタルサービス提供者（digital service provider）である。

ア　基幹サービス運営者

　基幹サービス（essential services）に係る事業分野は、エネルギー（電気、石油、ガス）、輸送（航空輸送、鉄道輸送、水上輸送、道路輸送）、銀行、金融市場インフラストラクチャー、保険医療、飲料水供給分配に分類されるが（NIS 指令 Annex II）、各加盟国は、以下の特定基準に基づき、2018 年 11 月 9 日までに、自国にて設立された具体的な基幹サービス運営者を特定する義務が課されている（NIS 指令第 5 条第 1 項、第 2 項）。

(a)重要な社会活動、経済活動又はその両方の維持に不可欠なサービスを提供する法人であること

(b)ネットワーク及び情報システムに依存して(a)のサービスを提供していること

(c)インシデントが(a)のサービスの提供の提供に重大な破壊的影響を及ぼすであろうこと

---

[4] https://eur-lex.europa.eu/eli/dir/2022/2555/oj

[5] 適用対象事業者は、NIS2 指令において拡大されているので留意を要する。

イ　デジタルサービス提供者

　デジタルサービスは、オンラインマーケットプレイス、オンライン検索エンジン及びクラウドコンピューティングサービスに分類され、かかるサービスを提供する法人は全てデジタルサービス提供者に含まれる。

（4）NIS 指令との関係において民間事業者に課される義務の内容

　NIS 指令は、加盟国に対し、国内法において基幹サービス運営者及びデジタルサービス提供者に対し、大要、以下の義務を課すことを要求する（NIS 指令第 14 条第 1 項～第 3 項、第 16 条第 1 項～第 3 項）。

　①EU 域内提供サービスに使用するネットワーク及びシステムのリスクを管理するための適切な技術的かつ組織的な措置を講じること

　②EU 域内提供サービスに使用するネットワーク及びシステムに対するインシデントによる影響を防止・最小化するための適切な措置を講じること

　③提供するサービスの継続性に重大な影響を及ぼすインシデントを遅滞なく管轄官庁又は CSIRT に対し通知すること

　さらに、NIS 指令は、加盟国に対し、NIS 指令に基づき採択された国内規定への違反があった場合に適用可能な罰則規定を定め、その実施を確保するための適切な措置を講じることを要求する（NIS 指令第 21 条）。

（5）EU サイバーセキュリティ法

　EU サイバーセキュリティ法は、欧州ネットワーク情報セキュリティ庁（European Union Agency for Cybersecurity）の目的、役割、組織、権限等について定めるとともに、EU 域内における ICT 製品、ICT サービス及び ICT プロセスに関する統一的なサイバーセキュリティ認証制度である欧州サイバーセキュリティ認証フレームワーク（European cybersecurity certification framework）の確立を目的とする法律であり、2019 年 4 月 17 日に成立し、同年 6 月 27 日に施行された。EU 加盟国は、EU サイバーセキュリティ法に基づき、EU 域内で製造・販売される ICT 製品、ICT サービス及び ICT プロセスのセキュリティ認証の規格統一を目指しており、今後 ICT 製品、ICT サービス及び ICT プロセスのタイプや類型ごとに認証基準が順次作成されることが予定されている。

２－２．米国
（1）包括的なサイバーセキュリティに関する連邦法の有無

　米国においては、連邦法及び州法のいずれのレベルにおいてもサイバーセキュリティに係る包括的な法律は制定されていない。ただし、近年、米国においてランサムウェア攻撃による被害が急増していることから、OFAC や FinCEN が勧告を公表する等、規制を強化している。

Q85　海外における主なサイバーセキュリティ法令

（2）ランサムウェアに関する規制

　OFAC の規制の中には、外交政策・安全保障上の目的から特定の国・地域及び制裁対象者リスト（Spcecially Designated Nationals and Blocked Persons List）（以下「SDN リスト」という。）に記載された個人・団体等を対象として取引制限や資産凍結等の措置を講じているものがある。そして、OFAC 規制は、主に米国人・米国法人を対象とする措置（一次的制裁）と非米国人・非米国法人を対象とする措置（二次的制裁）に分類されるが、このうち一次的制裁は制裁金のみならず、刑事罰の対象となる上に、米国との接点がある限り、非米国人・非米国法人であっても域外適用される可能性がある。

　近年、米国においてランサムウェア攻撃による被害が急増していることを受けて、2021年 9 月 21 日、OFAC は、ランサムウェアの支払いの促進についての潜在的制裁リスクについてのアップデート版の勧告（Updated Advisory on Potential Sanctions Risks for Faciliating Ransomware Payments）（以下「OFAC 勧告」という。）[6]を公表し、同年のうちに複数の暗号資産取引所を SDN リストに追加している。

　OFAC 勧告では、ランサムウェアの支払いへの協力は OFAC 規制に違反し、厳格責任に基づく制裁金の対象となりうることを明記するとともに、制裁遵守プログラム（Sanctions Compliance Program）の存在、性質及び適切性や、サイバーセキュリティ及びインフラストラクチャーセキュリティ庁（CISA: the Cybersecurity and Infrastracure Security Agency）の「ランサムウェアガイド 2020 年 9 月」（Ransamware Guide September 2020）[7]において強調されているサイバーセキュリティプラクティスの採用又は改良を通じたリスク軽減のステップが、制裁の決定に際して、制裁緩和の要素として考慮されるとしている。さらに、OFAC 勧告においては、ランサムウェアの支払いを被害者に代わって行うことに関与する企業は、金融犯罪取締網（Financial Crimes Enforcement Network）（以下「FinCEN」という。）の規制を遵守する義務があるか否かに留意すべきである旨記載し、脚注においてFinCEN の 2020 年 10 月 1 日付勧告（Advisory on Ransomware and the Use of the Financial System to Facilitate Ransom Payments[8]）（以下「FinCEN 勧告」という。なお、FinCEN 勧告は 2021 年 11 月 8 日付でアップデートされている[9]。）を引用している。

　FinCEN 勧告は、金融機関が、銀行秘密法（Bank Security Act）に定める義務を遵守することを通じて、米国の金融システムをランサムウェアの脅威から守ることについて重要な役割を果たすとしつつ、金融機関は、ランサムウェア事案を扱う場合には、疑わしい取引報告（Suspicious Activity Reporting）（以下「SAR」という。）を行うことの要否・適否に

---

[6] https://home.treasury.gov/system/files/126/ofac_ransomware_advisory.pdf
[7] https://www.cisa.gov/sites/default/files/publications/CISA_MS-ISAC_Ransomware%20Guide_S508C_.pdf
[8] https://www.fincen.gov/sites/default/files/advisory/2020-10-01/Advisory%20Ransomware%20FINAL%20508.pdf
[9] https://www.fincen.gov/sites/default/files/2021-11/FinCEN%20Ransomware%20Advisory_FINAL_508_.pdf

ついて決定すべきであるとしている。

　さらに、換金可能な暗号資産の交換業者（CVC exchanges）を含む金融機関が、ランサムウェア攻撃に関連する疑わしい取引を特定し、SAR の義務を果たすことの重要性に照らし、FinCEN 及び法執行機関は、ランサムウェア攻撃に関する疑わしい取引は、「即時の注意が要求される違反に関する事態」[10]に該当する（金融機関による即時の通知が必要となる）と考える旨表明し、金融機関に対して、疑わしい取引の報告義務の履行を求めている。

２－３．中国
（１）主要な法律

　Q84 のとおり、中国においては、2017 年にネットワーク空間管理の基本法といえるネットワーク安全法（サイバーセキュリティ法）が、2021 年にはデータ安全法と中国個人情報保護法が施行され、これらの三法（以下「データ三法」ということがある）を主要法律として横断的にサイバーセキュリティを含むデータの保護を図っている（中国個人情報保護法については Q84 を参照）。

（２）ネットワーク安全法
ア　ネットワーク運営者の義務

　ネットワーク安全法の適用対象は、「ネットワーク運営者」（中国国内におけるネットワークの所有者、管理者およびネットワークサービス提供者。同法第 76 条第 1 項 3 号）である。ネットワーク運営者は、サイバーセキュリティ等級別保護制度の要件に基づき安全保護義務を履行しなければならない（同法第 21 条）。サイバーセキュリティインシデント緊急対応プランを制定し、インシデント発生時には直ちにそのプランを発動して救済措置を講じるとともに、関連の主管部門に報告する義務を負う（同法第 25 条）。

イ　重要情報インフラ運営者の義務

　ネットワーク安全法は、重要情報インフラ運営者に対して、ネットワーク運営者に対する義務に加えて厳格な義務が課される。ここにいう「重要情報インフラ」とは、2021 年 9 月 1 日に施行された「重要情報インフラ安全保護条例」第 2 項によれば、「公共通信および情報サービス、エネルギー、交通、水利、金融、公共サービス、電子政務、国防科学技術工業等の重要な業界及び分野、並びにその他一旦その機能が破壊され、喪失し、又はデータが漏えいすると国の安全、国の経済、人民の生活、公共の利益に重大な危害が及ぶおそれのある重要なネットワーク施設及び情報システム等」とされている。同条例によれば、重要情報インフラは、当局主管部門が認定のための規則を制定し、認定結果を通知することとされている。

　重要情報インフラ運営者には、安全性・リスク要因について年 1 回以上の検査評価を行う義務や、データローカライゼーション規制(Q86 参照)が課せられることとなる。

---

[10] 例えば、31 C.F.R. § 1020.320(b)(3)。

（3）データ安全法

　データ安全法は、中国国内で「データ取扱行為」を行う場合に適用される（同法第2条第1項）。取扱行為とは、収集、保存、使用、加工、伝達、提供、開示等をいう（同法第3条第2項）。域外適用については、中国国外で行われるデータ取扱行為によって中国の国家安全、公共利益または公民、組織の合法的な権益を害した場合、法的責任を追及することとされている（同法第2条第2項）。

　データ取扱者に対する主な義務をいくつか挙げると、まず、データ安全保護義務が課される。データ取扱者は、データセキュリティ体制整備（同法第27条第1項など）を行い、法令の規定に基づく「全過程のデータ安全管理制度」を確立・整備し、教育研修の実施を手配し、相応の技術措置等を取らなければならない（同法第27条）。

　次に、データ取扱行為においてはリスクモニタリングを強化し、安全上の欠陥、脆弱性等のリスクを発見した場合の対応や、インシデント発生時の処置（ユーザ及び関連主管部門への告知・報告も含む）に関する義務がある（同法第29条）。

　また、データについて、一般データ、重要データ、国家核心データという3つの類型分けがなされており、重要データの取扱いに関しては、データ安全責任者・管理機構の明確化（同法第27条2項）、定期的なリスク評価の実施と関連主管部門への報告（同法第30条）といった義務が加わることとなる。

（4）ネットワーク安全審査規則

　「ネットワーク安全審査規則」によれば、重要情報インフラ運営者によるネットワーク製品及びサービスの調達、ネットワーク・プラットフォーム運営者によるデータ取扱行為が、国家の安全に影響を及ぼし得る場合には、ネットワーク安全審査を行わなければならないとされている（同規則第2条第1項）。

　また、重要情報インフラ運営者がネットワーク製品及びサービスを調達する場合、当該製品及びサービスによる国家安全リスクを事前に判断しなければならず、国家の安全に影響を及ぼし得る場合は、ネットワーク安全審査弁公室に対しネットワーク安全審査を申告しなければならないとされている（同規則第5条）。

　さらに、100万を超えるユーザの個人情報を保有するネットワーク・プラットフォーム運営者が国外で上場する場合、ネットワーク安全審査弁公室に対し、ネットワーク安全審査を申告しなければならないとされており（同規則第7条）、中国国内において多数の個人情報を扱う企業が中国国外で上場しようとする場合には、当局による安全審査を経る必要が生じ、その運用によっては中国国外でのIPO実務に影響があり得る点に留意が必要である。

3．参考資料（法令・ガイドラインなど）

本文中に記載のとおり

4．裁判例

特になし

Q86 データローカライゼーション規制の概要

データローカライゼーションとはどのような内容の規制なのか。また、データローカライゼーション規制の適用がある場合の法的留意点はいかなるものか。

> タグ：データローカライゼーション、越境移転、ネットワーク安全法、中国個人情報保護法、重要データ、個人データ、重要情報インフラ運営者、ネットワーク運営者

1．概要

　データローカライゼーションとは、重要データや個人データなど一定のデータを国内で保管することを義務付ける法規制をいう。ネットワーク安全法、ベトナムサイバーセキュリティ法、ロシア連邦個人情報保護法などが、かかるデータローカライゼーション規制を有する。

　データローカライゼーション規制の適用がある場合には、その具体的な規制内容に応じたコンプライアンス対応が求められる。例えばネットワーク安全法においては、重要情報インフラ運営者に該当する場合には、中国国内において収集・生成する個人情報および重要データについては、そのような重要性の高い情報の国外流出を防止するという観点も踏まえて中国国内において保管しなければならないとされ、業務上の必要から、確かに中国国外へと越境移転する必要がある場合には、一定の要件に従った安全評価を行わなければならないとされる。このため、国内へのデータセンター設置や、国外へのデータ移転に対してのセキュリティ評価プロセスの構築が必要になる。一方、一般のネットワーク運営者がかかる義務を履行する必要があるか否かについては、未だ法令により明確にされていないため、弁法[1]やガイドラインの制定動向に注目する必要がある。

　日本では、データローカライゼーション規制は実施されていないが、医療情報のような一部の類型の情報や政府の情報システムの情報の保管場所について、ガイドライン等で要求事項があることに留意すべきである。

2．解説

（1）問題の所在

　近年、サイバーセキュリティと法令の文脈において「データローカライゼーション」と称する規制が注目されているが、これはどのような内容の規制であり、また、データローカライゼーション規制の適用がある場合の法的留意点はいかなるものであるのかが問題となる。

（2）データローカライゼーション規制の概要

　データローカライゼーション規制とは、重要データや個人データなど一定のデータを国

---

[1] 法律の下位規則にあたる行政法規等を意味する。

413

内で保管することを義務付ける法規制をいう。2017年6月1日施行の中華人民共和国網路安全法（中華人民共和国サイバーセキュリティ法、以下「ネットワーク安全法」という。）が、かかるデータローカライゼーション規制を制定し、当該規制に関して国際的に広い関心を集めるきっかけとなった。その他にも、ベトナムサイバーセキュリティ法やロシア連邦個人情報保護法などが、かかるデータローカライゼーション規制を有する。データローカライゼーション規制の適用がある場合には、その具体的な規制内容に応じたコンプライアンス対応が求められる。

　なお、EUのGeneral Data Protection Regulation（EU一般データ保護規則。以下「GDPR」という。）などにおいては、個人データの国外移転に当たって一定の条件を求めているが、個人データの国内保管そのものを義務付けるものではない。このような、いわゆる個人データの越境移転規制については、データローカライゼーション規制には含まないものとして整理する。

　以下、ネットワーク安全法の内容を中心に、データローカライゼーション規制の概要と、同規制の適用がある場合の法的留意点を説明する。

（3）ネットワーク安全法とデータローカライゼーション規制
ア　適用範囲

　ネットワーク安全法においては、第37条において、いわゆるデータローカライゼーション規制が規定されている。すなわち、重要情報インフラの運営者（重要インフラ運営者の定義についてはQ85を参照）は、中国国内での運営において収集及び発生した個人情報及び重要データを、中国国内で保存しなければならず、また業務の必要により国外提供する必要がある場合には、国家インターネット情報部門が国務院の関係部門と共に制定した規則に従って安全評価を行わなければならないとされる（第37条）。また、条文上は、「重要情報インフラ」の運営者にのみ、データローカライゼーション規制の適用があるとされている。

　また、データローカライゼーションの対象となる「個人情報」とは、「電子又はその他の方式で記録した単独又はその他の情報と組み合わせて自然人（個人）の身分を識別することができる、自然人の氏名、生年月日、身分証番号、個人の生体認証情報、住所、電話番号等を含むがこれらに限らない各種情報をいう。」（第76条第1項第5号）とされ、また、「重要データ」とは、電子方式により存在し、ひとたび改ざん、破壊、漏洩又は違法取得、違法利用がなされた場合、国家安全、公共利益に危害を及ぼす可能性があるデータをいうとされる（情報安全技術重要データ識別ガイドライン（2022年1月13日付意見募集稿）参照）。

　なお、上記のとおり、ネットワーク安全法の条文上は、重要情報インフラの運営者のみがデータローカライゼーション規制の義務主体とされるが、「個人情報と重要データ越境セキュリティ評価弁法」（2017年4月11日付意見募集稿）及び「個人情報越境セキュリ

ティ評価弁法」（2019 年 6 月 13 日付意見募集稿）において、かかる義務主体が、重要情報インフラの運営者だけではなく、一般の「ネットワーク運営者」（定義については Q85 を参照）に拡大される可能性もある[2]。令和 4 年 3 月現在、未だ、当該各弁法は意見募集稿段階であり、確定していないため、今後の弁法やガイドラインの制定動向に留意が必要である。

イ　規制内容

　ネットワーク安全法の条文上の規制内容は、前述のとおり、中国国内での運営において収集及び発生した個人情報及び重要データを中国国内で保存すること、業務の必要により国外提供する必要がある場合には国家インターネット情報部門が国務院の関係部門と共に制定した規則に従って安全評価を行うことであるが、特に、後半の安全評価につき、条文からはその具体的内容は明らかではない。この点、前述「情報安全技術データ越境セキュリティ評価ガイドライン」（2017 年 8 月 25 日付意見募集稿）の現状の内容によれば、越境移転制限の適用対象となる企業であって、例えば、日本と中国において個人情報及び重要データを共有している場合等においては、概要、以下のプロセスを実施する必要があるとされる。

① データの越境移転に関するセキュリティ自己評価グループを設立する。

② データの越境移転計画を制定する。

③ データの越境移転に関するセキュリティ自己評価を実施し、セキュリティ自己評価報告書を作成する。

④ セキュリティ自己評価報告書及びその関連証明資料を提出し、国家インターネット情報部門及び産業主管部門に対して申告する（必要な場合にはその同意を得る。なお、評価の結果、越境移転が禁止された場合には、データの越境移転計画を修正し、セキュリティ自己評価を再実施しなければならない。）。

⑤ 毎年セキュリティ自己評価を実施する。

　また、データ越境移転に関しては、2021 年 10 月 29 日に公表した「データ国外移転安全評価規則」（2021 年 10 月 29 日付意見募集稿）においても規定されている。本規則では、データ取扱者は、データを国外に提供する前に、データ国外移転リスクの自己評価を実施しなければならないと、前述の「情報安全技術データ越境セキュリティ評価ガイドラ

---

[2] 「個人情報と重要データ越境セキュリティ評価弁法」（2017 年 4 月 11 日付意見募集稿）第 2 条は、「ネットワーク運営者は、中華人民共和国国内の運営において収集、発生した個人情報と重要データについて、国内に保存しなければならない。業務上の必要により、著しく国外に提供する必要がある場合、この規則に従ってセキュリティ評価を行わなければならない。」と規定し、「個人情報越境セキュリティ評価弁法」（2019 年 6 月 13 日付意見募集稿）第 2 条は、「ネットワーク運営者は、中華人民共和国国内での運営において収集した個人情報を国外に提供する（以下「個人情報の越境」という）場合には、本弁法に従い、セキュリティ評価を行わなければならない。セキュリティ評価により、個人情報の越境が国のセキュリティに影響を及ぼし、公共の利益を損ねる可能性があり、又は個人情報のセキュリティを有効に保障することが困難であると認定された場合には、越境させてはならない。国の個人情報の越境に関する別段の規定がある場合には、当該規定に従う。」と規定する。

イン」でも記載されていた内容を規定している。その際に、重点的に評価すべき事項として、以下の事項が列挙されている（本規則5条）。

① データの国外移転及び国外の受領者によるデータ取扱の目的、範囲、方法等の合法性、正当性、必要性

② 国外移転データの数量、範囲、種類、機微度、データの国外移転により国の安全、公共の利益及び個人又は組織の合法的権益に及ぼされる可能性のあるリスク

③ データ取扱者のデータ移転段階における管理上及び技術上の措置及び能力等により、データの漏えい、毀損等のリスクを防ぐことができるか否か

④ 国外の受領者が負うことを承諾した責任及び義務、並びに責任及び義務の履行に係る管理上及び技術上の措置及び能力等により、国外移転データの安全を保障することができるか否か

⑤ データが国外移転及び再移転後に漏えい、毀損、改竄、濫用等されるリスク、個人が個人情報に係る権益を維持保護するための経路が確保されているか否か等

⑥ 国外の受領者と締結した、データの国外移転に関する契約において、データ安全保護責任及び義務が十分に定められているか否か

　令和4年3月現在、いまだ、上述のガイドラインや規則はいずれも意見募集稿段階であり、確定していないため、今後の正式な公布動向に留意が必要である。

　また、重要情報インフラの運営者が第37条の規定に違反して、国外でネットワークデータを保存する、又は国外にネットワークデータを提供した場合は、関連の主管部門が是正を命じ、警告を行い、違法所得を没収し、5万元以上50万元以下の罰金が課されるにとどまらず、関連業務の一時停止、営業停止、ウェブサイトの閉鎖、関連業務許可の取消し又は営業許可の取消しを命じることができるとされる（第66条）。この営業停止や関連業務・営業許可の取消しを含む罰則は他の立法例にはあまり見られず、重い法的負担となり得る。

（4）中国個人情報保護法とデータローカライゼーション規制

　個人情報については、2021年8月20日に公布され、同年11月1日から施行された中国個人情報保護法において、個人情報取扱者が個人情報を国外に移転させる場合には、①国家ネットワーク情報部門による安全評価の実施、②国家ネットワーク情報部門の規定に基づいて専門機構が行う個人情報保護に係る認証の取得、又は③国家ネットワーク情報部門が制定する標準契約に従い国外の情報受領者との間で契約を締結し、双方の権利及び義務を約定すること、④法律、行政法木俣は国家ネットワーク情報部門が定めるその他の条件に該当することのいずれかを満たす必要があるとされており（中国個人情報保護法第38条）、法令の適用を受ける全ての事業者に対して域外移転規制が適用される。加えて、従前から義務が課せられていた「重要情報インフラ」の運営者及び取り扱う個人情報が国家

ネットワーク情報部門の定める数量（100万人とされている[3]。）に達している個人情報取扱者は、中国国内において収集し、及び生成される個人情報を、中国国内で保存しなければならず、国外に提供する必要が確実にある場合は、国家ネットワーク情報部門が行う安全評価に合格しなければならないとされている。今後も関連する規則やガイドラインが制定すると考えられ、引き続き立法動向を注視する必要がある。

（5）その他の法令とデータローカライゼーション規制

中国以外では、例えば、ベトナム、ロシアなどにおいて、データローカライゼーション規制が存在する。また、韓国においても、詳細地図情報の国外持ち出しを禁止する法制度の存在により、Google Maps 等のサービスが韓国国内では他国同様に展開することができない。データローカライゼーション規制を設ける目的は国や分野により様々だが、①自国内の産業保護、②安全保障の確保、③法執行／犯罪捜査などの要素が複雑に関連していることが指摘されている。

他方で、広範なデータローカライゼーション規制の拡大は、国際的な電子商取引を拡大していく上での障壁として機能するため、正当な公共政策上の理由を有さない同種の規制を抑止するための国際協力体制の構築も進められてきている。

（6）参考：日本の状況

日本では、データローカライゼーションに関する法規制はないが、一部の類型のガイドライン等において、情報の保管場所に関する要求事項があることに留意すべきである。

例えば、医療分野においては、「医療情報システムの安全管理に関するガイドライン第5.2版（別冊編）」73~74頁においては、医療機関等が、データセンター等の外部事業者に委託して情報を保存する場合の要求として、「外部保存の受託事業者の選定に当たっては、国内法の適用があることや、逆にこれを阻害するような国外法の適用がないことなどを確認し、適切に判断した上で選定することが求められる。」とされており、また、「医療情報を取り扱う情報システム・サービスの提供事業者における安全管理ガイドライン」44頁においても、同様に、「法令で定められた医療機関等に対する義務や行政手続の履行を確保するために、医療情報及び当該情報に係る医療情報システム等が国内法の執行の及ぶ範囲にあることを確実とすること」とされている。

また、国の行政機関、独立行政法人及び指定法人を対象に、サイバーセキュリティに関する対策基準の策定及び実施に際しての考え方等を解説等している「政府機関等の対策基準策定のためのガイドライン」（令和3年度版）においても、「委託業務で取り扱われる情報に対して国外の法令等が適用される場合があり、国内であれば不適切と判断されるアクセス等が行われる可能性があることに注意が必要である。…保有個人情報及び…個人データについては、国内法令のみが適用される場所に制限する必要があると考えられるため、当該個

---

[3] ネットワークデータ安全管理条例（意見募集稿）

人情報を取り扱う委託業務においては、保存された情報等に対して国内法令のみが適用されること等を業務委託の際の判断条件としておくべきである。」という記述（117 頁）がある。そして、外部サービスの利用に当たっては、適切な外部サービス提供者を選定することにより、「外部サービスで提供される情報が国外で分散して保存・処理されている場合、裁判管轄の問題や国外の法制度が適用されることによるカントリーリスク」等を低減することが要求されている（127 頁）。

３．参考資料（法令・ガイドラインなど）

・ネットワーク安全法
・中国個人情報保護法
・個人情報と重要データ越境セキュリティ評価弁法（2017 年 4 月 11 日付意見募集稿）
・個人情報越境セキュリティ評価弁法（2019 年 6 月 13 日付意見募集稿）
・情報安全技術データ越境セキュリティ評価ガイドライン（2017 年 8 月 25 日付意見募集稿）
・医療情報システムの安全管理に関するガイドライン第 5.2 版
・医療情報を取り扱う情報システム・サービスの提供事業者における安全管理ガイドライン
・政府機関等の対策基準策定のためのガイドライン（令和 3 年度版）

４．裁判例

特になし

Q87 国際捜査共助・協力に関する条約・協定

国際捜査共助・協力とは何か。どのような場合に使われ、どういった根拠／手続に基づき行われるのか。

タグ：証拠収集、外交ルート、サイバー犯罪条約、刑事共助条約（協定）、MLAT、ICPO、24時間コンタクトポイント

1. 概要

　国境を越えて行われるサイバー犯罪については、外国に所在する証拠を収集するため、外国の捜査機関の協力を求める必要があるところ、日本国は、国際捜査共助・協力の枠組みを活用している。国際捜査共助には、①国際礼譲に基づき外交ルートでこれを実施する場合と、②多数国間又は二国間の条約（協定）に基づきこれを実施する場合がある。国際捜査協力の枠組みとしては、①ICPO ルート、②24時間コンタクトポイントがある。証拠の収集以外の情報提供や交換については、国際捜査協力において実施している。

　国際捜査共助のうち、①の外交ルートで実施する場合は、我が国は、要請国からの共助の要請において捜査の対象とされている犯罪（共助犯罪事実）に係る行為が要請を受けた国において行われたとした場合において、その行為が当該国の要請によれば罪に当たるものでないときには共助を実施することができないが（双罰性）、②の条約（協定）に基づいて国際捜査共助を実施する場合には、根拠となる条約（協定）において、双罰性が緩和されている場合がある。

2. 解説

（1）国際捜査共助の概要

　国境を越えて行われるサイバー犯罪については、外国に所在する証拠を収集するため、外国の捜査機関の協力を求める必要があるところ、日本国は、その枠組みとして国際捜査共助の枠組みを活用している。国際捜査共助には、以下に述べるとおり、①国際礼譲に基づき外交ルートでこれを実施する場合と、②多数国間又は二国間の条約（協定）に基づきこれを実施する場合がある。

　このうち、①の外交ルートで国際捜査共助を実施する場合は、我が国は、要請国からの共助の要請において捜査の対象とされている犯罪（共助犯罪事実）に係る行為が要請を受けた国において行われたとした場合において、その行為が当該国の要請によれば罪に当たるものではないときには共助を実施することができず（双罰性）、また、政治犯罪については取扱うことができない[1]という原則がある。

---

[1] 国際捜査共助等に関する法律は、外国からの要請による国際捜査共助の手続等について規定

日本の捜査機関は、外国において直接捜査を行うことは、当該外国の国家主権を侵害することになるため原則として認められない。そこで、国際捜査共助を利用して外国から捜査資料や証拠等を収集することとなる。

ア　外交ルート

外交ルートは、警察や検察といった捜査機関から外務省を通じて相手国に対して捜査共助の実施を要請する方法である。外国に対する捜査共助の要請は、一国の中で他の主権の行使を認めることができないとする主権国家の在り方を前提に、他国がその刑罰権の行使のために必要とする措置をその国のために実施することにより、主権の衝突と他国の刑罰権の適正な行使の実現の要請との調和を図るためのものであり、国家を当事者とする国家間の行為であって、外交的な側面を有する問題であるから、日本の捜査機関から要請するのではなく、外交に関する事務を所管する外務大臣から行うこととなる。

外国から日本国に対して捜査共助の要請があった場合、日本国としては、国際捜査共助等に関する法律（昭和55年法律第69号）に従って対応することとなる。同法に基づき、共助に必要な証拠の収集に際し、検察官及び司法警察員が関係者に出頭を求めてこれを取り調べること、鑑定を嘱託すること、実況見分、通信履歴の電磁的記録の必要なものを特定してこれを消去しないように求めることができることに加え、必要があると認めるときは、裁判官による令状により差押え、記録命令付差押え、捜索、検証を実施することができる。

外交ルートでは、日本国から外国に対して捜査共助を要請し、その承諾を得るまでに数か月の時間を要することが多いため、サイバー犯罪に関してはあまり有効な手段ではないとの指摘[2]もある。

イ　刑事共助条約（協定）

国際捜査共助は、国家間において条約を締結している場合には、日本の中央当局から相手国の中央当局に対して直接、捜査共助要請を行うことが可能である。現在、日本は、アメリカ、韓国、中国、香港、EU、ロシア、及びベトナムとの間で二国間刑事共助条約を締結している[3]。

例えば、日本がアメリカと締結している刑事共助条約[4]では、裁判官が請求された共助の実施に必要な令状を発することや、証言、供述、証拠となる書類、記録を取得する際、

しており、同法第2条は、共助をすることができない場合を規定する。同条第1号は「共助犯罪が政治犯罪であるとき、又は共助の要請が政治犯罪について捜査する目的で行われたものと認められるとき」について、同条第2号は「条約に別段の定めがある場合を除き、共助犯罪に係る行為が日本国内において行われたとした場合において、その行為が日本国の法令によれば罪に当たるものでないとき」について、共助をすることができない旨を定めている。

[2] 中野目善則「サイバー犯罪の捜査と捜査権の及ぶ範囲—プライヴァシーの理解の在り方、法解釈の在り方、他国へアクセスの及ぶ範囲等の観点からの検討—」警察政策22巻130号（令和2年）133頁

[3] https://www.npa.go.jp/bureau/soumu/kokusai/yakusoku.html

[4] 詳細は、https://www.mofa.go.jp/mofaj/gaiko/treaty/treaty159_3.html を参照されたい。

必要があれば強制措置を採ることができること等が規定されており、日本の捜査機関は外務省を経由することなく、上記アで述べた外交ルートと同じような内容の捜査共助を要請できる。

ウ　国際捜査共助が活用された件数[5]

		H27年	H28年	H29年	H30年	R1年	R2年	R3年
捜査共助等を要請した件数	検察庁の依頼によるもの	12	12	8	24	12	13	7
	警察等の依頼によるもの	54	85	110	156	186	169	199
捜査共助等の要請を受託した件数		70	79	54	94	64	81	113

（２）国際捜査協力の概要

ア　ICPOルート

　日本国がICPO（International Criminal Police Organization：国際刑事警察機構又はインターポールという。）から捜査協力の要請を受けた場合、国家公安委員会は、国際捜査共助等に関する法律第18条に基づいて対応することになる。同条第2項では、共助の制限を定めた同法第2条第1号・第2号が準用されており、ICPOルートにおいても、前述の（1）国際捜査共助の概要の箇所で述べた双罰性及び政治犯罪でないことが要件となっている。

　もっとも、ICPOルートは本来的に証拠の収集を目的とするものではないと解されているため、ICPOからの捜査協力の要請に基づく措置として採り得るのは任意の措置に限られ、捜索・押収等の強制処分を行うことはできない。

　なお、ICPOに関しては、IGCI（INTERPOL Global Complex for Innovation）等のサイバー犯罪捜査・対策に関するトレーニング施設を設置する等、加盟国のサイバー犯罪捜査の支援に特化した部局が設置されており、今後、ICPOを通じた国際捜査共助の展開が注目される。

イ　24時間コンタクトポイント

　24時間コンタクトポイントは、平成9年（1997年）12月のG8司法内務閣僚会合で策定された「ハイテク犯罪と闘うための原則と行動計画」等に基づき設置された。国際的

---

[5] 法務省「第2編第6章第3節　捜査・司法に関する国際協力　1捜査共助」『令和3年版犯罪白書－詐欺犯者の実態と処遇－』2-6-3-1表　捜査共助等件数の推移
https://hakusyo1.moj.go.jp/jp/68/nfm/n68_2_2_6_3_1.html

なサイバー犯罪に対する適時・効果的な対応を確保するために、この分野に精通した職員からなるコンタクトポイントを通じて、迅速かつ信頼できる通信手段により連絡をとることを想定したものである。2020年10月現在、88の国及び地域に設置されている。日本国では、警察庁に24時間コンタクトポイントを設置し、国際的な対応を必要とする事件への対応の円滑化を図るとともに、二国間での情報交換を積極的に行うなど、サイバー犯罪の取り締まりに関する国際的な捜査協力を推進している。

3．参考資料（法令・ガイドラインなど）

・国際捜査共助等に関する法律
・刑事に関する共助に関する日本国とアメリカ合衆国との間の条約
・サイバー犯罪条約
　令和3年版警察白書
　https://www.npa.go.jp/hakusyo/r03/honbun/index.html
　特集2第2節第4項「国際連携の推進」
　https://www.npa.go.jp/hakusyo/r03/honbun/html/xf224000.html

4．裁判例

特になし

付録1　サイバーセキュリティ関係法令・ガイドライン調査結果

　本調査結果は、サイバーセキュリティ関係法令の調査検討等を目的としたサブワーキンググループのオブザーバー（警察庁・個人情報保護委員会事務局・総務省・厚労省・法務省・経済産業省）及び NISC に対し、サイバーセキュリティに関する法令・ガイドラインに関する調査を行い、その結果をベースとしながら公開情報に基づき追加等を行ったものである。

　本書において引用する全てのガイドライン等を網羅的に記載したものではなく、本書に付録として付加する参考資料であるため、その点留意されたい。

1	サイバーセキュリティ基本法	法律
2	サイバーセキュリティ戦略（令和3年）	閣議決定文書
3	政府機関等のサイバーセキュリティ対策のための統一基準群（令和3度版）	ガイドライン
4	重要インフラのサイバーセキュリティに係る行動計画	ガイドライン
5	重要インフラのサイバーセキュリティ確保に係る安全基準等策定指針	ガイドライン
6	不正アクセス行為の禁止等に関する法律	法律
7	不正アクセス行為の再発を防止するための都道府県公安委員会による援助に関する規則	規則
8	不正アクセス禁止法改正Q&A	Q&A
9	不正アクセス行為の禁止等に関する法律の解説	解説
10	個人情報の保護に関する法律	法律
11	個人情報の保護に関する基本方針	閣議決定文書
12	個人情報の保護に関する法律施行令	政令
13	個人情報の保護に関する法律施行規則	施行規則
14	個人情報の保護に関する法律についてのガイドライン（通則編）	告示

15	個人情報の保護に関する法律についてのガイドライン（外国にある第三者への提供編）	告示
16	個人情報の保護に関する法律についてのガイドライン（仮名加工情報・匿名加工情報編）	告示
17	個人情報の保護に関する法律についてのガイドライン（認定個人情報保護団体編）	告示
18	個人情報の保護に関する法律に係るＥＵ域内から十分性認定により移転を受けた個人データの取扱いに関する補完的ルール	告示
19	「個人情報の保護に関する法律についてのガイドライン」に関するＱ＆Ａ	Ｑ＆Ａ
20	行政機関の保有する個人情報の保護に関する法律（※廃止）	法律
21	独立行政法人等の保有する個人情報の保護に関する法律（※廃止）	法律
22	個人情報の保護に関する法律についてのガイドライン（行政機関等編）	告示
23	個人情報の保護に関する法律についての事務対応ガイド（行政機関等向け）	ガイドライン
24	個人情報の保護に関する法律についてのＱ＆Ａ　（行政機関等編）	Ｑ＆Ａ
25	行政手続における特定の個人を識別するための番号の利用等に関する法律	法律
26	行政手続における特定の個人を識別するための番号の利用等に関する法律第二十九条の四第一項及び第二項に基づく特定個人情報の漏えい等に関する報告等に関する規則	規則
27	特定個人情報の適正な取扱いに関するガイドライン（事業者編）	告示
28	「特定個人情報の適正な取扱いに関するガイドライン（事業者編）」及び「（別冊）金融業務における特定個人情報の適正な取扱いに関するガイドライン」に関するQ&A	Q&A
29	事業者における特定個人情報の漏えい事案等が発生した場合の対応について	告示
30	電子署名及び認証業務に関する法律	法律
31	利用者の指示に基づきサービス提供事業者自身の署名鍵により 暗号化等を行う電子契約サービスに関するＱ＆Ａ	Q&A

付録1 サイバーセキュリティ関係法令・ガイドライン調査結果

32	利用者の指示に基づきサービス提供事業者自身の署名鍵により 暗号化等を行う電子契約サービスに関するQ＆A （電子署名法第3条関係）	Q&A
33	電子署名等に係る地方公共団体情報システム機構の認証業務に関する法律	法律
34	電子署名及び認証業務に関する法律施行規則	施行規則
35	電子計算機を使用して作成する国税関係帳簿書類の保存方法等の特例に関する法律	法律
36	電子計算機を使用して作成する国税関係帳簿書類の保存方法等の特例に関する法律施行規則	施行規則
37	電子帳簿保存法一問一答【電子計算機を使用して作成する帳簿書類関係】	告示
38	時刻認証業務の認定に関する規程	告示
39	国立研究開発法人情報通信研究機構法	法律
40	国立研究開発法人情報通信研究機構法附則第八条第四項第一号に規定する総務省令で定める基準及び第九条に規定する業務の実施に関する計画に関する省令	省令
41	IoT セキュリティガイドライン ver 1.0	ガイドライン
42	クラウドサービス提供における情報セキュリティ対策ガイドライン（第3版）	ガイドライン
43	クラウドサービス利用のための 情報セキュリティマネジメントガイドライン 2013年度版	ガイドライン
44	クラウドセキュリティガイドライン 活用ガイドブック 2013 年度版	
45	SaaS 向け SLA ガイドライン	ガイドライン
46	IoT クラウドサービスの安全・信頼性に係る情報開示指針（ASP・SaaS 編）	指針
47	IoT クラウドサービスの安全・信頼性に係る情報開示指針（IaaS・PaaS 編）	指針

425

48	医療情報を取り扱う情報システム・サービスの提供事業者における安全管理ガイドライン	ガイドライン
49	医療情報を取り扱う情報システム・サービスの提供事業者における安全管理ガイドライン FAQ	FAQ
50	医療情報システムの安全管理に関するガイドライン 第5.2版	ガイドライン
51	「医療情報システムの安全管理に関するガイドライン 第 5.2 版」に関するQ & A	Q&A
52	医療情報システムの安全管理に関するガイドライン 医療機関のサイバーセキュリティ対策チェックリスト	ガイドラインの解説を示す資料
53	医療情報システムの安全管理に関するガイドライン 医療情報システム等の障害発生時の対応フローチャート	ガイドラインの解説を示す資料
54	医療情報を受託管理する情報処理事業者向けガイドライン 第 2 版	ガイドライン
55	テレワークセキュリティガイドライン 第 5 版	ガイドライン
56	中小企業等担当者向けテレワークセキュリティの手引き（チェックリスト） 第 2 版	ガイドライン
57	放送受信者等の個人情報保護に関するガイドライン	告示
58	放送法施行規則	省令
59	郵便事業分野における個人情報保護に関するガイドライン	告示
60	信書便事業分野における個人情報保護に関するガイドライン	告示
61	電気通信事業法	法律
62	端末設備等規則	省令
63	事業用電気通信設備規則	省令
64	情報通信ネットワーク安全・信頼性基準	告示
65	電気通信事業における個人情報等の保護に関するガイドライン	ガイドライン

66	電気通信事業における個人情報等の保護に関するガイドラインの解説	ガイドラインの解説を示す資料
67	通信の秘密の確保に支障があるときの業務の改善命令の発動に係る指針	ガイドライン
68	同意取得の在り方に関する参照文書	ガイドライン
69	事業用電気通信設備の管理規程記載マニュアル	ガイドライン
70	電気通信事業法に基づく端末機器の基準認証に関するガイドライン(第2版)	ガイドライン
71	特定電子メールの送信の適正化等に関する法律	法律
72	電気通信事業者におけるサイバー攻撃等への対処と通信の秘密に関するガイドライン（第6版）	ガイドライン
73	電気通信事業法の消費者保護ルールに関するガイドライン	ガイドライン
74	電気通信事業におけるサイバー攻撃への適正な対処の在り方に関する研究会第一次とりまとめ	研究会報告
75	電気通信事業におけるサイバー攻撃への適正な対処の在り方に関する研究会第二次とりまとめ	研究会報告
76	電気通信事業におけるサイバー攻撃への適正な対処の在り方に関する研究会第三次とりまとめ	研究会報告
77	電気通信事業におけるサイバー攻撃への適正な対処の在り方に関する研究会第四次とりまとめ	研究会報告
78	電気通信事業報告規則	省令
79	電気通信事故に係る電気通信事業法関係法令の適用に関するガイドライン（第5版）	ガイドライン
80	郵便事業分野における個人情報保護に関するガイドライン（平成29年総務省告示167号）の解説	ガイドラインの解説を示す資料
81	信書便事業分野における個人情報保護に関するガイドライン（平成29年総務省告示第168号）の解説	ガイドラインの解説を示す資料
82	特定電気通信役務提供者の損害賠償責任の制限及び発信者情報の開示に関する法律	法律
83	インターネット上の違法・有害情報に対する対応（プロバイダ責任制限法）	法律の概説

付録 1 サイバーセキュリティ関係法令・ガイドライン調査結果

84	サイバーセキュリティ対策情報開示の手引き	ガイドライン
85	電気通信事業参入マニュアル	ガイドライン
86	電気通信事業参入マニュアル[追補版]	ガイドライン
87	労働基準法	法律
88	労働契約法	法律
89	労働者派遣事業の適正な運営の確保及び派遣労働者の保護等に関する法律	法律
90	労働安全衛生法	法律
91	労働者の心身の状態に関する情報の適正な取扱いのために事業者が講ずべき措置に関する指針（平成 30 年 9 月 7 日 労働者の心身の状態に関する情報の適正な取扱い指針公示第 1 号）	指針
92	事業場における労働者の健康情報等の取扱規程を策定するための手引き（平成 31 年 3 月公表）	手引き
93	テレワークモデル就業規則	ガイドライン
94	会社法	法律
95	会社法施行規則	省令
96	刑法	法律
97	いわゆるコンピュータ・ウイルスに関する罪について	ガイドライン
98	不正競争防止法	法律
99	逐条解説 不正競争防止法（令和元年 7 月 1 日施行版）	逐条
100	営業秘密管理指針	ガイドライン

101	秘密情報の保護ハンドブック～企業価値向上に向けて～	ガイドライン
102	限定提供データに関する指針	ガイドライン
103	産業競争力強化法	法律
104	産業競争力強化法に基づく認定技術等情報漏えい防止措置認証機関に関する命令	省令
105	技術等情報漏えい防止措置認証業務の実施の方法	告示
106	技術等情報漏えい防止措置の実施の促進に関する指針	告示
107	技術及びこれに関する研究開発の成果、生産方法その他の事業活動に有用な情報の漏えいを防止するために必要な措置に関する基準	告示
108	電気事業法	法律
109	電気設備に関する技術基準を定める省令	省令
110	電気設備の技術基準の解釈	内規
111	電気事業法施行規則第 50 条第 2 項の解釈適用に当たっての考え方	内規
112	電力制御システムセキュリティガイドライン	民間規格
113	スマートメーターシステムセキュリティガイドライン	民間規格
114	ガス事業法	法律
115	ガス事業法施行規則	省令
116	IoT セキュリティ対応マニュアル 産業保安版	ガイドライン
117	サイバーセキュリティ経営ガイドライン Ver3.0	ガイドライン
118	AI・データの利用に関する契約ガイドライン 1.1 版	ガイドライン

119	電子商取引及び情報財取引等に関する準則（令和 2 年 8 月 28 日）	ガイドライン
120	グループ・ガバナンス・システムに関する実務指針（グループガイドライン）	ガイドライン
121	情報処理の促進に関する法律	法律
122	情報処理の促進に関する法律施行規則	省令
123	ソフトウエア製品等の脆弱性関連情報に関する取扱規程	告示
124	平成三十一年経済産業省告示第十九号（調整機関等を定める告示）	告示
125	IPA など「情報セキュリティ早期警戒パートナーシップガイドライン」（令和元年 5 月）	ガイドライン
126	私的独占の禁止及び公正取引の確保に関する法律	法律
127	不公正な取引方法（昭和五十七年六月十八日公正取引委員会告示第十五号）	告示
128	流通・取引慣行に関する独占禁止法上の指針	告示
129	優越的地位の濫用に関する独占禁止法上の考え方	告示
130	下請代金支払遅延等防止法	法律
131	下請代金支払遅延等防止法に関する運用基準	告示
132	特許法	法律
133	著作権法	法律
134	割賦販売法	法律
135	割賦販売法施行規則	施行規則
136	クレジットカード・セキュリティガイドライン【4.0 版】	ガイドライン

137	フィッシング対策ガイドライン　2021 年度版	ガイドライン
138	情報セキュリティサービス基準第 3 版	ガイドライン
139	ワッセナー・アレンジメント	申合せ
140	外国為替及び外国貿易法	法律
141	輸出貿易管理令	政令
142	外国為替令	政令
143	輸出貿易管理令別表第一及び外国為替令別表の規定に基づき貨物又は技術を定める省令	省令
144	外国為替及び外国貿易法第 25 条第 1 項及び外国為替令第 17 条第 2 項の規定に基づき許可を要する技術を提供する取引又は行為について	通達
145	経済産業省安全保障貿易管理 Web サイト Q&A「技術関係」	Q&A
146	著作権法の一部を改正する法律（平成 30 年改正）について（解説）	解説
147	文化庁著作権課「デジタル化・ネットワーク化の進展に対応した柔軟な権利制限規定に関する基本的な考え方（著作権法第 30 条の 4、第 47 条の 4 及び第 47 条の 5 関係）」	解説
148	ソフトウェアと独占禁止法に関する研究会「ソフトウェアライセンス契約等に関する独占禁止法上の考え方」（平成 14 年 3 月）	解説

付録2 「重要インフラのサイバーセキュリティ対策に係る行動計画」別紙2部分抜粋

重要インフラ分野	重要インフラサービス（手続を含む）(注1)		システムの不具合が引き起こす重要インフラサービス障害の例	左記障害の報告に係る法令、ガイドライン等（サービス維持レベル）(注2)
	呼称	サービス（手続を含む）の説明（関連する法令）		
情報通信	・電気通信役務	・電気通信設備を用いて他人の通信を媒介し、その他電気通信設備を他人の通信の用に供すること（電気通信事業法第2条）	・電気通信サービスの停止 ・電気通信サービスの安全・安定供給に対する支障	・電気通信事業法（業務停止等の報告）第28条 ・電気通信事業法施行規則（報告を要する重大な事故）第58条 【サービス維持レベル】 ・電気通信設備の故障により、役務提供の停止・品質の低下が、3万以上の利用者に対し2時間以上継続する事故が生じないこと
	・放送	・公衆によって直接受信されることを目的とする電気通信の送信（放送法第2条）	・放送サービスの停止	・放送法（重大事故の報告）第113条、第122条 ・放送法施行規則（報告を要する重大な事故）第125条 【サービス維持レベル】 ・基幹放送設備の故障により、放送の停止が15分以上継続する事故が生じないこと ・特定地上基幹放送局等設備の故障等及び基幹放送局設備の故障により、放送の停止が15分以上（中継局の無線設備にあっては、2時間以上）継続する事故が生じないこと
	・ケーブルテレビ	・公衆によって直接受信されることを目的とする電気通信の送信（放送法第2条）	・放送サービスの停止	・放送法（重大事故の報告）第137条 ・放送法施行規則（報告を要する重大な事故）第157条 【サービス維持レベル】 ・有線一般放送の業務に用いられる電気通信設備の故障により、放送の停止を受けた利用者の数が3万以上、かつ、停止時間が2時間以上の事故が生じないこと

付録２ 「重要インフラのサイバーセキュリティ対策に係る行動計画」別紙２部分抜粋

重要インフラ分野	重要インフラサービス（手続を含む）(注1) 略称	サービス（手続を含む）の説明（関連する法令）	システムの不具合が引き起こす重要インフラサービス障害の例	左記障害の報告に係る法令、ガイドライン等（サービス維持レベル）(注2)
金融	銀行等 ・預金 ・貸付 ・為替	・預金又は定期積金等の受入れ（銀行法第10条第1項第1号） ・資金の貸付け又は手形の割引（銀行法第10条第1項第2号） ・為替取引（銀行法第10条第1項第3号）	・預金の払戻しの遅延・停止 ・融資業務の遅延・停止 ・振込等資金移動の遅延・停止	・主要行等向けの総合的な監督指針 ・中小・地域金融機関向けの総合的な監督指針 ・系統金融機関向けの総合的な監督指針
	資金清算	・資金清算（資金決済に関する法律第2条第10項）	・資金清算の遅延・停止	・清算・振替機関等向けの総合的な監督指針
	電子記録等	・電子記録（電子記録債権法第56条） ・資金決済に関する情報提供（電子記録債権法第62条及び第63条）	・電子記録、資金決済に関する情報提供の遅延・停止	・事務ガイドライン第三分冊：金融会社関係（12 電子債権記録機関関係）
	生命保険 ・保険金等の支払い	・保険金等の支払請求の受付 ・保険金等の支払審査 ・保険金等の支払い	・保険金等の支払いの遅延・停止	・保険会社向けの総合的な監督指針
	損害保険 ・保険金等の支払い	・事故受付 ・損害調査等 ・保険金等の支払い	・保険金等の支払いの遅延・停止	・保険会社向けの総合的な監督指針
	証券 ・有価証券の売買等 ・有価証券の売買等の取引の媒介、取次ぎ又は代理 ・有価証券等清算取次ぎ	・有価証券の売買、市場デリバティブ取引又は外国市場デリバティブ取引（金融商品取引法第2条第8項第1号） ・有価証券の売買、市場デリバティブ取引又は外国市場デリバティブ取引の媒介、取次ぎ又は代理（金融商品取引法第2条第8項第2号） ・有価証券等清算取次ぎ（金融商品取引法第2条第8項第5号）	・有価証券売買の遅延・停止	・金融商品取引業者等向けの総合的な監督指針
	金融商品市場の開設	・有価証券の売買又は市場デリバティブ取引を行うための市場施設の提供、その他金融商品市場の開設に係る業務（金融商品取引法第2条第14項及び第16項、第80条並びに第84条）	・有価証券の売買、市場デリバティブ取引等の遅延・停止	・金融商品取引所等に関する内閣府令第112条

付録２　「重要インフラのサイバーセキュリティ対策に係る行動計画」別紙２部分抜粋

重要インフラ分野	重要インフラサービス（手続を含む）(注1)		システムの不具合が引き起こす重要インフラサービス障害の例	左記障害の報告に係る法令、ガイドライン等（サービス維持レベル）(注2)
	呼称	サービス（手続を含む）の説明（関連する法令）		
	・振替業	・社債等の振替に関する業務（社債、株式等の振替に関する法律第8条）	・社債・株式等の振替等の遅延・停止	・社債、株式等の振替に関する法律（事故の報告）第19条 ・一般振替機関の監督に関する命令（事故）第17条 ・清算・振替機関向けの総合的な監督指針
	・金融商品債務引受業	・有価証券の売買等対象取引に基づく債務の引受、更改等により負担する業務（金融商品取引法第2条第28項）	・金融商品取引の清算等の遅延・停止	・金融商品取引法（金融商品取引業者等に関する業務等に関する内閣府令に関する書類の作成、保存及び報告の義務）第188条 ・金融商品取引清算機関等（金融商品取引清算機関の業務に関する報告に関する提出書類）第48条 ・清算・振替機関向けの総合的な監督指針
航空	・旅客、貨物の航空輸送サービス	・他人の需要に応じ、航空機を使用して有償で旅客又は貨物を運送する事業（航空法第2条）	・航空機の安全運航に対する支障 ・運航の遅延・欠航	・航空分野における情報セキュリティ確保に係る安全ガイドライン
	・予約、発券、搭乗・搭載手続 ・運航整備 ・飛行計画作成	・航空旅客の予約、航空貨物の予約 ・航空券の発券、料金徴収 ・航空旅客のチェックイン・搭乗、航空貨物の搭載 ・航空機の点検・整備 ・飛行計画の作成、航空局への提出		
空港	・空港におけるセキュリティの確保 ・空港における利便性の向上	・警戒警備等による空港のセキュリティ確保 ・空港利用者等への正確・迅速な情報提供 ・航空機への受託手荷物の検査及び搬送	・警戒警備等に支障が発生することによる空港のセキュリティの低下 ・情報提供等に支障が発生することによる利便性の低下 ・航空機への受託手荷物の検査及び搬送の遅延・停止	・空港分野における情報セキュリティ確保に係る安全ガイドライン

付録２　「重要インフラのサイバーセキュリティ対策に係る行動計画」別紙２部分抜粋

重要インフラ分野	重要インフラサービス（手続を含む）(注1)		システムの不具合が引き起こす重要インフラサービス障害の例	左記障害の報告に係る法令、ガイドライン等（サービス維持レベル）(注2)
	呼称	サービス（手続を含む）の説明（関連する法令）		
鉄道	・旅客輸送サービス ・発券、入出場手続	・他人の需要に応じ、鉄道による旅客又は貨物の運送を行う事業（鉄道事業法第2条） ・座席の予約、乗車券の販売、入出場の際の乗車券等の確認	・列車運行の遅延・運休 ・列車の安全安定輸送に対する支障	・鉄道事業法（事故等の報告）第19条、第19条の2 ・鉄道事故等報告規則（鉄道運転事故等の報告）第5条 ・鉄道分野における情報セキュリティ確保に係る安全ガイドライン
電力	・一般送配電事業 ・発電事業（一定規模を超える発電事業）	・供給区域において託送供給及び発電量調整供給を行う事業（電気事業法第2条第1項第8号） ・小売電気事業、一般送配電事業又は特定送配電事業の用に供するための電気を発電する事業（電気事業法第2条第1項第14号）	・電力供給の停止 ・電力プラントの安全運用に対する支障	・電気関係報告規則（事故報告）第3条 【サービス維持レベル】 ・システムの不具合により、供給支障電力が10万キロワット以上で、その支障時間が10分以上の供給支障事故が生じないこと
ガス	・一般ガス導管事業 ・ガス製造事業	・自らが維持し、及び運用する導管によりその供給区域において託送供給を行う事業（ガス事業法第2条第5項） ・自らが維持し、及び運用するガス貯蔵設備等を用いてガスを製造する事業であって、その事業の用に供する液化ガス貯蔵設備が経済産業省令で定める要件に該当するもの（ガス事業法第2条第9項）	・ガスの供給の停止 ・ガスプラントの安全運用に対する支障	・ガス関係報告規則第4条 【サービス維持レベル】 ・システムの不具合により、供給支障戸数が30以上の供給支障事故が生じないこと
政府・行政サービス	・地方公共団体の行政サービス	・地域における事務、その他の事務で法律又はこれに基づく政令により処理することとされるもの（地方自治法第2条第2項）	・政府・行政サービスに対する支障 ・住民等の権利利益保護に対する支障	・地方公共団体における情報セキュリティポリシーに関するガイドライン
医療	・診療	・診察や治療等の行為	・診療支援部門における業務への支障 ・生命に危機を及ぼす医療機器の誤作動	・医療情報システムの安全管理に関するガイドライン

付録２ 「重要インフラのサイバーセキュリティ対策に係る行動計画」別紙２部分抜粋

重要インフラ分野	重要インフラサービス（手続を含む）(注1)		システムの不具合が引き起こす重要インフラ障害の例	左記障害の報告に係る法令、ガイドライン等(注2)（サービス維持レベル）
	呼称	サービス（手続を含む）の説明（関連する法令）		
水道	・水道による水の供給	・一般の需要に応じ、導管及びその他の工作物により飲用水を供給する事業（水道法第3条及び第15条）	・水道による水の供給の停止 ・不適当な水質の水の供給	・健康危機管理の適正な実施並びに水道施設への被害情報及び水質事故等に関する情報等の提供について」（平成25年10月25日付け厚生労働省健康局水道課長通知） ・水道分野における情報セキュリティガイドライン
物流	・貨物自動車運送事業 ・船舶運航事業 ・港湾運送事業 ・倉庫業	・他人の需要に応じ、有償で、自動車を使用して貨物を運送する事業（貨物自動車運送事業法第2条） ・船舶により物の運送をする事業（海上運送法第2条） ・他人の需要に応じ、港湾において、港湾運送に係る船舶又は船舶からの貨物の取卸の行為等を行う事業（港湾運送事業法第2条） ・寄託を受けた物品の倉庫における保管を行う事業（倉庫業法第2条）	・輸送の遅延・停止 ・貨物の所在追跡困難	・物流分野における情報セキュリティ確保に係る安全ガイドライン
化学	・石油化学工業	・石油化学製品の製造、加工及び売買	・プラントの停止 ・長期に渡る製品供給の停止	・石油化学分野における情報セキュリティ確保に係る安全基準
クレジット	・クレジットカード決済	・クレジットカード決済サービス（割賦販売法第2条第3項第1号及び第2号並びに第35条の16第2第1項第2号及び第2項）	・クレジットカード決済サービスの遅延・停止、カード情報の大規模漏えい	・割賦販売法（後払分野）に基づく監督の基本方針 ・クレジットCEPTOARにおける情報セキュリティガイドライン
石油	・石油の供給	・石油の輸入、精製、物流、販売	・石油の供給の停止 ・製油所の安全運転に対する支障	・石油分野における情報セキュリティ確保に係る安全ガイドライン

注1　ITを全く利用していないサービスについては対象外。
注2　重要インフラサービス障害に係る基準がない分野については、システムの不具合が引き起こす重要インフラサービス障害が生じないことをサービス維持レベルとみなしている。
注3　別紙2に記載された内容は令和元年12月現在のものである。法令等の最新の状況については、必要に応じて、所管省庁等へ確認すること。

関係者一覧（全て敬称略）

【Ver2.0】（2023 年 9 月時点）

◇サイバーセキュリティ関係法令の調査検討等を目的としたサブワーキンググループ（第 2 期）

主　査	岡村　久道	国立情報学研究所客員教授・英知法律事務所弁護士
副主査	大谷　和子	株式会社日本総合研究所執行役員法務部長
委　員	大杉　謙一	中央大学大学院法務研究科教授
委　員	奥邨　弘司	慶應義塾大学大学院法務研究科教授
委　員	小向　太郎	中央大学国際情報学部教授
委　員	星　周一郎	東京都立大学法学部教授
委　員	丸山　満彦	PwC コンサルティング合同会社パートナー
委　員	宮川　美津子	TMI 総合法律事務所パートナー弁護士
委　員	湯淺　墾道	明治大学公共政策大学院ガバナンス研究科教授

オブザーバー

　警察庁、個人情報保護委員会事務局、金融庁、デジタル庁、総務省、法務省、文化庁、厚生労働省、経済産業省

事務局

　内閣官房内閣サイバーセキュリティセンター　基本戦略第 2 グループ

関係者一覧（全て敬称略）

◇サイバーセキュリティ関係法令検討会　（ドラフトの検討）
※サイバーセキュリティ関係法令に関する調査研究受託事業として実施

主　査	蔦　　大輔	森・濱田松本法律事務所弁護士
構成員	阿久津匡美	弁護士法人内田・鮫島法律事務所弁護士
構成員	安藤　広人	ファイ法律事務所弁護士
構成員	寺門　峻佑	TMI 総合法律事務所弁護士
構成員	日置　巴美	三浦法律事務所弁護士
構成員	北條　孝佳	西村あさひ法律事務所弁護士
構成員	水町　雅子	宮内・水町 IT 法律事務所弁護士
構成員	山岡　裕明	八雲法律事務所弁護士
構成員	渡邊　涼介	光和総合法律事務所弁護士

オブザーバー
内閣官房内閣サイバーセキュリティセンター基本戦略第 2 グループ

検討会事務局
森・濱田松本法律事務所
林浩美弁護士、湯川昌紀弁護士、蔦大輔弁護士、清水池徹弁護士、嶋村直登弁護士、
小川智史弁護士、大段徹次弁護士、本嶋孔太郎弁護士、塩崎耕平弁護士、城戸賢仁弁護士

◇ヒアリング等協力（五十音順・敬称略）
○　一般社団法人金融 ISAC
　　坊野　良英
○　一般社団法人 JPCERT コーディネーションセンター
　　佐々木　勇人　　真鍋　敬士
○　一般社団法人日本自動車工業会（JAMA）
　　青山　昌寛　　川名　茂之
○　一般社団法人日本損害保険協会
　　井川　文作　　教学　大介　　菅原　英美　　水谷　優里　　宮寺　翼
○　株式会社東京証券取引所
　　須賀　裕哉　　野村　旭　　門田　耕一郎
○　一般社団法人日本コンピュータセキュリティインシデント対応チーム協議会（NCA）法制度研究
　　WG
　　池田　香苗　　鳥越　真理子　　萩原　健太　　林　基樹

関係者一覧（全て敬称略）

【Ver1.0】（2020年3月2日時点）

◇サイバーセキュリティ関係法令の調査検討等を目的としたサブワーキンググループ

主査	林　紘一郎	情報セキュリティ大学院大学　名誉教授
副主査	岡村　久道	英知法律事務所　弁護士
		京都大学大学院　医学研究科　講師
委員	大杉　謙一	中央大学大学院　法務研究科　教授
委員	大谷　和子	株式会社日本総合研究所　法務部長
委員	奥邨　弘司	慶應義塾大学大学院　法務研究科　教授
委員	小向　太郎	日本大学　危機管理学部　教授
委員	星　周一郎	首都大学東京　法学部　教授
委員	丸山　満彦	デロイト トーマツ サイバー合同会社　執行役員
委員	宮川　美津子	ＴＭＩ総合法律事務所　弁護士
委員	湯淺　墾道	情報セキュリティ大学院大学　教授

オブザーバー
　　　警察庁、個人情報保護委員会事務局、総務省、法務省、厚生労働省、経済産業省

◇サイバーセキュリティ関係法令の調査検討等を目的としたサブワーキンググループタスクフォース　（ドラフト起草担当）

構成員	阿久津　匡美	弁護士法人北浜法律事務所東京事務所　弁護士
構成員	安藤　広人	ファイ法律事務所　弁護士
構成員	寺門　峻佑	ＴＭＩ総合法律事務所　弁護士
構成員	日置　巴美	三浦法律事務所　弁護士
構成員	北條　孝佳	西村あさひ法律事務所　弁護士
構成員	水町　雅子	宮内・水町ＩＴ法律事務所　弁護士
構成員	山岡　裕明	八雲法律事務所　弁護士
構成員	渡邊　涼介	光和総合法律事務所　弁護士

オブザーバー　大谷　和子　株式会社日本総合研究所　法務部長

事務局　　蔦　大輔　　内閣官房内閣サイバーセキュリティセンター
（編著担当）　　　　　上席サイバーセキュリティ分析官

関係者一覧（全て敬称略）

◇ヒアリング等協力（五十音順・敬称略）

○ 一般財団法人安全保障貿易情報センター（CISTEC）
池田　伸生　　青木　眞夫*　加藤　智也　　佐藤　朋司　　千葉　晴夫
村井　則彦　　山田　尚文

○ 一般社団法人日本クラウドセキュリティアライアンス（CSA）
渥美　俊英　　高橋　郁夫　　成田　和弘　　諸角　昌宏

○ 一般社団法人日本内部監査協会
南部　芳子　　吉武　一

○ S&K Brussels 法律事務所
杉本　武重

○ 国立情報学研究所（NII）
佐藤　一郎　　高橋　克巳

○ システム監査学会（JSSA）
石島　隆

○ 特定非営利活動法人デジタル・フォレンジック研究会（IDF）
安冨　潔

○ 特定非営利活動法人日本セキュリティ監査協会（JASA）
永宮　直史

○ 独立行政法人日本貿易振興機構（JETRO）
島田　英樹　　長﨑　勇太

○ 日本シーサート協議会（NCA）法制度研究 WG
池田　香苗　　萩原　健太　　林　基樹

◇事務局
内閣官房内閣サイバーセキュリティセンター
基本戦略第1グループ・基本戦略第2グループ

---

* 独立行政法人情報処理推進機構（IPA）J-CRAT/サイバーレスキュー隊から協力

サイバーセキュリティ関係法令 Q&A
ハンドブック Ver2.0

2024年12月31日　初版第1刷発行

編　　者　内閣官房内閣サイバーセキュリティ
　　　　　　センター（NISC）

発 行 者　石 川 雅 規

発 行 所　株式会社 商 事 法 務
　　　　　　〒103-0027 東京都中央区日本橋 3-6-2
　　　　　　TEL 03-6262-6756・FAX 03-6262-6804〔営業〕
　　　　　　TEL 03-6262-6768〔編集〕
　　　　　　https://www.shojihomu.co.jp/

落丁・乱丁本はお取り替えいたします。　　　印刷／広研印刷㈱
© 2024 内閣官房内閣サイバーセキュリティ　　Printed in Japan
　　　　センター（NISC）
　　　　　　　　　Shojihomu Co., Ltd.
　　　　　ISBN978-4-7857-3136-6
　　　　＊定価は表紙に表示してあります。

JCOPY ＜出版者著作権管理機構 委託出版物＞
本書の無断複製は著作権法上での例外を除き禁じられています。
複製される場合は、そのつど事前に、出版者著作権管理機構
（電話 03-5244-5088、FAX 03-5244-5089、e-mail: info@jcopy.or.jp）
の許諾を得てください。